当代世界著名摄影人访谈录

探索摄影之旅

当代世界著名摄影人访谈录

探索摄影之旅

My Journey Into Photography

A Collection of Interviews with Luminaries from the Contemporary World of Photography

江融 著 | Author: **Jiang Rong**

[法] **罗伯特·普雷基** 主编 | Chief Editor: **Robert Pledge** (France)

華中科技大學出版社
http://press.hust.edu.cn
中国·武汉

有书至美
BOOK & BEAUTY

谨以此书献给
所有正在探索摄影之旅的前行者

Table of CONTENTS

目录

上图： 1969年7月16日，美国佛罗里达州，肯尼迪航天中心对面的观众正在观看“人类登月”阿波罗11号的发射，大卫·伯耐特摄

Foreword

前言 阐释摄影

罗伯特·普雷基
Robert Pledge

我还记得1988年11月底至12月初，北京是多么寒冷，只有数日是蓝天晴朗，而其他日子则是阴天、下雨或狂风大作。我是应杨绍明及其领导的当代摄影学会的请求，在英文报纸《中国日报》和伊士曼柯达公司的赞助下，从美国邀请了一批联系图片社（Contact Press Images）的摄影家和几位享有盛誉的图片编辑，参加当年的国际新闻摄影周。这是中国有史以来首次举办如此大型的“东方遇见西方”的专业摄影活动，我们受到热情洋溢的欢迎，与当时寒冷的天气相比，这种热情仍然让我震惊。

当我们在数十年后被学者称为“中国新闻报道摄影史上一个里程碑事件”[*]中首次见面时，江融当时26岁，他是一位瘦高、整洁、戴着眼镜、看起来非常得体的中英文翻译，他当时在中国外交部工作。在那段非常漫长和令人振奋的日子里，江融认真陪同我们参加了大多数官方、专业和学术会议。在我回到纽约数月后，他的一通电话告诉我，他和年轻妻子左翠刚到纽约，他将在联合国总部担任翻译。他表示，希望我们能保持联系。在随后的几十年里，我们的联系确实从未中断。

像许多在“十年动乱”之后成长的中国人一样，江融对摄影十分着迷。然而，新闻摄影周才真正激发了他对摄影的理解和承诺。作为在场的少数几位会说英语的中国人之一，许多人都不断找他帮忙翻译。他的同胞与我们这些“老外”之间交流，肯定远远超出了他们对他作为翻译的期望。他发现自己处于一个非常关键的位置，即作为两种文化和视觉传统之间不可或缺的桥梁，这两种文化和传统被“摄影的通用语言”编织在一起，而摄影这种语言实际上往往需要延伸“阐释”。他做梦也没有想到自己将会深入研究这个无处不在、被用于多方面的交流工具的本质：记录和表达个人及世界的真相。

在纽约，在他难得的空闲时间里，他会参加展览开幕式和讲座，甚至创作一些自己的摄影作品，特别是在这个世界上文化最多样化的城市，他开展了一个关于陵园的摄影项目。江融似乎过着两种不同的职业生活：一种是在联合国及其周围的国际外交界；另一种是作为摄影领域的观察者和新晋学者，为“国内”的中国读者写文章。

当他请求我协助整理他所积累的访谈时，我自然无法拒绝为他的宏大项目做出贡献，帮助他编辑这本书。我首先需要说服他，这本书不应该是一本教材或学术书，而应该是一本能反映他在整个广阔、丰富和复杂的摄影世界中探索和发现之旅的书；是一面能反映他个人的邂逅和想法的镜子，因为他的这种探索在从2005年底开始的12年期间得到了发展，在这期间他对具有各种方法和传统的西方摄影家进行了广泛的采访。他也采访了艺术史学家、评论家、图片编辑、博物馆和画廊的策展人。

我们花了很长时间像拼图一样编辑此书。江融是用英语进行了这些精心准备的采访，只要能约到受访者。这些采访主要是在纽约进行，其余都是在中国山西平遥国际摄影节期间进行，这些采访最初发表在中国几本摄影杂志上。在编辑此书时，他共选择了29篇访谈，并与受访者共同审查和更新了这些访谈，最终才确定访谈中文版。当我逐步将一篇又一篇访谈作品集、一页又一页的版面塑造出视觉上整体统一、令人信服的设计方案时，我的严格设计和版面指示、受访者简介、简历和图说等文字，在太平洋两岸、两种语言之间经历了无数次来回的调整和完善过程。

访谈作品集的顺序刻意尊重江融每篇采访的时间线，而不是按照摄影种类或年代、风格或流派进行分组。每个作品集的影像通常按照它们自己的时间顺序排列，以反映每位艺术家的个人发展过程。为了保护作品的完整性，这些影像从未被裁切或改动。它们的原始摄影格式得到了充分尊重，书页的中缝只分开了少数几幅全景式图片。此书有近400张照片，绝大部分是用胶卷拍摄的，与文字形成了对比，而不是它们的插图。每个作品集都以一张凝视的照片开始，并以一个隐喻性“回头看/向前看”的影像结束，它带有过去的痕迹和将来未知的不确定或希望。

对于读者来说，他们可能较熟悉其中一些受访者的名字。然而，由于经过挑选或因缘际会，江融采访的这29个人，包括我在内，均是许多相似的原因而出现在这本书中：个人在实践或专业方面的成就和成绩；同行的认可；以及对摄影具有的丰富知识和理解。他们都愿意与读者分享他们的经验和遗产。

除了一位受访者，江融为所有受访者拍摄了肖像。最后，在我的刻意坚持下，他还拍摄了一张自拍像。作为一个在业余时间创作的摄影家和策展人，而且经常撰写摄影文章的作家，江融完全投入到摄影世界中。《探索摄影之旅》基本上是在前数码时代开启的，它是作为江融个人旅程和对摄影作为20世纪决定性媒介的顽强探索的记录。这个旅程也把江融带回到他的童年。他似乎是一个不断寻找“他者”的人，其中包括他自己。他好像天生就具有双重性，正如他和他姐姐的早期照片（第438和439页）所示，特别是那张姐弟俩交换服装及其视觉身份的照片。他和自己的双重曝光照片（第441页）极大地强化了这个感觉。

本书作者江融为读者带来了关于西方摄影界的广阔而独特的视野，为他人和自己留下了进一步探索和学术拓展的大量空间。然而，书中所载的各种平面、静止和沉默的正方形照片和长方形照片，并不打算说明当下西方摄影的明确状态，尽管这些照片确实为我们提供了一个关于摄影媒介在过去非常多产的60年里发展情况的难得概览，即自罗伯特·弗兰克具有分水岭意义的摄影书《美国人》（*The Americans*）的出版，以及唐·麦卡林在一份英国星期日报纸增刊上发表了感人肺腑的战地照片以来的发展情况。

在中国之外，这本书也应该在西方引起共鸣。“在国外”，很少有通过中国人视角讨论各种摄影问题的书籍。在这29位出生于不同年代和背景的男女受访者中，大多数是美国人，也有几位是欧洲人，还有一位是亚洲人（来自韩国的金我他），按西方的说法，他是一个例外。目前这本书中受访者的“会聚”无疑是特殊的。它不能也不会被重复。西方摄影界这29位人士再也不会被同一个人采访，并在同一本书中聚在一起。对江融来说，翻译和阐释已提升为反映摄影本身的艺术形式。

我相信这本书将成为后代了解摄影史上一个重要且多产时代的有意义和价值的时间胶囊。

※《与西方的互动及其影响》，作者李适（博士），载于《传媒史》期刊第26卷第4期，2020年。

上图：2020年7月，法国，巴黎人向在前线救治2019新型冠状病毒病患者的医护人员致敬，让-克劳德·库陶斯摄

Frank FOURNIER
法兰克·福尼尔

法兰克·福尼尔出生在法国一个外科医生的家庭，父亲希望他能继承父业，但福尼尔从小便喜欢摄影和电影。高中快毕业时正值越战，他想去越南，父亲听完之后，火冒三丈，逼他上了医学院。后来在医院手术室实习期间，他突然决定弃医从影。

在瑞士学习摄影课程之后，1976年他来到纽约，像所有新移民一样打拼。正式成为新闻报道摄影家仅五年，他便以报道1985年哥伦比亚火山爆发组照获得1986年世界新闻摄影比赛突发新闻系列一等奖，其中《奥玛伊拉》获年度最佳照片摄影大奖。

福尼尔是第一批关注和报道艾滋病在美国和罗马尼亚肆虐的摄影家之一，在四十多年的拍摄生涯中，他报道过黎巴嫩内战、海地独裁者的倒台、1987年华尔街股市崩盘、海湾战争期间库尔德族难民营、索马里战乱、波斯尼亚暴行和卢旺达灭绝种族事件，多次获得世界新闻摄影大奖及其他奖项。学医的经历，使得福尼尔较多地关注与生命有关的主题，尤其是妇女和儿童。

自从来到纽约后，他就一直用镜头记录该城市，先是用柯达彩色幻灯片拍摄纽约的光线和色彩，之后，在20世纪末，又用黑白胶片拍摄这座城市不同阶层的差异和新移民的拼搏，并捕捉了纽约人如何迎接千禧年的狂欢瞬间，以及“9·11”事件的悲惨现场。他也记录了2020年疫情下的纽约市场景。

作为世界著名摄影家，福尼尔仍然十分平易近人，并始终生活在经济拮据的边缘状态，经常为医疗保险和房租发愁。尽管如此，他仍尽量不从事商业摄影，并自己动手修建摄影暗房，以下的访谈便是在他刚建成的简易工作室中进行。

上图：2005年，纽约，法兰克·福尼尔，江融摄

右页图：1985年，哥伦比亚，奥玛伊拉·桑切斯，13岁，阿梅罗镇内瓦多德尔鲁伊斯火山喷发的受害者

第12—13页图：1985年，哥伦比亚，阿梅罗镇内瓦多德尔鲁伊斯火山喷发的受害者、13岁的奥玛伊拉·桑切斯长达60小时的痛苦

江融： 你何时开始为联系图片社工作？为何要为联系图片社工作？

福尼尔： 我通过朋友介绍认识了联系图片社总裁普雷基。当时，他刚创立联系图片社，打算吸收一批报道摄影记者，专门报道主流媒体不太会报道的故事。1978年开始在联系图片社工作时，我十分高兴，那是一种获得自由的感觉，能够从事拍摄任务我感到兴奋和满足。

江融： 你的第一个拍摄任务是什么？

福尼尔： 1980年，我接到第一个拍摄任务，《时代》周刊派联系图片社的阿龙·雷宁格（Alon Reininger）和我一道报道西班牙首次自由选举，当时的独裁者佛朗哥刚去世不久，教皇将在大选后访问西班牙。我和雷宁格进行分工，我们可以自行选择与大选有关的重要故事进行报道。

江融： 拍摄任务通常是由谁决定的？

福尼尔： 大部分的拍摄任务是自行选定的，这非常重要。我们只以直觉、经验和专业精神为指导。在这方面，普雷基经验丰富，并能告诉我们某个主题的难度。当我们有某个想法时，他往往会建议，“如果你要做这个专题，或许从这个角度切入会有意思”。

江融： 能否举例说明？

福尼尔： 有一次，普雷基问《时代》周刊的一名摄影记者查克·菲什曼（Chuck Fishman），“最近在忙什么？”查克说：“我打算拍一些关于马拉松的备用照片。”普雷基说：“如果我是你的话，我不会拍马拉松的备用照片。”查克问：“那你会拍什么？”普雷基回答说：“《体育画报》和《体育新闻》等杂志的摄影记者通常拍摄首先跑到终点的运动员，他们专门报道冠军获得者。这类照片的结果往往可

以预料到。如果我是你，我会报道最后到达终点的人，我有兴趣了解这个人。”

虽然最后到达终点的人不是冠军，却有毅力要跑到终点，这对任何人来说，都是巨大的挑战。结果那一年，参加马拉松赛跑的人约有3万，最后一名恰巧是一位没有腿的人。你也许会问：“那么，我如何知道谁是最后一名？”普雷基会说：“你需要从不放弃跑完规定距离的人之中寻找，这是你的工作，这便是你可能与众不同之处。如果做不到这一点，待在家里算了。”

这的确很难做到，但新闻报道摄影要靠直觉，要能预测，并要对事情有所了解，而且，还要有某种运气，否则，当事情发生时，你很可能会失去机会。这一切是要成为良好报道摄影记者所必备的条件。

江融：那一名断腿的人是否有轮椅？

福尼尔：没有。他只有上半身，靠双手和指关节移动，靠臀部站立。第一天下来之后，他筋疲力尽，但只跑了1/3路程。他的精力令人敬佩。第二天，他很早起来，继续剩余的路程。大家都已经跑完，而且早就离开，但他仍然以自己的速度在跑。他在勇气和决心方面与其他人进行比赛，成为令人无法置信的故事。他不愿意被排除在比赛外，这是值得关注和尊敬的。当然，到了第三天，所有的电视台和记者都跟随他，他成了明星。

如果你预先注意到这个故事，你的报道方式便会十分不同。我想这个故事特别能告诉我们如何进行报道，以及优秀的编辑对于我们工作的重要性。从这个故事中，你可以了解到，新闻报道摄影家需要感知、理解和预测事情的发展方向。这是需要大量的时间和经验才能达到的水平。

新闻报道摄影家还需要百分之百的专注，除了

视觉，还需要利用嗅觉、听觉、触觉甚至味觉来感知。你工作得越努力，越能从细微迹象发现一些信息，并能打开新的工作方向，使你能够更加深入地挖掘和调查。

江融：联系图片社的摄影家几乎是最先报道艾滋病，你是其中之一。你如何开始报道该主题？

福尼尔：我在1983年9月通过《纽约时报》的一篇文章了解到艾滋病。我清楚地记得，当时我对自己说："这是另一种癌症。"

雷宁格对艾滋病的报道比我早，他总是有十分敏锐的想法和看问题的方式。他建议我们分头进行报道，他负责报道同性恋社区，我则集中在受艾滋病影响的家庭，尤其是妇女和儿童。我报道的一个家庭住在匹兹堡，父亲患有血友病，需要使用与血有关的产品，因此感染了艾滋病，并传给他的太太和孩子。

我们在没有财政支持的情况下，对该病追踪报道了两三年，试图了解实际情况。

江融：你是如何发现关于罗马尼亚感染艾滋病儿童的故事？

福尼尔：1990年1月底，《纽约时报》报道，罗马尼亚一些儿童感染艾滋病，被关在一个特殊病院。由于生活条件和对儿童的医疗护埋太差，该国许多儿童感染艾滋病。这种病在当地被认为是属于西方人的疾病，前总统齐奥塞斯库否认罗马尼亚存在艾滋病。大部分父母将患病的孩子交给该医院之后，便无法再见到他们。这些孩子没有得到很好的治疗，而且缺乏医药，实在可怜！

江融：除了像艾滋病等摄影项目和专题，你还

上图： 1983年，黎巴嫩，一位巴勒斯坦妇女哀悼丈夫的死亡，其遗体躺在的黎波里被亲叙利亚派别摧毁的房子里

左图： 1986年，海地太子港，人们庆祝独裁者小杜瓦利埃倒台

右页图： 1990年，美国，“傅菲”·哈兰，75岁，住在亚利桑那州太阳城的一个老年人社区

BUS
106
GO SCAT
257-8426
information
INFOPOST

在世界各国执行各种不同的拍摄任务，其中有些任务很危险，哪一次任务最危险？

福尼尔： 在黎巴嫩，有人朝我开枪。在萨拉热窝，子弹从侧边穿过我的摄影背心，那一次，我很幸运。新闻报道摄影家需要慎重处理可能遇到的生命危险，这便是新闻报道摄影的难处之一。

不过，新闻报道记者如何到达现场？他们发生了什么事？这些均不应成为读者关注的重点。故事本身最为重要，其他都不重要。因此，报道摄影记者应侧重于故事的质量。

江融： 我们都知道对记者来说到达故事现场很重要。你曾说过，作为摄影记者你必须在故事现场中心，离现场一英里远都不行。

福尼尔： 你必须到达现场，这是唯一能拍到照片的办法。不像文字记者，可以在事件发生之后10分钟到达现场，或到达离现场仍有一英里的地方，照样可以写出一篇有事实根据的报道。至于报道摄影记者，你不能离现场有一英里远，甚至10米都不能够报道，你必须在现场中心，而且，其他所有因素都必须对你有利，你的胶卷不能已经拍到第37张，或闪存卡已没有记忆空间，或没有电池了。你必须时刻准备好拍摄。

江融： 那么，你如何界定新闻摄影记者和报道摄影记者？你如何界定报道摄影？

福尼尔： 对这个问题有不同的说法，我不想有任何歧视性的说法。我认为，新闻摄影记者通常为某机构工作，该机构向他们提供器材和资料，以及在某时到达某地的所有办法。他们必须立即报道正在发生的情况，并将照片发回该机构。报道摄影记者对故事有更深入的报道，他们对所报道的故事需

左页图： 1990年，罗马尼亚布加勒斯特，维克多巴贝斯医院中患有艾滋病的孤儿

上图： 1993年，波斯尼亚萨拉热窝，鲍里斯拉夫·赫拉克，被判在内战期间犯有强奸罪和杀人罪的塞尔维亚人

右图： 1993年，波斯尼亚萨拉热窝，穆利佳·贝尔萨，30岁，与其名叫阿尔米拉的女儿。在内战中，穆利佳丈夫被杀害，她本人被强奸

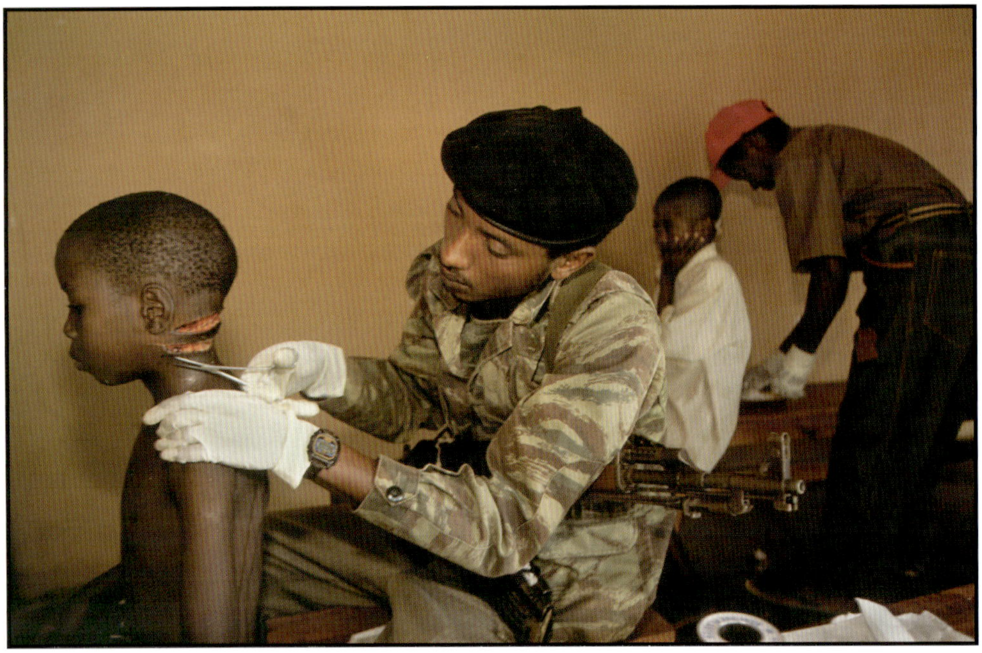

上图：1994年，卢旺达，图西族难民在鲁卡拉天主教堂中被胡图人屠杀

左图：1994年，卢旺达，在雅玛塔，爱国阵线图西族士兵照顾被胡图族种族灭绝施害者用砍刀袭击的年轻幸存者

右页图：1994年，坦桑尼亚，恩加拉的贝纳科难民营，因卢旺达图西族部队的推进而逃离的30万难民，其中主要是对种族屠杀负有责任的胡图族人

要花更多时间，而且，报道的角度和方式能够使观众对该故事有更多的了解。

江融：你能否与我们分享一下最令你难忘的经历？

福尼尔：我不知道如何回答。多数时候，除了报道，我们无法帮助别人，这让我们有很严重的心理创伤。你基本上一辈子都忘不掉这些人，他们会不时出现在你的脑海里，有时是路上的某种味道或某种声音，唤起你的记忆；有时，他们又出现在你的梦中。这些事件如此的紧张，令人难以忘怀。在战争中，看到儿童或其他人受苦，的确令人心碎，因为这些儿童就像自己的孩子，这些人就像自己的父母。

江融：所以，作为报道摄影记者，你见过这么多的流血事件，这么多的痛苦，留下了心理创伤。那么，卢旺达之行，是否是你创伤最重的一次？

福尼尔：的确如此。卢旺达所发生的事是我从未见过的。在卢旺达拍摄任务快完成之时，我意识到，法国总统密特朗和美国总统克林顿从一开始便知道卢旺达的局势，我感到自己被愚弄了。由于这些领袖缺乏政治勇气和领导能力，没有及时做出决定，导致几十万名卢旺达人丧命，这些人不该死去。

江融：报道摄影记者应当只是事件的见证人，进行调查和报道，使读者与事件发生现场联系起来。你曾说过，报道摄影记者能发挥桥梁的作用。

福尼尔：是的，你能在读者与某个地方、某个正在发生的事件之间建立桥梁，而且，重要的是，你一定要追踪正在发生的事，而不应当寻找哪些是可以卖钱的故事或寻找能够讨人喜欢的题材。例如，

没有奶的非洲母亲抱着一个孩子的画面，所有人都想拍这张照片，参加“荷赛”。获得“荷赛”奖固然很好，但不能老是拍同一个题材。我感兴趣的是，对同一个题材能拍出不同的看法。

江融： 有人说，报道摄影记者既不是警察，更不是上帝。

福尼尔： 他们不是传教士，不是警察，也不是医生。他们的责任只是拍照，记录正在发生的事件。

江融： 他们能采取立场吗？我的意思是，每个人都有自己的意识形态，这会影响照片的取向吗？

福尼尔： 为何不可？新闻报道摄影家当然需要采取立场。所谓“客观”，有时是掩盖事实的最佳借口。

江融： 你认为报道摄影记者应当在他们的作品

左上图： 1977年，美国纽约曼哈顿，华尔街

右上图： 1979年，美国纽约曼哈顿，圣马克广场

右页图： 1979年，美国纽约布鲁克林，克林顿大道，格林堡公园

中反映他们的立场吗？

福尼尔： 为何不可？我对有自己观点的作家感兴趣。这位作家可能是右派或左派，对问题会有某种看法，但只要有论据就行，这样能了解到他们的想法。完全的客观是不可能的，最重要的是要诚实地记录事件。你必须有事实的根据，你必须努力地工作，你必须尽可能了解事情的真相。

江融： 摄影记者能否参与某个事件？

福尼尔： 你不能参与正在发生的事件。如果正在发生示威游行，你不能作为示威者参与游行。如果有两派发生冲突，你不应当支持一派，反对另一派，但如果你认为，有一派的观点比另一派的观点更为有趣，那是无可厚非的。我的意思是，你不应当参与某个事件，唯一例外的是，当报道摄影记者需要主动抢救某人的生命。

江融： 那么，我想问你，是如何拍奥玛伊拉照片的问题，那也是一个生死攸关的情况。

福尼尔： 让我解释一下背景情况可能会有帮助。当我遇到她时，已经是星期六，而火山是在星期三爆发。所以她一直被埋在水中。我知道，她难以活下来，因为她的下半身被倒塌的墙压住，训练有素的医务人员和先进设备才有可能救她。如果将她很快拉出来，她也很可能会死于有毒的血液。我知道我无能为力，作为报道摄影记者的唯一责任是，尽可能将报道完成好。

江融： 奥玛伊拉那张照片无疑是20世纪最有震撼力的照片之一。你能否谈一下摄影的力量？

福尼尔： 每天都有大量的照片发表，你也无法断定人们如何解读这些照片，大部分照片都随着报纸杂志被扔到垃圾箱。作为摄影家，你很难知道自

上图： 2000年，美国，纽约时报广场，即将进入新年、新世纪和千禧年的瞬间

左图： 2001年，美国，9月11日，纽约世贸中心遭恐怖袭击几小时后

右页图： 2020年4月，美国，因新型冠状病毒病封锁的纽约时报广场

己的作品会产生什么影响。

我拍摄亚里桑那的那位老太太在公车站牌柱上做伸腿运动的照片，属于人物照片，我从来不觉得这张照片有多好，但竟然有这么多的人喜欢，这让我了解到照片如何能够对人的生活产生影响。这张照片在法国《费加罗》杂志发表之后，她被邀请到法国，接受多家电视台的采访，其他杂志也报道她的故事，她很快便出名。这张照片被印成明信片，成为最畅销的照片之一，甚至保险公司都找她作代言人。通过她的照片和奥玛伊拉的照片，我意识到照片的巨大力量。

江融： 你认为如何能使照片有震撼力？

福尼尔： 我无法告诉你。没有任何现成的公式，如果有的话，每个人都能做到，这样的照片不会有趣，因为每个人都在重复。一张好照片是用脑子和用心拍出来的，这是我唯一能说的公式。有时候，公众会告诉你哪张是好照片，老太太的照片便是一个例子。

江融： 所以，照片发表之后，便有自己的生命。

福尼尔： 的确如此，这张照片被无数次复制。实际上，是这位老太太创造了这张照片，而不是我，我只是碰巧将它拍下。这便是为什么说生活是如此有趣和精彩，如果你与他人产生共鸣，他们会给你最好的礼物，他们会尊重你，会告诉你他们是谁，他们的想法，他们的信仰，他们为何生气，他们为何在爱恋中。他们给了你如此之多，使你感到必须尽力将工作做好。你欠了这些人很多，你拍的照片和你的报道必须适当、诚实和恭敬。这是至关重要的。

江融： 要想拍到有震撼力的照片，需要大量实践。你曾经说过，摄影犹如弹钢琴。

福尼尔： 是的，著名钢琴家鲁宾斯坦（Arthur Rubinstein）曾说过，他从2岁开始弹琴，16岁时，他认为没有人弹的肖邦作品能够超过他。当他到了40岁时，才意识到，自己在16岁时说的话很愚蠢，因为现在他认为自己才开始知道如何弹琴。但在80岁时，他说，他在40岁时太狂妄，现在他才能弹得稍微好一点，因为在弹了七十多年之后，他的手指才能弹奏得更自如一些，40岁时，他的手指还是太僵硬。

当你年老之后，你的膝盖可能不太灵活，但你在处理问题时已经与年轻时不一样，年轻时并非不能出好作品，但通常随着你年龄的增长，你能拍得更好。

江融： 由于数码技术和互联网及社交媒体等因素的发展，摄影现在正处于十字路口。你如何看待这个问题?

福尼尔： 每一项技术的发展都会影响人们的观看方式，并带来新的机会。数码技术给予摄影家更多的可能性，但也产生新问题。例如，有些摄影家会在拍摄过程中不断查看机背并删除照片，这种做法实际上毁坏了你与所拍摄故事之间的关系。最佳的办法应当是回到家中再编辑照片。摄影是关于你如何能拍摄并编辑出一个有趣故事的过程。

正如纽约市一样，人们常说，纽约处在十字路口。市政府曾因管理不善而经济拮据，但后来又起死回生。2001年，纽约世贸大楼遇到了令人可怕的恐怖主义事件，纽约人仍然处在严重的创伤中，但他们再次克服了困难。

江融： 谈到纽约市，我知道，你从1999年开始做一个关于纽约市的项目。你为何开始做该项目?

福尼尔： 当时，纽约处在一个转变时期，结果，这个项目做得十分及时。“9·11”事件之后，纽约选出一位新市长。这些照片是在一个时期结束，另一个时期开始之时拍摄的。从该角度来说，这些照片相当有趣。

江融： 有这么多的摄影家拍过纽约。

福尼尔： 我不在乎。每天都有许多人在重写罗密欧与朱丽叶的故事。

江融： 那么，你的纽约照片如何区别于其他人?

福尼尔： 我不知道，我只知道，这些照片十分个人化。我是采取印象主义的手法拍摄我的工作所在地和我所尊重的城市。纽约市十分迷人，始终在发生着一些事情，你从来不会对该城市感到厌倦。我喜欢纽约，我并没有想与某位摄影家进行比较，我只是做了我想做的一件事，也是想借此感谢该城市，仅此而已。

江融： 你能否给中国摄影家一些建议?

福尼尔： 中国摄影家应当拍摄我们西方摄影家正在拍摄的故事，因为他们的文化、背景和教育与我们如此不同，我期待看到他们如何看待我们所报道的故事和问题。应当不仅只有美国或西方的观看角度，我们需要各种角度。应当有非洲或南美洲的摄影记者拍摄中国，或许才能提供关于中国某些问题的新看法。

中国摄影家不应当模仿西方，否则，会十分悲哀而且无趣。他们应当相信自己的直觉和才能。我也感兴趣看到中国摄影家如何记录本国的问题，即使他们不理解这些问题，只要他们思考并致力于拍摄这些问题，就能拍出具有独到眼光的作品。

上图：2008年，美国，
长岛，火岛，靠近纽约

Kristen ASHBURN

克里斯廷·阿什伯恩

克里斯廷·阿什伯恩在上大学期间，曾利用暑假5次到罗马尼亚孤儿院做义务护士，照顾神经受损的儿童，并在美国成立了一个领养这些孤儿的相关非政府组织分会，还领养了两位需要到美国治疗的孤儿。在做义工期间，她开始利用摄影来报道这些孤儿的痛苦状况，从此，走上了报道摄影之路。

2001年，阿什伯恩决定以摄影为职业。她自费到津巴布韦报道艾滋病毒/艾滋病的严重状况；她也曾经冒着被传染的危险到俄国西伯利亚监狱拍摄患有肺结核的囚犯；并拍摄过罗马尼亚吉卜赛人；伊拉克战争爆发一年之后的状况；以色列与巴勒斯坦的冲突以及印度洋海啸等。同时，她还担任“通过儿童的眼光：卢旺达项目”主任，辅导1994年卢旺达种族灭绝受害者的孤儿拍摄照片。

她的努力不断得到奖励。2004年，被美国《摄影区域新闻》(*PDN*) 杂志评为30位30岁以下最有前途的摄影家之一，并获得法国女报道摄影家协会女报道摄影家奖。2005年，获得世界新闻摄影比赛新闻人物类一等奖。2006年，获得盖蒂基金会奖金。2007年，她获得了美国海外新闻记者俱乐部颁发的约翰·法伯奖，美国密苏里新闻学院颁发的国际年度最佳新闻摄影照片奖，以及美国全国新闻摄影家协会年度最佳摄影家奖。

2007年，阿什伯恩与歌星麦当娜合作拍摄了一部关于非洲艾滋病患者状况的纪录片，获得美国艾美奖的提名。她还将自己拍摄的非洲艾滋病患者的报道摄影作品编辑成一本题为《血统：艾滋病与家庭》(*Bloodline: AIDS and Family*)的画册而获得好评。目前，她将摄影的关注点放在美国家庭的题材上。

上图：2006年，纽约，克里斯廷·阿什伯恩，江融摄

右页图：2002年，罗马尼亚，吉卜赛女童

江融： 你是如何对摄影产生兴趣的？

阿什伯恩： 我始终对摄影能够记录个人和社会的变化感到好奇。因此，我开始想象如何利用摄影记录自己的不同时期。

江融： 你是否记得使你印象深刻的第一幅照片？

阿什伯恩： 我记得刚开始学摄影时，朱丽娅·玛格丽特·卡梅伦（Julia Margaret Cameron）的照片令我印象深刻。我很感兴趣的是，她的肖像不仅记录了一个历史时期，而且让我们对卡梅伦本人有所了解，她利用想象力设计的奇异布景将肖像推向新的高度。

江融： 你既被视为纪实摄影家，又被视为报道摄影家，你认为纪实摄影与报道摄影是否有区别？

阿什伯恩： 如今，报道摄影记者使用数码相机，比以往任何时候工作得更快。在报道时，他们必须从现场将照片发回，以便赶在截稿之前送到。而纪实摄影家通常有更多时间来报道某个专题。这两种方式我都采用，如果可能，我喜欢花更多的时间来报道专题，这样可以将相关的内容放到故事中，有助于我本人和观众了解所报道的问题。

江融： 你在大学时，刚开始并不清楚自己要从事的是商业摄影、艺术摄影还是报道摄影。什么原因促使你采用纪实摄影，并成为报道摄影家？

阿什伯恩： 当我还在上大学时，有机会到罗马尼亚义务协助孤儿。他们被关在拥挤的孤儿院，像囚犯一样对待，甚至还不如动物。在社会上绝对听不到这些儿童的声音。作为援助人员，罗马尼亚政府不允许我拍摄，担心会有不良的报道。因此，我决定用摄影披露这些孩子所处的可怕境地。

我将相机藏在身上带到孤儿院偷拍，当时我觉得，如果能披露这些儿童的遭遇，可能有助于改变他们的状况。最终，这些照片产生了作用，我们的确帮助了其中一些儿童。由此，我意识到摄影的力量。

江融： 你是如何发现罗马尼亚孤儿的状况？

阿什伯恩： 我在电视上看到关于这些孤儿院儿童的节目，我特别想去帮助他们，因此做了一些研究，结果发现我的一位亲戚成立了一个基金会收养这些儿童。后来，我协助其在美国成立了第一个分会，并收养了两个需要治疗的孩子。

江融： 可以说，你既是一名活动家，又是一名摄影家。作为报道摄影家，你是否可以对你报道的事件采取一种积极参与的态度？

阿什伯恩： 我认为，每一位摄影家均有自己的见解，每个人也都有自己的世界观。但作为报道摄影家，我不会在遇到某种情况时，不分青红皂白地加以预先判断。我的目标是记录我所见到和所体验的一切，诚实地反映所发生的一切。因为，我首先是一名报道摄影家。

江融： 带有自己观点的报道摄影记者是否能客观地报道？

阿什伯恩： 新闻报道摄影最重要的作用是揭露事实，并收集证据，以便讲述故事。在该过程中，摄影家很自然会产生自己的观点，因此，我不认为能够完全客观地报道。摄影是视觉语言。当我们在构图时，会将我们的审美和个人观点包括在内。

我通常会深入地卷入我要报道的故事中，这种深入的经验有助于我诚实地工作。例如，我在津巴布韦报道艾滋病毒/艾滋病的问题时，我与许多被摄者住在一起。看到他们每天与疾病做斗争，这有助于我理解该流行病的复杂性，也有助于我与被摄者之间产生信任。因此，我才能拍摄出一些非常亲密的瞬间。

江融： 你是如何发现津巴布韦的艾滋病问题？

左页图： 1994年，罗马尼亚，斯雷特，为“无法恢复的儿童”设立的孤儿院

上图： 2002年，罗马尼亚，吉卜赛人

阿什伯恩： 我在《纽约时报》上读到有关文章，意识到感染艾滋病毒者的数量大得惊人。我无法理解40%人口感染艾滋病毒意味着什么。我做了大量研究，不断地存钱，最后辞掉为一位时装摄影家服务的工作，前往津巴布韦拍摄该项目。我冒了一次很大的险，但我知道必须致力于该项目。

江融： 你所用的“冒险”一词的含义是什么？

阿什伯恩： 我不是指安全方面的危险。作为摄

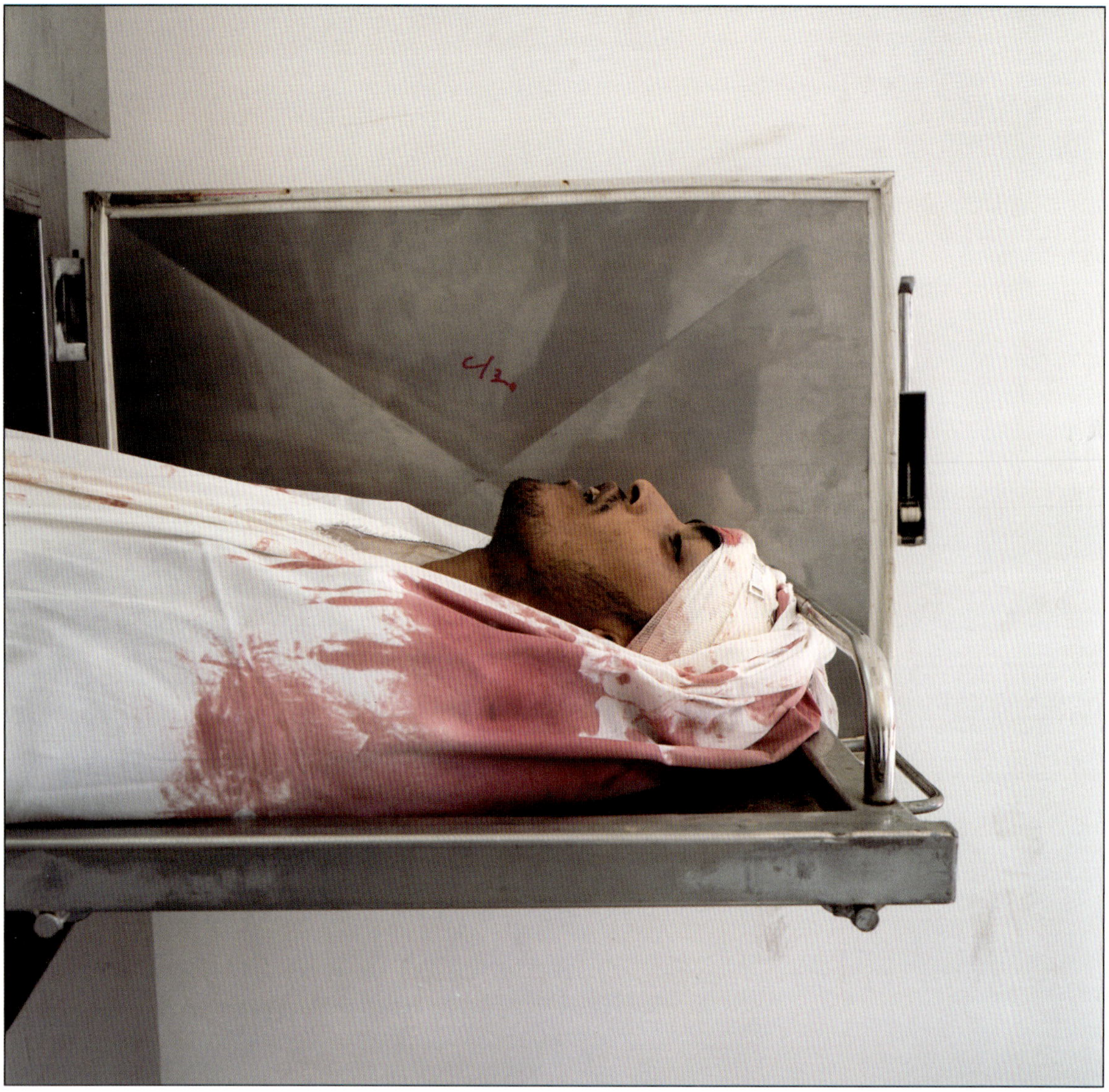

上图： 2002年，巴勒斯坦国，巴勒斯坦与以色列冲突的受害者，加沙城停尸房

右页左图： 2002年，巴勒斯坦国，加沙自杀式炸弹袭击者的遗孀

右页右图： 2002年，巴勒斯坦国，加沙阿克萨烈士旅的一名自杀式炸弹袭击者

影家，我们致力于拍摄对我们来说很重要的故事，但可能有资金困难和照片难以发表的问题。我花大量的时间和资金来做该项目，却不知道是否能得到资助继续该项目，甚至不知道照片是否能发表。

江融： 那么，你去津巴布韦和中东等冲突地区，是否想到有一天会回不来？

阿什伯恩： 也许在内心深处始终有这种念头，但我试着不把精力放在危险上。我在津巴布韦时，由于当地的政治形势，我的行动十分谨慎，拍摄每一个故事都有风险。

江融： 你在津巴布韦住在哪里？

阿什伯恩： 我住在不同人的家里，不过，我总是有一个比较固定的地方。

江融： 你如何接近艾滋病患者？

阿什伯恩： 我会向他们解释拍摄的目的，以及我打算如何使用这些照片。我总是先问他们是否愿

意公开自己的状况。我通过几个提供援助的非政府组织接触到一些艾滋病人，这些艾滋病人又会将同样患有艾滋病的亲戚、邻居和朋友介绍给我。该项目不仅是关于艾滋病毒感染者的故事，也是关于受该疾病影响者的故事。因此，我也拍摄照顾病人或失去亲人的患者家人，以及该疾病造成的孤儿。

江融： 从你的照片可以看出，你是在很近距离拍摄他们，而他们并不觉得受干扰。

阿什伯恩： 有些近距离的角度是我所使用的镜头造成的。但我的确常常近距离拍摄他们，因为我与他们住在一起，并与他们交朋友。只有花时间与他们在一起生活，你才能拍到十分亲密的照片，而又不会干扰他们。

江融： 我注意到，除了莱卡相机，你也用中画幅禄莱相机。你为何要用中画幅？

阿什伯恩： 我想做一些尝试。后来，我发现，相对于135相机来说，我更喜欢中画幅相机，因为我更喜欢朝下通过取景器观看被摄者，而非直接观看他们。另外，这也是我能够更接近被摄者的原因

之一，因为当你朝下看时，你的肢体语言相对不那么有威胁性。

江融： 你用Tri-X胶片，然后扫描底片，再用Photoshop修版，这种照片可以被认为是经过数码改进的照片吗？

阿什伯恩： 我修改和强化影像的程度相当于我在暗房中操作的程度。你可以使用Photoshop来清除照片上的污点，也可以用它来加光或遮挡。但照片的内容最重要，我从来不修改照片的内容。

江融： 你曾在洗印店工作的经验有助于你修版。

阿什伯恩： 如果你在暗房里待过很长时间，上述手法便成为你的本能。的确，在洗印店的经历有助于我了解摄影媒介的反应，以及如何能制作一张优质照片。正如画家一样，你必须学习使用各种工具，而且要掌握这些工具。摄影技术充满各种新的挑战，作为摄影家，你必须学习摄影媒介，这是不断学习的过程。

江融： 你的上述说法产生了一个关于摄影媒介的问题。你认为什么是摄影？

阿什伯恩： 对我来说，摄影始终具有魔力。照片与消逝的瞬间建立直接的联系，并能为后代留下集体记忆的根据。但愿我的照片也能有助于子孙后代了解我们的世界。

江融： 随着数码革命的来临，摄影已发生重大变化。有人甚至认为，新闻报道摄影处在危机中，尤其是当任何有手机相机的人均可以用手机拍照之时。

阿什伯恩： 我认为，"人人都是摄影师"的时代会加强摄影的力量，公民记者能够记录到一些突发事件。例如，在伦敦爆炸案中，地铁里的人能够用手机相机拍摄突发的情况。业余摄影师协助记录各种事件，有助于保留历史。

江融： 你知道，卡拉OK在东亚，尤其在中国和日本最为流行。有了卡拉OK之后，许多人似乎都唱得像专业歌手一样。你是否认为，有了数码相机之后，摄影变得太民主？

阿什伯恩： 就拿U2歌手波诺（Bono）来说，如果我唱卡拉OK，我唱不了他那么好。柯达曾经发明生产的布朗尼相机，使得个人和家庭能够廉价且方便地记录他们的生活。相机正变得越来越容易使用，但这并不意味着每一个人均会变成摄影家。我认为，摄影将会在社会中发挥不同的作用。令人兴奋的是，人们能够用相机记录世界，而且相机正变得越来越小，更容易携带，这更有助于人们相互交流。

左页图： 2006年，马拉维，弗洛伦斯·阿方索和儿子摩西都死于艾滋病

左上图： 2001年，马拉维，6岁的玛丽·坎塞尔与她29岁的母亲克里斯蒂娜，后者死于艾滋病

右上图： 2000年，津巴布韦，10岁的卡罗琳·穆兹蒂，她的父母死于艾滋病

江融： 所以，你既使用数码相机，也仍然使用胶卷拍摄。

阿什伯恩： 我不认为二者必须择一。例如，目前我买不起中画幅相机的机背，因此，如果我使用中画幅相机，我便无法用数码的方式拍摄。但如果我能够使用数码机背，我绝对会使用，因为我就不需要冲洗胶片和扫描底片。在为新闻机构工作时，他们常常立即需要照片，在这种情况下，我别无选择。我必须用数码相机拍摄。

江融： 你认为数码相机的感应器已经能够产生与胶卷质量相同的照片吗？

阿什伯恩： 感应器当然已经非常接近底片的扫描效果。

江融： 但你是否也认为，扫描的效果也能产生底片的艺术效果？

阿什伯恩： 在许多情况下是可以的。我们生活在一个信息传播很快的时代。如果你是作为报道摄影家，在报道一个事件中与别人竞争，你主要关切的问题可能不是照片的影调。不过，如果我做专题项目，有更多的时间，而且能够更加灵活时，我始终会考虑选择使用哪种相机和是否选择胶卷等问题。

江融： 谈到照片的影调问题，我注意到，你在津巴布韦拍摄的照片有一种十分特殊的影调。而且，你非常注意使用光源，无论是从窗户还是大门进来的光，同时，你的照片细节仍然丰富。

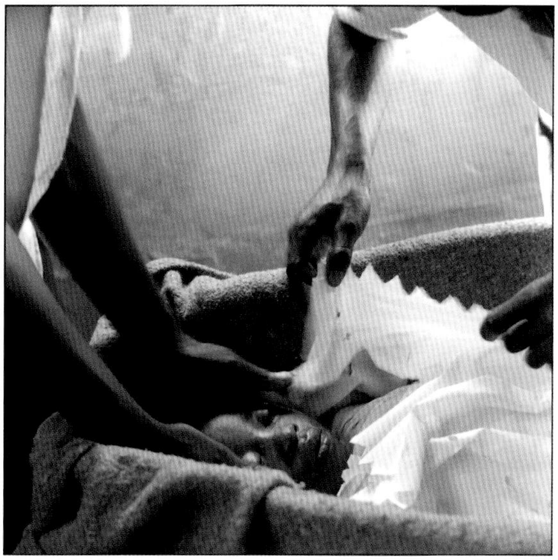

左页图： 2005年，津巴布韦哈拉雷，富有魅力的天主教徒祈祷小组，亲手治疗艾滋病患者

左上图： 2005年，津巴布韦，掘墓人为艾滋病患者准备坟墓

右上图： 2001年，津巴布韦安德鲁·卡比奥希，13岁，死于艾滋病

右下图： 2001年，津巴布韦哈拉雷，艾滋病受害者的葬礼

阿什伯恩： 我使用自然光，因此，必须十分注意光源。闪光灯会对一些场景造成干扰。由于当时我常常在一些很小的空间拍摄，我必须依靠窗户或敞开的门射进来的光线。

江融： 你使用三角架吗？

阿什伯恩： 不用，但我常常依靠墙或椅子。我也时常被迫使用1/15秒。

江融： 你拍摄的被以色列狙击手打死的巴勒斯坦青年的照片，使你获得世界新闻摄影比赛新闻人物类一等奖。一个拥护巴勒斯坦的组织在网站上使用该照片，他们还署名是你拍的。换句话说，一张照片可以被不同的人用于不同的目的。

阿什伯恩： 他们不应当这么做，使用我的照片必须征得我的同意。互联网上的照片经常被滥用，这是一件难以控制的事情。

江融： 我的问题是，在这个信息和通信技术的时代，影像可以是十分强有力的工具，可以被用作不同目的，包括宣传。影像能否中立？

阿什伯恩： 任何组织或个人未经许可为自己的目的使用摄影家的照片均为非法。人们必须遵守国际版权法。我的照片只能在经过我许可的出版物中使用，而且应当付钱给我。有时，我会将照片捐给某组织或出版物使用，但须预先同意，而且规定十分明确。至于巴勒斯坦组织未经许可使用我的照片为他们的目的服务，显然我拍此照不是为了该目的。这幅照片的目的不仅表明这位年轻人的死亡，而且也强调在加沙每天都有许多人因冤冤相报而死亡。除了这张照片，没有太多关于这位年轻人死亡的报道。

江融： 对我来说，这张照片既有震撼力，又有凄凉美。刚看照片时，不知道是谁，仔细一看，才意识到这是一名受害者。

阿什伯恩： 是的，他很年轻，看到这么年轻的人死亡是很难受的，尤其是他死得很无辜。他当时只是朝窗户外面看，而且没有佩戴武器，却被狙击手打死。当你知道该照片背后的故事时，你会开始意识到暴力是毫无意义的。

我拍这张照片不是为了要让它看上去美丽。当时，他在停尸间，十分安静的片刻，在该片刻里，所发生事件的一切疯狂和残暴均消失，唯一能证明该事件的是渗透到被单的鲜血。然而，他的脸似乎完全没有被破坏，他仿佛在睡觉。

江融： 你得了许多奖，也曾被认为是30位30岁以下最有前途的摄影家之一。但这些奖也会对你提出挑战，因为人们会期待你拍出更好的照片。你是否感到有压力？

阿什伯恩： 我开始摄影不是为了获奖。我很高兴人们喜欢我的作品，我希望与他人分享我的经历，以便反映世界上发生的各种事件，这才是摄影最令我感到满足的方面——拍出能让人有感触的照片。

江融： 我认为，联系图片社年轻一代摄影家正接过诸如大卫·伯耐特、阿龙·瑞宁格和法兰克·福尼尔等老一辈摄影家的旗帜，你是否同意这种看法？

阿什伯恩： 成为联系图片社的一员就像成为一个大家庭的一员，我从该图片社的其他更有经验的成员得到许多指导。图片社的操守是至关重要的，长期以来，联系图片社一直保持着正直的操守，尊重新闻报道摄影。对我来说，这是很重要的。我很高兴而且也十分荣幸能成为这个团体的一员。

江融： 你是如何应对过去十年摄影的变化？

阿什伯恩： 对我来说，摄影是我所能获得的最好教育。大部分美国人并不了解世界其他地方的人是如何生活的。能够亲眼目睹世界各地所发生的事情，有助于我更好地理解美国所发生的事情。

现在我已经成家，并在7年前生下一个女儿。作为母亲，我对情感的理解更加深刻，这有助于我的摄影事业。我现在更多地关注美国家庭的故事，而且对于我原来拍摄的照片又有新的认识。我的家庭生活让我的视觉语言产生变化并更加成熟。我对于摄影作为交流的手段仍然十分激动，摄影是一项非常有力量的工具。

上图：2005年，津巴布韦，戈弗雷，32岁，病得无法工作

Vicki GOLDBERG
薇姬·戈德堡

薇姬·戈德堡是美国当代具有国际影响力的著名摄影文化评论家和摄影史学家。20世纪70年代末，她便开始从事摄影研究，并经常为《纽约时报》以及《光圈》和《名利场》等杂志撰写摄影评论文章。

她编写出版过许多著作，其中1991年出版的《摄影的力量：照片如何改变我们的生活》(*The Power of Photography: How Photographs Changed Our Lives*)一书，曾与苏珊·桑塔格《论摄影》(Susan Sontag，*On Photography*，1973年）和马歇尔·麦克卢汉《理解媒介：论人的延伸》(Marshall McLuhan，*Understanding Media: The Extension of Man*，1964年）相提并论，奠定她在美国摄影评论界的重要地位。

戈德堡还是一位出色的策展人，“玛格丽特·伯克-怀特回顾展”(Margaret Bourke-White）是她策划的许多展览之一。此外，她也担任教学和评委工作。2006年9月她应邀参加平遥国际摄影节，担任首届“平遥国际摄影高端论坛”的主讲人。

在戈德堡的家中，贴着一张漫画，画中有一只形影孤单的牛正在发言，台下各种动物表示异议。漫画的警句是：无人同意你的观点，并非意味着你是错误的。戈德堡给我的印象正如画中的发言者：独立而又有勇气。

目前，她仍在世界各地讲学，且笔耕不辍。她的评论文字洗练、隽永，充满洞见和睿智。她总是将摄影作品放在其创作的年代以及相关的政治、经济、文化和社会背景下加以评论，她是当今国际摄影评论界一个独特的声音。

上图：2006年，纽约，薇姬·戈德堡，江融摄

右页图：1936年，美国加利福尼亚州尼波莫，移徙母亲，多萝西娅·兰格摄

江融： 你认为称职的摄影评论家应具备什么素质？

戈德堡： 首先，需要了解摄影的历史。我所从事的第一个大项目是在20世纪70年代末编撰《摄影文论集》（*Photography in Print: Writings from 1816 to the Present*，1981年），为此，我花费大约一年半的时间，几乎阅读了当时所有关于摄影的英文文献，那时有关摄影的英文读物的确不多，而且，尚未有人攻读摄影博士学位。当代有些摄影评论家缺乏对不同摄影风格、运动和理念更加深入的了解，有些评论家不了解摄影历史的背景故事，以及背景历史对当代作品可能产生的影响。

其次，要看你对摄影的偏好或兴趣。我本人始终偏向于摄影如何与社会和文化互动的问题。摄影与我们的生活是密不可分的，当我最初开始从事评论工作时，人们对这方面研究得不够。当然，你也可采取正统的评论方法，那么，就需要大量了解美学，而美学在评论中本来就不可或缺，因为，摄影毕竟是视觉艺术。

江融： 你认为什么应当是摄影评论家的操守和职业道德？

戈德堡： 这要视你为哪份出版物工作而定。就拿为《纽约时报》撰写评论来说，你不可以利用公费旅行。如果有人付钱给你，让你到某地报道某事，那么，你就不应当写。另外，我认为，摄影评论家成为摄影收藏家是有问题的。如果我有某位摄影家的10幅作品，并撰写关于该摄影家的评论文章，这会增加该摄影家作品的价值，是不道德的。

江融： 有一种说法是，艺术家、艺评家和画廊经纪人会合伙炒作艺术家的作品。所以，我认为，你是对的，如果既是评论家又是收藏家，的确十分成问题。

戈德堡： 我知道，在我写了《玛格丽特·伯克-怀特传记》（*Margaret Bourke-White: A Biography*，1987年），并策划她在纽约国际摄影中心的展览之后，她的照片价格自然便上涨。所以，如果你写评论是为了你的投资，那么就不是在写评论。这种做法是不道德的。另外，我很少给朋友写评论。几年前，有一位朋友办展，原本我想写一篇评论，后来，我发现不喜欢该展览，便决定不写了。举办一次展览需要花很多精力，无论谁办展，都会认为展览很好，但可能该展览糟透了。除非展览的内容冒犯了我，否则，我不需要批评该展览。例如，好几年前，有一个展览非常淫秽，我必须加以批评，这家一流的画廊竟然办这种煽情的展览，是很荒唐的。

江融： 我注意到，你的著作《光的重要性》（*Light Matters*，2005年）中有几位摄影家并不出名，但你仍然评论他们的作品。你如何决定评论谁的作品？

戈德堡： 通常是我认为特别值得看的作品，或者这些作品有另外几层含义值得梳理，或者它们符合当今的思潮。

江融： 我认为，你的文章十分有力度。句子通常很短，而且有节奏，有时甚至有诗意。你是否认为，对于一位摄影评论家来说，文笔本身也很重要？

戈德堡： 对我来说，的确十分重要。我不想自夸，但评论家很少文笔很好，只有一些还不错。我是历史学家，而且大量阅读。最好的文笔应当有声音。如果有人告诉我："阅读你的文章时，我感到你在与我对话。"这总让我感到高兴。这表明文章背后有一个人，而不是做出判断的机器。

江融： 我也注意到，在你的文章开头，常常会有一句富有哲理的话，如"战争不会靠照片来决定输赢，但照相机会杀人"。

上图： 1923年，法国巴黎，乌尔辛街，尤金·阿杰摄

戈德堡： 摄影是世界上最有意义的研究主题之一，因为它会产生如此众多的影响，它的内容可以是关于战争与和平，也可以是关于爱情和仇恨。摄影不仅能通过产生影像来表达我们的感情，也能涉及我们所关切的事项，这些事项常常具有哲理。

江融： 你如何评价苏珊·桑塔格的文笔和评论？

戈德堡： 我认为，《论摄影》是一本具有里程碑意义的书。也有许多人不喜欢她的这本书，指出她对摄影不公。而我认为，她提出了许多重要问题，这本书十分有影响。我曾在纽约国际摄影中心主持过一次关于此书的专题讨论会，会上，我指出，该书并非主要论述摄影，而是关于她对20世纪的担忧。有趣的是，后来她说了类似的话。

此书是关于她对于大规模制造影像和商品感到不安，论及影像代替经验及其所意味的异化和隔离，说明人们是通过某物观看世界，而非直接观看。她的有些论点也有错，有些地方夸大其词，例如，她说“每一个摄影行为均是侵略行为”。我从来不这么认为，拍摄自己的婴儿照片并非是侵略行为。

江融： 也许她只是夸张一下。

戈德堡： 是的，以便能更加强调她的观点。

江融： 你如何评价罗兰·巴特（Roland Barthes）？

戈德堡： 我认为他是一位优秀的评论家和有趣的作家。他的《明室》（*La Chambre Claire*，1980年）是一本十分感人的著作。而且，他非常尖锐，是一位十分敏锐的观察家。

江融： 他也是一位哲学家。

戈德堡： 这使得他与其他评论家有很大差别。

江融： 现在来谈你自己的著作，《摄影的力量：照片如何改变我们的生活》的主要论点是什么？

戈德堡： 这本书的主题是，尽管结构主义者认为，我们是由语言组成的，但我认为，我们是由影像组成的。20世纪基本上是一个充满影像的时代，充满了照片、电影和电视。这些累积的影像传达关于生活和大千世界的宏大理念。媒体始终是我们接受信息和娱乐的途径。离开了影像及其衍生物，人们无法想象或理解20世纪的美国、乃至整个西方世界的生活：当时人们的心情如何？什么是影像的影响？它们对我们的生活产生了什么影响？我们承认，广告对我们的欲望和穿着方式的影响，其他类型的影像也对我们产生重大影响。

江融： 我同意，摄影的确对我们的生活产生巨大影响。但摄影的影响如同双刃剑，它会产生积极影响，也会产生消极影响，要看谁在利用摄影。

戈德堡： 几十年前，消极影响便已经显现。例如，希特勒在20世纪30年代的所作所为，以及雷尼·瑞芬斯塔尔（Leni Riefenstahl）的电影。各国政府知道摄影对它们来说可以产生非常大的影响力，希特勒和斯大林将摄影的影响力推到极致。

江融： 但你是否同意瑞芬斯塔尔的影像是强有力的？

戈德堡： 她或许是20世纪最伟大的电影宣传家。

江融： 或许她被希特勒利用了，她的艺术用于错误的目的。但她也在非洲和水下分别做了一个摄影项目。

戈德堡： 那是在晚年，她在做水下项目时，已经80多岁了。我同意，她被希特勒利用，但我认为，她是自愿合作的。我不知道她是否真是一名纳粹分子，但她为纳粹政权做出大量贡献。

上图： 1945年4月，美国军队解放德国布痕瓦尔德集中营，玛格丽特·伯克-怀特摄

下图： 1934年，在德国纽伦堡举行的纳粹党代表大会，选自纪录片《意志的胜利》，雷尼·瑞芬斯塔尔摄

第44页图： 1986年，薇姬·戈德堡，《玛格丽特·伯克-怀特：传记》封面，哈珀科林斯出版社

第45页图： 1991年，薇姬·戈德堡，《摄影的力量：照片如何改变我们的生活》封面，美国艾比维尔出版社

江融： 作为评论家，你如何评价像她这样的摄影家？

戈德堡： 我们不是在讨论她的整个职业生涯，而是在讨论她的电影《意志的胜利》。我认为，她是个伟大的宣传家，但我不喜欢她所宣传的目的，或她被利用的目的。但她的所作所为，尽管是邪恶的，却十分卓越，从视觉上和宣传上均十分卓越。她没有与天使为伍，但魔鬼有时是十分有效力的。

江融： 让我们回到你的著作《摄影的力量》。你在书中使用不同的暗喻来描述摄影，摄影是“无法辩驳的目击者”便是其中之一。你是否仍然这么认为，尤其是在出现“数码革命”之后？

戈德堡： 在审判中，正如其他证据一样，照片也会被质疑。多年来，法律已质疑照片，现在，如果没有底片，法庭有时会怀疑照片的真实性。当然，你也可制造假底片。

我不知道现在的情况如何。2003年，我曾打电话到纽约警察局，询问他们是否使用数码相机取证。他们说，尚未使用数码相机，因为他们无法确定法庭是否接受数码照片。不过，报社已成立伦理小组，并已制定它们所能采用照片的标准。你当然知道，《洛杉矶时报》的一名摄影记者因对照片动了一点手脚便被解雇。我想，他们将他解雇是有道理的，因为新闻需要绝对的可信度。但有些摄影记者一直更公然地修改照片，却未被发现。我们生来便相信自己的眼睛，因为我们基本上是视觉动物。知道摄影会撒谎，才使得我们现在对摄影产生怀疑。画家可以在绘画中杜撰，艺术摄影也可以，但新闻摄影则必须真实。在这方面，我们需要强有力和有约束力的道德规范。

江融： 你也将摄影比喻成“政治说客”，会产生“摄影谎言”。这种信任危机早就发生，尤其在越战之后，人们对摄影越发失去信任。你如何看待这种危机？

戈德堡： 我想这与美国人不信任政客、尤其现政权，以及其他权威人物有关。越战期间，将军和政客均对我们撒谎，“水门事件”便暴露了许多谎言。我认为，一直存在欺骗、掩盖和编造的风气，因此，我们在许多方面已经产生不信任。

摄影媒介与文化如此息息相关，如果摄影没有受到怀疑，那才是怪事。人们怀疑照片是有许多原因的，数码化便是其中之一。在《摄影的力量》中，我指出，20世纪60年代，电视上有那么多坏消息，以至于人们想要杀掉信使。因此，人们对媒体十分不信任。60年代的媒体报道了那么多学生示威活动、谋杀事件、民权运动中的残暴事件、越战中的烧杀情景、同性恋为他们的权利抗争等，美国人感到愤怒和羞愧。我们热爱自己的国家，希望国家能朝好的方向发展。但灾难和暴乱相对于较为平静的事件更具有戏剧性，媒体常常给了它们更多的空间。毫不奇怪，人们对此感到怨恨。

江融： 这也使得报道摄影家的工作更难做，尤其是在杂志和报纸花更多的篇幅刊登名人照片，而非报道摄影家拍摄的照片之后。现在人们已在讨论报道摄影家及其不满的问题。你认为什么是报道摄影家感到不满的问题？

戈德堡： 刚才你说的便是其中一点，现在能发表报道摄影的地方不多。另一方面，与这个国家一样，美国媒体两极分化，它们只需要一种特定的观点。报道摄影家从来就无法控制他们的照片，你为杂志或报纸工作，拍了上百张照片，只有一张发表，这张还不见得最能代表你的观点，而且，一张照片难以说明问题。

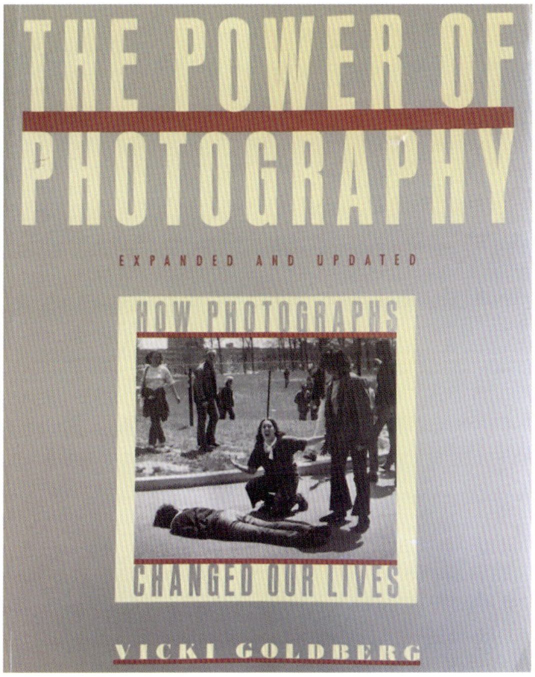

“9·11”事件时，我们曾有过真正的报道摄影，报纸杂志上充满了相关的照片，伊拉克战争的报道摄影更多一些。因此，有一些报道摄影家的作品能得到发表，但报道的空间仍然不多。

江融： 另外，我认为，美国图片编辑采用的标准与欧洲同行不同。许多照片在欧洲可以发表，在美国则不见得能发表。与欧洲国家相比，总的来说，美国被认为是更加开放的国家，为何美国的主流媒体变得如此保守？

戈德堡： 这是一个很大的政治问题，与美国转向右倾和保守也有关。美国最早是一个清教徒式的国家。例如，我们对裸体会有许多责难，而在法国则不会发生。我不知道，为何在有些国家，可以允许发表某种程度的暴力照片，而在美国则不行。在北非，报纸充满最恐怖暴力事件的照片，在美国这种照片绝不容许发表。

部分原因是与“容忍”的文化问题有关。各种情况都会改变容许的性质。在战争期间，始终存在军事审查制度，而且也存在编辑审查制度。

江融： 有时，这种审查成了自我审查制度。法兰克·福尼尔告诉我，他曾做过一个拍摄罗马尼亚艾滋病孤儿的项目，其中一张照片是医生将一个死于艾滋病的婴儿尸体在水槽中洗。即使像美国《生活》杂志这种主流媒体也不发表这张照片，而该照片却在《中国摄影》杂志发表。我的理解是，大部分美国人喜欢娱乐，而不喜欢看到这种照片。

戈德堡： 杂志需要能帮助其增加销量的照片。你也许注意到，在过去十几年里，不仅死于艾滋病的婴儿照片无法发表，那些拍摄无家可归者和贫穷者的摄影家也难以找到地方发表他们的作品。人们不会从报摊上买有这类照片的杂志，而是买有年轻性感女人照片的杂志。我想，读者是要娱乐内容，至少媒体这么认为。新闻已大量报道娱乐消息，有时这类新闻被称作“资讯娱乐”（infotainment），而真正的新闻却没有销路。

江融： 现在我想谈你的另一本著作《美国摄影：百年影像》（*American Photography: A Century of Images*，1999年，与罗伯特·西尔伯曼（Robert

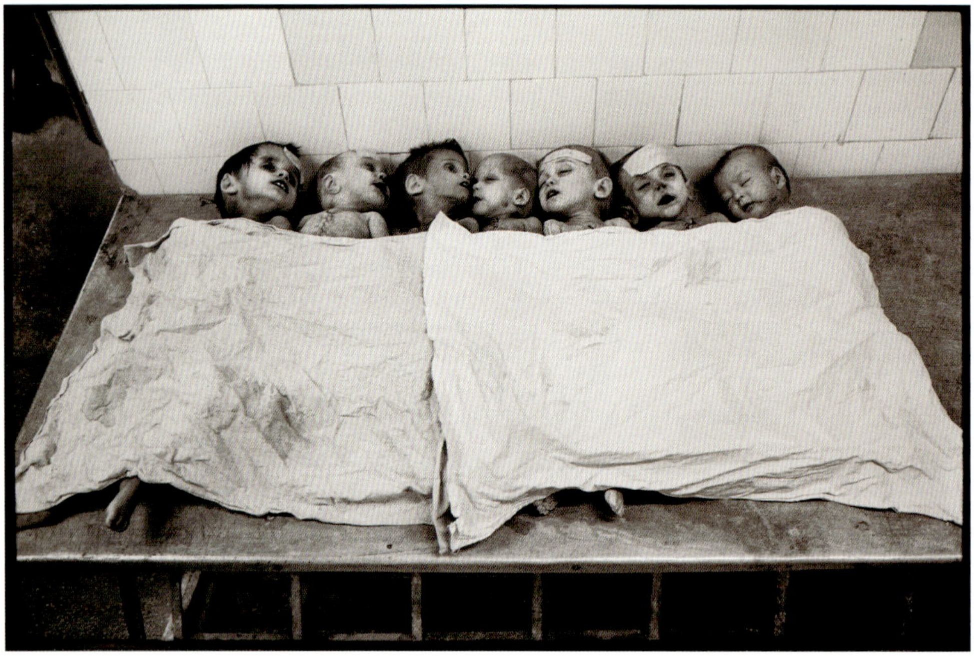

上图：2003年，阿布格莱布监狱中美军士兵虐待伊拉克囚犯的照片，佚名摄

左图：1990年，罗马尼亚，死于艾滋病毒/艾滋病的婴儿，法兰克·福尼尔摄

右页图：2005年，薇姬·戈德堡的著作《光的重要性》封面，美国光圈出版社

Silberman）合著）。我认为，这本书是《摄影的力量：照片如何改变我们的生活》的范例。上个世纪，尤其在二战之后，世界艺术中心从巴黎移向纽约，美国也成了摄影中心，许多非常有才华的摄影家到美国生活和工作。为何会发生这种情况？

戈德堡： 法国曾经是摄影中心，它有许多优秀的摄影家，包括阿杰（Eugène Atget）、拉蒂格（Jacques-Henri Lartigue）和布列松（Henri Cartier-Bresson）等。但在20世纪30年代，纪实摄影方面，美国可能处于领先地位，因为政府给予农业安全管理局（Farm Security Administration，简称FSA）大量支助，来拍摄大萧条之后的农业状况，而且，又有像罗伊·斯特莱克（Roy Stryker）这样有好眼力的人担任该项目的主任，他知道谁是优秀摄影家，并聘用他们，让他们能够发展自己的才能。

另外，美国是一个自由的国家，海洋又使得我们远离战争和其他政治问题，因此，有一批重要的摄影家和艺术家来到美国。

江融： 20世纪70年代以来，美国有一批年轻摄影家一直处在摄影的最前沿，如辛迪·舍曼（Cindy Sherman），是否可以说，目前摄影的中心仍在美国？

戈德堡： 的确如此，不过，我认为，我们的视野可能有一定的局限性。我们开始发现中国摄影和非洲摄影，世界上有许多事情正在发生，而我们浑然不觉。我们对拉丁美洲的关注也不够，而那里有一些很好的摄影家。

美国在许多方面一直处在浪尖上，使得美国似乎更处在领先地位，所以会向其他国家输出文化。

江融： 你认为，全球化是否对摄影也产生影响？

戈德堡： 是的，产生了巨大影响。不过，我始终感兴趣的是，全球范围的交流早就在进行中。20世纪20年代，德国报社发明专题摄影之时，上海已在报纸上有类似于欧洲的摄影版面。

江融： 我相信你已看过不少中国摄影作品，包括2004年在纽约国际摄影中心的“中国新摄影展”，从你已看到的中国摄影作品来说，你有什么总体看法？

戈德堡： 我所看到的这些摄影展览，对大部分美国人来说，都是新鲜的。

这是全球化的好处之一，它使得我们能看到从未见过的文化。我对国际摄影中心那次展览的反应正如对任何大型展览一样，好坏参半。但有趣的是，在看中国摄影作品时，总是会想到刚发生过的中国政治背景情况，中国艺术家似乎仍在探讨这种背景情况。

江融： 实际上，中国许多画家“捞过界”，利用摄影作为创作媒介，而且十分成功。在索斯比拍卖会上，他们的一些作品曾卖到天价。不过，他们的许多作品仍然在模仿西方，尽管作品的内容是中国的，但形式是西方的。

戈德堡： 是有许多这种情况，在中国和其他国家的艺术品中，的确可以看到许多西方的影响。在西方文化进入中国之前，多少个世纪以来，中国有自己的观看方式。如今，很难通过艺术品来区分国家，因为我们的世界如此相互依存，所有的东西均可在互联网上找到。

江融： 谈到互联网，信息技术正大举进入我们的生活，而且对摄影也产生大量影响，你认为，摄影的力量因此是增加还是削弱？

戈德堡： 我认为，互联网既增加也削弱了摄影的力量。首先，影像的泛滥会使我们麻木不仁。我们曾因没有时间读书而浏览杂志，现在你可以浏览照片，你看一眼照片，便翻过一页。

越战期间，影像曾有过的力量，部分是因为全世界都在看相同的照片。当时，美国只有3家主要的电视台，现在有500多家电视台，你可能与你的邻居所看到的影像完全不同。同时，有了互联网，人们可以在印度、中国、南非、美国和英国同时看相同的影像。尽管世界上许多人尚未能看到互联网，但也有很多年轻人更喜欢上网，而不喜欢看报。

江融： 因此，能否说互联网增加了摄影的力量？

戈德堡： 既增加也减少。如果报道摄影记者拍了几千张什叶派清真寺被炸的照片，最后只有四五张在不同报刊发表，这些照片很难有黄功吾（Nick Ut）拍摄的越南小女孩逃离燃烧弹现场的照片所具有的相同影响。那张照片是具有象征意义的影像。现在我们已没有同时观看一张照片并有相同记忆的经历。眼下照片如此之多，它们如过眼云烟。

江融： 那么，当我们被如此众多的照片所淹没，影像如何才能成为具有象征意义之作？

戈德堡： 仍然会有照片能成为具有象征意义之作。例如，伊拉克阿布格莱布（Abu Ghraib）监狱中那名被迫站在箱子上、戴头罩者的照片，在电视和网上一再播放，一定能成为象征。如果媒体中有权势的人想要给予某张照片同样的曝光率，那么，这张照片或许也能成为象征。

江融： 你是说，只要某张照片在媒体上一再重复播出，尽管照片拍得很差，也能成为象征之作？

戈德堡： 难道不是这样吗？

江融： 因此，无须是好照片，只要重复播出，便能成为象征之作。

戈德堡： 是的，这样大家的脑中便有相同的影像。如果我们讨论的是新闻照片，什么是好照片的问题长期争论不休。新闻照片不需要美，埃迪·亚当斯（Eddie Adams）在西贡街头拍摄的南越将军开枪打死一名北越嫌犯的照片并不美。

江融： 由于数码革命，有人已开始谈论摄影死亡的问题。随着电子感应器取代底片，传统意义上的摄影是否将死亡？

戈德堡： 你还记得，马克·吐温（Mark Twain）在听到有关他在欧洲旅行时死亡的消息后，他说："关于我死亡的消息被严重夸大。"摄影死亡的问题要看你如何进行界定。我的确认为，胶片摄影可能正在萎缩，当厂家停止生产胶卷和相纸时，这种摄影便会像蚀刻版画一样，成为鉴赏家的专门行业。现在，你可以从电脑上无中生有地制造影像，并印在相纸上。这算相片吗？我认为是。因此，摄影的定义正在演变中。

上图： 雅克-亨利·拉蒂格于1920年在法国安提布的艾登洛克酒店为马德琳·麦森格（绰号"碧碧"）制作的立体效果奥托克罗姆彩色玻璃干板照片©法国文化部，MAP-AAJHL

Lori GRINKER

洛里·格林科

洛里·格林科出生在美国纽约一个中产阶级的犹太家庭，从小喜欢绘画和摄影，后师从莉塞特·莫德尔（Lisette Model）和贝伦妮斯·阿博特（Berenice Abbott），莫德尔教会她如何拍摄纪实摄影照片。

1981年，格林科拍摄一名9岁小拳击手的照片被一家体育杂志采用，自此，她走上职业摄影之路。随后，她认识了13岁的迈克·泰森（Mike Tyson），虽然当时拳击俱乐部仍然是女人的禁地，但格林科锲而不舍，终于获准追踪拍摄后来成为世界拳王的泰森，并长达10年之久。

拳击项目使她开始审视自己的身份，进而完成了一个关于美国犹太妇女的摄影项目，题为“无形的线索：美国犹太妇女肖像”（Invisible Thread: A Portrait of Jewish American Women，1989年）。后来，在报道阿拉伯人与犹太人之间关系的过程中，她对“退伍军人”产生兴趣。此后15年，格林科先后走访40个国家，拍摄了25场战争的退伍军人，完成了题为“战争之后：来自冲突中世界的退伍军人”（Afterwar: Veterans From a World in Conflict，2005年）的项目。

格林科看上去十分瘦弱和文雅，但她的毅力却令人敬佩。她所完成的这个关于战争的项目，有时比直接拍摄战争还难，正是唐·麦卡林所说的“拍和平更难”的典型例子。格林科所完成的项目往往跨度很大，其中均有一条无形的线索将不同素材贯穿成一个主题。目前，她正在采用不同媒介开展新的长期摄影项目。我们从她以往的成绩可以预测，新项目也将精彩可期。

上图： 2006年，纽约，洛里·格林科，江融摄

右页图： 2003年，中国，平遥国际摄影节开幕式后台

第52页图： 1980年，美国佛罗里达州迈阿密，美国拳击手穆罕默德·阿里在训练中

第53页图： 1988年，美国新泽西州大西洋城，美国拳击手迈克·泰森

江融： 你如何开始拍摄“战争之后”项目？

格林科： 从我的职业发展轨迹来看，我所做的项目总会引导我进入另一个项目，即使这两个项目可能十分不同。我所拍摄的第一个纪实项目是关于年轻拳击手，它使我思考自己的文化背景，这种思考最终促成我拍摄美国犹太妇女的项目，并出版我的第一本画册《无形的线索》(*Invisible Thread*)。该项目又促使我到中东进一步了解阿拉伯人与犹太人之间的关系。1986年，我远赴中东，并在那里待了3个月。当时，刚爆发第一次巴勒斯坦人的暴动，局势十分紧张。原本我要报道阿拉伯与以色列的合作问题，但没有太多东西可拍。

然而，我在那里发现了另外一个专题，这是关于以色列退伍军人的故事。我听说有一个叫作“战士之家”的地方，并获准进入该中心采访和拍摄各场战争的受伤士兵，这便是“战争之后”项目的缘起。

令我感到震惊的是，这些士兵一直在痛苦中生活，对他们来说，战争始终没有结束。其中有些人活在自责和后悔中，这使我想起退伍军人难以重新融入社会，以及美国越战退伍军人的遭遇。

江融： 那么，你又是如何开展这一项目？

格林科： 由于必须完成美国犹太妇女的项目，我回到美国，并在1989年完成了该项目的画册。但在这3年期间，我做了大量剪报工作，凡是与退伍军人有关的文章我都收集。当时，有许多美国退伍军人返回越南。所以，我向《生活》杂志提交了一份提案，要求报道这些返回越南的退伍军人。该杂志同意给我资金进行报道。

这时，我刚开始为联系图片社工作，图片社总裁罗伯特·普雷基让我去柬埔寨，我在该国待了3个月。联系图片社为我争取到许多拍摄报道的任务，随后的几年，我经常到越南和柬埔寨，边为杂志工作，边拍摄我的退伍军人项目。

江融：你是否在项目之初便知道如何拍摄这一项目？还是随着项目的推移，你对项目的目标愈加清楚？

格林科：关于犹太妇女的项目，我是与一位作家合作。我们一开始便知道想要达到的目的。那个项目计划得很好，我们知道需要报道这些妇女的哪些方面。至于“战争之后”的项目，原本我也想与一位作家合作，但在开始拍摄时，身边没有作家，而且，必须到许多不同的地方拍摄。我发现这些退伍军人所讲的话十分重要，甚至富有诗意，便开始做笔记，并开始采访。我很高兴自己做了这件事，因为对于报道摄影记者来说，这个过程十分重要。

我对退伍军人的题目进行研究，并打算按照下列不同经历开展“战争之后”项目：刚受伤的士兵、康复、身心创伤及其治疗、重返社会、家庭生活，以及退伍军人的相互帮助等。这些是我编写该项目筹款提案的不同部分。

江融：所以，当你刚开始做此项目时，并没有想到最终会去40个国家，并且报道了25场战争。

格林科：我的确没有想到会花15年的时间拍摄这一项目。这就像在一块巨石上进行雕刻，随着工作的进展逐渐成形。从一开始我便有如何做该项目的一些想法，但项目如此之大，无法确知会遇到哪些情况，这些情况又会如何影响最终的结果。我的项目应当包括哪些冲突？应当包括哪些地区？哪种故事最能表达“战争之后”的经历？退伍女军人也十分重要，因为人们不太了解她们的故事。项目刚开始时，我也不知道儿童兵的情况。

江融：你如何接近这些退伍军人？我想，他们一定十分敏感，不愿意自己的故事被报道。

格林科：1986年，在以色列刚开始这一项目时，许多退武军人不太愿意让我拍照。之后，我陪同美国退伍军人到越南时，发现他们告诉我的情况与告诉他们家属的情况基本相同，他们不会告诉我只对其他退伍军人说的事，甚至不会告诉我他们可能会对敌方退伍军人说的事情。但也有一些人对我敞开心声，这才使我坚持拍摄下去。

从研究方面来说，刚开始时，还没有互联网，我通过写信和打电话与退伍军人机构联系。另外，我在世界各地采访时，都会遇到关于退伍军人的故事。当你确定要做某个专题时，常常便开始发现，到处都有与该专题相关的故事。

江融：你是否在意被称作“女报道摄影家”？

洛里·格林科（Lori Grinker）

格林科：事实上，我更愿意被称作“摄影家”，而非“报道摄影家”。我的大部分作品是纪实性。从某种意义上来说，这只是一个语义学问题。你是否会称一名男性为“男摄影家”呢？我不认为需要以性别区分摄影家。

江融：你的照片被形容为“克制的、恭敬的和微妙的”。你是否认为，作为女性，你在处理该专题时会与男性不同？

格林科：我认为这是有可能的，尽管有些男性也十分敏感。我不知道，对专题的处理方式与我作为“女性”是否有关，但我知道，我的处理方式与我的个人经历有关，而且，我从来不想渲染专题。我的艺术背景在很大程度上影响我的拍摄方式，影响我观看世界的方式，以及我想要人们以不同寻常的方式来“观看”的愿望。人们通常视而不见，但摄影家用自己的眼光拍摄，希望人们能够以不同的方式观看，并对摄影家拍摄的主题有所了解，进而产生兴趣。

江融：那么，你是如何处理这个项目？

格林科：许多人认为，拍退伍军人的项目可能是摆拍的肖像照，让这些退伍军人展示他们的伤口和勋章。这正是我最不想拍的方式，其他摄影家已经十分精彩地运用了这种方式。我的才能是，能够在退伍军人的日常生活中捕捉到关于战争的一些东西，发现这些退伍军人内心的创伤，并表现他们所面对的各种战争后遗症。如何能够将这些拍成照片？在一些情况下，这是十分抽象的。

江融：你如何决定去哪些地方拍摄这一项目，以及哪些人应当包括在内？

格林科：我反复思考是否只拍摄越战，还是应当包括第一次世界大战和第二次世界大战。如果我只是集中在一场战争，或限制在两场战争，那么，该项目便成为只是关于某一具体战争的陈述，这完全不是我所要做的。我要陈述对战争的看法以及战争要人类偿付的代价，我要表明战争的普遍性：尽管这些退伍军人曾经参加不同类型的战争，甚至曾经相互打过仗，但他们一样都是人，当战争结束之后，他们都面临相同的境况。因此，该项目是关于战争及其不人道的问题，而非关于战争背后的各种政治问题。

江融：从某种意义来说，它也是你本人的反战声明。

格林科：当然不是支持战争的声明。我的目标是让人们看到战争只会带来破坏，甚至对战胜国来说也是一样。这些士兵在战争中的真正遭遇是什么？对生还者来说，战后的遭遇又是如何？战争对这些退伍军人所属的社会又有何影响？他们目睹了人的死亡，有时是在他们身旁的战友的死亡；他们同时也杀人。

左页图：1991年，贝宁科托努，选自“战争之后”系列，参加过第一次和第二次世界大战的贝宁退伍军人阿豪阿查·马西奴

上图：1997年，俄罗斯莫斯科，选自“战争之后”系列，第二次世界大战苏联空军第125团俯冲轰炸机退伍女兵

右图：2003年，中国，选自“战争之后”系列，解放战争老兵鞠元雪(左)和谢子云在北京军事博物馆

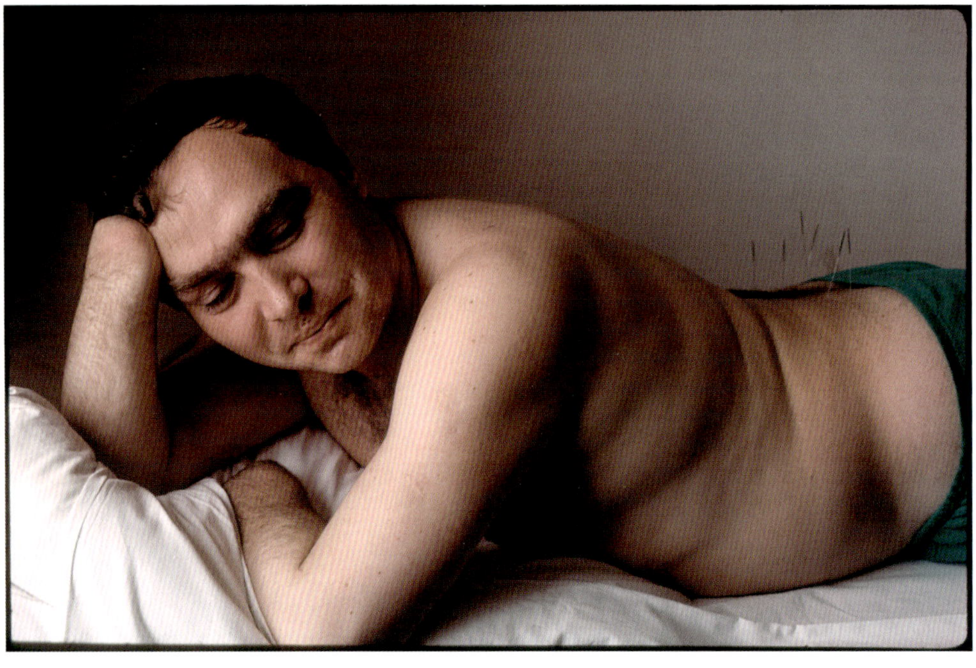

上图：1991年，美国，选自“战争之后”系列，美国海军陆战队蒂姆·李在华盛顿举行的退伍军人仪式上

左图：1999年，俄罗斯，选自“战争之后”系列，参加过苏阿战争的苏军老兵奥勒格在莫斯科附近的鲁扎疗养院

上图： 1989年，越南，选自“战争之后”系列，北越民兵何氏麦在河内附近越德康复中心

右图： 1998年，英国，选自“战争之后”系列，朝鲜战争中英国军队老兵亨利·格林在英国唐卡斯特参加退伍军人团体治疗会议

上图：1995年，以色列，选自“战争之后”系列，以色列国防军老兵丹尼·希莫尼在特拉维夫战士之家

左图：1996年，利比里亚蒙罗维亚，选自“战争之后”系列，全国爱国阵线儿童兵坦巴得到援助人员照顾

他们可以代表那些已无法讲话的死者发言，他们在许多方面充满矛盾，但他们可以给予我们许多教训。

江融： 许多报道摄影家会去报道战争，事实上，20世纪的许多报道摄影家都是战地摄影家。你是否报道过真正的战争？

格林科： 20世纪80代末和90年代初，我在柬埔寨和苏丹时，战斗仍在进行。我做了许多与冲突相关的报道，如地雷、士兵的训练、战乱造成的饥馑等。我在这两场战争中都差一点到前线去，但最终都没有成行。我不认为自己适合做战地报道。

我们已经有许多报道摄影家专门报道战争，而且拍出了许多十分有震撼力的作品。我更愿意做一些静悄悄的工作，以不同的方式来报道战争，这样，我们才能有不同的视角。

江融： 我个人认为，像“战争之后”这样的项目照样可以说明战争的性质，我们需要有人上战场，也需要有人做你已完成的这个项目，其中的许多作品同样十分有震撼力。

格林科： 的确，这个项目说明，战争是如何持续不断的。战地摄影家带回战争的消息和恐怖，这项工作十分重要，世界各国人民需要了解和目睹战争。但当战争结束之后，退伍军人又进入另一场“战争”。这个项目是要让观众看到报刊头版消息背后的故事，以表明战争无法真正结束，并通过参战士兵的个人经历来理解战争更为广泛的背景情况。

战争不应当成为我们生活的一部分，它不像疾病，是来自基因或环境，战争来自贪婪和对权力的需求。我们花大量的钱寻找疾病的治疗方法，但我们没有花大量的钱试图停止战争，相反，我们花大量的钱使战争持续不断。

江融： 那么，你是否认为，只要人类存在，就始终会有战争？

格林科： 我希望能找到解决战争的办法，但我不认为我们能找到。

江融： 那么，你认为现在已成功完成这一项目，还是说你在有生之年仍然会继续拍摄这一项目？

格林科： 从项目开始时，我便打算出一本书，但不只是出画册，而是出一本有许多文字的书，以便大众能够阅读并从中了解战争，并且能够成为课堂里的教科书。这个愿望已经实现。这本书已经在大学中使用，而且退伍军人和普通读者都在看这本书，并讨论书中提出的问题。对我来说，这才是成功。

另一方面，我希望这一项目的照片能够巡展，它已在2003年中国平遥国际摄影节上展出，并于2005年在联合国总部举行展览，之后，在德国以及美国的华盛顿和纽约的画廊展出，另外还将在一些大学展出。在展出期间，还举办了与退伍军人、心理学家和历史学家的专题讨论会，二战、越战、海湾战争和伊拉克战争的退伍军人均与会讨论。我希望，全世界的退伍军人都能参加讨论，并使他们的故事真正深入人心。这些军人是战争的代罪羔羊，他们有许多感人的故事，与他们一道讨论，让我获益匪浅。

江融： 退伍军人对这一项目的总体反应如何？

格林科： 他们非常感激。该项目使他们知道，世界各地还有其他人与他们有着类似的经历，使他们知道，他们并不孤独，而且战争具有普遍性。

江融： 我也注意到，这一项目的许多照片是在很近的距离拍摄的。通常你在多近的距离拍摄？

格林科： 哦，非常近，你看我拍奥勒格（Oleg）的照片，他曾经参加过苏联对阿富汗的入侵。那张照片是他躺在床上接受针灸治疗时拍摄的，我离他不到半米。

江融： 你是边采访边拍照吗？

格林科： 我总是试图将采访与拍摄分开进行。当我刚开始拍摄这一项目时，我在西非布基纳法索的一个小村庄采访，结果全村的退伍军人都排队让我采访和拍摄，而我在那个村庄只有一天的时间。从此，我知道，拍摄需要有更充分的时间，而且应当将采访与拍照分开。我必须与这些人在一起过一段时间，才能从他们的日常生活中捕捉到一些东西。

江融： 因此，你会与他们在一起待一两天？

格林科： 我会尽可能多待，有时一两天，有时一两个星期，有时只有5分钟。

江融： 你是如何拍摄亨利·格林（Henry Green）眼中带有泪花的照片？

格林科： 是在一次集体心理治疗期间拍摄的。当时至少有15个人在场，他们预先知道我会来。我给他们看过一些照片，并向他们解释该项目。在大家传阅和签署照片使用授权书之后，我让那些不愿意被拍的人坐到桌子的一边，这样我便很容易将他们排除在画面外。

他们每个人便开始谈自己的经历，当轮到亨利时，他突然哭起来，我赶紧上前靠近他，只拍了两张照片，当时光线很暗，但我没有使用闪光灯。小组的其他成员说，每当亨利试图讲述战争的经历时，他总是会哭。他还难于承受战争经历带来的影响。

江融： 你画册封面上的那张照片十分有震撼力。你拍这张照片时，他正好在游泳池，还是你安排的？

格林科： 除非是正规肖像，我从来不摆拍。1986年，我在以色列“特拉维夫战士之家”拍摄，

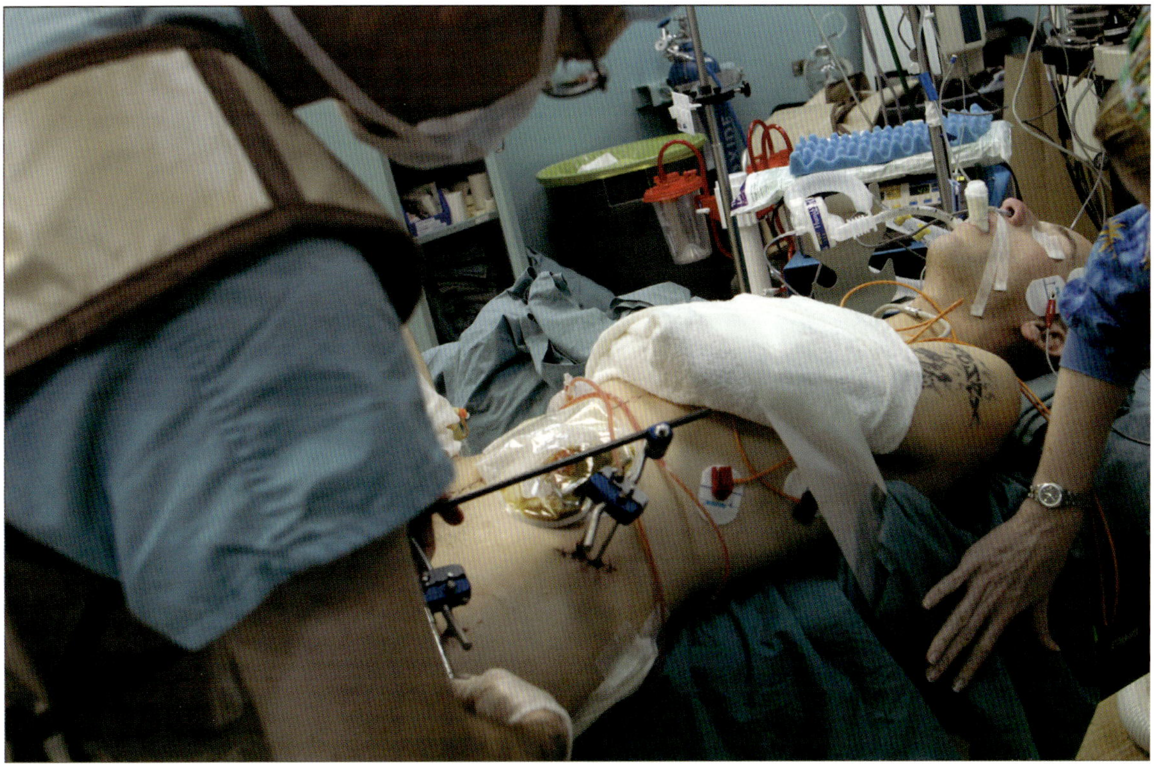

左页图：2001年，美国，在纽约市世贸中心“9·11”事件后的几个小时内

上图：2003年，波斯湾，26岁的美国海军陆战队中士何塞·托雷斯在伊拉克受伤后，在一艘美国海军医院船上接受手术

右图：2002年，古巴，被拘留在关塔那摩湾的恐怖嫌犯的成套用品

当时用的是黑白胶卷。退伍军人有一个游泳队，我在游泳池拍到一人刚跳入水中的照片，可以看到他的假腿，以及假腿之后的伤疤。

当该项目转向彩色照片之后，我想应当再回去拍摄。20世纪90年代中期，我又回到这一中心，给人看1986年拍的那张跳水照片，很快便找到此人。他的名字叫丹尼·希莫尼（Dani Shimoni），他同意再让我到游泳池拍照。刚开始，他跳水，但我没有拍到好照片，接着，他开始在水上漂浮，在我几乎快要放弃之时，拍到这张照片，它很简洁，所以被用作封面。

江融：这张照片原本便没有头部？

格林科：我从来不剪裁。丹尼不喜欢暴露他的身份，因此，我拍了一张没头的照片。

江融：你为何认为彩色照片更合适这一项目？

格林科：对于使用彩色还是黑白照片来做该项目的问题，刚开始，我非常矛盾。因为，我需要完成杂志的拍摄任务，必须用彩色胶卷。所以，我开始思考该问题。我想，如果我拍黑白照片，会让一切看上去很雷同，而且，黑白照片会让你失去时间感，我希望人们处于当下，并认为这是一个当代问题。我认为，彩色照片能够做到这一点，而且，彩色能更好地反映这些不同的文化和地域特色。这是项目的重要环节。

但是，拍彩色照片十分具有挑战性，许多地方没有灯光，或者灯光效果很差。但我喜欢挑战。我想，如果我能够用“彩色”来表达这些不同的经历，如果“彩色”不会分散对情绪方面的注意力，那么，这种彩色照片便真正获得了成功。

我也喜欢黑白照片，而且仍然在拍。黑白照片本身便传达一种情绪，对这个项目来说，黑白照片可能会过于萧瑟。但彩色照片有时会更难拍，你会看到过多的细节，如过于逼真的红色鲜血，所以我喜欢微妙地处理彩色照片。

江融：当你编辑该项目的画册时，战争的年代顺序是颠倒的，这是否也是要使得该画册具有时代感？

格林科：这是部分原因。罗伯特·普雷基与我一道编辑此画册时，我们有过许多想法，最终还是选择战争作为主线，而且将战争的年代顺序颠倒。我希望年轻人能够理解该主题。如果编排时间从第一次世界大战开始，该书便成为一本历史书。从最近刚结束的战争开始，能够使得该书与现在有关，而且逐步剥开时间的尘封，你会发现，虽然从技术方面来说，战争已发生很多变化，但本质上又没有发生太多的变化。

江融：近年来，新闻报道摄影已发生很大的变化，为了生存和展示作品，除了出画册，摄影家还举办各种相关展览。部分原因是因为报道摄影家在报纸杂志上发表的版面越来越少。人们已开始讨论报道摄影的前途及报道摄影家的不满。你是否有任何不满？

格林科：就媒体来说，现在的趋势是报道热点新闻和名人消息，而他们对“人类生存状态”的报道较不感兴趣。摄影画册和展览正不断受到关注，人们已意识到较大项目的重要性。纪录片已成为电影的主流，在我看来，大型纪实摄影项目也将成为摄影的主流。

我仍然喜欢为杂志社工作，它能让你与作家、编辑合作；但出书和办展是你自己的理念。杂志社雇用你，是为他们的报道拍插图，你在哪些照片该发表以及如何排版方面很少有发言权。出书和办展，你可能需要与编辑和策展人合作，但最终结果仍然是由你个人的眼光决定。

上图： 2007年，约旦安曼，一名逃离冲突的伊拉克外科医生

David BURNETT
大卫·伯耐特

大卫·伯耐特从小在母亲的鼓励下，选择了摄影作为业余爱好，没想到这一业余爱好竟成就了一位优秀的报道摄影家。高中毕业时，他深受罗伯特·卡帕（Robert Capa）和大卫·道格拉斯·邓肯（David Douglas Duncan）的影响，立志要成为像邓肯一样的摄影家。

大学三年级伯耐特便在《时代》周刊实习。毕业后，他如愿以偿地成为该杂志的摄影记者。1970年，他决定到越南采访。在越南期间，他练就了一双洞察事物的锐眼。他从越南返美后，加入法国伽马（Gamma）图片社。1976年，伯耐特与原伽马图片社纽约分社社长罗伯特·普雷基共同成立了联系图片社。

在从事新闻报道摄影的50年生涯中，伯耐特到过80多个国家，报道过世界各地发生的许多重大事件，并连连获得大奖。伯耐特之所以能成为如此优秀的报道摄影家，除了他对相机具有高超的控制技巧，更为重要的是，他是一位善于思考的摄影家。过人的观察力和对细节的高度重视，使他在世界无数摄影家中独树一帜。他不仅注重摄影的形式感，更注重摄影的新闻性和被摄者流露的情绪。

伯耐特说："摄影的乐趣之一，便是在大事件、大主题和大喧闹中，寻找到那些安静的小片刻、小角落或那些完全脱离当时状况的小场景，影像就在那里，等待你去发现。"这便是伯耐特的照片与众不同的关键，也是他成为联系图片社其他摄影家的楷模和世界报道摄影家中佼佼者的主要原因。

虽然年过70，伯耐特仍然出现在报道摄影的第一线，并且仍然在尝试利用各种新技术和新设备来探索创作的新方法，可以说，他的探索摄影之旅永无止境。

上图： 2006年，纽约，大卫·伯耐特，江融摄

右页图： 1971年，南越，美国越战期间，一名美军士兵在读家书

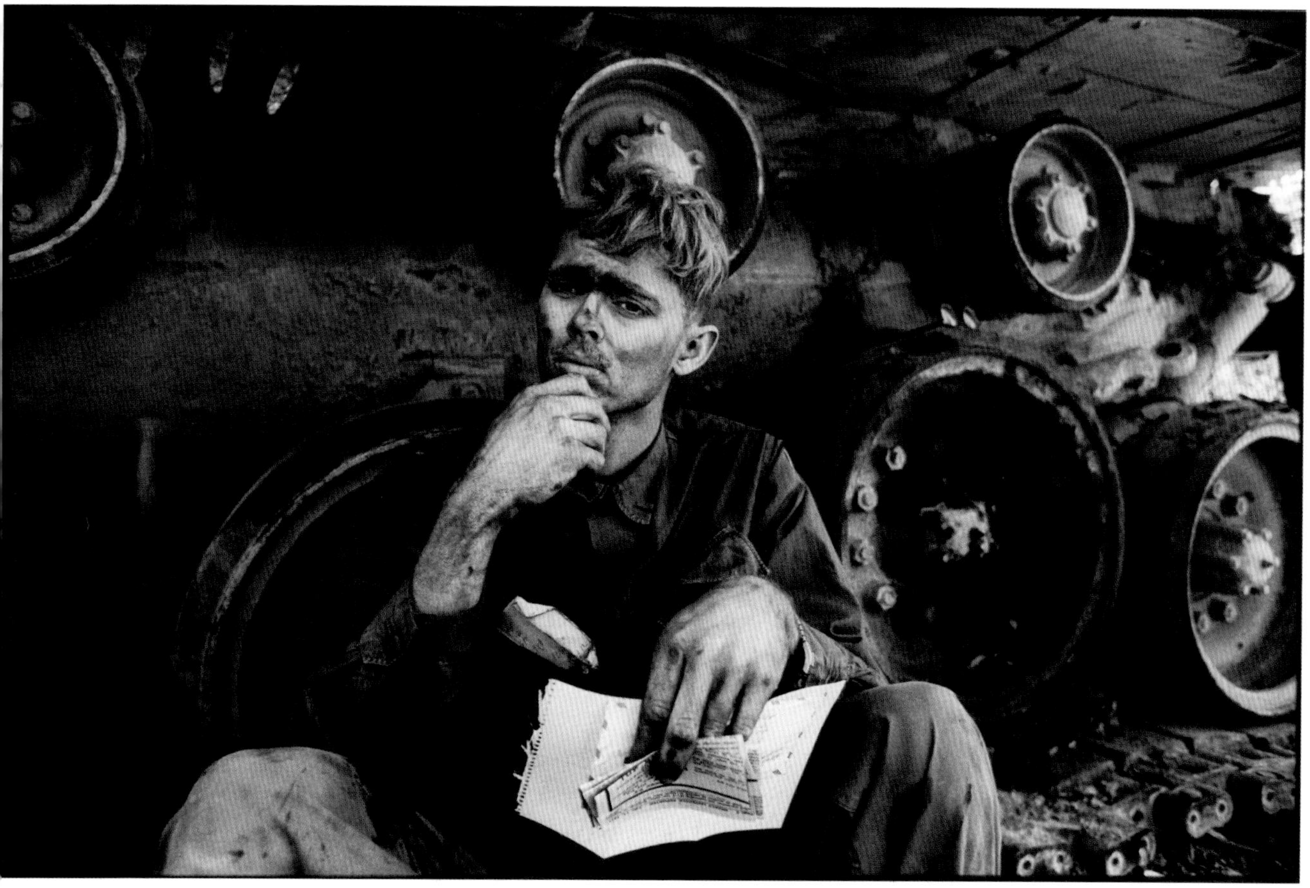

江融： 你是继拉里·布罗斯（Larry Burrows）之后被《生活》杂志派往越南的最后一位签约摄影家，你为何决定去越南？

伯耐特： 当时世界的情况与现在十分不同，新闻传播的速度没有现在这么快，也没有电视现场直播，你完全无法像现在这样可以看到世界各地的直播消息。当时，杂志仍然是人们的新闻来源，非常有影响力，或许与电视一样有影响力，而越南仍然是世界关注的主要焦点，许多摄影家都想去越南，尤其是年轻的记者。正如现在，如果你是摄影家，又才22岁，你一定想到伊拉克或叙利亚报道。

从某种意义上来说，伊拉克或叙利亚要比越南危险得多。在越南有一条安全的界线，你知道哪里比较安全。我们当时可以在西贡或其他大城市到处行走而没有真正的安全问题。如今在叙利亚，任何地方都会有安全问题。

江融： 你当时是否想到，去了越南有可能回不来？

伯耐特： 我没有经过大量的训练，必须边干边学。最初我只打算去一两个月，结果我待了两年。对我来说，那段时间十分重要。我成为摄影家菲利普·琼斯·格里菲思（Phillip Jones Griffiths）的好友，他对我的摄影世界观有重要的影响。他以非常严肃的态度对待摄影，并十分愿意告诉我他的想法。他说："你不用担心是否能找到报道的故事，带上50卷胶卷，到岘港去，拍完这50卷再回来。"对我来说，这让我开始了解到作为"摄影家"应当如何独立工作，如何决定你想要的工作方式。你需要掌控你要做的事情，而非只是图片编辑或其他人想要的故事。

江融： 你是否也试图尽可能接近战场？正如罗

伯特·卡帕所说："如果你的照片拍得不够好，那是因为你离得不够近。"

伯耐特： 几十年来，人们一直在阐释卡帕的这句话：到底是指"身体"要接近被摄者，还是暗指要在心理上接近被摄者？我曾做过一个摄影项目，从较远的距离拍摄照片，或用广角镜头拍摄，使得被摄者似乎变得较远。我称该项目为"太近"，因为在使用长焦镜头的时代，可以说，有时如果你的照片不够好，可能是因为你离被摄者太近了。当然，我能够理解那些摄影家在枪林弹雨下拍摄的艰难。我也拍过几张战争的好照片，为越战的整个摄影报道添砖加瓦。不过，我不认为自己是战地摄影家。

江融： 2006年，你在法国佩皮尼昂摄影节举办过这个题为"太近"项目的摄影展。这是在质疑卡帕的说法吗？我看你的许多照片都是从较远的地方拍摄。

伯耐特： 该展览的主要目的是试图表明摄影已发生的重大变化。当卡帕提出上述说法时，摄影家大多采用35毫米或50毫米的镜头，还有一些人用90毫米的镜头。他们当时没有400毫米或600毫米的镜头，因此必须在非常近的距离拍摄。

我认为，在过去20年里，照片变得十分相似，大家都用长焦镜头，他们都在寻找构图十分满的画面。他们已开始忘记不要太接近的好处，忘记了画面的周围应当留有一定的空间，而且需要让人知道被摄主体所在的场景。

江融： 你在拍照时，总是不随大流，而且，常常站在大多数摄影家的对面。

伯耐特： 有些摄影家不喜欢扎堆，他们喜欢远离其他摄影家。我享受与其他摄影家之间的友情，但拍照时，我喜欢寻找与众不同的角度。这很难做到，但很重要，而且需要时刻牢记。摄影家要有自己的眼光，并按照这种眼光拍摄。

有时难以找到不同的方式拍照，尤其在大场合，更难以做到这一点，因为你没有其他通道，无法随便移动。但我认为，你需要始终记住：你的拍摄方式必须与众不同。

江融： 我能看出，你始终想要做与众不同的事情，但并非为了不同而不同，而且，你总是想方设法地重新塑造自己，甚至在使用相机方面。例如，你正在使用Speed Graphic老相机，这种相机能将观众的注意力集中在被摄主体的细节上。

伯耐特： 我并非总是同时采用不同的方式拍照。在过去几年里，我一直采用Speed Graphic大画幅相机。对我来说，这十分令我激动，因为当你采用同一种方式拍照多年之后，总是希望能以全新的方式

左页图： 1963年，美国犹他州盐湖城，约翰·肯尼迪总统遇刺前两个月

左上图： 1972年，南越，一位祖母带着孙子逃离越战期间在壮庞的凝固汽油弹轰炸

右上图： 美联社摄影家黄功吾刚拍摄了被凝固汽油弹灼伤的潘金福那张已成为经典的照片。当时，伯耐特站在黄功吾旁边，刚拍完36张胶片，正迅速重新装上胶卷，并从后面拍下了这名女孩与兄弟姐妹一起奔跑寻求帮助的照片

左图： 1968年，美国，林登·约翰逊总统在华盛顿特区白宫椭圆形办公室

观看事物。

一方面，我使用佳能5D最新的数码相机以及索尼微单相机；另一方面，我使用Speed Graphic老相机，该相机很慢，而且较难使用，它没有现代相机的所有方便之处。因此，我需要重新学习摄影，重新发现摄影。

我不认为，其他摄影家需要这么做。相反，人们需要寻找适合自己的方向。对我来说，试图重新发现摄影的这些基本方式，并经历随之而来的冒险，是十分神奇的享受。

江融： 你也使用Holga相机，这是十分简易的塑料相机，但有时十分有效。

伯耐特： 的确十分有效。各种相机有时会调动不同的脑部部位，它使得我们可以用不同的方式观看世界，并用不同的方式表达自我。

左页上图：1973年，智利，9月11日军事政变后，丹尼尔·塞斯佩德斯在被关押的圣地亚哥国家体育场地下室接受审问

左页下图：1973年，美国华盛顿特区，国务卿亨利·基辛格在一次官方活动中站在理查德·尼克松总统背后

上图：1974年，尼日尔，阿加代斯附近的干旱灾区

下图：1974年，阿根廷，胡安·贝隆总统遗体在布宜诺斯艾利斯国会大厦供人瞻仰

上图：1979年，伊朗，阿亚图拉·霍梅尼在德黑兰会见支持者

左图：1976年，美国，民主党总统候选人吉米·卡特竞选活动

右页图：1979年，伊朗，阿亚图拉·霍梅尼从流亡地回到德黑兰总部

第73页图：1979年，泰国，逃离红色高棉大屠杀的一位柬埔寨母亲和婴儿在难民营中

江融： 总而言之，你要避免大部分摄影家因使用相同的相机和镜头而在其照片中出现的雷同现象。

伯耐特： 的确如此，摄影家在如何拍摄方面出现了某种雷同现象。目前，新闻摄影行业基本上都使用数码相机，而且可能都使用相同的几只变焦镜头。大家的情况大致如此，并不是说这种情况不好，但对我来说，我开始感觉到有些雷同。

类似的情况也出现在传统相机上，不到10年前，大家都使用佳能或尼康自动对焦相机和几只相同的镜头。人们以“不同”的方式使用相机，但他们的工具有些“相同”。

这促使我试着使用120相机和大画幅相机。一方面，观看的方式不同，另一方面，可能更重要的是它迫使摄影家真正思考你想要如何拍摄，以及你通过相机能看到什么。

江融： 在1988年北京国际新闻摄影周期间，你曾说过：“成功的照片往往不只是在你的眼前，而是来自眼睛的背后。”你被视为世界上非常善于思考的摄影家之一。我认为，你不仅仅是在拍照，而且是在不断地思考如何拍照。

伯耐特： 好的摄影家总是在思考：我如何能拍得更好？如何能够将无数摄影家已拍过的题材拍得更加有趣？无论是在杂志、书籍或画廊中，如何能吸引观众的注意力？如何才能使观众停下来仔细看你的照片？我们的观众始终如此，他们只是在浏览。如果你能让一位观众停下来，观看几秒钟，你便成功了。对于成千上万的观众，你最多只能如此期待。

在我的一生中，发生过几次这种有趣的情况。1974年，当阿根廷前总统胡安·佩隆去世时，我拍了一张其他人都没有拍到的照片，这是一张佩隆灵柩的照片，但不是从地面上拍摄，而是从空中往下拍到的。《时代》周刊以整版刊登此照。阿根廷许多报亭都将该杂志翻到此页，并将其夹在报亭上。我站在报亭旁，观察人们对这张照片的反应。过一会儿，便有人拿下该杂志，仔细观看。我很想上前告诉他们，这是我拍的，但我没有这么做。

江融：我想再回到有关历史的问题。你从越南返回后，曾在伽马图片社工作过两年，之后，决定与罗伯特·普雷基共同创办联系图片社，你们为何要建立该图片社？

伯耐特：伽马图片社曾经是一个很好的小型图片社，如同所有小型图片社一样，它有一些问题，有些事情的处理方式不如人意。过了一段时间，我们感到，如果会犯错误，为何不让我们自己来犯？毫无疑问，在过去的40多年里，我们犯下无数的错误。如果是你自己的错，而且，是你自己做出的所有那些决定，那么，较令人宽慰的是，你可以回首往事，并对自己说“我们做过了”。无论好坏，是我们自己的决定。

江融：你是联系图片社中第一个使用Kodachrome 64 反转片的摄影家，后来，使用该反转片成为联系图片社的标志。你为何要使用这种胶卷？

伯耐特：当时，该胶卷比其他任何胶卷的画质都要好得多，色彩更加丰富细腻。我曾在纽约用它拍了一张从伊朗返回的美国人质的照片。如果你看原片，它的色彩非常好，而且细腻。我相信，如果当时用Fujichrome或者Ektachrome胶卷拍摄，是无法达到相同的效果。不幸的是，柯达已停止生产任何Kodachrome胶卷，现在也很难冲洗该胶卷，这是十分悲哀的，因为该胶卷具有如此丰富的色彩。

江融：我想谈论在越南发生的一件事情，这是关于黄功吾拍摄的那张被燃烧弹烧伤的女孩照片，当时，你也在场。我听说，当天，你花了一天的时间在那里拍摄整个事件的过程，但是，当这个女孩跑来时，黄功吾拍到了那张照片，而你当时正在换胶卷，之后，你转过身来，拍摄了几张这个女孩从身边跑过的镜头，因此，你没有拍到那张著名的照片。

伯耐特：我的确没有抓到那个瞬间。我当时正在换老莱卡相机的胶卷，这种相机需要手动换卷。我还有另外一台相机，当时，我一边忙于拍摄头上飞过来的飞机，一边换卷。当村民从一座塔里跑出来时，黄功吾立即意识到正在发生的情况，他开始与其他两三个人一道沿路跑下来，我在二三十秒之后才意识到该情况。正是在受害者沿路跑过来的最初几秒中，黄功吾拍摄了照片。我相信，当时他并没有意识到他拍到了那幅照片，但当时根本没有时间多加思考，整个过程在五分钟左右便结束了。事后，黄功吾送那名女孩到医院，确保她得到良好的护理。

瞬间只存在于前后之间的那一刹那。当黄功吾拍摄这些向他跑来的孩子时，便是这种瞬间。如果你看当时拍摄的纪录片，几乎看不到这张照片。这正是静态照片的伟大之处。静态照片的确能捕捉到一些人的肉眼或电视及电影镜头未能捕捉到的细微东西。

江融：据说，当时黄功吾是为美联社工作，如同大部分美联社记者一样，他所受的训练是拍摄到一张好照片，发表在报纸上。

伯耐特：的确如此，他是要拍一张好照片就够了。当黄功吾从暗房中第一次拿着这张照片出来时，我正好也在场。十分有趣的是，刚开始看这张照片时，不觉得特殊，似乎只是一张由优秀摄影家拍摄到的好照片而已。美联社分社摄影部的工作人员仔细研究该照片，决定是否可以发表，因为那个女孩没有穿衣服，发表这样的照片违反美联社的政策。

但是，当摄影部主任赫斯特·法斯（Horst Faas）看了之后，十分兴奋，他拍着黄功吾的肩膀说："今天你干得很出色。"

没有人想到，这张照片会成为越战最著名的照片之一。第二天，世界各大报纸头版均刊登这张照片，因此你可以看到媒体的力量有多大。当世界上阅读报纸的人都看到该照片时，它便触及到许多人，而且大家反应强烈。

江融： 回过头来看，你是否认为，运气对一位摄影家能否获得成功至关重要？

伯耐特： 从某种意义上来说，的确如此。你无法预知会发生什么情况。我们的生活充满了某种巧合，无论在摄影方面，还是在任何其他方面。我们无法完全掌控命运。如果你认为这便是运气，那就算是运气。

然而，通过刻苦努力，持之以恒，不轻易放弃，始终要求自己比其他人更多地环顾四周，看得更远，人们也能自我创造运气。从某种程度上来说，运气靠你自己来创造。

江融： 另外，判断一位摄影家是否优秀，需要看他的整体作品。

伯耐特： 我认识一位法国摄影家，名叫亨利·布罗（Henri Bureau），他是伽马图片社的创始成员之一。我认为，他是一位杰出的报道摄影家，但他看上去像一位美式足球运动员，他不是学者型的摄影家，他是凭手指尖的感觉拍照，所以不会写一本关于如何能够成为出色报道摄影家的专著。他曾采访过世界上许多大事件，其中包括"1974年葡萄牙政变"和"土耳其大地震"。

我的一位朋友却认为，亨利是一位"运气很

好”的摄影家，而非“真正很好”的摄影家。我对这位朋友说，亨利不可能到处都运气好，除了运气好，还应当有其他因素。

江融： 你曾到过80多个国家采访，而且去过许多冲突地区，但是现在你似乎不经常去采访冲突地区。

伯耐特： 我与女儿达成了某种协议。当我成为父亲之后，我变成了另外一类摄影家。2003年，当伊拉克战争爆发时，我女儿16岁，她对我说：“爸爸，这是我们之间的约定，你不能去伊拉克。”可以说，伊拉克战争更多是属于年轻一代的摄影家。

我认为，过去10年我选择做的事情是有趣的，我以不同方式解释了世界的另一面。我不认为，若要成为优秀摄影家，唯一能做的是成为“战地摄影家”。

左页图： 1984年，埃塞俄比亚，一名遭受旱灾饥荒之苦的母子在难民营中

上图： 1984年，美国，在洛杉矶夏季奥运会女子3000米决赛中被看好的美国赛跑运动员玛丽·德科尔摔倒

上图：1985年，瑞士，苏联共产党总书记米哈伊尔·戈尔巴乔夫和美国总统罗纳德·里根以及他们的翻译在日内瓦峰会上

左图：1988年，芬兰，为前往莫斯科峰会的美国总统罗纳德·里根的到来做准备

右页图：1989年，德意志民主共和国，东德当局宣布柏林墙开放的第二天，东德军队在勃兰登堡门

江融：你也花很多时间拍摄体育题材。我一直在想你为何要拍该题材？是因为你要训练自己捕捉瞬间的反应，还是你要变换不同于战争严酷现实的题材？

伯耐特：体育摄影有其本身的挑战和美学。我并非专职体育摄影家，而且，我没有每周都拍。实际上，若要成为优秀的体育摄影家，就应当经常实践，才能了解事物的规律，知道如何预测和判断。体育摄影迫使你寻找新的观察方法。事实上，对我来说，这便是摄影的奥秘所在。如何以新的方式观察？从熟视无睹的事物中发现新的东西？能否拍出一张以新的方式观看该事物的照片？

江融：你曾说过，你在体育摄影中试图捕捉体育项目的最佳瞬间。你拍摄的许多运动员的照片，都是他们刚起跑或刚起跳的瞬间。

伯耐特：总的来说，我拍的体育照片并不关注被摄者的身份，大部分情况下，我不是在拍获胜的运动员，而是在拍视觉上可能更加有诗意的运动员。

作为体育报纸或杂志的摄影家，你需要拍摄获胜者或第二名运动员的照片，或者拍摄重大的体育新闻，如某个运动员摔倒的照片。对我来说，大部分情况下，我更多是在寻找反映情绪的照片，而非有关成败的照片。体育摄影更多的是激情狂想曲，而非只是报道谁是获胜者。

江融：那么，你如何看待卡蒂埃-布列松的“决定性瞬间”？

伯耐特：我认为，黄功吾拍摄的被燃烧弹烧伤的女孩照片便是这种瞬间的良好范例。某个瞬间的所有因素必须都齐全，才能造就一张杰作。你可能处在一个非凡的事件中，却拍了一张很糟糕的照片。

上图： 1992年，西班牙，13岁的中国跳水运动员伏明霞在巴塞罗那夏季奥运会上赢得了她四枚金牌中的第一枚

右图： 1990年，美国，乔治·赫伯特·布什总统，白宫，华盛顿

上图：1996年，美国，亚特兰大夏季奥运会女子4x100米接力赛

左图：1996年，美国，比尔·克林顿总统在竞选连任期间

然而，你可能处在一个平凡的瞬间，如在公园中散步，各种因素却造就了一张完美的照片。

我常常告诉年轻的摄影家，相机不是最重要，你的眼力和脑子才是最重要。你可以将最差的相机给最棒的摄影家，他们照样能拍出好照片，相反，你可以将世界上最好的相机给蹩脚的和不用心的摄影家，他们可能拍出影像锐利和技术良好的照片，但他们并不是在摄影。所有的一切都归结到你是否动脑和用心在拍摄。

江融： 你能否谈一下1984年奥运会期间拍摄美国长跑运动员玛丽·德科尔（Mary Decker）与南非运动员左拉·巴德（Zola Budd）碰撞摔倒的照片情况？当你拍摄到那张后来获奖的照片时，你是否已在跟拍德科尔？

伯耐特： 我拍了两组照片。她跑过我的身边时，我拍了一组，大约有六张照片。之后，我看到她摔倒，我用85毫米的镜头拍了一张大场面的照片，然后拿起400毫米的镜头，又拍了八九张。后来，大家从四面八方跑来，站在我与她之间，我唯一能看到的是她的一双脚——这个瞬间便消失了，整个事件在15至20秒之间便结束了。

我不知道奥运会是否还会发生类似的情况，现在有这么多的高清电视报道，有这么多的相机，包括沿跑道转动的相机和空中俯拍的相机。可以说有数百台相机在拍摄报道奥运会，而且观众中还有许多相机。

1984年奥运会期间，也有许多摄影记者进行报道，但绝不像现在这么多。再加上现在有许多期望过高的故事需要报道，实在难以找到任何可以维持

左页图： 2004年，希腊，雅典夏季奥运会中国花样游泳队

上图： 2006年，美国路易斯安那州，新奥尔良卡翠娜飓风的后果

右图： 2006年，美国，乔治·沃克·布什总统在阿灵顿国家公墓纪念在所有战争中阵亡的美国士兵

上图： 2008年，中国，北京夏季奥运会女子曲棍球比赛

左图： 2008年，美国，民主党总统候选人巴拉克·奥巴马乘坐竞选包机前往圣路易斯参加集会

右页上图： 2018年，韩国，平昌冬季奥运会男子滑雪越野赛

右页下图： 2019年，美国，唐纳德·特朗普总统进入白宫东厅举办的一场官方招待会

一天以上的重大消息。赛前总是有许多预测和炒作。在这方面，电视很糟糕，总是在大做文章，杂志在某种程度上也一样。

当今的世界如此不同，令人怀疑的是，20年之后，奥运会的某张照片是否还能如此出名，以至于仍然留存在人们的记忆中。试想雅典奥运会、悉尼奥运会或亚特兰大奥运会，我想不出任何具体的照片。

1984年的洛杉矶奥运会有许多杰出的照片，但发生在玛丽·德科尔身上的事件是一件意想不到的大事件，这便是新闻。不该发生的事便是新闻。或许这是我拍过的最佳新闻照片。

江融： 你也花大量时间在首都华盛顿拍摄美国总统或跟随总统候选人到处拍摄。拍摄总统选举与拍摄战争或体育有何不同？

伯耐特： 竞选与奥运会相似，因为它是一个受到控制的大事件，有许多规矩。有许多事情你无法做，有许多地方你不能去，有许多人你无法随心所欲地交谈，但在这些限制的范围内，你仍然能够拍出有趣的照片。

有时，我们这些摄影记者会想，我们是否有共谋之嫌，因为我们似乎遵守了这些规则。不过，如果你的照片没有摆拍的内容，而且，没有愚弄你的读者，那么，还算公正。

有时，在照片的文字说明里解释所拍摄的情况是十分重要的，不然你很容易给观众错误的印象。例如，某位摄影家在一次集会结束之后拍摄到一张照片，并将其发表，该照片会给公众一种没有多少人参加集会的感觉，而事实上可能有上千人参加了该集会。在政治中，人们对于每一个细枝末节都很在乎。

我们的使命不是要遵守这些规则，而是要以我们认为正确的方式报道。我总是在寻找一些意料之外的情况，无论是在政治或体育方面。对于体育来说，有可能在高中的赛事中拍到好照片。至于政治，我始终要超越政客想要加给我们的东西。

在竞选过程中，政客假装要给我们一些东西，我们也假装在报道新闻，因此双方都带有某种程度的共谋，结果出现的并非总是一开始所期待的东西。对于我们摄影家和记者来说，不断寻找令人意想不到的东西才是我们工作的关键所在。

江融： 作为报道摄影家，你是否有任何遗憾？

伯耐特： 我们总是认为，我们拍摄的照片能改变世界。事实上，人们照样我行我素，没有因为我们的照片而有多大的改变。但是我认为，即使无法改变人们对世界的看法，我们仍然需要拍摄这些照片。这不仅是为了我们的今天，也是为了未来。

当我观看50年或100年前拍摄的照片时，我总是视其为珍宝，它们是前人留给我们的礼物。我们也应当留给后代相同的礼物。

江融： 许多报道摄影家在过去十分活跃，但现在似乎都已消失，而你仍然十分活跃。你是否考虑有朝一日退休？

伯耐特： 我没有打算停止。即使我明天赢了彩票，我仍然想要做摄影家。我可能会有所改变，但我会继续做我正在做的事情，因为我热爱摄影。

我无法确知未来的命运，可我依然通过相机之眼观看世界，并享受拍到好照片能带来的满足感。像所有的艺术家一样，我们有时会因最想做的事情而受到挑战，最终，我认为拿着一幅作品观看的快乐是永远不会消失的。

上图： 2017年，美国，跳台滑雪运动员在犹他州盐湖城训练中

Don McCULLIN
唐·麦卡林

唐·麦卡林出身在英国伦敦北部一个十分贫寒的家庭。他19岁加入皇家空军，因未能通过担任摄影家的考试，只好作为摄影助理被派到非洲进行航拍，从此对摄影产生兴趣，并花30英镑买了一台禄莱相机。退役后，因生活窘困，他以5英镑将相机送到当铺典押，其母知道后，用家里值钱的东西将相机赎回，才改变了麦卡林的一生。

1964年，麦卡林首次到国外报道，拍摄塞浦路斯战争，便获得当年世界新闻摄影大奖。此后20年里，从中东、越南、比夫拉、北爱尔兰、柬埔寨、孟加拉国到贝鲁特等世界主要战场都有他的身影，“战地摄影”成为他的生活方式，以至于无法适应和平的正常生活。直到在贝鲁特内战期间拍摄一名妇女而被她殴打才觉醒，从此暂停战争摄影。

拍摄战争使麦卡林感到十分内疚，他对拍摄因饥饿或战争而濒于死亡的人感到内疚，对没有能力救他们更感到无奈。采访过程中，麦卡林用近乎告白的方式，回顾了他的摄影生涯，有时甚至是带着哭腔在忏悔，表现出他的悲天悯人胸怀。

停止拍摄战争之后，麦卡林将镜头转向英国家乡的风景；同时拍摄了印度和非洲的专集，并关怀非洲艾滋病的蔓延。他拍摄的布满阴霾而又具有英国田园牧歌式的风景摄影作品，折射出他对战争与和平的复杂心理。

2012年，尽管已经77岁，麦考林重操旧业，又奔赴叙利亚。这次他将镜头主要聚焦在战争对历史古迹和文化遗产的破坏上。如今他已八十有余，身体仍然硬朗，两眼炯炯有神。在我的眼里，麦卡林是一位永远的斗士。

上图：2006年，纽约，唐·麦卡林，江融摄

右页图：1969年，英国伦敦斯皮塔菲尔德，无家可归的爱尔兰人

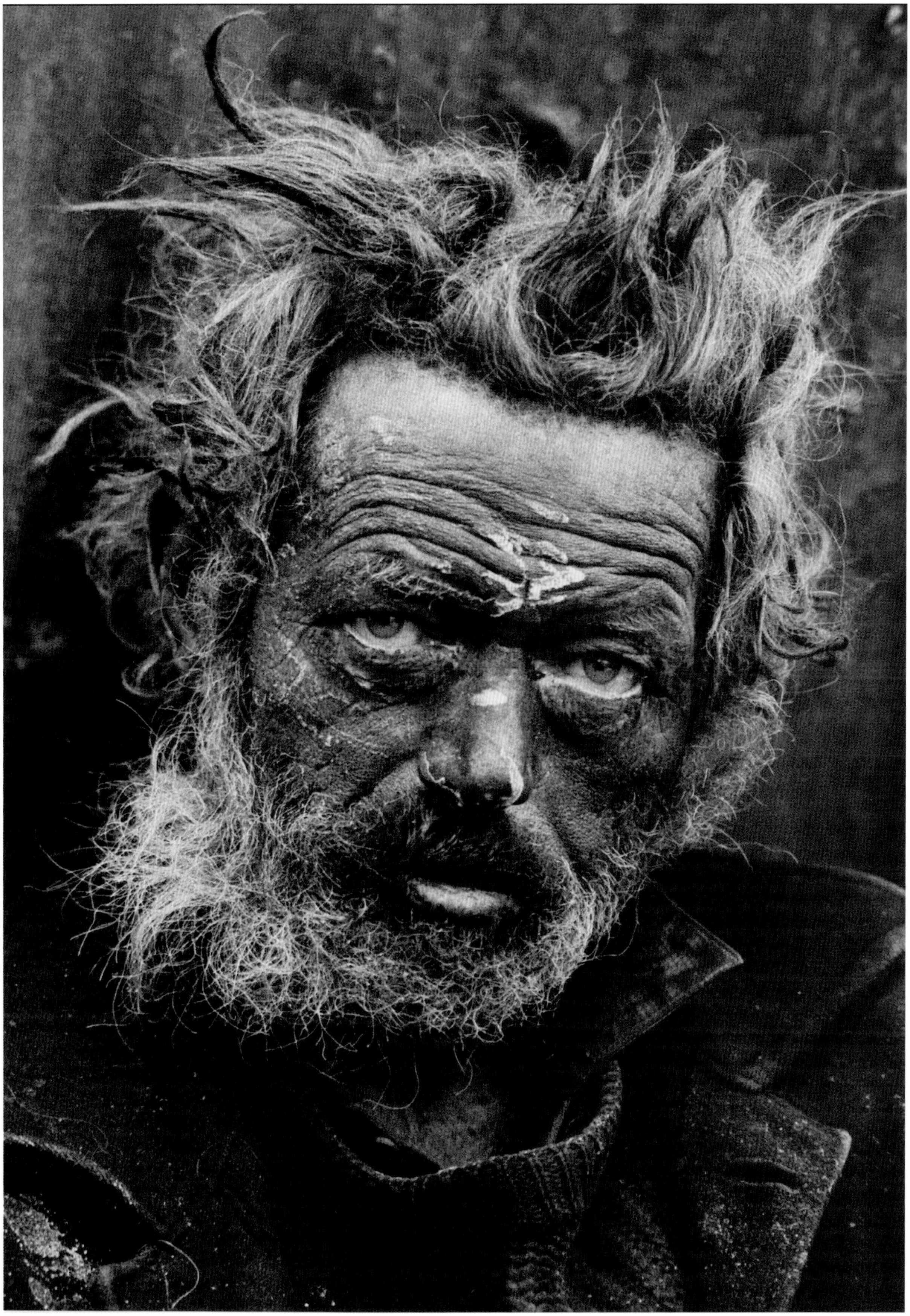

江融： 你被视为最伟大的战地摄影家之一，而且，国际摄影中心刚颁发给你“科内尔·卡帕奖”（Cornell Capa Award），但你不喜欢被称作“战地摄影家”，为什么呢？

麦卡林：“战地摄影家”的名称不好听，让人感觉我是一个疯狂的人，似乎我唯一能做的便是拍摄战争。你很难想象，我在摄影方面能做多少事，包括拍静物和风光。尽管我痛恨广告，但如果我愿意的话，我还可以拍广告，我还在暗房中制作照片。我是多面手，不喜欢被分类。我们为何需要各种头衔？为何不可以直接称作“摄影家”？

江融： 你曾说过，拍战争容易，拍和平更难。为何和平更难拍？是否因为和平比较抽象？

麦卡林： 和平更加捉摸不定。正如你所说，和平更加抽象。和平是看不见的，而战争是迎面而来。你无法在战场看到一人死亡而视若无睹。死人就在那里，让你感到恶心。

和平有许多隐藏的层面。在这些高级公寓石墙后面，住着许多富人，也许他们的情况不一样，但如果你到纽约哈林区，那里的许多穷人在受苦。无论在战争时期，还是和平时期，人们同样会受苦。

江融： 你也说过，你不断在寻找黑暗。“黑暗”是你照片的一个重要形容词。

麦卡林： 对我来说，黑暗是能量。当我在暗房中为照片增加能量时，我将越来越多的黑暗注入到照片中。但我不认为这是黑暗，我认为这是力量。我要使我的照片强有力，我希望，你看我的照片时，它们会像拳头一样打到你的脸上。我希望，你会感到愤怒，你会想我们是否生活在文明社会里？我为何会看到这些可怕的照片？例如，在西方社会食品过剩的情况下，世界上居然有小孩饿死的照片！因此，我在暗房中制作照片，制作一些令人愤怒和绝望的照片。

江融： 中国有一位诗人曾经写过这样一首诗，很简单，只有两行：“黑夜给了我黑色的眼睛/我却用它寻找光明。”如你所知，尤金·史密斯（W. Eugene Smith）是比你更早一代的伟大战地摄影家，他拍过第二次世界大战，也拍过自己的孩子，他有一幅著名作品称作“通往伊甸园之路”。你如何在黑暗与光明之间寻找平衡？

麦卡林： 你可以找到遁世的办法。对我来说，我喜欢在乡间步行，从树上采浆果，这样我感到能从步行中得到奖赏。我采集浆果，拿回家洗干净放在冷冻柜中，等半年之后再吃。

江融： 为什么要等半年？

麦卡林： 因为已经过了旺季。听上去是否有些怪？像我这样的人不会有正常的思维，我总是与别人不同。

江融： 你的一本画册名叫《黑暗之心》（*Hearts of Darkness*），你为何借用约瑟夫·康拉德（Joseph

Conrad）的小说名？

麦卡林：心是我们人体负责情绪的部分。我们相信灵魂与我们的心靠得很近，而非心中之心。因此，有时我们会说某人没有心。心就是灵魂。从某种意义上来说，我们的一切都在脑中，但我们先是从眼睛得到信息，然后再传到脑中，之后，直接反应出来。

左页图：1961年，德意志联邦共和国，柏林墙建造时，美国士兵在查理检查站

上图：1961年，德意志联邦共和国，柏林墙建造时，西柏林人隔墙观看另一边，东德士兵也回望墙的这边

上图：1963年，英国达勒姆郡，西哈特尔普尔钢铁厂早班

右图：1963年，英国达勒姆郡，失业男子在西哈特尔普尔的海岸上捡煤炭

右页图：1964年，塞浦路斯利马索尔，土耳其一名妇女哀悼她在内战中被希腊军队杀害的丈夫

当我上战场时，我的恐惧会表现出来。我克服恐惧的办法是，立即小便两次，而非一次。之后，我便能够表现出勇气。接近前线时，我听到枪炮声，便意识到离别人和自己的死亡更近了。很奇怪，我会告诉你这件事，我从未告诉过任何记者。

江融： 那张被炸弹惊吓的美国陆战队士兵的照片是你的经典作品之一。但你说过，现在已不喜欢这张照片。正如你刚才讲的，刚上战场的士兵会害怕，这难道不是自然的吗？

麦卡林： 害怕当然不是不自然，无论是士兵，还是街上的行人，恐惧始终伴随着我们。我应当更明确地说明不喜欢该照片的原因。我的朋友埃迪·亚当斯拍了那张在西贡街头将军开枪打死一名嫌犯的照片，最后，他痛恨这张照片，因为所有人从他丰富的作品集里只看到这张照片。

江融： 你似乎在大部分情况下只拍黑白照片，我从未见过你的彩色照片。

麦卡林： 在我的家中，有成千上万张彩色照片，但我不喜欢谈论它们，我对彩色照片既没有兴趣，也不喜欢。我是地道的黑白照片追随者。有许多摄影家喜欢彩色照片，让他们去拍彩色照片吧。恩斯特·哈斯（Ernest Haas）对彩色的诠释非常美，美国的杰伊·梅塞尔（Jay Maisel）也拍得很好。许多人更适合做我不想做的事，因此，对我来说不算重大损失。

江融： 你是否认为彩色照片不适合战争摄影？

麦卡林： 现在我们所看到的伊拉克照片全是彩色照片，而我无需看到鲜血的壮观颜色，我也无需以彩色看人物的环境。对我来说，彩色与黑白没有太大区别。坦率地说，黑白照片是更加经久和有震撼力的影像。

左页图：1968年，越南，在春节攻势顺化战役中，一名北越士兵的财物被掠夺

上图：1968年，越南顺化，在春节攻势中，美海军陆战队士兵左手中弹前几秒投掷手榴弹

左图：1968年，越南顺化，在春节攻势中，美国海军陆战队一名士兵腿部中枪

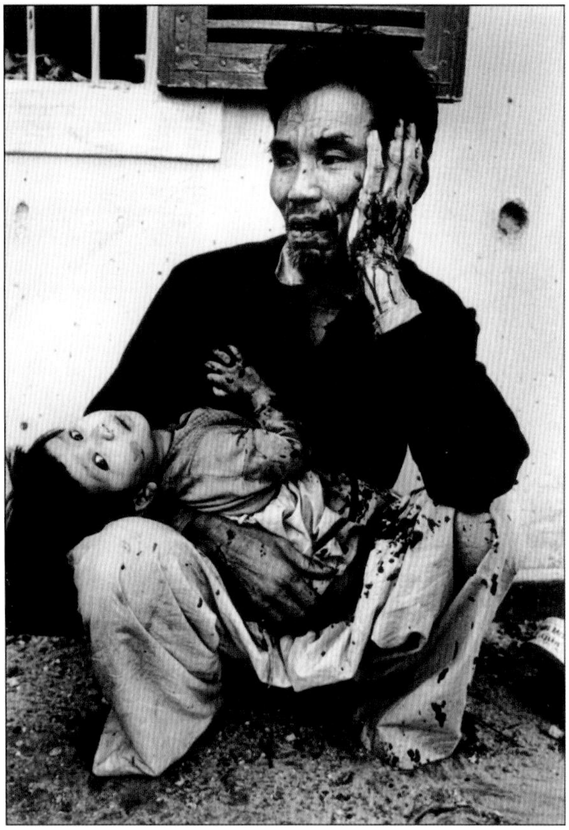

左图：1968年，越南顺化，在春节攻势中，越南父女在美国海军陆战队向他们的掩体投掷手榴弹后受伤

右图：1968年，越南顺化，在春节攻势中，美军牧师疏散一名年长的越南妇女

第95页图：1968年，越南顺化，在春节攻势中，被炮弹惊吓的美国海军陆战队士兵等待从前线撤离

江融：你也喜欢暗房工作，你曾说过：“信息不会从底片直接跑到相纸上，它需要通过我来传递。”

麦卡林：战场、风景或任何其他方面的原创作品构思都是一个不断思考的过程。你不能拿起相机乱拍一气。当我在制造底片时，我不是在制造香肠，我是在陈述其他人的绝望、贫穷和生命。一切都需要认真思考。

之后，我将所拍到的影像放在摄影包里，从几千里之外带回英国。当我在暗房里冲胶卷时，会担心曝光是否正确。然后，便是到了放照片的时候，我会在进暗房的前一天晚上，在床上思考我所看到和所拍到的影像，并想到要确保放大的清晰度和如何构图等问题。我会担忧如何增加天空的局部曝光量，又考虑如何对其他部分遮光。因此，暗房的挑战与战场的一样大。

上图：1968年，尼日利亚，在比亚夫拉分离主义者占领地区的战争中，一名伊博族军官为他的阵亡士兵穿好服装

下图：1968年，尼日利亚，一个名叫“忍耐”的16岁伊博族女孩在内战时期遭受饥荒之苦

右页上图：1971年，印度和孟加拉国边境，一名孟加拉母亲在难民营中死于霍乱

右页下图：1971年，印度和孟加拉国边境，父亲抱着患有霍乱的孩子

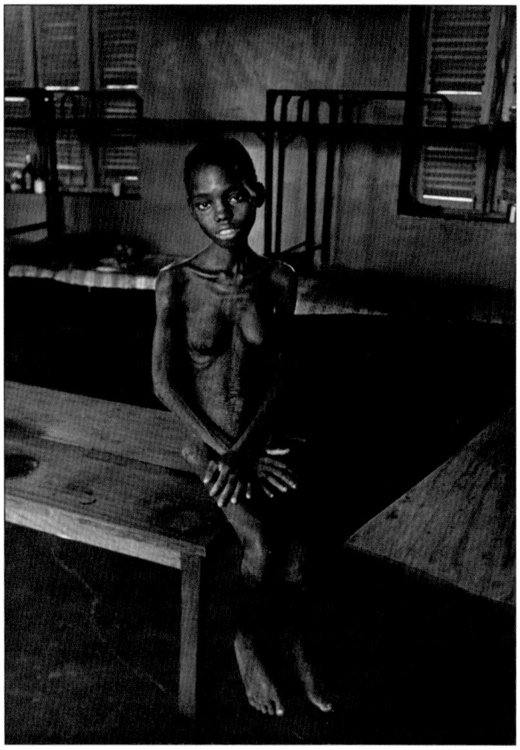

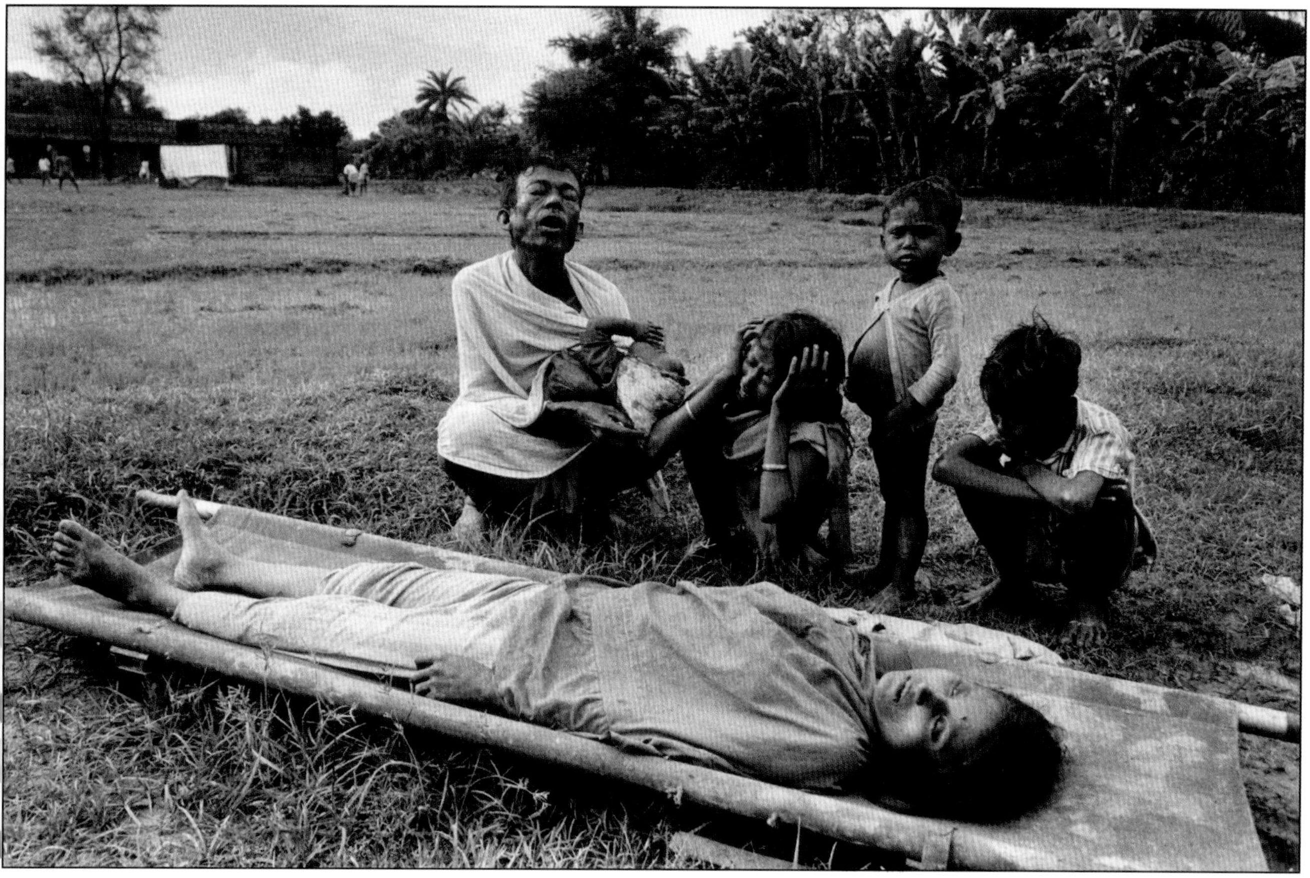

江融： 你将暗房比作子宫。你曾说过，在暗房里不断地研究，不断地与自我对话。

麦卡林： 我在暗房里有一面镜子，这样可以看到自己，我在暗房里并不孤独。

江融： 你也曾说过，必须尊敬摄影，必须尽可能地尊敬胶卷。这是为什么？

麦卡林： 因为它们是宝贵的。胶卷和相纸是神奇的科学发明。一些摄影家完成一项拍摄任务，需要拍80卷，你看加里·威诺格兰德（Garry Winogrand）便是如此。有的年轻摄影家使用连拍装置拍摄，这是一种浪费。

当你拍照时，就像采浆果，你要采最大的和最好的。不要急着将劣等的浆果装满袋子，慢慢地来。当你拍摄别人的痛苦时，你要有尊严地拍照。机枪需要大量战争的受害者，相机不需要。我完成重大

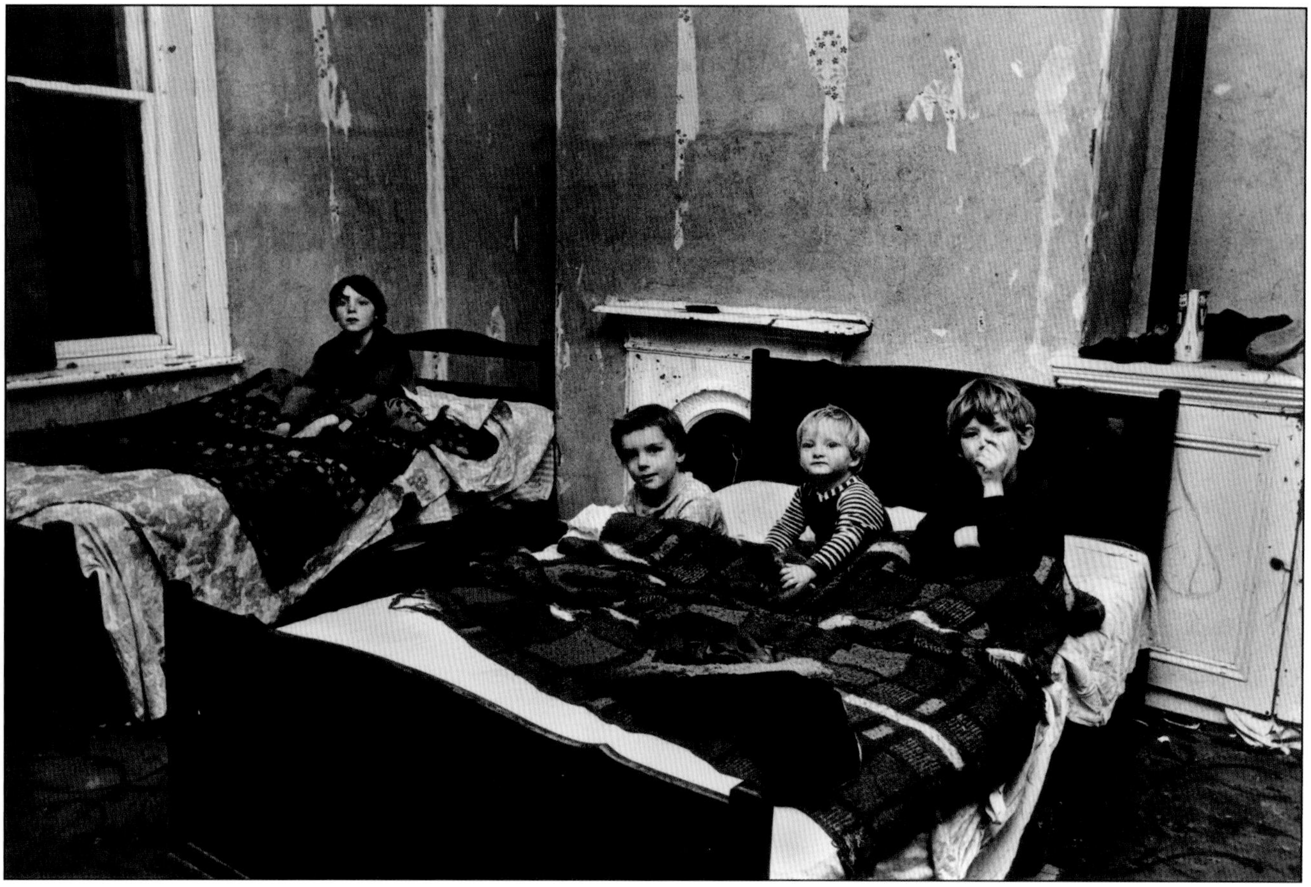

的拍摄任务，也只需20卷胶卷。

江融：刚才你提到“尊严”二字，我认为，这个词也是你摄影的重要词汇之一。你说过，在面对被摄者时，你甚至注意拿相机的方式、自己的肢体语言和表情，以便向他们表明，你试图理解他们。你始终要表现尊严。

麦卡林：如果我发现尊严，我会保证尽力表达这种尊严。当你在拍摄战争状况时，要想到士兵首先是人，然后，他们才被训练杀人，他们才有杀人的手段。妇女和儿童才是政客愚蠢和野心的受害者。

江融：你在完成了第一本题为《毁灭性的行业》（*The Destruction Business*）著作之后，意识到你在早期的战争摄影中，主要拍摄士兵，你认为需要将焦点转移到平民身上。

左页图：1974年，英国达勒姆郡，康塞特

上图：1978年，英国约克郡，布拉德福德

麦卡林： 如果当时没有意识到自己的拍摄方向是错误的话，今天我会是一个多么愚蠢的傻瓜！因此，当我去尼日利亚比夫拉时，看到了饥饿的儿童，我立即将注意力转向这些即将死去的儿童，优先拍摄这些影像。

江融： 谈到比夫拉，我认为，你拍到了一些最有尊严的照片。例如，比夫拉母亲怀抱儿童的照片。另外，我想谈一下那位名叫“忍耐”的比夫拉16岁女孩。我知道，你在拍她之前，让她用双手将下体遮上。

麦卡林： 你知道，我来自非常贫穷的家庭，没有受过太多教育，也不聪明，但我有尊严。当这位可怜的女孩走进来时，她已经快要饿死，每走一步都给她造成痛苦。我立即坚持让她坐下休息。她当时没有穿任何衣服。我想，在她生命的最后时刻，如果我没有想办法让她摆脱裸体的窘境，任何人看了我拍她的照片之后，都会感到震惊。因此，我让医生告诉她能否将下体遮盖。

我通常不摆拍照片。但我承认，曾摆拍过两张照片，一张是这位女孩，另一张是死亡的北越士兵与他的照片。

江融： 你如何摆拍后一张照片？

麦卡林： 当时，一些美国士兵在这位北越士兵的尸体上搜查纪念品，他们将他身上的东西拿出来，扔到地上，之后大笑着扬长而去。我为他们的行为感到震惊。人们通常对阵亡的士兵表示尊敬。我认为，必须对此刻发生的事情加以陈述。

顺便说一下，在战争中，没有任何人是我的敌人。我只是路过的一个中立者。这位十八九岁勇敢的北越士兵为了他自己的权益和他的国家自由而

牺牲，美国士兵污辱了他的勇气和尊严。我恨他们。我看到地上有几张小女孩的照片，还有一张大人的照片，可能是这个女孩的母亲，我便将它们摆放在这位北越士兵身旁，以确保我拍的这张照片会将它们保留下来。

江融：你是否会在被摄者不希望你拍照时，放弃拍摄某张照片？

麦卡林：我在贝鲁特做了一件为此付出代价的事情，我遭到一名妇女的殴打。我通常很谨慎，很少会犯那天所犯的错误。你知道苍鹭是如何聪明地从高空飞下捉鱼的吗？我正是那样，我会等待。但是，那天，我在贝鲁特犯了一个错误，那名妇女看到我拍她的照片后，向我冲过来，大声吼叫，并用拳头打我。她要报复，因为我愚蠢地超越了界线，为此付出了代价。幸好其他人上来将她拖走。

左页图：1982年，黎巴嫩贝鲁特，萨布拉，一名巴勒斯坦妇女返回她被炸毁的房子废墟

上图：1976年，黎巴嫩贝鲁特，黎巴嫩一家人离开烈士陵园

江融： 你曾说过，你不想偷拍照片，你不想从远距离拍摄照片。

麦卡林： 我没有长焦镜头，最长的也只是105毫米的肖像镜头。

江融： 你说你总是与被摄者有眼神的接触，试图要得到此人的允许。

麦卡林： 当然，我想要得到被摄者的同意，想让他高兴，因为我不是在偷拍，也不是在利用他。当我得到允许时，我甚至想要拥抱被摄者。

我不太懂镜头，也没有数学头脑，只知道如何拍照。实际上，摄影与照片本身无关，摄影与我本人有关，与被摄者有关，与被摄的环境有关。对我来说，摄影只是一个代名词，它是达到目的的手段。它无法决定我如何处理与被摄者的关系，我的脑子、我的眼睛和我的情感才是重要的。对我来说，摄影是一个情感体验过程。

江融： 你是否也说过，现在的摄影家与被摄者之间的距离太近？你知道，罗伯特·卡帕曾说过："如果你的照片拍得不够好，那是因为你离得不够近。"但是，大卫·伯耐特曾在佩皮尼昂摄影节做了一个摄影展，题为《太近》。我想，伯耐特的意思是，摄影家也需要退后，才能反映出照片的背景情况。

麦卡林： 我认为，在大部分情况下，我所保持

左页图：1989年，印度阿拉哈巴德，在大壶节朝圣的清晨

上图：1991年，英国，萨默塞特的冬天

左图：2001年，南非帕尔，48岁的皮特患艾滋病已经5年，与他姐姐波琳娜的孩子们在一起

的距离是正确的。你不能使受害者窒息。你需要讲述被摄者的故事。我始终保持正确的距离。

有时，你会将相机放下。我拍到了一位美国士兵受伤后靠在墙上，另外两名士兵在帮助他的照片。他看上去像受难的耶稣基督，两眼向上，处在痛苦中。拍完该照片，我放下相机，对他们说："把他交给我。"我将他放在背上，当年我31岁，非常强壮，我背着他跑了将近100米，跑回指挥部的战壕，上校对我说："你干得很出色！"但我没有在乎他说的话。

对我来说，这是表示与他们分担危险，也是表示对他们的尊敬。我拍摄这些受伤和死去的士兵，我想向他们表明，我与他们在一起。我没有枪，我在他们最苦难的时候拍摄他们，然而，如果需要，我也会帮助他们。但作为摄影家，在战场上，我不是救护人员，我需要拍照。

江融：我会回过头来讨论你照片中的宗教色彩问题。但我现在想要讨论你刚才提到的"中立"或者"独立"的问题。如果你跟随以色列部队或比夫拉部队拍摄，他们会保护你，那么，你认为自己仍然可以是一个"独立"的目击者吗？

麦卡林：如果你现在随军拍摄，他们会保护你。而在过去，士兵们不会保护你。你无法避免炸弹从四面八方朝你落下来。如果你坐在美军军车上，如同詹姆斯·纳切威（James Natchwey）曾经随美军军车拍摄，你就会被保护。尽管如此，当时与纳切威在一起的《时代》周刊作者抓起落在车上的手榴弹并将它扔出时手被炸断，纳切威也受了伤。从根本上来说，不可能有保护。我们只能自保。

江融：你为《观察家报》和《星期日泰晤士报》工作时，这两家报刊都有自己鲜明的观点，你

是否尽量迎合它们的观点?

麦卡林: 我不迎合任何观点，我在拍摄现场保持中立。我必须告诉你，大部分媒体工作者有左派的自由倾向，当然也有少数的右派。事实上，我只属于自己，我做出自己的判断和决定。我不属于任何人。

江融: 那么，我认为，你必须忠实于自己，忠实于生活，忠实于被摄者。

麦卡林: 一旦变得不诚实，你就必须寻找一个谎言来掩盖另一个谎言。不诚实是愚蠢的，是对自我的背叛。我可以昂首挺胸，为自己的成就感到骄傲，但我很少谈论我的成就。我有些虚荣，但对摄影，我不敢虚荣。摄影待我不错，同时，我也有过一些糟糕的日子。如同我一样，摄影必须能够让你思考哲学问题才行。

左页图: 2006年，叙利亚巴尔米拉，巴尔夏明神庙

上图: 2011年，苏丹墨洛，黑人法老的金字塔

江融：你的照片如何能够做到充满气氛？我知道你喜欢在天黑之前拍摄风景照片，或等待特殊光效。

麦卡林：对我来说，此刻这种阴霾的天空光效绝佳。我喜欢拍摄这种光效，会在镜头前加滤色镜，也可在暗房中做出这种效果，用高反差相纸放大，使得反差加大几倍，增加戏剧效果，让你感到我的照片能拥抱你，仿佛你从一个隧道出来，直接进入我的世界。我要让你被我的影像吸引住，而不是看了我的照片，说完“不错”就调头看其他地方。

江融：我们刚才谈到你的照片有浓厚的宗教色彩，有时在你的照片中能看到《圣经》中所描述的光效。但是，你也曾说过，你是无神论者。

麦卡林：是的，我是充满矛盾的。第二次世界大战期间，我被送到乡下，他们让我参加早晚的祈祷，并送我到下午和星期日的教会学校去。因此，我从小便不喜欢宗教。但在遇到困难时，我也会寻找上帝。当子弹在我的头顶飞过时，想到随时会被打死，我也曾向上帝祈祷。这就是虚伪。

江融：那么，你的照片怎么会有宗教色彩？

麦卡林：我去过许多艺术博物馆，看过许多描绘战斗的宗教画，包括意大利画家的名画。我看到人在遇难时，例如我在贝鲁特看到一名男子被子弹击中倒下之时，他说的最后一句话是，“真主！”人们即将死亡之前，往往会朝天看。

我们的周围有许多宗教偶像的形象，不知道你注意到了没有，我是注意到了。我拍到的那些从墓园出来的巴勒斯坦男子的照片，便是一张经典的宗教形象，另外，在印度大壶节的那名披着围巾的男子照片，以及卡蒂埃-布列松那张著名的站在克什米尔的妇女照片，都让人感到重回远古。

江融：你也曾说过，我们大家内心深处都背负着十字架。你是否一辈子都有这种感觉？

麦卡林：长年以来，我一直背负着沉重的十字架，并被不断鞭挞。当我上小学时，便相信有个地方叫天堂，但我当时就想找到它，而非在60年或70年之后，我希望在两三岁时便进入天堂。

江融：你说过，现在你宣判自己要寻找和平，因为你曾说过，你所从事的摄影行业，始终让你感到很内疚。你是否认为，通过拍摄天堂般的风景摄影，你能从中得到救赎？

麦卡林：当然是的，我希望魔毯能出现，以便取消我的名声。越来越多的人在谈论我的风景摄影，这让我感到十分兴奋。我希望人们能开始享受我的照片。

你认为，我需要接受这个“科内尔·卡帕奖”吗？这个奖让我感到不舒服，因为他们说我拍摄了许多精彩的战争照片。我应当拒绝接受该奖。我得过许多奖，但我将奖品放在我家花园的工具架上，这样我就不必要看到它们。我真的不需要获奖，我希望人们通过看我的照片来奖励我。

江融：你是否认为自己已经拍到终身追求的那张照片？

麦卡林：我不会有到达的感觉。人们给予我这么多的嘉奖和掌声，我会对他们说声“谢谢”，然后便离开。这些都不会影响到我。我的摄影哲学是：如果有一天，我感到在摄影方面我已经达到目的地，那么，作为一个人，我已经失败了。人从来不应当到达，而是要不断地旅行。在摄影方面，我始终认为自己是一名学生。在暗房里，有时我仍然犯错误。在生命的旅程中不应当到达、不应当停止工作。人们喜欢谈论退休和退休金的问题。但你一旦退休，便要小心。我从来不会到达，在摄影面前，我始终感到谦卑。

上图：2000年，法国索姆，第一次世界大战死亡人数最多的战场

Robert PLEDGE
罗伯特·普雷基

罗伯特·普雷基在二战中长大，10岁时看了一部关于诺贝尔和平奖得主艾伯特·史怀哲（Albert Schweitzer）的电影，长大之后，他梦想到非洲接替史怀哲志愿行医的工作。虽然后来没有当成医生，但他在大学主修了西非语言和人类学，希望从人类学的角度来关注人和社会。1969年，普雷基与伽马图片社创始人之一雷蒙·德巴东（Raymond Depardon）和摄影家吉勒·卡隆（Gilles Caron）一道前往乍得从事一个报道项目，被该国监禁1个多月。在关押期间，他了解到，光有文字，没有照片证据是不会吸引编辑和读者的关注，他才真正对报道摄影的重要性恍然大悟。这是他后来逐渐转向从事新闻报道摄影工作的主要原因。

1976年，他与大卫·伯耐特在纽约共同创办联系图片社，并担任总裁和图片编辑。在他的领导下，联系图片社成为世界具有重大影响力的图片社之一，至今仍保持其独立性。

普雷基不仅成为经验丰富的图片编辑，而且也成为著名策展人。1988年，由他策划的“目击者：世界新闻摄影30年”和“联系图片社：自越战以来的新闻报道摄影”这两个展览在上海和北京展出，使得中国摄影界在改革开放之初大开眼界；同时，他与联系图片社的其他成员在北京举办的“国际新闻摄影周”，也成为中国摄影史上的一个里程碑。2006年和2007年，在平遥国际摄影大展期间，他分别推出的关于罗伯特·弗兰克《美国人》和联系图片社成立三十周年等五个展览，均给观众留下深刻印象，人们将不会忘记他对中国摄影的贡献。

上图：2006年，纽约，罗伯特·普雷基，江融摄

右页图：2008年，美国拉斯维加斯城市广场购物中心，大卫·伯耐特摄

江融： 什么原因促使你和大卫·伯耐特成立联系图片社？

普雷基： 我们意识到摄影是一项十分重要和有用的工具，可以用来调查各种正在发生的事件，以及各种没有得到报道的问题，因此决定要成立一个尽可能独立的图片社。我们要找回玛格南图片社（Magnum Photos）于1947年成立后最初10年，以及伽马图片社于1967年成立后最初4年所展现的精神。图片社由一小群十分敬业勤奋的人组成，他们对国际事务、问题和事件感兴趣，并试图以独立的个人方式进行深度报道，带回尽可能公平和诚实的影像，而非绝对客观的影像。

江融： 联系图片社许多摄影家都告诉我，作为图片社的图片编辑，你在帮助他们带回具有震撼力的影像，并深入挖掘问题的真相方面，发挥了十分重要的作用。

普雷基： 联系图片社的摄影家十分独立，他们与图片社共同合作，集中时间和精力从事他们的工作，我则花大量的时间和精力帮助他们做得更多、更好、更加深入。因此，我必须对他们的作品进行评论，通过反复不断地研究他们的作品，确定这些作品"有道理"，来协助他们取得进步。他们本人必须理解自己的作品，如果你无法自圆其说，便无法向他人解释。对摄影家或记者来说，独立工作并非总是容易的事。

在大型新闻机构，由于新闻事件发生得过快，他们没有时间来反思、讨论或辩论。而在联系图片社，我们遵循玛格南图片社早年的精神，总是在讨论，而且十分开放。这些讨论非常重要，通过讨论可以产生一些不同观点，协助挑选或拍出更好的照片，使得报道更富有深刻意义、更加公平和公正。

左图： 1944年7月，法国，第二次世界大战诺曼底战役期间，美国第一军新闻营的年轻勤务兵，约翰 · 莫里斯摄

右页图： 1996年，韩国汉城，慰安妇孙迄丛与李景辛画中的她，金英喜摄

江融： 能否谈一下图片编辑与摄影家之间的关系？你与他们之间是否存在良师益友的关系？

普雷基： 刚开始时，情况并非如此，这种关系是逐步发展起来的。我不是摄影家，但我发现摄影媒介之后能够理解它。作为记者和人类学者，作为一个人，我可以对摄影家说："你看，这些照片如果这样拍，能够拍得更好，而且，如果你真有兴趣，可以把它变成一个长期项目。"的确，我们之间存在某种良师益友的关系，但这种关系始终是双向的。

联系图片社的人员有许多共同之处。我们对国际事物十分感兴趣，包括安妮·莱博维茨（Annie Leibovitz），她并非只是专拍名人，她是一位肖像摄影家，但她对世界上发生的事情十分感兴趣。她拍摄了好莱坞所有著名影星和世界演艺界人士，她也拍摄了世界上许多著名人物，如曼德拉、克林顿和英国女王等。她是学新闻报道摄影出身，对美国越战和波斯尼亚战争十分关注。她到过萨拉热窝和卢旺达，并拍摄有关艾滋病和家庭暴力的题材。她注重用新闻报道手法和人道主义的态度对各种主题进行报道。

江融： 你曾说过，每一个时代都有自己的报道摄影家，如二战和越战等时代的摄影家。

普雷基： 二战与越战之间还有一代，即韩战一代摄影家，大卫·道格拉斯·邓肯是那一代西方摄影家中的佼佼者。越战造就了一代新的报道摄影家，其中包括唐·麦卡林、拉里·布罗斯、埃迪·亚当斯、吉勒·卡隆、大卫·伯耐特、菲利普·琼斯·格里菲思、亨利·休特（Henri Huet）、大卫·休姆·肯纳利（David Hume Kennerly）和凯瑟琳·勒鲁瓦（Catherine Leroy）等。名单很长，不仅包括美国和欧洲摄影家，也包括日本和越南摄影

家，甚至中国摄影家。

在1964年至1975年的越战期间，整整一代摄影家在越南进行报道，其中有来自通讯社、报纸和画报的摄影家，如美国《生活》杂志、伦敦《星期日泰晤士报》周刊、《巴黎竞赛》画报和德国《明星》周刊，以及欧洲其他出版物。他们十分独立和坚强，使得当局难于招架。他们在使世人了解越南真实情况方面立下汗马功劳。

江融：黄功吾是来自通讯社的摄影家之一，当他拍到那张著名的被燃烧弹烧伤女孩的照片时，大卫·伯耐特也在场。你能回顾当时的情景吗?

普雷基：我想，当时只有七八位记者在场，但这张照片实在有名，人们只记得黄功吾。通讯社记者类似于报纸记者，他们所受的训练是捕捉一张能够讲述整个故事的照片，这种照片通常发表在报纸的首页。杂志社与图片社的摄影家相同，他们对全面报道更感兴趣。他们的拍摄手法与通讯社或报纸摄影记者的手法正好相反，是由许多幅有先后顺序的照片来说明同一个故事，这些照片是一种视觉叙述的手法，伯耐特属于这种类型。

黄功吾与伯耐特都在报道同一事件，但手法完全不同。结果，伯耐特没有拍到黄功吾拍到的照片，他当时正在换胶卷，等胶卷换好后，已经太晚，黄功吾拍到那张照片的瞬间已过。伯耐特唯一能做的是，转过身来，拍了几张这些小孩跑过身边的照片。

但是，伯耐特那天拍摄的照片十分宝贵，因为他有这一天整个事件过程的照片。在那名小女孩之前，她的祖母抱着一个烧伤的小孩跑过来，伯耐特拍到的这张照片发表在《生活》杂志上，也是一张很好的照片。黄功吾拍了小女孩的照片之后，将她送到医院，之后，迅速回到暗房在报社截稿前将照片

洗印出来。伯耐特则留下，并拍了接下来这一天剩余时间发生的事情。因此，他们两人属于不同流派。

江融：我想黄功吾属于新闻摄影，而伯耐特属于报道摄影。那么，纪实摄影与报道摄影之间有何不同？

普雷基：如今，大多数人只希望被称作“摄影家”，因为，很难用明确的方式来界定。在“报道摄影”产生之前，存在“纪实摄影”，但纪实摄影家没有采用新闻报道的方式和理念进行拍摄。报道摄影家是指那些深度报道某事件或某问题，并在报纸和杂志等大众媒体上发表作品的摄影家。

20世纪20年代末至30年代初，摄影画报首先在德国柏林和慕尼黑出现，之后在整个欧洲和美国逐渐风行。当时，电视尚未发明，人们不了解世界的模样以及世界上发生的事件。他们从电台上听说这

左页上图：1967年，越南溪山附近，美国医护兵弗农·威克与一个垂死的战友，881号山战役，凯瑟琳·勒鲁瓦摄

左页下图：1968年，法国，巴黎的拉丁区在“五月风暴”中，吉尔·卡隆摄

右图：1968年，中国黑龙江省，为纪念毛主席在长江游泳两周年，在松花江冬泳前做准备，李振盛摄

些事件，并从报纸上读到有关消息，但得到相关图片的过程相当缓慢和繁琐。

在同一时期，印刷厂能够在很短的时间内印出大量的报纸。当时胶印技术已经发明，照相凹版印刷技术也不断得到提高和完善，这些改变了印刷业；埃尔曼诺克斯小型相机（Ermanox）研制成功，之后，莱卡135相机成为专业摄影家使用的主要相机。

当时，大部分新闻摄影家仍然使用Speed Graphic大画幅相机和手持单次闪光灯泡拍摄。随着莱卡相机的使用，摄影家突然间能够到处移动而不易被发现。埃里希·萨洛蒙（Erich Salomon）、阿尔弗雷德·艾森斯塔特（Alfred Eisenstaedt）、马丁·蒙卡奇（Martin Munkacsi）、罗伯特·卡帕以及卡蒂埃-布列松等摄影家都是使用135相机的典范。

江融：刚才你介绍了现代报道摄影的起源。如今，尤其是在冷战结束之后，有人已在谈论现代报道摄影的死亡问题。你同意这种说法吗？

普雷基：这种论断对于辩论有用，但历史证明它们没有太多意义。需要有更长的时间才能证明这些论断。我认为，现代报道摄影是从1928年莱卡相机商业化投产，以及销售量很大的新闻杂志出现之后才真正开始，一直到1989年柏林墙倒塌为止。柏林墙倒塌事件通过美国有线网络新闻（CNN）向全世界实时广播，当时有许多摄影家在场，但电视在当时仍然为王。

江融：为何摄影无法与电视竞争？

普雷基：因为电视太快了。人们往往是从电视，而非报纸或杂志上首先看到影像，包括美军在伊拉克阿布格莱布监狱虐待俘虏的照片。即使影像首先出现在杂志上，也会立即被复制并在电视上向全世界

上图：1976年9月18日，中国，哈尔滨，几十万人聚集在哈尔滨人民体育场悼念毛主席，李振盛摄

下图：1970年9月，智利阿劳卡尼亚大区阿诺尔多里奥斯农村聚居区的马普切土著农民，雷蒙·德巴东摄

播出。因此，直到今天，电视仍是更强有力的工具。

静态照片原本用于纸质出版物，尤其是周刊或月刊。如今，再加上互联网，静态照片更难与电视竞争，至少很难作为报道突发新闻的手段而存在，尤其是在社交媒体出现后。在社交媒体大行其道之前，对于为周刊服务的摄影家，他们必须至少等待5天才能发表照片，按照今天的标准来说，这时“新闻”已成为“旧闻”。此外，电视和互联网是全天候向全世界同时报道，这改变了新闻行业每一个组成部分的含义和功能。

江融：“9·11”事件是否对新闻报道摄影产生重大影响？

普雷基：在当今数码的世界里，你几乎可以通过传送影像实时加以现场报道。电视可以在任何节目中插播突发新闻。我们在“9·11”中看到这种情况，世界上所有电视台均播出我们在离现场不远的办公室都无法看到的场景。该事件发生后，纽约的桥梁和隧道被封锁，邮局和快递业务暂停，机场关闭，因此，无法利用传统的办法将照片送出。

不过，一夜之间，大家都通过数码方式将

“9·11”的照片发送出去，你只需要电脑、扫描仪和电话线便能做到。而且，当时所有已经封版的杂志又重新设计版面，将“9·11”最新的报道包括在内，但它们仍然需要一两天时间才能发行这些出版物；而电视是即时和现场直播，并且可以不断回放。所以，照片在发表时，它们的力量已经被削弱。只有少数十分富有戏剧性、真正能够传达特殊情感力量的照片才能比动态的影像更加持久。

江融：那么，你是否认为静态影像比动态影像更有力量？

普雷基：很难说。有时影片能够与静态影像一样有力量。我们所受的教育使我们不是从单幅影像，而是从有前后顺序的影像开始思考。但有时候情况并非如此，像埃迪·亚当斯拍摄的南越将军枪毙北越囚犯的照片。当时有一名电视摄像师拍下该将军与囚犯争吵，然后举枪射击，以及囚犯倒地的整个连续过程。亚当斯也不仅只有那张照片，他也拍到囚犯倒在地上的照片。但他发表的那张已成为经典的照片如此有震撼力，以致胜过了有整个过程的影片。

如今，人们更多看动态影像。静态影像必须具有某种十分独特的东西才能具有震撼力，如同阿布格莱布的照片，但这些照片是由业余摄影家拍摄的，因此，构图能力的好坏并非总能决定照片的一切，必须是超越这种能力的某种东西才能给人留下深刻印象。

江融：你认为如何才能造就经典作品？是否影像必须完美动人？

普雷基：当今的摄影世界已经大不相同，摄影的总体水平和技术质量大大提高，从某种意义上来说，更难拍出富有意义的照片。照片的好坏并非只

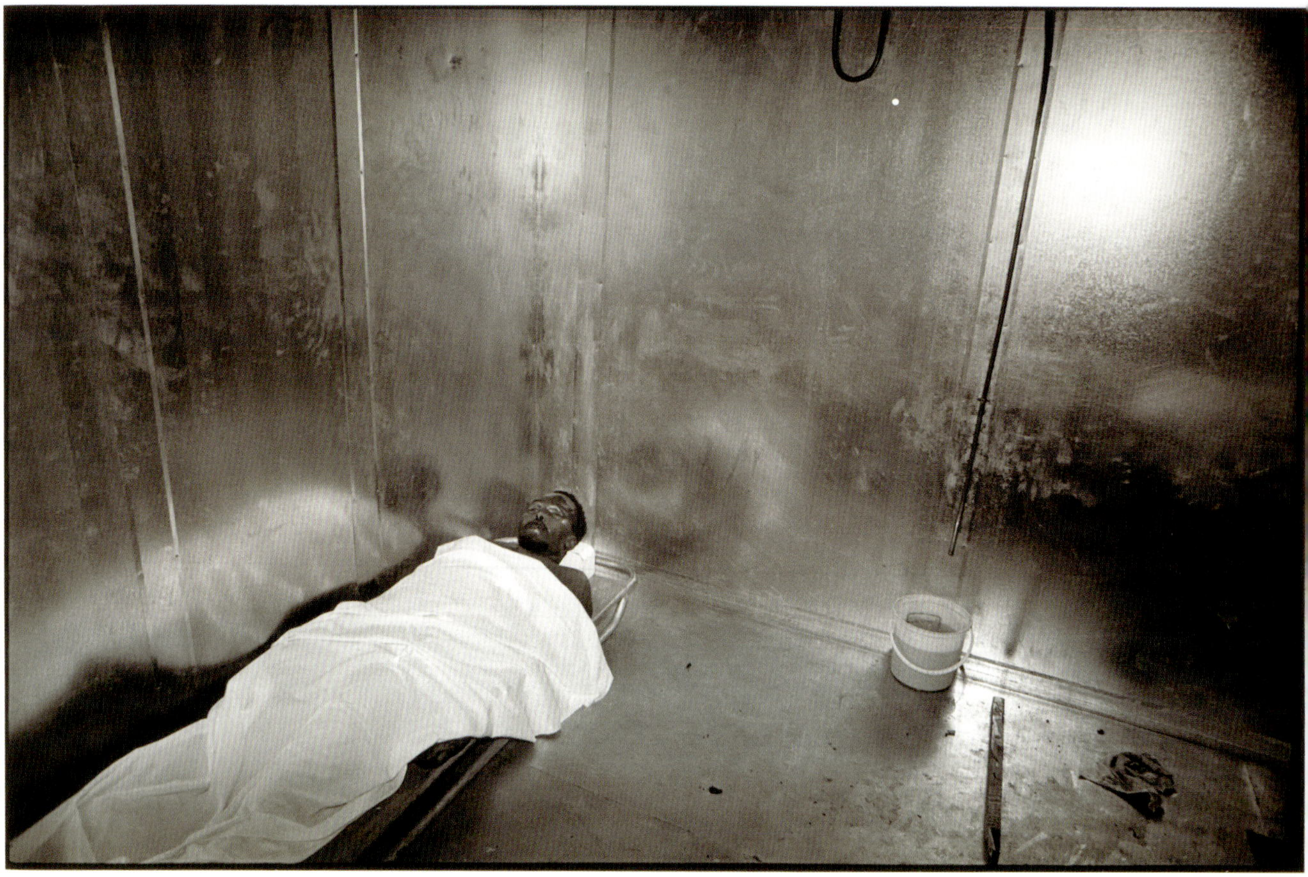

第115页图： 1976年美国加州，大型装置艺术家克里斯托和珍妮·克劳德夫妇的作品，题为《连续的围栏》，吉安弗兰科·戈尔戈尼摄

上图： 1977年，南非，反种族隔离运动积极分子史蒂夫·比科被南非警察杀害，马特·弗兰乔拉摄

右图： 1976年，南非，警察学院在种族隔离制度下对狗进行种族主义训练，阿龙·瑞宁格摄

上图： 1979年尼加拉瓜马那瓜，独裁者索摩查被推翻后，游击队员在他的住宅里。阿龙·瑞宁格摄

左图： 1979年，伊朗德黑兰，革命者袭击沙阿国王支持者，奥利维尔·荷博摄

上图：1981年，英国伦敦，查尔斯王子和戴安娜王妃在白金汉宫结婚后与王室家族举行婚礼。道格拉斯·柯克兰摄

右图：1980年，美国纽约，披头士乐队主唱约翰·列侬与夫人小野洋子在家中，列侬在该照片拍摄数小时后被暗杀，安妮·莱博维茨摄

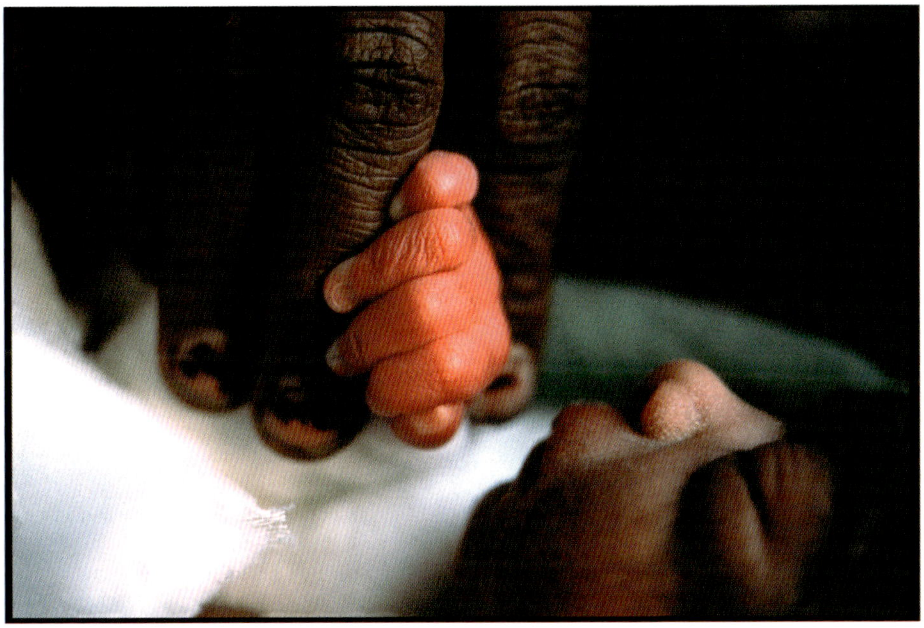

上图： 1984年，印度，联合碳化物公司的化学品灾难，博帕尔，迪利普·梅塔摄

左图： 1989年，印度，化学品灾难五年后，一个幸存者家庭的新生儿，博帕尔，迪利普·梅塔摄

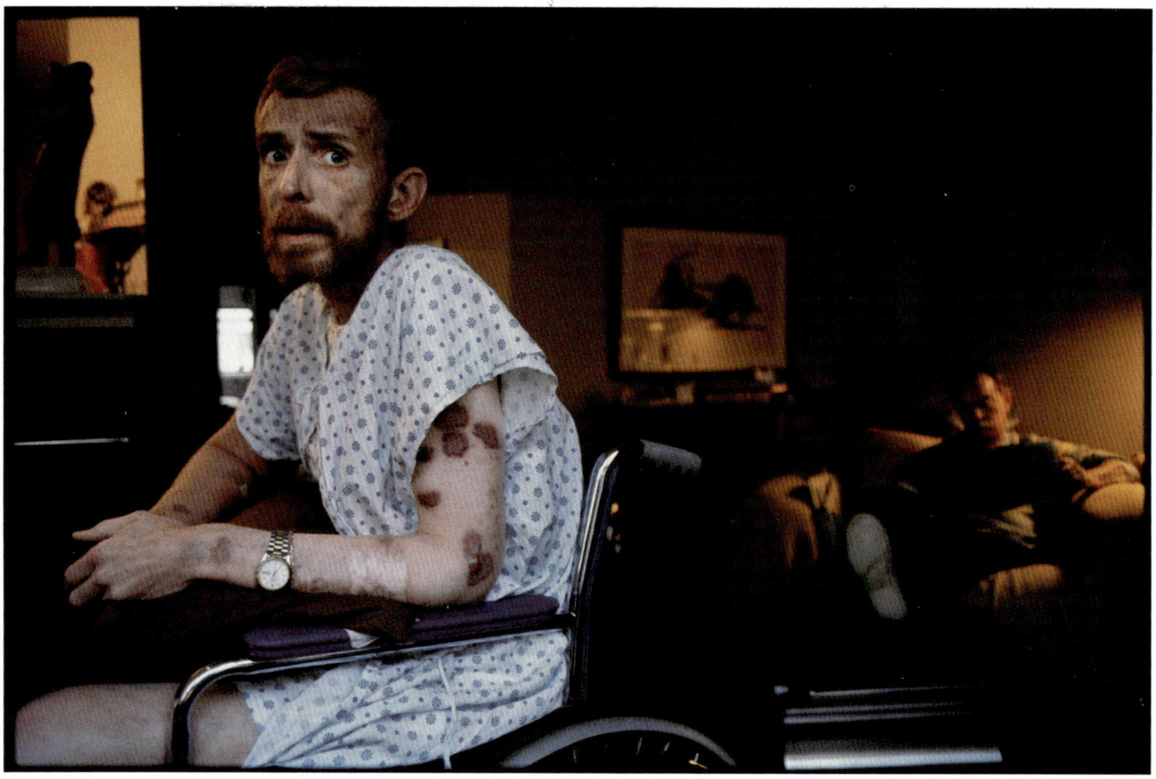

是由技术或相机的好坏决定的，世上只有一个麦卡林、一个萨尔加多（Sebastião Salgado）、一个莱博维茨、一个伯耐特。尽管摄影家的数量剧增，影像到处泛滥，但上述这类人是极少数的。历史将表明，人们只会记得极少数摄影家，只有极少数的影像会留下。

影像必须扣人心弦，这必须与影像的内容和情感有关。构图有时是重要的，但我认为，人的眼睛会对构图进行调试。卡帕拍摄的诺曼底登陆照片构图并不完美，技术也不令人满意，却不可思议地具有震撼力，而且反映了一个具有戏剧性的重要历史时刻。或许因为人们经常谈论和展示这些照片，使得它们成为经典。然而，许多照片即使重复展示，人们也不会记住。很难分析为何某一个影像会留存下来。

江融： 冷战之后，媒体似乎更多地转向报道娱乐而非人的生存状况，为何会发生这种情况？

普雷基： 柏林墙倒塌之后，东西方之间的对峙不复存在。人们想要寻找新的平衡和新的世界秩序。事实上，世界发生了巨大变化，整个东欧和苏联向西欧和世界其他地区开放，中国与俄国之间的关系也得到改善。

所有这些变化也伴随着技术和通信的巨变，而且，在全世界发生。很难说，为何会发生这种巨变。是技术发展促进和加快这些变化？还是政治变革加快技术进步？历史学家可能会对该问题提供更明确的答案。

柏林墙倒塌后，信息流量大幅度增加，特别是娱乐信息，而且，一切都是现场直播。这极大地影响了印刷媒体，尤其是摄影。摄影家原来是最先进行报道，突然间，他们只能在电视和互联网之后进行报道，其作用似乎不过是在确认人们已看到的新闻。

左页图：1986年，美国加州旧金山，艾滋病病人肯·米克斯，阿龙·瑞宁格摄

上图：1989年，德国，柏林墙被拆，亚历山德拉·阿瓦基安摄

左图：1988年，巴勒斯坦被占领土，在纳布卢斯发生的起义，亚历山德拉·阿瓦基安摄

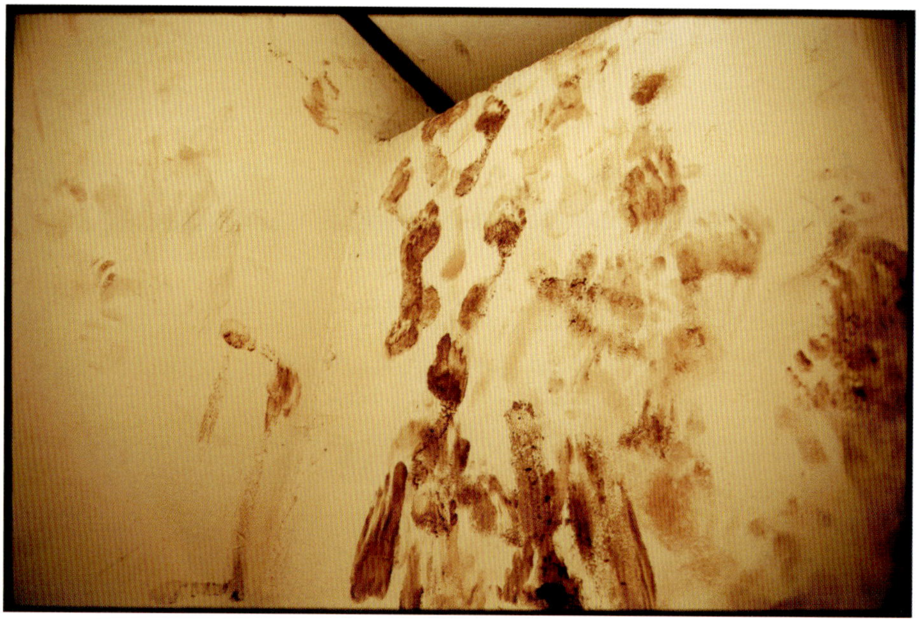

上图： 1994年，南非，纳尔逊·曼德拉的总统竞选运动，阿龙·瑞宁格摄

下图： 1994年，卢旺达，胡图族屠杀图西族学童和村民后，沙吉教会学校厕所的墙壁，安妮·莱博维茨摄

右页图： 2000年，从墨西哥非法进入美国的移民，托马斯·穆西奥尼科摄

江融：我想，另外一个因素是，20世纪80年代末，世界经济处于严重萧条中，许多公司大量裁员，使得小型图片社处境艰难。微软收购了贝特曼档案(Bettmann)、合众国际社（UPI）以及西格玛图片社（Sygma）等影像资料库，成立了科比斯（Corbis）；盖蒂（Getty）兼并Liaision和Allsport等好几家图片社。

普雷基：虽然经济是一个重要因素，但仍然是次要的因素。地缘政治的变迁和技术的发展并行不悖，这才是转变媒体和每一种媒介在整个大环境中作用及重要性的真正原因。各种形式的电视，包括有线电视、卫星电视和网络电视，以及高清晰度电视是当今传媒的主要力量，也是全世界大多数人获得各种信息特别是影像信息的主要来源。

电视占主导地位，不仅因为它是信息来源，而且因为它是娱乐来源，它也是广告和促销宣传的来源。20世纪80年代末的经济情况是上述巨变的必然结果。所有产业都会发生兼并，例如汽车行业，兼并之后成本更低，更易于在全世界分销。微软公司将这种理念应用到建立大型图片社之中，盖蒂也采取相同的做法，使得整个影像行业的结构发生重大变化。

江融：在这种情况下，联系图片社是如何应对的？

普雷基：影像行业与汽车行业不同，后者是生产新车销售，卖完旧车，再设计新车。影像的价值则在于其长期的价值，包括历史价值和文化价值。它们可供学者研究，一旦出售，可以再转手，并可以重新包装、重新使用。而且影像行业可能会产生我们今天尚不知道的新技术，可能会以许多不同的方式使用影像。

关键的问题是，较小的图片社如何生存和运作来保护影像。大部分图片社只关心“今天”和

“明天”，很少想到“昨天”他们所做的事情同样重要，需要妥善保护。我认为，玛格南图片社和联系图片社在这方面做得比其他图片社都好。

上图：2001年，美国纽约，9月11日世界贸易中心遭受恐怖袭击事件，肖恩·赫默勒摄

右页图：2020年5月，美国纽约，2019新型冠状病毒病疫情期间的曼哈顿，肖恩·赫默勒摄

江融：除了电视，互联网正逐渐产生重大影响。今后，人们可能不再读报纸，而是从互联网或其他数字平台上阅读。

普雷基：有可能发生该情况。但互联网不会完全将报纸消灭。古典音乐仍然存在。电吉他出现时，并没有破坏传统吉他的未来。因此，我对未来并不感到悲观。

ONLY
ONLY
ONLY

但我们必须保护已积累的资料。联系图片社在过去40多年已积累了十分宝贵的历史和文化资料，其中包括一些世界上最优秀的摄影家在20世纪60年代至90年代的作品。

江融：中国改革开放之后，1988年，你在北京首先向中国摄影界介绍了世界新闻报道摄影。你如何评估从那以后中国新闻摄影的发展情况？

普雷基：毫无疑问，1988年，我们举办的国际新闻摄影周产生了巨大影响。自那以后，中国摄影界与世界其他地方进行大量交流，对中国摄影家的创作产生许多促进作用。许多独立摄影家完成了一些很难拍摄的主题，并获得国际评委的认可。中国新闻摄影界已发生巨大变化，希望未来能发生更大的变化。

江融：有人认为，中国有许多好的摄影家，但他们的照片没有进行很好的编辑。你是否同意这种评估？

普雷基：在当今的世界里，中国在许多方面相当超前。中国的出版物大多采用数码排版，从技术上来说，十分先进。但中国没有独立图片编辑的传统。我不认为图片编辑目前在中国能起到重要的作用，而且，即使有图片编辑，也并非总是从新闻或美学的角度加以考虑。总之，图片编辑的重要性被忽略。

但图片编辑是需要的，无论是展览还是出书。需要有人与摄影家坐下来，整理他们的作品，并寻找作品所反映的主题，然后将所选的照片串起来。这正是一位好的图片编辑应做的事情。我认为，图片编辑现在的作用比以往任何时候更加重要，因为有如此之多的影像，而且良莠不分。他们在制作电视节目、图书出版和展览方面的作用正变得更加重要。他们更像艺术史学家或策展人，需要更多的知识。

江融：你认为摄影，尤其是新闻报道摄影在过去10年里发生了什么变化？

普雷基：正如整个世界一样，新闻报道摄影因经济、技术和人口等方面的变化而发生巨变。全球化的消费社会对摄影产生重大影响，人们更加关注自我，社交网站上的自拍照（selfie）大行其道，摄影成为人们表达自我的工具和一种艺术形式。

江融：你和联系图片社是如何应对摄影的这些变化？

普雷基：联系图片社的摄影家仍然在以不同方式做他们想做的事情。对我来说，摄影意味着心灵自由和寻找真相。我们联系图片社的任务是保持过去近半个世纪积累的宝贵视觉档案能对当下人们了解历史、社会、意识形态和文化的变化所具有的现实意义。

江融：随着无人机和虚拟现实技术的出现，你认为新闻报道摄影会产生哪些新变化？

普雷基：如果这些技术能让人们从所有角度更全面观看这个世界，当然是令人欢迎的。问题不完全在于视觉方面，而是在于影像所伴随的信息和传播速度，尤其是在假新闻和视觉冲击力当道的今天，人们没有足够时间反思和消化所获得的信息，因此，新闻报道摄影的职业道德比以往任何时候都更加重要。我们需要更加负责任地准确和公正报道真相。至于未来会发生什么变化，我们都难以预测。

上图： 2012年，美国新墨西哥州，无人机飞行员在美国空军基地飞行模拟器中训练，肖恩·赫默勒摄

Christopher PHILLIPS

克里斯托弗·菲利普斯

初次见到克里斯托弗·菲利普斯，很难想到他会是纽约国际摄影中心的高级策展人，他个子不高，戴着一副眼镜，穿着一件便装，说话声音很轻柔，脸上始终微笑着，十分腼腆、儒雅。但开始谈到摄影时，你就能够感觉到，他是一位造诣很高的专家，尤其谈到中国摄影家，他更是如数家珍。

在担任纽约国际摄影中心策展人期间，菲利普斯策划过许多展览，探索20世纪初现代主义摄影以及亚洲当代摄影和媒介艺术。他将注意力集中在艺术十分活跃的亚洲，经常访问中国、日本和韩国，接触许多艺术家和摄影家。

他首先于2004年与著名策展人巫鸿策划一个题为“在过去和未来之间：中国新摄影和新录像展览”，在国际摄影中心和亚洲协会分两处展出60多位中国当代艺术家和摄影家的作品，在纽约引起轰动。之后，他于2006年7月策展韩国艺术家金我他的摄影个展。2008年又推出当代日本摄影展，同年策划了多媒介展览“上海万花筒”。2011年举办王庆松个展，成为研究中国及亚洲其他国家摄影和艺术的专家。

2016年离开国际摄影中心后，菲利普斯为专门收藏亚洲和非洲摄影作品的阿图尔·瓦尔特（Artur Walther）策划了几个展览，其中包括“生活与梦想：中国当代摄影与媒介艺术”（2018年）和“日复一日：荣荣与北京东村”（2019年）等。

菲利普斯还出版过多本摄影著作，并在纽约几所著名学府开设过艺术史和摄影评论课程。目前，他仍在著书策展，同时教授摄影。

上图： 2006年，纽约，克里斯托弗·菲利普斯，江融摄

右页图： 1978年，《无标题电影剧照》第21号，辛迪·舍曼摄

江融： 你能否告诉我，策展人应具备的素质？

菲利普斯： 这是一个很好的问题。策展人首先必须充满好奇心，不断地寻找新的艺术家或新的艺术作品。此外，策展人必须在艺术史和摄影史方面训练有素。世界各地每天都有大量作品产生，如果你不了解过去100年的世界艺术史，则很容易因眼花缭乱而迷失方向。我认为，应该仔细研究20世纪各国艺术家在不同时期的发展过程，了解这种背景有助于发现正在创新的艺术家。

策展人应具备的另一个素质是要有很强的组织能力，能够在各种期限到达之前完成任务。另外，还应当能与各种专门领域中的人合作，如画廊、装运公司以及媒体等。策展人如同杂耍演员，必须掌握许多不同的例行程序，并能够同时处理好各种不同的事物。同时，你还必须能够向媒体人员清晰地谈论你所策展的作品。

江融： 你曾说过，如今作为策展人，最好还需要有商业管理硕士学位，才能知道如何为展览筹集足够的款项。

菲利普斯： 如今的策展人必须了解基本的商业和金融程序。你一定知道，举办展览的费用已经变得非常高。即使小型展览也需要20多万美元开支，其中包括印制、装裱和运输等费用。每次看到展览

费用不断增加时，我便感到十分担心。如果不了解基本的商业惯例，策展人有可能很快便会遇到麻烦。在美国，策展人必须知道如何非常准确地估计举办某个展览所需的经费，以及如何从私人、基金会和公司筹钱。

江融：在中国，现在许多人声称自己是策展人。我认为，他们事实上是某个展览的策划人，他们并不具备你所提到的策展人素质。策划人与策展人之间应该是有区别的。

菲利普斯：如今，“策展人”的名称被滥用。“策展人”这个词来自拉丁文，意思是“保管好”。最初是指博物馆或图书馆保管收藏品的人。现在，这个词的含义略有改变，被用来指所有组织展览的人。商业画廊也将其展览组织者称作“策展人”。对我来说，这似乎十分奇怪。

江融：你认为策展人能否同时又是收藏家？

菲利普斯：过去100多年里，在美国和欧洲已逐步为博物馆和非营利性艺术机构工作人员发展出一套道德准则制度。如果你回到100多年前，那时欧洲和美国的画廊和博物馆，艺术圈子很小，一个人能发挥不同的作用。他可能在博物馆工作，同时写艺术评论，私下里还买卖艺术品，有时也是收藏家。在这么小的圈子里，不会出现“利益冲突”问题，大家相互认识，而且没有涉及如此之多的款项。

随着时间推移，艺术世界已扩大，社会分工更细，产生许多新职业，并且更加专业化。艺术世界所涉及的财务规模更大，为牟取私利而不道德地操纵艺术制度的机会也变得更多。因此，现在需要博物馆有更多的透明度，使得大家能够相信，他们在博物馆看到的作品是最佳作品，而不是因为策展人正在买卖该艺术家的作品，或者因为博物馆董事会

左页图：1979年，女人的图像，杰夫·沃尔摄

右图：1995年，三个老旦，北京，选自《国人》，刘铮摄

成员是该艺术家作品的收藏者。在美国，现在所有博物馆均有明文规定的伦理准则。通常，当策展人担任博物馆职务时，他们同意不买卖其专门负责的艺术领域中的作品。

江融：2004年，你与巫鸿共同策展，题为“在过去和未来之间：中国新摄影和新录像展览”。该展览有许多中国艺术家创作的观念摄影作品，它似乎是20世纪90年代末在纽约亚洲协会举行的“蜕变与突破：中国新艺术展”的延续。是否可以说这两项展览相互关联？

菲利普斯：这两个展览之间的确有连续性。我非常了解“蜕变与突破”的展览，我认为，该展览非常有意思，而且富有争议。我知道巫鸿也十分了解该展览。在我们策划的展览中，巫鸿和我希望展示，在“蜕变与突破”之后的年代里，中国艺术家急遽转向摄影和其他媒介艺术。巫鸿与我策划的展览中大约有12名艺术家曾参加“蜕变与突破”的展览，但“在过去和未来之间”的展览展示了一些更为年轻艺术家的作品。

江融：你与巫鸿策划的展览中许多参展人更愿意被视为艺术家而非摄影家，尽管他们采用摄影作为创作媒介。你是否认为他们的作品可以被视为摄影？

菲利普斯：当然可以。摄影是十分灵活的媒介，而且能得到广泛应用。如果有人认真花时间掌握摄影程序，并制作技术完美的照片，没有理由认为他们不是摄影家。

我相信，你一定知道世界上曾长时间讨论当代艺术世界与摄影媒介之间不断变化的关系。在欧美，这种讨论自20世纪60年代便开始。现在人们已逐步同意，摄影是艺术家可以利用的媒介，如同使用画

笔或雕刻刀一样。摄影只是艺术家用来创作视觉艺术的一系列广泛视觉媒介中的一种。

江融： 我们是否可以称这种摄影为摆拍摄影(staged photography)?

菲利普斯： 其中一些作品是摆拍的。

江融： 在中国，摆拍摄影相对出现较晚。美国和世界其他地方如何看待摆拍摄影？杰夫·沃尔（Jeff Wall）是否为最早提出摆拍摄影观念的艺术家？

菲利普斯： 的确是。杰夫·沃尔来自加拿大渥太华，于20世纪70年代初以观念艺术家出道，70年代末，他开始制作大画幅彩色照片，被认为是19世纪欧洲艺术家创作的“历史绘画”的现代版。当时在欧洲，称作“历史绘画”的画派非常流行，该流派的画家回首历史上的重大时刻，创作了具有象征性的巨幅画作，并悬挂在公共场所。杰夫·沃尔利用摄影制作反映当代生活场景的大画幅照片，但令人惊讶的是，他仔细的构图使得这些照片具有历史和艺术方面的重要性。他要表明，这些作品不是随意拍摄的照片，而是经过艺术家本人有意识的经营和摆拍。

江融： 辛迪·舍曼拍摄的“无题电影剧照”项目，是摆拍摄影出现的另一次重大现象。

菲利普斯： 是的。20世纪70年代末，辛迪·舍曼利用黑白照片拍摄她所扮演的不同角色，仿佛是在拍摄不同电影种类剧照。舍曼通过创作想象中的

电影场景，试图探讨电影如何反映女性角色以及其他相关的问题。

江融：我认为，王庆松是采用这种方法创作的中国艺术家之一。你如何评价他所摆拍的摄影作品？

菲利普斯：王庆松是画家出身。20世纪90年代初，他是艳俗艺术运动的主要画家之一。到了90年代末，王庆松决定利用摄影媒介制作非常大而且非常复杂的摆拍照片。与绘画相比，该媒介的确使得他更能运用自如地探讨他所感兴趣的各种想法。王庆松逐步仔细掌握摄影的各种技术，采用8×10相机，而且通常在工作室完成创作。他常常拍摄一系列照片，将这些影像扫描到电脑中，然后将它们连接起来，制造一幅很长的全景式照片。

左页图：1991年，施洛斯大街，德国威特伯格市，托马斯·斯特鲁斯摄

上图：2006年，上海三台路，曾力摄

第134—135页图：2000年，老栗夜宴图，王庆松摄

他利用数码技术修版，使得这些影像十分完美，而且颜色绝对出色。之后，他通过在北京的一位打印专家制作照片。这些照片有时长达十米，在技术上，这也是十分杰出的成就。2004年，国际摄影中心展出他的《老栗夜宴图》，纽约许多顶级摄影冲印店的洗印师来看展览，都无法相信中国的打印技术这么快便达到如此之好。

江融： 有一位评论家在评论你与巫鸿策划的2004年“中国新摄影和新录像展览”时指出，该展览中的许多中国艺术家作品如同在中国加工的美国品牌的鞋，然后再出口到美国。你如何看待这种评价？

菲利普斯： 我认为，自20世纪80年代以来，中国艺术家非常刻苦地吸收世界各国在20世纪的所有艺术发展成果，他们十分成功地参考这些新的视觉和构思方面的成果，并对中国传统和文化遗产特别感兴趣，然后将它们结合到一起。

一些批评家在对巫鸿和我策划的展览所做的评论中认为，其中不少作品模仿杰夫·沃尔或者其他著名国际艺术家。但是，如果你仔细阅读他们的文章，便会发现这些评论家对亚洲文化不了解，他们不懂得中国艺术和中国文化，因此，这些西方的评论家完全看不到作品中中国视觉语言和中国历史的典故。不过我认为，我们策划的这个展览有助于打开西方观众和西方策展人的眼光，并让他们了解一点中国艺术和中国文化丰富而又复杂的历史。

江融： 在这个越来越全球化的世界里，我们发现世界各国越来越多的艺术家，其中不仅包括欧美艺术家，而且包括非洲、亚洲和拉丁美洲的艺术家，都在采用类似的方式讲述他们自己的故事。

菲利普斯： 的确如此。我们正处在世界文化高度活跃的时刻。通信速度如此之快，世界几乎所有地方都能很容易获得摄影或录像的技术手段，因此，原先曾经远远处在国际艺术界边缘国家的艺术家正在创作出十分出色的作品，这些作品能够很快引起国际瞩目。

江融： 刘铮是另一位十分成功的中国摄影家。他采用“直接摄影”讲述他所看到的普通中国老百姓的现状，并从所看到的现实中创造了超现实的效果。你怎么评价刘铮的作品？

菲利普斯： 我仍然认为，刘铮花多年时间利用黑白肖像摄影所创作的“国人”项目，是过去50年世界任何地方所做的最重要的摄影项目之一。当我初次见到他的这部作品，我很惊讶地发现，他能够以一种具有创意的视觉形式反映中国文化的许多面向。他后来开始从事摆拍摄影。

江融：现在你经常去中国，而且已策划过大型中国摄影和录像展览。你如何评价中国当前的摄影现状？

菲利普斯：我一直非常努力地寻找是否有迹象表明，中国年轻一代艺术家继续创作出具有原创力的作品。我必须说，迄今为止感到有些失望。我曾参观了北京中央美术学院年终展览，我注意到，利用摄影创作的学生，他们技术十分高超，但很少有创新的观念和手法。

我希望，中国纪实摄影能产生极为重要的作品。中国现在日新月异，仅仅记录正在消失或正在迅速出现的事物，也是一项十分重要的历史任务。

你可能知道曾力的作品，他曾经与导演张艺谋合作，是著名的舞台设计师。许多年前，我曾看过曾力拍摄的公寓楼房外表的彩色照片，看到他几乎花了十年时间记录北京胡同消失的过程，十分了不起。另外，他还系统地拍摄20世纪60年代和70年代在北京修建的各类公寓。当你将所有这些照片放在一起观看时，你会意识到，其中许多建筑已不复存在，突然间，他的项目开始变得有意思，从某种程度上来说，十分具有历史意义。这次访问让我对曾力有了新的认识和了解，尤其欣赏他所说的，他不是在拍艺术照片，只是完全记录他所记得的20年前的场景，而这些场景一夜之间就会消失。

江融：法国摄影家阿杰在20世纪初也曾做过相同的项目，另一位建筑师和摄影家梁思聪也正在做类似的项目。你如何看待都市化作为摄影主题的问题？

菲利普斯：都市化是席卷中国最重大的社会力量之一，使中国从一个基本上以农业为主的国家向工业国和消费国转变。在今后30年里，很可能在中国出现100多个新的巨型城市。这种历史性的变化不仅将改变中国的面貌，而且将改变整个地球的面貌。

梁思聪祖籍在广州，他出生在墨西哥，并在伦敦上学，而且在柏克莱大学和哈佛大学获得建筑学学位。他的确具有非常好的全球视角，使他能够理解目前在中国正发生的大规模都市化所具有的长期历史意义。当我首次看到他在中国拍摄的照片时，便十分感兴趣，迫使我思考为何只有极少数中国摄影家正在采取相同的纪实手法，客观和系统地记录中国正发生的巨大历史性变化。

与许多中国艺术家和摄影家交谈之后，我了解到，其中许多人完全看不到梁思聪和曾力采用的这种手法的艺术价值。这可能是因为中国尚未经历欧美过去100多年的历程，其中艺术家和摄影家长时间地深入讨论摄影与绘画之间的区别，以及摄影媒介的真正美学价值。多年来，西方已逐步形成一种共同的看法，认为摄影力量的关键美学价值，在于它有能力以超现实的方式记录我们周围世界的场景、人物和事物。

江融： 杜塞尔多夫学派及其创始人贝歇夫妇在如何以十分系统和客观的方式记录建筑方面树立了良好的典范。他们的学生托马斯·斯特鲁斯（Thomas Struth）、托马斯·鲁夫（Thomas Ruff）以及安德烈亚斯·古斯基（Andreas Gursky）均已采用这种手法拍摄世界各国的建筑，这是一种不同的流派，却具有美学价值。

菲利普斯： 贝歇夫妇于20世纪60年代开始拍摄德国工业老建筑时，并不认为自己是在创造艺术。他们只是非常感兴趣地发现老厂房中隐藏着工业时代的建筑历史，而当时没有引起其他人的注意。如果你去看贝歇夫妇的展览或书籍，并思考他们如何建立一个这些工业建筑形式的系统档案，你会对上个世纪已发展起来的人工环境产生新的不同视角。除了摄影，任何其他媒介都无法达到这种强有力的视觉效果。

江融： 加拿大摄影家爱德华·伯廷斯基（Edward Burtynsky）已在中国完成一个庞大的项目，其作品被视为“人工风景”的照片。你能否评价伯廷斯基的照片？

菲利普斯： 就我个人来说，我并没有像有些人那样，对伯廷斯基的照片印象深刻。我认为他是一个非常有才华的报道摄影家，但他的作品有点过于戏剧化和过度渲染，他总是选择最富有戏剧性的视点，为观众创造出过于宏大的场面。他所有照片都过度戏剧化，他不像音乐家那样，知道有些时候需要演奏得略微轻柔些，有时却要略微洪亮些。他的照片似乎始终都是最大音量。对我来说，很快就感到单调。

江融： 现在我想与你讨论一下商品化问题。摄影市场目前在中国已经出现，许多人预测照片价格将很快上涨。你认为这种现象对中国摄影家、尤其是对那些在国际舞台上刚崭露头角的摄影家可能产生什么影响？

菲利普斯： 我对中国年轻的艺术摄影家感到有些惋惜。我认为，世界各地当代艺术市场产生的投机泡沫，使得他们对于自己的生活和艺术生涯的潜力产生十分不现实的感觉。当代艺术，尤其是当代中国艺术的投机泡沫非常大，价格上涨十几倍，这是很难维持的。在某个时候，但很难说是什么时候，这种泡沫终会破裂。其结果将是很惨的。

江融： 韩国摄影家金我他认为，摄影仍然具有无限的潜力。你是否认为数码摄影将有助于挖掘该潜力？

菲利普斯： 数码摄影当然能够使艺术家很快将任何实验性或创造性的想法变成非常完美的形式。我想强调指出，摄影最大的优势之一在于它是十分广泛和灵活的媒介。摄影的范围可以从非常抽象到非常写实，从纪实摄影到非常富有想象力的摆拍摄影。我认为，想象力不足是摄影唯一的局限。因此，当金我他发现摄影可能是我们所拥有的最具有创造力的媒介时，他非常兴奋。

江融： 展望未来，你对摄影是否乐观？

菲利普斯： 我每天都兴奋地发现世界各国的新作品和新摄影家，令人感兴趣和富有创意的作品与日俱增。对此，我感到极为乐观。

上图： 2005年，中国吉林省德惠市，选自《人造风景》，第17号，德达鸡肉加工厂，爱德华·伯廷斯基摄

Jane Evelyn

ATWOOD

简·伊夫林·阿特伍德

“1999年，当我用10年时间走完欧美9个国家的40所监狱，完成了女囚犯项目的拍摄时，我发现自己的头发白了，很多人已经用上了手机。”这是简·伊夫林·阿特伍德在采访中让我动容的话语。阿特伍德是一位十分特殊的摄影家：从1976年起，她用30年的时间来拍摄一个关于被禁闭的社会群体（妓女、盲童、女囚犯等）项目。

阿特伍德出生于纽约，1970年毕业于巴德学院戏剧专业，次年到巴黎，成为居住在巴黎的美国人。1976年，她买了一台相机。出于好奇，她一边自学摄影，一边开始花一年的时间拍摄巴黎一家妓院的妓女。每天晚上从20点开始一直拍摄到天亮，然后在一家邮局工作5个小时，下午才回家休息。

在随后40多年的摄影生涯中，阿特伍德花大量时间与被摄对象在一起，深入拍摄这些边缘群体的生活状况，直到她认为已清楚回答了该项目所提出的各种疑问，才开始拍摄另一个项目。她花10年时间完成的女囚犯项目的拍摄，现在已成为纪实摄影的一个典范。

尽管阿特伍德的拍摄对象可能会被认为有些“不寻常”，但她总是试图避免突出这些“不寻常”，而是尽可能将他们拍摄得与常人一样。她所遵循的摄影原则与尤金·史密斯推崇的人道主义精神相契合，1980年，阿特伍德成为尤金·史密斯人道主义摄影奖设立之后的第一位获奖者。阿特伍德获得过世界上几乎所有摄影大奖，包括世界新闻摄影奖、哈苏基金会奖、徕卡奥斯卡·巴纳克奖、阿尔弗雷德·艾森斯塔特摄影奖、阿尔伯特·卡恩奖和露西纪实摄影奖，是当今国际上公认的最优秀的纪实摄影家之一。

上图：2006年，纽约，简·伊夫林·阿特伍德，江融摄

右页图：1981年，法国，盲人儿童“感觉”毛绒猫，维尔图盲人和残疾人研究所

第140页图：1976年，法国，巴黎市中心伦巴第街的妓女

第141页图：1980年，法国，双胞胎姐妹，圣曼德盲人研究所

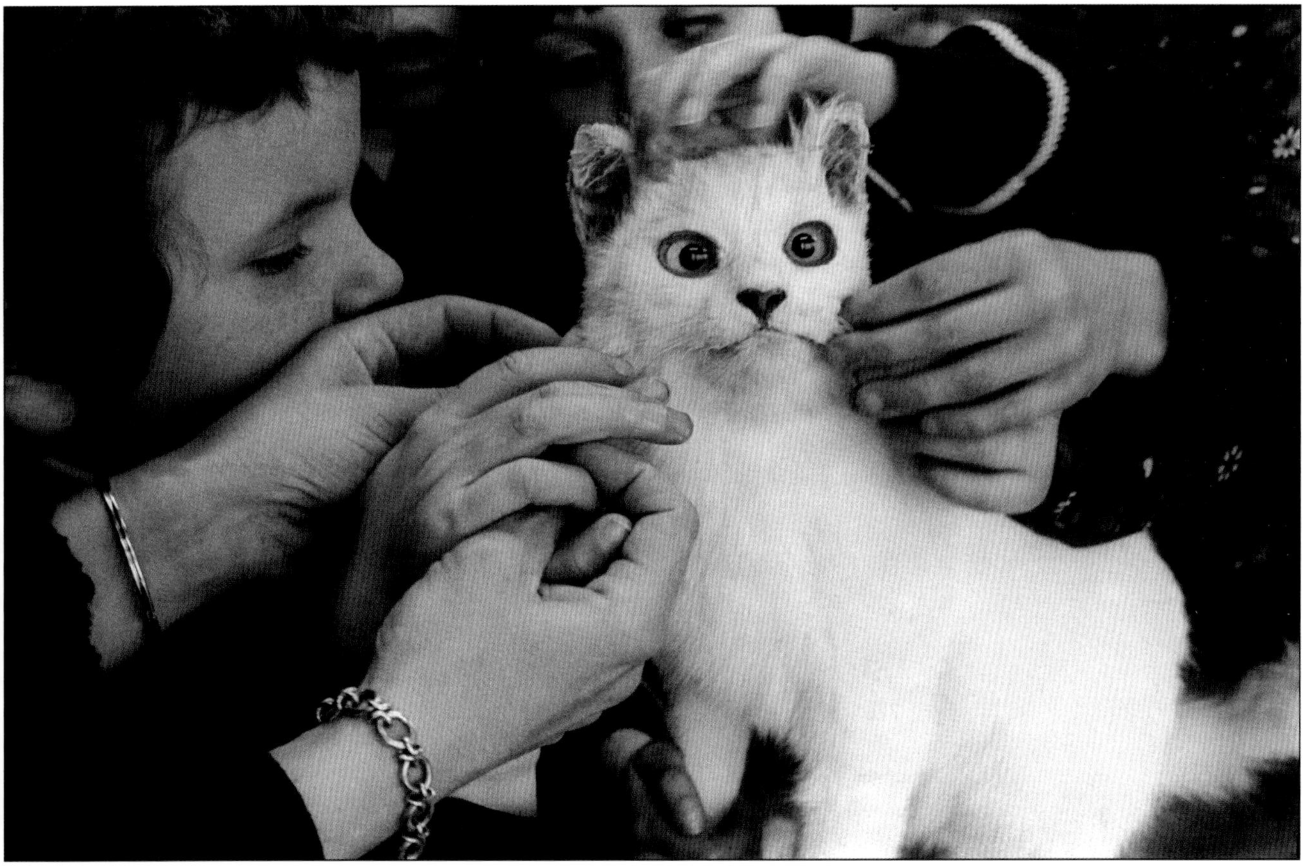

江融： 我认为你是一位十分特别的摄影家。你说过曾受黛安·阿勃斯（Diane Arbus）的影响。你在哪方面受到她的影响？

阿特伍德： 我认为不是她的拍摄方法影响了我，而是她拍摄的人物以及她对这些人物的好奇心影响了我。对我来说，摄影是一个质疑的过程，我对不甚了解或与众不同的人十分好奇，拍摄是一个了解他们的过程。

江融： 你学过戏剧，你认为戏剧是否影响过你的摄影？

阿特伍德： 我不认为它真正影响过我的摄影，但它可能影响了我的照片效果。一些人曾说过，我的照片看上去富有戏剧性，例如在用光方面。另外也有人说过，我的照片很美。除非是潜意识作用，我并没有刻意美化它们。如果我发现这些被摄对象很美，那么可能拍出来也会很美。我在大学时曾迷上戏剧，但后来意识到自己并不想将戏剧作为职业。数年之后，我遇见了摄影。

江融： 你一直在做有关各种被禁闭者的项目，如妓女、女囚犯和盲人，探索他们如何面对生活。作为摄影家，你是否认为需要亲身经历这些被摄对象的生活才能感同身受？

阿特伍德： 我不认为有任何硬性的“规则”。为了拍好照片，摄影家必须去做任何需要做的事情。就像斗牛，如果你没有上竞技场，就无法斗牛。因此，如果你想深入地拍摄人物，就必须接近被摄对象。唐·麦卡林等伟大摄影家都是这么做的。尤其是现在这么多人都有数码相机或手机，专业摄影家必须与他们不同。光会拍照并不等于是摄影家。“真正”的摄影家必须通过照片传递某种信息，必须冒险与被摄对象在一起，然后以独特的方式将这种与被摄对象的关系在照片中表达出来。

江融：我注意到，你用“激进”（militant）一词来形容你的一些项目。作为摄影家，你用这个词的含义是什么？

阿特伍德：“激进”的项目是指我希望这个项目能有助于改变某个事物，同时它也表明，我是专门针对某个具体目的才选择这一项目。关于艾滋病的项目便是我的第一个“激进”项目。拍摄这个项目是希望通过我的照片协助人们改变对该疾病的先入之见，希望人们能对该疾病采取一些行动，而不是对这种病人抱有偏见。

出于相同原因，我拍摄了关于女囚犯的项目。原来我只是对监狱中的情况好奇，但当我最终进入第一个监狱，很快便意识到需要谴责在监狱中的所见所闻。这两个项目都很“激进”，因为它们谴责令人无法接受的事实，并呼吁改变这些状况。这便是我使用“激进”这个词的含义。

江融：这个含义类似于“积极进取”。

阿特伍德：是的。

江融：明白了。刚才你提到利用摄影改变世界。但是，许多摄影家认为，照片无法改变世界，尽管照片能够帮助人们改变态度。你是否认为你的照片能够改变世界？

阿特伍德：我认为摄影无法改变世界，但能有助于逐步改变某些事情，而且，每一点改变都会有成效。我们不能过于贪婪，不能说如果照片无法改变世界，便不拍了。有时，照片似乎不产生任何影响，但仍然应当拍这些照片。

我的几张照片在改变某些政策方面发挥了作用。大赦国际组织（Amnesty International）曾采用我拍摄的美国怀孕囚犯生孩子时仍戴着手铐的照片来要求有关方面改变这种做法。现在，美国好几个州已禁止该做法。我的照片与该决定有关，这使我欣慰。

江融：该做法在英国也被禁止。

阿特伍德：是的。

江融：是否也是因为你的照片？

阿特伍德：我不知道，但我知道，我是唯一拍摄过该做法的摄影家。我的照片是视觉“证据”。不过，正如我刚才所说，即使照片似乎没有改变任何东西，仍然应当通过照片加以记录。我们必须记录正在发生的事情。一张好照片将能够留传。数百年后（如果人类没有自毁），人们将会看到这张1993年拍摄的照片，当时美国的怀孕女囚犯曾被迫在生孩子时也戴着手铐。记录本身与最终的变化一样重要。

江融：现在让我们回顾一下你的第一个项目，当你开始做该项目时，你是否有意要改变社会上卖淫的做法？

阿特伍德：没有，这根本不是我的“激进”项

目。当时，我完全不了解卖淫。我搬到法国几年之后才在巴黎首次见到妓女，那是1976年。当时仍然允许妓女站在门外招揽生意。那时，我很年轻，而且天真。这些妓女装扮得像电影明星，涂脂抹粉、服装艳丽。作为女人，我对她们感到十分好奇：她们怎么能干这种事？她们如何做这种事？西蒙·德·波伏娃（Simone de Beauvoir）曾经说过，问题不在于一个女人为何会卖淫，而在于为何没有更多的女人卖淫。这是一个很有趣的问题，因为世界上有许多贫穷的妇女从来没有卖淫。对此，我十分好奇，我想通过摄影来了解这些女人。

江融：该项目的确既大胆又有难度，尤其是作为你的第一个项目。我很好奇，你如何能够拍摄这一项目？当“性交易”正在进行中，你是否也在场？

阿特伍德：我很幸运，当时经人介绍，我认识了玛格南图片社摄影家伦纳德·弗里德（Leonard Freed），他在我的项目拍摄期间给了我许多建议。布兰丁（Blondine）是我认识的第一个妓女，她成为该故事的主要人物。她是我后来拍摄的妓院中唯一没有老鸨的妓女。假如她有老鸨，会使我们之间的关系更为复杂，老鸨很可能不会让我与她待在一起。布兰丁是独立的，可以自己说了算，我们成了好朋友。

那一年，我向伦纳德·弗里德学到许多东西。他告诉我，应当试图进入妓院的房间。我记得，当时我想，“这太疯狂了，太危险了！”我无法想象自己能做到，我与妓女以及她的顾客在同一房间的想法让我感到尴尬。但是，我知道他是对的。如果我没有顾客的照片，这个故事便不完整，因为只有存在顾客才存在卖淫。

江融：顾客是否反对你在房间里？还是你躲在某处？

阿特伍德：我想，如果我待在屋里的时间太长，顾客一定会反对。但我一次只拍两三张顾客的照片，便足矣。大部分情况下，我所拍摄的顾客不知道我在拍照。我事前曾向布兰丁解释我想拍的照片，过了一段时间，有一天晚上，当顾客进来时，她拍了一下我的肩膀，并说“快来”。我便跟他们一道上楼。与他们在同一个房间时，我感到不知所措。

那一次，布兰丁对顾客所做的事对我的拍摄十分有利，她不断地与顾客交谈，让他放松，同时控制他，并跟他说了一大堆她将要做的事情，来挑逗他。进屋之后不久，她便将一个罩子罩在他的头上。我想，他可能不知道我跟他们上楼，当布兰丁将他的头罩住之后，他看不到我在那里。我拍了几张，便离开。

江融：因此，你没有藏在某处。

阿特伍德：我是否“藏”在何处已不重要，因为顾客不知道我在那里，而且他们的脸没有出现在画面上，所以对他们来说，也不成问题。

这一年，我学到了许多东西，尤其是从进屋拍摄中。我学会了在拍摄时不要过于贪婪，学会了倾听，学会了何时不要拍照，学会了何时应当离开现场，如果我在屋里多待15秒钟，可能会有大麻烦。

江融：你是否想避免自己成为“偷窥者”？

阿特伍德：我根本不想成为偷窥者。我只是想拍到好照片，并不要因此被打死。一旦拍到了照片，我就没有理由继续待在房间里。我拍这些照片时十分不自在，而且无论从性的角度或从其他方面来说都没有从中获得快感。令我感到满意的是，我将伦纳德·弗里德的建议付诸实施，而且做了拍摄该报道所必须做的事情。

当然，当我意识到自己拍到这些照片之后，我感到十分激动，我赢得了这场挑战。即使在今天，

当我有时遇到不自在的情况，也还是会想到这些照片，它们有助于我找到勇气去拍摄必须要拍的照片，即使这种照片让我不自在。如同需要进入妓院的卧室一样，摄影家也要深入到所报道的故事中。现在我在拍摄所有的故事时，都会想到这一点。

上图：1987年，法国巴黎，让-路易，43岁，是法国第一个同意被拍照并在报纸上发表以告知公众的艾滋病患者

江融：当你拍摄法国电视制作人让-路易（Jean-Louis）与艾滋病抗争的故事时，你决定与他住在一起。如同报道法国妓女一样，你想真正体会被摄者的经历。当时在美国，媒体已有一些关于艾滋病的照片，但在法国，是你首次报道该疾病。尽管许多人听说过该疾病，但都不清楚它究竟是什么病，而且没有人公开出来承认得了该病。让-路易同意让你拍摄并将照片发表到媒体上，在相当程度上，该项目有助于提高法国人对艾滋病人的了解。

阿特伍德：我通过《巴黎竞赛》杂志首次发表

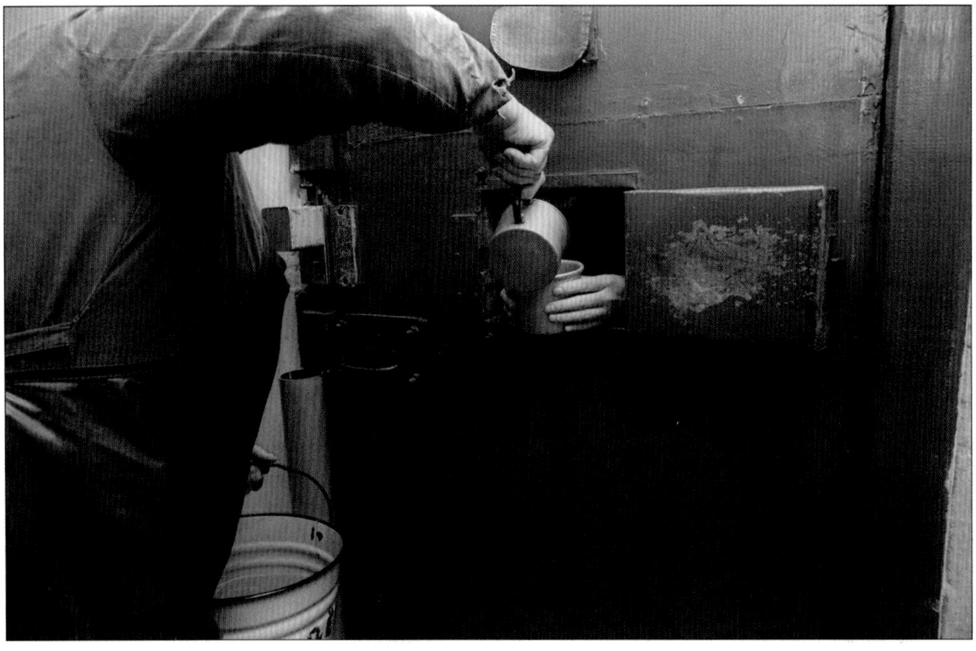

上图：1990年，苏联彼尔姆，单独监禁囚犯的院子

下图：1990年，苏联彼尔姆，给单独监禁囚犯倒热水

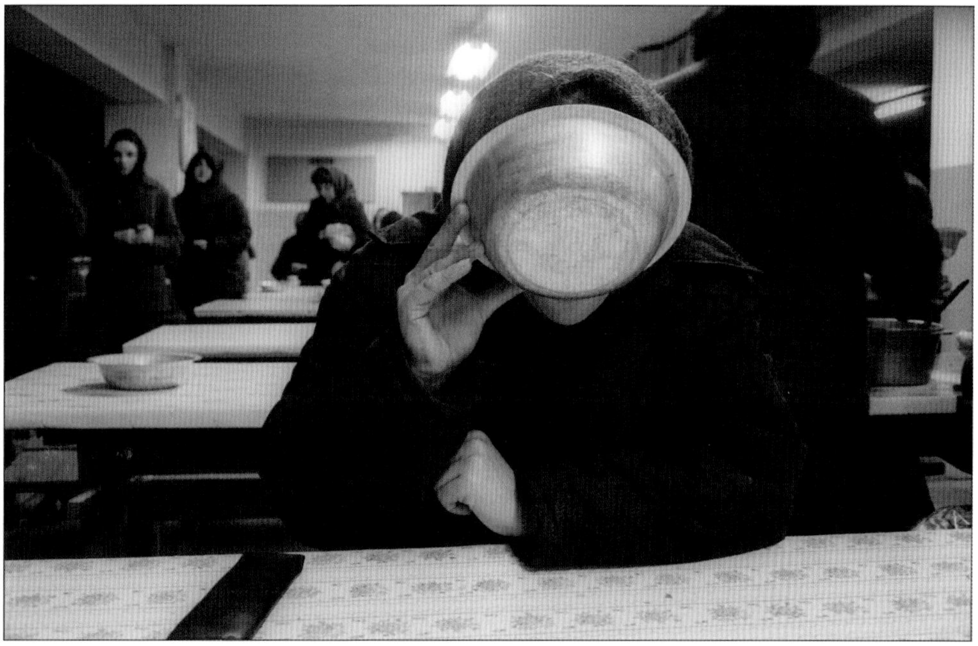

上图：1990年，苏联彼尔姆，单独监禁牢房

下图：1990年，苏联彼尔姆，囚犯餐厅

第146页图：1991年，法国马赛，在监狱车间的囚犯

第147页图：1990年，法国梅茨，情侣探视权，女子监狱

这篇报道，使得数百万读过这篇文章的人了解了艾滋病的情况，使他们意识到，艾滋病人与他们一样，都是人，而不是鬼怪或幽灵。有一位女中学生在看过该文章之后写信给我，说她直到读了这篇文章并看了让-路易的照片之后才知道什么是艾滋病。当时她17岁，她在校刊中写了一篇赞扬让-路易的文章，全学校的师生才了解艾滋病。

后来我才知道，该校离巴黎只有30公里。1978年，虽然法国处于严重的艾滋病危机中，当局却一直没有向学生提供该疾病的资料。这便是为何我们要做这种报道，而且需要在主流媒体中报道。

江融：你能否谈谈让-路易把头放在门上的那张照片，以及他脸上的表情？那种表情令人难忘。你是否还记得当时拍这张照片时发生的事情？

阿特伍德：当时的情况历历在目。在我拍摄让-路易四个半月期间，他非常虚弱，大部分时间躺在床上，白天一直有人协助护理他。我到他家的第一个星期，有一天，他的朋友提出要带他出去吃饭，结果，那是他最后一次出门。

让-路易站起来穿衣服，我坐在衣柜旁边的椅子上，背后有一扇窗。他走到衣柜时，已经非常累，他停了下来，把头靠在衣柜的门上，从窗户外进来的光正好照在他身上，我举起相机，只拍了一张，便拍到了这张照片。

其实各种情况中都有可能出现好照片，我们的任务便是要用相机捕捉照片。人们总是忙于整理各种事务而看不到照片，因为他们没有观察。不要忘记，摄影是视觉艺术，你必须始终观察、观察、再观察，并能观察到你在看的东西。

江融：显然，你十分注意视觉线索。你曾说你

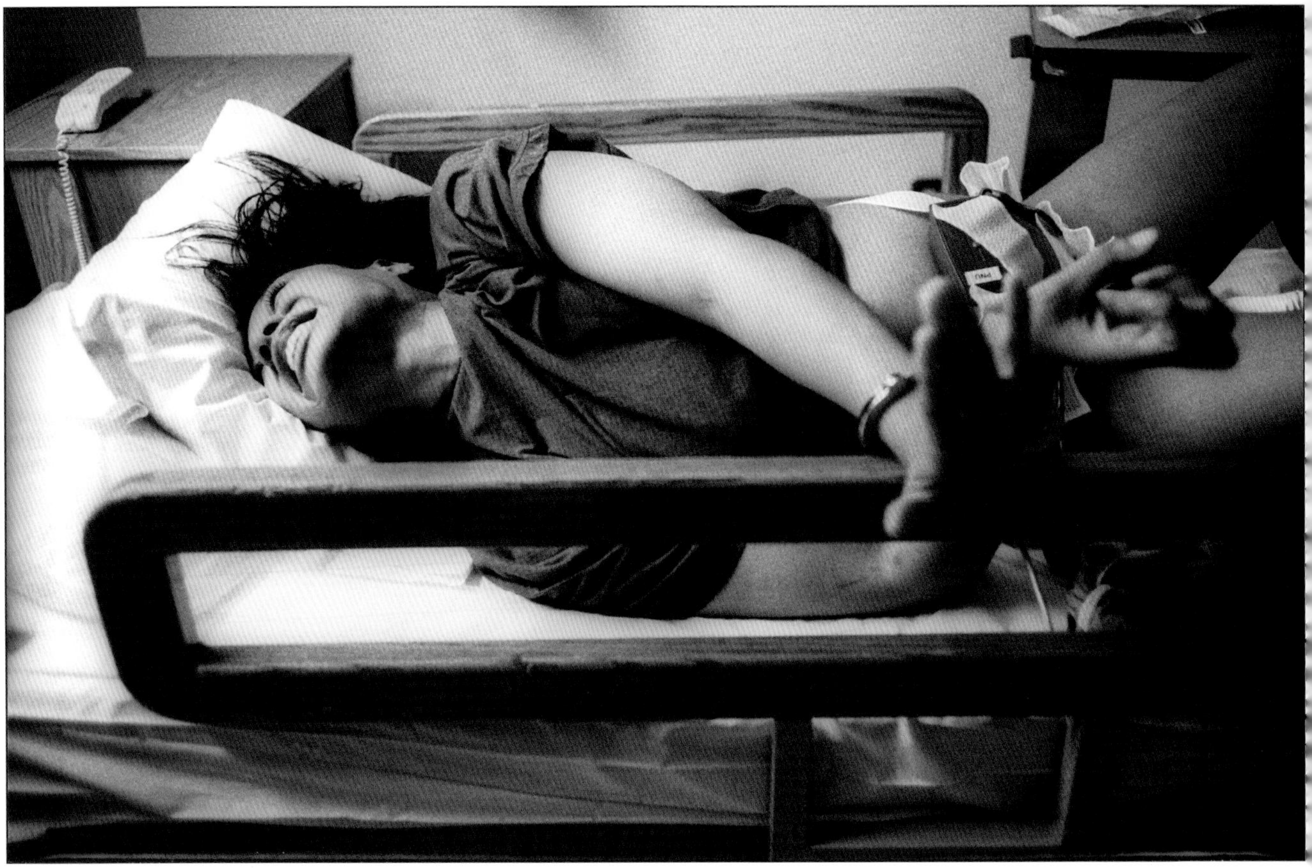

的项目常常来自你所注意到的一些视觉线索，例如，盲人上公共汽车，你对他们感兴趣，这便成为你的项目之一。苏珊·桑塔格曾说过：“要集中注意力，最重要的就是集中注意力。注意力是生命力。它使得你与他人沟通，它使得你渴望，并始终保持渴望。”因此，渴望是关键。

阿特伍德：当然是。我父亲生前是科学家，他总是十分好奇，我一定是遗传了他的好奇心。如果你停止渴望和好奇，你无法成为摄影家，像我这样的摄影家必须好奇。

江融：关于你拍摄的盲人项目，你说每当你进入盲人学校的教室，总会告诉盲人学生你在现场。因为，你感到他们可能知道你在场，如果你没有告诉他们，盲人学生可能会认为你未经允许偷拍他们。你是否认为，拍盲人会更容易，因为他们看不到你？

上图：1993年，美国阿拉斯加安克雷奇，戴手铐的怀孕囚犯在普罗维登斯市医院分娩（这幅照片协助改变了美国立法：女囚犯在分娩时可以不再戴手铐）

右页图：1992年，捷克共和国，女囚犯中普遍存在自残行为，帕尔杜比采妇女劳教中心

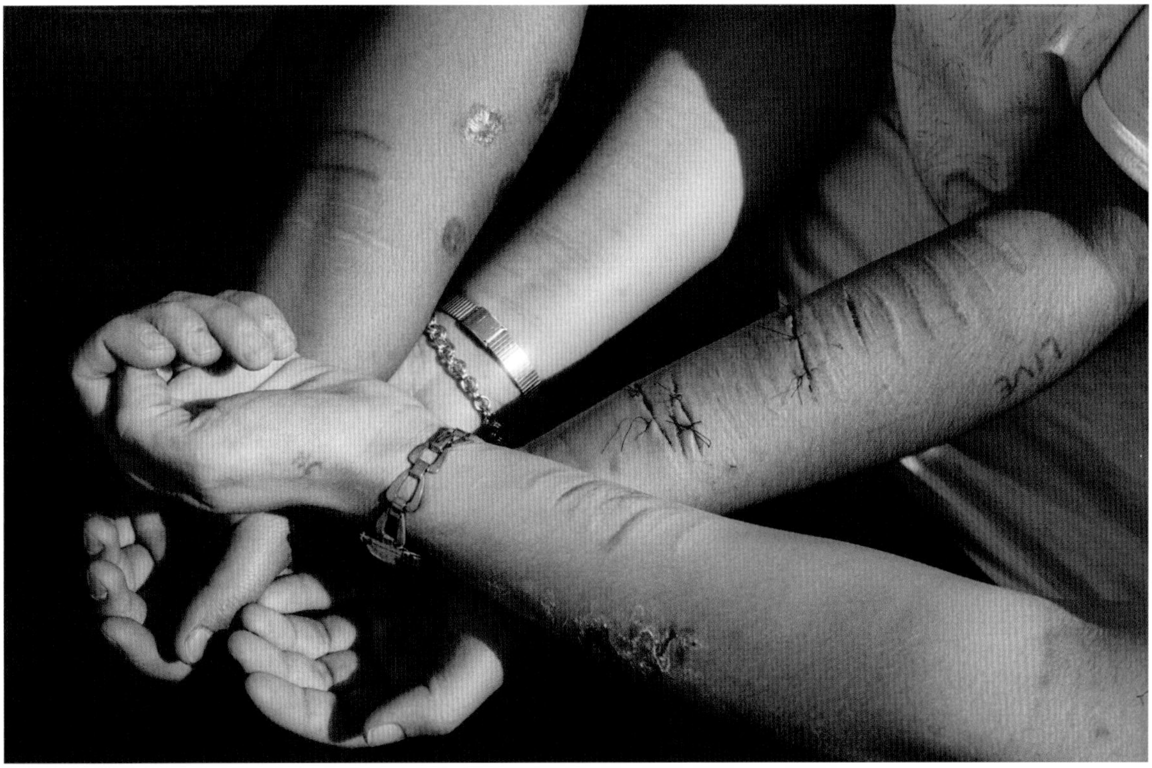

阿特伍德： 后天失明者是另一回事，他们的情况较为复杂。但先天失明者不知道摄影是怎么回事，因此他们不担心会被拍成什么样，他们在相机前自我意识不强。但我不认为拍盲人会更容易，只是不同而已。

刚才你问到偷窥的问题，我在拍摄盲人时，曾感到有可能成为偷窥者。如果我没有告诉他们我在场，那我就是偷窥者，就是在偷拍他们。

江融： 你能否介绍一下拍摄盲人孪生姐妹的过程？她们是盲人，但看起来自尊心很强。你是在什么情况下拍摄这张照片？

阿特伍德： 这两位姐妹是我拍摄的一所盲人学校的学生。她们总是在一起，而且常常手拉着手，她们的母亲总是将她们打扮成一模一样。她们实际上是三胞胎，还有一个男孩完全正常。她们是早产儿，被放在一个保育箱中，太多的氧气打入箱内，遮盖了婴儿的眼睛，使得她们失明。我拍了许多这对孪生姐妹的照片，但觉得她们在走动或在教室里做某些事的照片还不够好，最后，我决定拍她们的肖像，她们只是在等我拍照时摆出姿势，但我没有让她们拉手或穿相同的衣服。

江融： 你通常集中拍一个项目，试图通过了解被摄主题，寻找自己对该主题的理解以及你与该主题之间的关系。直到你对结果满意之后，才会开始另一项目。在拍盲人的项目时，你通过做该项目真正想要发现什么？

阿特伍德： 刚开始，我认为在盲人的生活中，一定会有一个时刻，他们会意识到自己是盲人，与其他人不一样。我在想是否能够表现这一时刻，因此集中拍摄盲人儿童而非成人，我曾经拍摄才两三

岁的盲人儿童。但事实上，我无法拍到那个时刻。对盲人来说，看不见是他们生活的一部分，他们必须学会用不同的办法来度过看不见的生活。

江融： 在某种意义上，盲人如同监狱中的囚犯，他们也是生活在一个受限制的世界中。我知道，你一直有兴趣做关于被禁闭或受限制者的项目，是什么原因促使你做女囚犯的项目？

阿特伍德： 我一直想在监狱中拍摄。对我来说，监狱是最极端的禁闭，而且是人类发明的想法。刚开始时，我很好奇，想了解迫使某人与世隔绝的做法。许多年前，我要求进入法国监狱，但被拒绝。最后，因为有一个拍摄任务，我得以进入监狱。当时，法国司法部不允许女人到男人监狱中拍摄，而只能去女人监狱。我感到失望，认为女人监狱不如男人监狱有意思。我看到过男人监狱的照片，但没有看过女人监狱的照片。

然而，当进入女人监狱，与女囚交谈，听了她们的故事，看到她们在狱中的生活状况时，我意识到这才是应当拍摄的。1989年，当我开始该项目时，还没有人谈论这些女囚犯，也无人知道监狱中女囚犯的情况。

江融： 换句话说，你并没有刻意专门做与妇女有关的项目？

阿特伍德： 完全没有。人们常常这么认为，但事实不是这样。我出版过一本关于法国外国军团的画册，全都是男人。让-路易也是男人。盲人学童有男也有女。一些女权主义者认为，我的作品是为妇女进行斗争。我的确捍卫妇女，但也捍卫男性。我认为，我所做的是见证，关于妓女的项目便是如此。重要的是，女摄影家可以去一些男摄影家无法去的

左页图： 2003年，阿富汗，35岁的加佛是一个有7个孩子的父亲，他是地雷的受害者，他用嘴安装假肢

上图： 2002年，安哥拉，27岁的罗西塔·多明加斯是地雷受害者，她是一个孩子的母亲

右图： 2002年，科索沃，6岁的埃格松·米夫塔里被手榴弹炸断了手臂。他的妹妹、兄弟和父亲都被杀害

地方，反之亦然。

江融： 你能否再举一个男摄影家无法去的地方？

阿特伍德： 例如妓院，男摄影家无法与妓女建立如同我所建立的那种关系，她们可能不会像对我那样对男人吐露心声。同样，女摄影家在修道院中可能无法深入拍摄，因为那是一个对女人封闭的地方。所以，我们需要有男女摄影家，才能全面报道所有的事情。

江融： 你曾说过，被摄者有可能在拍摄之后被利用。

阿特伍德： 是的，因此，我在决定如何使用我的照片时非常谨慎。我从来没有付钱给某人让他允许我拍照，我也不允许我的照片被用来促销某个产品或做任何广告。除了大街上的人，我让几乎所有被拍过的人签肖像许可书。除非我有许可书，否则，我不会将照片给代理图片社让他们出售给杂志或报纸使用。

在我出版的妓女画册中，有一张照片没有肖像许可书。我知道这名女子是经过登记的妓女，因此，不会因为暴露她的妓女身份而伤害她，但我仍然有可能被告，因为我没有获得她本人的许可而使用她的照片。但这张照片只用在画册中，没有在报刊或电视上使用。

江融： 所以，你对被摄者的负责赢得了他们的信任。你认为，诚实是摄影家的终极责任，好奇和热情也很重要。除此之外，对摄影家来说，还有什么很重要？

阿特伍德： 所有这些都很重要。你必须知道为何要拍照。这不是游戏。摄影可能是危险的。如果你不是一个踏踏实实的人，如果你不知道自己的局限性，拍摄这些题材可能在身心方面都会有危险。

江融： 如同你在阿富汗拍摄地雷的项目。

阿特伍德： 那是经过周密考虑后的冒险。当你去那种地方之前，必须了解大量资料，你需要与当地工作人员交谈。当时有两位已在那里工作几个星期的排雷人员陪同我。有时，年轻摄影家认为他们可以到任何地方进行拍摄。如今，这种情况已经难以发生，世界已经变得十分危险。

有一点对摄影家很重要，那就是你必须保持冷静，不能因所拍摄的情况而过分激动，不知所措。像我这样的摄影家，有点像医生，每天医生都得面对疾病，甚至死亡，他必须既要厚待病人，又要坚强到能够对他们进行治疗。

江融： 你曾说过，有一次在监狱中，一名女囚犯割腕后被拖出来，一路上鲜血直流，非常恐怖，你没想到会发生这种事情，甚至没有想到要拍照。

阿特伍德： 有时，我可能过于震惊或感动而没有拍照。正如在该情况中，当时事情发生得太快，我对这个暴力场景没有准备。有了这么多年的经验之后，我对自己相当了解。如果我对拍摄某个镜头感到不舒服，我便不会拍摄。

江融： 你赢得过许多奖，包括许多大奖。当你回顾30年的拍摄生涯，最大的收获是什么？

阿特伍德： 我最大的收获是认识了所有我已经拍过的人，并进入他们的生活中，这些非常特殊的关系赋予了我的一生。

上图：1995年，俄罗斯，莫斯科中央火车站

Kenneth JARECKE 肯尼斯·杰拉斯奇

肯尼斯·杰拉斯奇生于1963年，有着魁梧的身材，曾经是大学美式足球运动员。他刚出道时，还是大学生，便为美联社拍摄体育照片，因此，理所当然地被视为体育摄影记者。

大学毕业后，除了多次报道奥运会，杰拉斯奇投身报道政治新闻和专题，特别是伊朗门丑闻和美国总统竞选，很快便被认为是政治摄影记者。

第一次海湾战争爆发后，只有14名摄影家获准报道该战争，杰拉斯奇作为《时代》周刊签约摄影记者，成为其中之一。在报道过程中，他除了通过拍彩色照片执行拍摄任务，还同时拍黑白照片创作自己的摄影日记，出版了一本题为《又一场战争》（*Just Another War*）的画册。

在报道海湾战争期间，他拍摄到一张被烧死的伊拉克士兵尸体的照片，从该照片中可以看出，该士兵在最后一刻仍在求生。这张照片引起了大量争议，许多图片编辑不敢或不愿意发表，但该照片最终仍然得到肯定，使他获得1992年莱卡杰出摄影奖，这张照片也成为杰拉斯奇的经典作品。因此，他又被认为是一位优秀的战地摄影记者。

从杰拉斯奇的照片中能够感觉到，他观察细微，不动声色地捕捉到许多容易被人忽略的细节，达到了“润物细无声”的境界。

在从纽约搬到美国中西部蒙大拿州生活后，他将注意力转移到美国内地的地方政治和生活主题，仍然创作不辍。他通过自己的网站推广作品，并举办摄影讲习班，他一直在拍摄杂志通常不一定发表的照片，自称是“像爵士音乐一样的作品，主题仍然是关于人，生活中的人”。

上图：2006年，平遥，肯尼斯·杰拉斯奇，江融摄

右页图：2008年，中国，黄旭(中国)，男子体操，北京夏季奥运会

第156页图：2002年，美国，男子速滑，盐湖城冬奥会

第157页图：2008年，中国，北京夏季奥运会开幕式

江融：你为何被称作特立独行（maverick）的摄影家？

杰拉斯奇：因为我总是走自己的路。当我在大学时，我是美式足球运动员，我的队便叫作“Maverick”。“Maverick”是牛仔用语。如果在一群牛中，有一只牛独自带头走自己的路，这只牛便是“maverick”。他们曾经说我是体育摄影家，之后是新闻摄影家、战地摄影家和政治摄影家。这些领域我都拍。我所感兴趣的是发现有趣的画面，有时是体育，有时是政治，然后，与他人分享。

江融：你生在密苏里，现住在蒙大拿州，你为何要住在那里，而非纽约市？

杰拉斯奇：当我决定离开纽约时，大家认为我疯了，因为这不是一个好的职业决定。搬到离纽约市约4800公里外的地方居住，对事业没有帮助。但我要在一个更接近大自然的地方生活。

江融：“大苹果糜烂”（Big Rotten Apple）是你做过的关于纽约的项目，什么原因促使你做该项目？

杰拉斯奇：《时代》周刊让我做该项目。自从印刷技术进步后，该杂志一直只采用彩色照片。接受该项目时，我向杂志社建议用黑白照片，因为大家所熟悉的有关纽约的照片几乎都是黑白照片。所以，我应当保持传统。

该项目不是关于纽约辉煌的日子，而是关于纽约在财政和社会方面的绩效很糟糕的日子。所以，用黑白照片做该项目是一个有趣的选择。

该项目后来成为《时代》周刊的封面故事，而且，在全世界各地被采用，包括德国《明星》杂志和英国《星期日泰晤士报》周刊。

这篇报道发表后，每当有摄影家出现在纽约市

长办公室，他们总是一再查询，确保这个摄影家不是我。

江融：许多著名摄影家都拍摄过纽约，你在做该项目时，是否有压力?

杰拉斯奇：压力大极了。因为已经有大量关于纽约的照片，几乎所有伟大的摄影家都在纽约街头拍过，这给我巨大的压力。

江融：结果，你却成为《时代》周刊改成彩色版面后，黑白照片用在该杂志的第一个摄影家?

杰拉斯奇：的确如此，我的这个摄影专题改变了该杂志的面貌。

江融：多年来，你做了许多专题摄影（photo essay）。专题摄影与纪实摄影项目有何区别?

杰拉斯奇：专题摄影更像爵士音乐，纪实摄影项目更像古典音乐。专题摄影几乎可以说是即兴拍摄，其中有某种主题，但可以朝不同方向发展，而且有一根细线将照片联系在一起。纪实摄影项目则有固定的格局和故事，纪实摄影家通常在一个项目上要花几年时间。

江融：你做了一个关于阿富汗妇女的非常有意思的专题摄影，这名妇女与她的母亲从美国返回阿富汗。讲述者也是该专题摄影的主角，而视角却是你的。对我来说，这像是你在拍摄一个讲故事的人的照片。你如何能够使得主观视角与客观视角一致?

杰拉斯奇：因为它们都是主观视角。她是根据自己的背景来经历、体验，而我也是根据自己的背景加以体验和过滤。因此，两个人的视角都是主观的，但目标都是讲述真实的故事。

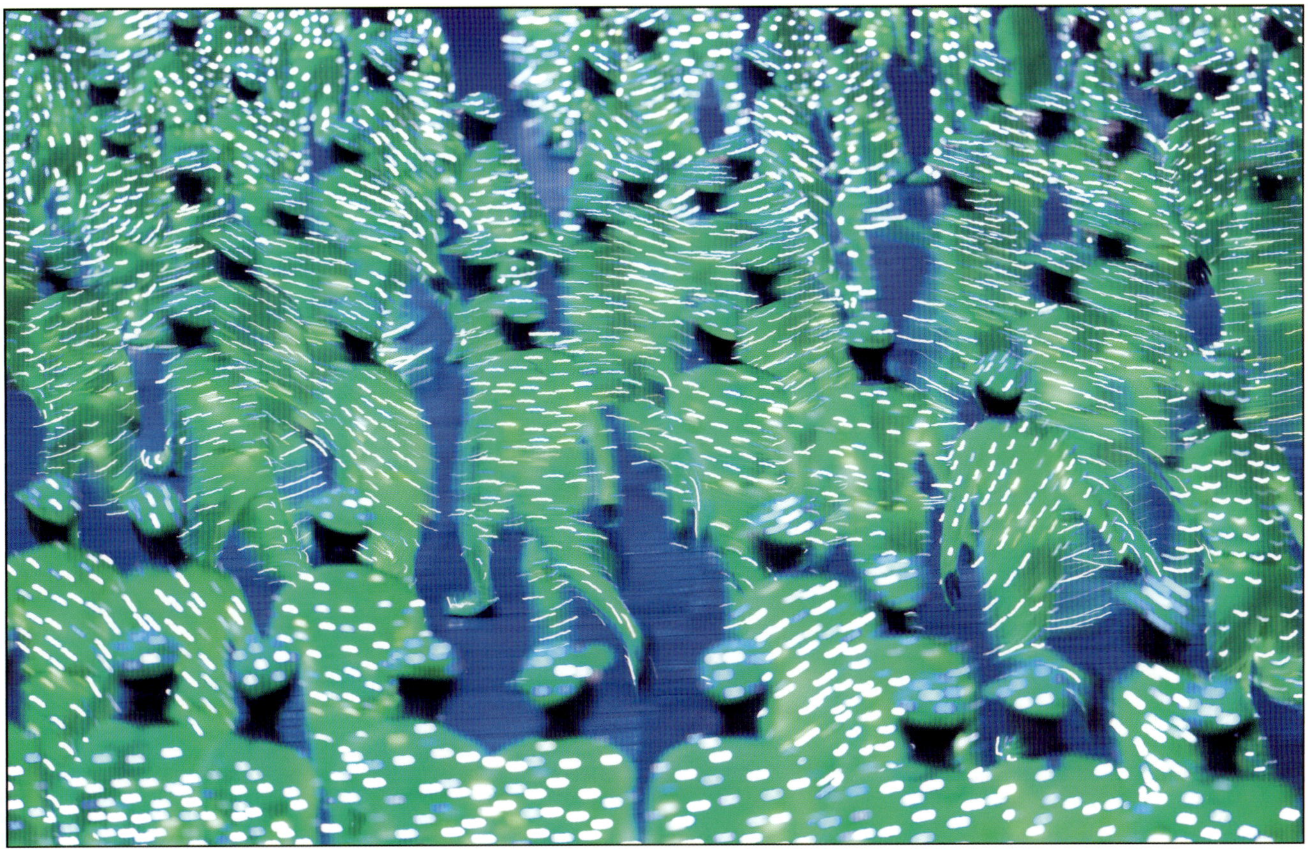

江融： 你本人没有写该专题摄影照片的文字说明。你为何让她写文字说明？

杰拉斯奇： 是故意这样做的，为了使该专题更有趣。人们总是要尝试不同的做法。

江融： 对我来说，它像是一部纪录片，一部短片。是否有人这么做过？

杰拉斯奇： 我本人没有见过。我总是试图扩展摄影的外延。我猜想，这便是为何我被称作“特立独行”摄影家的原因。

江融： 这是你自己发起的项目吗？

杰拉斯奇： 这名阿富汗妇女是《美国新闻和世界报道》杂志的编辑。因此，是杂志社内部提议的。

江融： 她和母亲都意识到你在拍她们的照片。这种情况下，你是否认为，她们会在你的镜头前表演？

杰拉斯奇： 不会的。因为人们会很容易发现某人是否在表演。我试图用该专题的照片与观者进行沟通，这些照片不仅是供杂志使用，它们也有独立存在的价值。

江融： 你做过另一个项目，题为“在路上”（On the Road），你跟随民主党总统候选人约翰·克里在竞选路上1个月。我能否知道，你属于民主党还是共和党？

杰拉斯奇： 我在这两党均没有登记。

江融： 那么，你为何选择报道克里，而非布什？

杰拉斯奇： 我在4年前报道过布什。

江融： 在竞选途中，候选人大部分的活动是在

表演，而且是预先安排的。

杰拉斯奇：绝对是这样。因此，我试图展示台前和台后，以及控制舞台者的情况。正是因为竞选是表演，所有人都是平等的被摄对象。

江融：为何你能够拍到许多克里独处的镜头？

杰拉斯奇：如果一个摄影家正好进入我的画面，便成为照片的一部分，这便是当时的情况。但我试图将其他摄影家、电视摄制组人员或保安人员排除在画面之外。

江融：当你拍摄克里独处时，他是否知道你在拍摄？

杰拉斯奇：他知道，这就像在舞台上，演员意识到观众的存在。

江融：你在里根执政时期也拍摄过大量照片。据说这些照片很有争议，无人愿意将它们结集成书。

杰拉斯奇：的确如此，我一直有这方面的问题。有时出版商认为，做人们期待他们做的事情更容易。但我拍摄的“伊朗门事件”和其他报道，在许多杂志上发表。

江融：你也拍摄了许多体育照片。为何许多摄影家喜欢拍摄奥运会？这是否是训练自己的反应？还是因为体育比赛充满了各种情绪？

杰拉斯奇：我拍摄奥运会，是因为我要在最高一级和最大的舞台上与别人竞争。世界上最好的体育摄影家都在那里，大家都关注这些比赛。对我来说，虽然不是专职体育摄影家，但能与所有其他体育摄影家竞争，并将自己独特的视角带到这个舞台上，是很有意思的事情。所有的情况都会发生，尤

左页图：1991年，美国，从新泽西州观看纽约市曼哈顿天际线

上图：1992年，俄罗斯，苏联解体后莫斯科举行的第一个五一庆祝活动

左图：2006年，埃及开罗

其在夏季奥运会。

奥运会的精彩之处在于，所有的运动员花三四年时间训练自己，以便能到那里竞争，这些训练都体现在最后的一刻。作为摄影家，你能够在体育馆最佳位置观看这一刻，你可能离他们只有3米，能看得清清楚楚。因此，奥运会不但充满情绪，而且十分壮观、竞争激烈，同时我也与周围的摄影家竞争。

江融： 你通常使用标准镜头和广角镜头，在奥运会上，你需要用长焦镜头。

杰拉斯奇： 的确如此。因此，情况完全不同。我给自己制造不利条件，但我喜欢这样，我喜欢夏季奥运会。因为我每天能报道四五项比赛，16至18小时。我喜欢做并非一年到头都在做的事。

江融： 现在，我想转向战争的题材。你花了3个月报道第一次海湾战争。那是拍摄任务吗？

杰拉斯奇： 是的。只有14名摄影家获准报道这场战争，他们拍摄的照片必须供其他媒体共享。但刚开始，《时代》周刊并不想派我去，他们说我不再是战地摄影家。当时，他们认为我是政治摄影家。因此，我必须说服他们。我告诉他们，这场战争会是一场非常具有政治性质的战争，我知道国防部如何运作，我也知道政治如何运作。对于第一次海湾战争，你不仅必须是战地摄影家，也必须是政治摄影家。我当时有一种感觉，如果我去了，会拍出重要照片，而不是为了我的职业发展，或者想要成名才想去。我知道，战地摄影家会对这种共享照片制度（pool system）十分不满，而我可能知道如何在这种制度中工作，并获得成功。因此，最终我得以进入该制度。

江融： 由于越战的经验，美国政府吸取了教训，开始在第一次海湾战争中采用共享照片制度，以便他们能够控制媒体对这场战争的报道。你能否介绍一下该制度如何运作？

杰拉斯奇： 共有7个新闻机构参与该制度，由14位摄影家组成。每个机构获得2个名额。

江融： 谁提名摄影家？

杰拉斯奇： 由不同机构提出，其他机构批准，他们挑选了14位最佳摄影家。

江融： 因此，不是由国防部，而是由同行决定。

杰拉斯奇： 是的，但摄影家无法挑选跟随哪个部队。

江融： 你是否被派到战区？

杰拉斯奇： 我分配到炮兵部队。他们大炮的射程是32公里，所以，从来看不到敌人。我们看到的伊拉克士兵是那些投降士兵。

左页图： 1991年，伊拉克，第一次海湾战争期间，哥伦比亚广播公司在沙漠中的电视录音员

左图： 1991年，沙特阿拉伯，美国士兵在第一次海湾战争期间洗澡

右图： 1991年，伊拉克，在第一次海湾战争期间，昏昏欲睡的士兵在一次火箭发射任务前听取简报

上图： 1991年，伊拉克，海湾战争期间，纳西里耶附近8号高速公路上的伊拉克伤亡人员

右图： 1991年，伊拉克，海湾战争期间，纳西里耶附近8号高速公路上的伊拉克阵亡士兵

右页图： 1991年，伊拉克，第一次海湾战争期间被美军俘虏的伊拉克士兵

江融： 那么，你在哪里拍摄到那个被烧焦士兵的尸体？

杰拉斯奇： 在8号高速公路上。那天是停火的早上，我们开始向科威特挺进。当时是清晨。从样片中，可以看出我拍了3张，当时，我不知道那会是一张重要的照片。

江融： 当你发现这具烧焦的尸体时，你的第一反应是什么？

杰拉斯奇： 我当时想，最好还是要拍他。

江融： 你甚至没有任何犹豫是否应当拍这张照片？

杰拉斯奇： 我知道需要拍这张照片，我不知道是否会被发表。但我知道需要记录下来。是否会被发表，并不是我当时担忧的问题。

江融： 为何这张照片会有争议？

杰拉斯奇： 因为当你拍摄一个尸体时，它变成了一个物体，我们很难对一个物体产生感情。关键是要保持死者的人性并加以展现。在这张照片里，你看到的不是一具尸体，你看到的是一个想要生存

上图：2003年，美国怀俄明州鲍威尔，第二次海湾战争期间第一位在伊拉克阵亡的美国军人的葬礼

右图：2006年，美国蒙大拿州比林斯，一名在伊拉克阵亡的美国海军预备役军人的葬礼，阵亡时距离他重返平民生活不到一个月

右页图：2004年，莫桑比克，马普托的一个海滩

的人，他一直到最后都拼命想要活着。因此，才如此具有争议性和震撼力。假如只是躺在路上的一具尸体，你可能会不以为然，因为你看不到人性。你不知道照片中这个想要活的人是谁，但你知道他是为了某个理由而想要活着，因为生命十分宝贵，或者因为他有一个家庭，他想再见到他的子女。

江融：换句话说，他也可能是一名美国士兵？

杰拉斯奇：这是普遍的真理。

江融：这张照片先在欧洲发表。为何不是先在美国发表？

杰拉斯奇：也许与广告有关。假如你是广告商，并试图推销汽车，你不希望读者在看到这张照片之后，翻过一页便看到被推销的汽车。这不是他们想要的。一些读者也会反对。

江融：这与美国的清教徒价值观念是否有关？

杰拉斯奇：我的立场始终是，在一个民主国家里，每个人需要对自己的行动负责。人们对政府的制度具有发言权，为了做出正确的决定，人们必须了解情况。

江融：有些编辑会认为这种照片不够高雅，你是否认为这与品味有关？

杰拉斯奇：的确如此，但我没有将该照片放在我的网页上，我也没有大肆宣传该照片。这张照片该什么样就什么样，它有自己的生命。

照片发表之后每过一两个月，我便会收到某人的电邮或来信谈论该照片。有人告诉我，他将该照片放在冰箱上，每天都看一眼。它让人们明白某些事情。他们在来信中告诉我关于该照片的各种看法。

江融： 我记得，苏珊·桑塔格曾说过，如果读者看到恐怖的照片过多，会产生视觉疲劳。

杰拉斯奇： 这不是一张可以随便发表的照片，否则会失去震撼力。但如果需要展示时，则需要有人愿意发表。作为记者，你需要负责。

江融： 你经常拍黑白照片，但这张照片发表时是彩色的。彩色照片是否有不同的信息？

杰拉斯奇： 对观者来说，潜意识中可能会有不同的效果。这张彩色照片几乎是黑白影像。我拍完彩色照片，接着也用中画幅相机拍了黑白照片。我的画册《又一场战争》中包含有这张黑白照片。

江融： 那么，哪一张更具有震撼力？黑白还是彩色？

杰拉斯奇： 很难说，中画幅那一张展示全景，包括卡车，也十分有震撼力。黑白使得影像更加简洁。在有些情况下，黑白效果更好。彩色带有不同的信息，而且更难拍，因为如果色调还原不对，或者画面中有人穿的服装颜色不对，或者背景的颜色不配等，都会改变照片所要传递的信息，所以拍彩色照片难度更大。

江融： 自从数码摄影技术出现，新闻报道摄影记者一直面临重大压力。你认为应当如何应付挑战？

杰拉斯奇： 我认为这不是一场危机，而是一个机会。

江融： 什么样的机会？

杰拉斯奇： 随着互联网和数码相机的出现，每一个人都是平等的。你只要用鼠标一点便能看到《时代》周刊网站，摄影家自己的网站也一样。我们拍照片是为了给人看。现在存在着这种机制，我们可以通过该机制展示照片，而不需要第三方参与该进程。因此，机会无穷。

江融： 但也可能埋没在资讯的海洋中。

杰拉斯奇： 这是关键问题。如果有1万人能够从互联网上看到你的照片，这意味着什么？如果我自己到处去向1万人展示照片，需要花多长时间才能做到？需要做多少工作来布展才能让1万人看到展览？1万人对全世界来说，甚至一个国家来说不算太多，但仍然是很多人。我认为这已经产生了重大影响。

江融： 尽管你仍然在使用胶卷，你已经采用数码相机。

杰拉斯奇： 我已经好久都没有使用莱卡相机。

江融： 我注意到，你的新闻报道照片中，有一些艺术照片的成分。对于新闻报道摄影来说，这是否重要？

杰拉斯奇： 是的，我始终用这一点来衡量照片的成败。应当知道什么是值得呐喊的。但有时候，轻声细语与呐喊一样有力量。如果某张照片能够存在，它不仅能存在于杂志中，它也能存在于互联网上，同样，也能存在于某人的墙上或博物馆的墙上。这样能够有更多的人看到这种照片。你不需要冲着某人大喊大叫来打动他，你可以将他拉到一边，轻声细语地向他叙说。

江融： 最近你在拍摄什么作品？

杰拉斯奇： 我在拍摄杂志通常不一定发表的照片。

江融： 什么类型的照片？

杰拉斯奇： 爵士类。

江融： 主题是什么？

杰拉斯奇： 人，生活中的人。

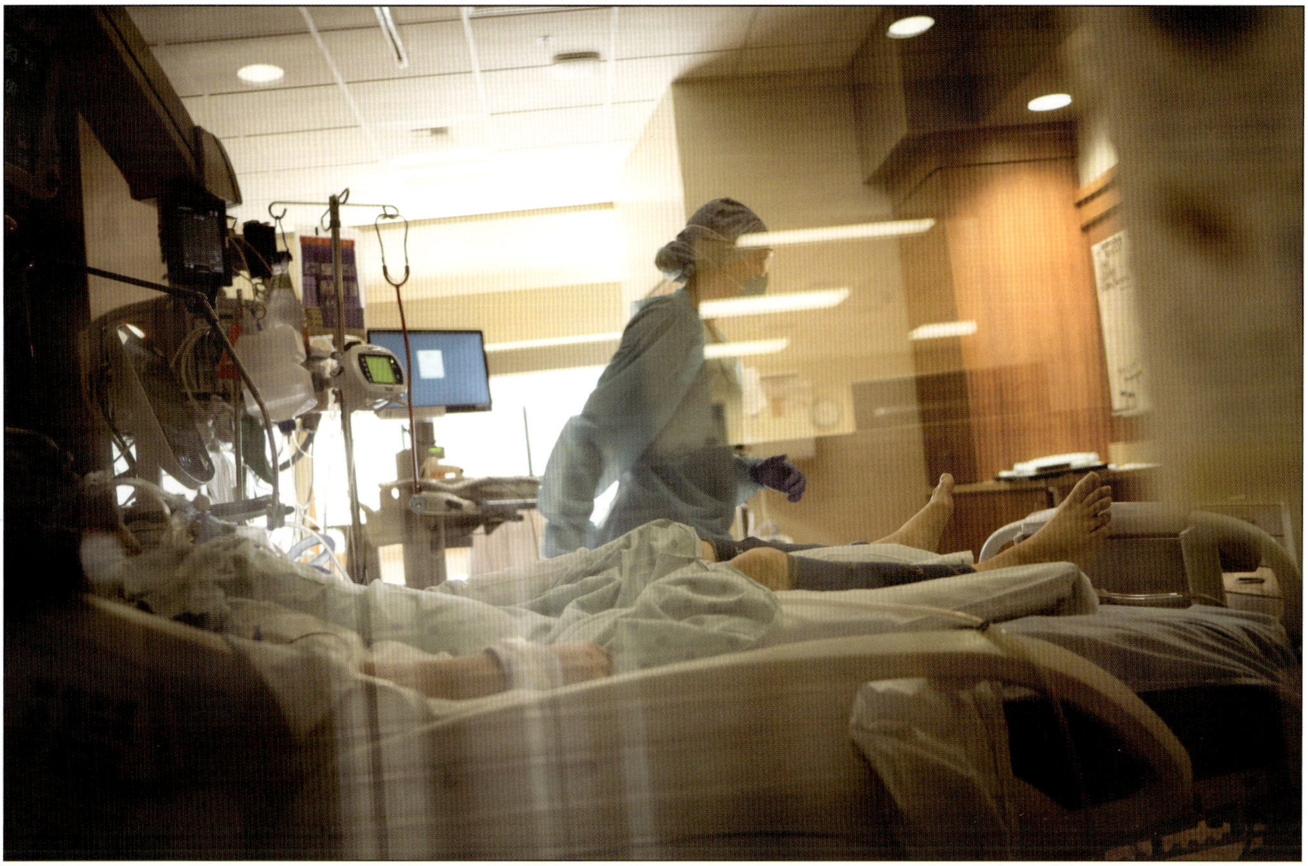

上图：2020年，美国，蒙大拿州比林斯诊所医院的2019新型冠状病毒病患者

Stephen DUPONT

斯蒂芬·杜邦

2005年10月19日，澳大利亚一家电视台播放了美国士兵在阿富汗焚烧塔利班士兵尸体的“独家新闻”，《纽约时报》在次日也刊登了相关的照片。该消息迅速传遍全世界，引起各方的震惊。美国政府立即通知其在世界各国的使领馆，注意该事件可能引起穆斯林世界的强烈反应。焚烧尸体既亵渎了穆斯林尊重死者的神圣传统，也违反1949年《关于战俘待遇的日内瓦公约》。

该“独家新闻”由澳大利亚新闻报道摄影家斯蒂芬·杜邦提供，这一爆料使杜邦一夜成名，并获得许多大奖。当记者在采访中问他，拍摄到这则新闻是否靠运气，杜邦认为，“运气是我自己创造的”。的确，他曾多次前往世界上一些最危险的战区进行报道，做了许多摄影专题项目。自1993年以来，他更是经常前往阿富汗报道该国的内战，从某种意义来说，拍摄到这个“独家新闻”的确并非偶然。

杜邦出生在澳大利亚悉尼。18岁起，他独自周游世界达3年之久。深受著名战地摄影家唐·麦卡林传奇般人生和悲天悯人的战争摄影作品影响，杜邦选择了自学摄影，决定像麦卡林一样到世界各国通过摄影见证历史。他当过男模特，打工挣钱来购买摄影器材，同时，到杂志社毛遂自荐，要求获得拍摄任务。经过多年努力，他终于如愿以偿，成为当今的一位著名报道摄影家。

杜邦的拍摄项目十分广泛，从巴布亚新几内亚的黑帮，到印度大壶节朝圣者，再到安哥拉精神病院的病人生存状况，同时，他也花十几年时间专注于报道阿富汗的内战，2007年，杜邦获得尤金·史密斯奖，奖励他长期在阿富汗所做的摄影项目。

上图： 2006年，平遥，斯蒂芬·杜邦，江融摄

右页图： 2004年，巴布亚新几内亚，一年一度的“歌唱”聚会、传统舞蹈和音乐节

第170页图： 1993年，安哥拉罗安达，基托科老爸创立的精神病院

第171页图： 1996年，英国，反对建造纽伯里绕行公路的生态战士

江融： 在拍摄阿富汗项目过程中，尤其是拍摄阿富汗抗击苏联占领军领袖马苏德（Massoud）系列照片时，你有机会非常接近战区。除此之外，你是否到过其他战区？

杜邦： 我到过许多战区，第一个真正的战区是1991年到斯里兰卡。当时我25岁，而且差点被打死。我骑着摩托，从政府控制区进入泰米尔猛虎组织所在地区，子弹从我的身边呼啸而过。当我驶向边境点时，泰米尔士兵用自动步枪不断朝我射击，我赶紧骑到路边沟垅躲下，在强大的火力之下，我感到时间仿佛凝固。最后他们才停止开枪。

江融： 该事件是否使得你不敢再到战区？

杜邦： 完全没有，反而使我更想去战区。

江融： 为什么？

杜邦： 刚开始，我有那种死里逃生的感觉，差不多有三四天我都感到十分震惊，这种感觉逐渐消失之后，生还的慰藉突然产生。死里逃生的经历使我产生了侥幸心理，认为自己好运。我天真地认为，如果能逃过这一劫，便能逃过生活中所有的劫难。

另外，我对自己那次表现也很有意见，在逃过的这一次劫难的过程中，我没有拍到任何战斗的照片，只是忙于逃生。幸好我知道他们一个指挥官的名字，他们才放了我。但不让我上前线，只允许到难民营。在拍摄难民过程中，我意识到，战地摄影不仅仅是要拍打仗的场面，拍摄战争带来的后果也很重要，另外，难民营里也有许多感人的故事。

江融： 多年来，你做了许多项目，你是有意识地做这些项目，还是说只是接受各种拍摄任务？

杜邦： 我从一开始便想做项目，摄影就是要做长期的项目。在这方面，尤金·史密斯和塞巴斯蒂安·萨尔加多对我影响很深。他们都是到实地通过摄影专题进行深入报道，最终编成画册。因此，我一直想拍项目编成画册。

江融： 让我们谈谈你在阿富汗拍摄的项目。你为何要到阿富汗？

杜邦： 自从1993年以来，我一直在报道阿富汗。第一次到阿富汗是因为要去塔吉克斯坦报道难民危机。当时塔吉克斯坦发生内战，难民涌入阿富汗。当我到达喀布尔时，阿富汗的内战也处在高潮，火箭炮弹不停地落到该城市，我将注意力放到战争的受害者上，拍摄喀布尔民众如何经历战争的痛苦。

江融： 我注意到你也与作家一道去拍摄项目。你是否认为报道摄影记者应当与作家合作？

杜邦： 很难说。除了在一些情况中，我更喜欢独立报道。与作家合作可以是一件好事，但首先需要相互尊重、信任和友谊。与作家或另一位摄影家共同采访的好处是，有4只眼睛，而且有人相互掩护。

江融： 如果在一些问题上你与这位合作者意见不同怎么办？

杜邦： 问题不在于意见是否一致，而是要聆听意见。对各种建议采取开放态度，使你有更多选择。无

上图：1994年，印度旧德里，哈努曼上师摔跤学校的摔跤运动员

右图：2000年，东京，在春日野相扑部屋一场训练之后，打扫相扑训练场地

右图：1999年，东帝汶帝力，东帝汶选民投票从印度尼西亚独立后发生动乱

论你是否采纳，亲密朋友给予的建议总是有帮助的。

江融：我注意到，你以澳大利亚为基地，常常到附近的地方拍摄，如东帝汶、印度尼西亚和巴布亚新几内亚。澳大利亚有点偏远，将它作为基地有什么优势？

杜邦：对我来说，远离世界的喧嚣，就是我的优势。澳大利亚是我的心灵绿洲，我需要在这里思考和治疗心灵的创伤。当我回到家中，面向太平洋时，我感到十分自由。我回到美丽的乐园，将恐怖留在身后。这样我才能取得心理平衡。我感到很幸运。

江融：当你从地狱回到乐园时，你的第一个反应是什么？从地狱到乐园的心理状态调整是否容易？

杜邦：刚开始我难以适应，现在经历了许多生活的变迁，随着年龄增长，能够更容易适应。有时在家中，我害怕接到另一个拍摄任务，因为大部分情况下，又要上飞机去报道另一场战争或自然灾害，更糟糕的是，有时需要去执行我不感兴趣的拍摄任务。但是，如果在家待上一两个月，我的脚又会开始“发痒”，很想拍摄下一个故事。

江融：你报道过卢旺达灭绝种族事件，另一位摄影家法兰克·福尼尔从卢旺达返回之后，很长一段时间无法再拍摄，他不想再回去拍摄那些恐怖事件，而是思考今后应当拍什么。

杜邦：我知道许多摄影家从卢旺达回来之后很长一段时间无法工作，我却能够工作，每个人的情况不同。关于卢旺达我常常还会做恶梦，但不会阻止我继续工作，相反地会使我更加有决心。

江融：为什么？

杜邦：我也不知道为什么，只知道继续不断工作，迫使自己不断创作。摄影就是要见证历史，亲历历史，而恐怖是不会消失的。从卢旺达回到家中之后整整一个星期，我情绪上感到非常累，喝了许多酒，并与一位也刚从卢旺达回来的好友一道谈论我们所经历的恶梦。好几个星期，我仍然能够从自己的衣服和鼻孔中闻到腐烂尸体的恶臭。我无法摆脱死亡的臭味，它一直跟随着我。

目睹和拍摄大屠杀的场面的确会留下心理创伤。回来之后，很难编辑所拍摄的照片，但我认为有责任将照片发表，让更多人了解实际情况，这种责任心驱使我保持头脑清醒。卢旺达所发生的可怕事件永远不会被忘记。唯一能够让我继续下去的办法是再去报道另一个故事。

江融：有时也许你需要暂停拍摄恐怖故事。你拍摄的印度大壶节，对你来说，应当是一种解脱。当你拍这类照片时，你的感觉如何？

杜邦：我的感觉与在拍摄战争照片时一样。

江融：真的吗？

杜邦：我不是说感觉更好。我真的认为，大壶节是我拍摄过最令人激动的主题之一，它如同《圣经》上的故事，而且十分狂热。有人说，那次是人类在一个地方人数最多的一次聚会。6个星期里，约有6000万朝圣者参加大壶节，即使按照中国的标准，那次人数也是很多。

江融：你在何时、何处首先发现该节日？

杜邦：我在这次大壶节举行前4年便进行研究，这个大壶节每148年才举行一次，我知道必须拍摄该节日，他们称这次为超级大壶节。在这一天，几个行星与月亮以特殊的方式排列。唐·麦卡林拍摄的大壶节不是这一次。

我被大壶节壮观的场面所吸引。它是一场光怪陆离的表演，一次宗教狂欢节。在世界各国中，除了阿富汗，印度对我的摄影给予了最多灵感。

江融：你为何会对印度如此着迷，麦卡林对印度也一样着迷。是否因为印度有许多特别适合拍照的地方，还是因为印度特别贫穷？

杜邦：不是因为印度贫穷。我喜欢印度有几个原因。第一次访问印度时，我才18岁，那一次旅行，我生病了，所有人到印度都容易生病。当时我病得很重，同时也玩得快乐。我对印度既恨又爱。从视觉上来看，我从未见过如此精彩的国家。似乎时光倒流，或者没有时间概念。我对印度教十分着迷，喜欢印度食品和印度人，印度就像是一场“喜剧”，它总是能让我发笑，我从中获得许多灵感，尤其是它的历史和印度教。

江融：你曾拍摄过狗的故事，尽管是关于狗的生活，却十分感人。那是一次拍摄任务吗？

杜邦：我拍的最好作品往往都不是来自拍摄任务。很高兴你提到我拍狗的故事，那是我最喜欢的作品之一，但从未发表过。

江融：这些照片看上去很像约瑟夫·寇德卡（Josef Koudelka）的照片。

杜邦：多少年来，寇德卡一直给我许多灵感，他是一个传奇。他拍摄的吉卜赛人和流亡的作品令人不可思议。我到罗马尼亚拍摄狗的故事，是因为这个故事十分离奇。我在《纽约时报》读到一则关于布达佩斯市长将要屠杀30万条狗的消息。当时，我从未去过罗马尼亚，他们要杀流浪狗，而且又是冬天，我想能拍出好照片。因此决定去报道该故事。

江融：这些作品的确很好，让人意识到，虽然

狗是动物，却与人很相似。

杜邦： 这正是我当时的感觉，当我拍它们时，尽量将它们拍得像人一样。

江融： 2006年，在平遥国际摄影节上举办的“联系——新闻报道摄影的艺术”，展出了你在巴布亚新几内亚用宝丽来（Polaroid）相机拍摄的黑帮照片。你为何要冒险拍摄这组摄影专题？

杜邦： 我并没有冒生命危险，我于2004年与这批黑帮见面，但从没有想到过会死。巴布亚新几内亚首都莫尔斯比港是危险的，但不是巴格达。我曾对巴布亚新几内亚的黑帮做过一些研究，决心要拍摄一个摄影专题。

江融： 你为何决定要用宝丽来拍摄该专题？

杜邦： 飞往巴布亚新几内亚之前，我决定带上

上图： 2001年，罗马尼亚，布加勒斯特流浪狗

上图：2001年，印度，在阿拉哈巴德举行的印度教节日大壶节

宝丽来相机及其正负片胶卷。我想尝试不同的、富有挑战性的拍摄方法，用肖像形式拍摄这些黑帮成员，让他们在相机前摆出他们想要的姿势，以便展示他们独特的个性。我力图使照片简洁，让这些黑帮成员展现他们自己，效果会十分有冲击力。我认为，这些肖像说明了巴布亚新几内亚帮派文化、暴力和社会对他们的忽视。

过去，我从未以这种方式拍过肖像，使用宝丽来相机，能够让我的被摄对象当场看到结果并将一次性照片给他们，同时我能保留底片。迄今为止，我很喜欢用宝丽来拍摄的照片效果，它的照片有一种原始和粗犷的感觉，特别适合该主题和所反映的暴力。我也用传统的方式到大街上拍摄报道黑帮的

照片，但达不到我想要的效果。这一组宝丽来肖像效果更好。澳大利亚媒体有许多关于巴布亚新几内亚暴力的消息，但都十分消极，而且报道不理想。我认为应当要以诚实和有力度的方式报道该问题。

江融：我们已讨论了你的大部分项目和系列照片，但尚未谈到你已出版画册的两个大项目，一个是关于摔跤运动员，另一个是关于印度最后的蒸汽火车。你为何要做关于摔跤运动员的项目？你本人是否是摔跤运动员？

杜邦：我不是，但大家都这么认为。好几次，我在拍摄摔跤运动员时，曾经有职业摔跤运动员与我挑战，但我从来没有与他们比试，否则，他们会把我摔死。当我还在做蒸汽火车的项目时，产生了做摔跤运动员项目的念头。1994年至1995年期间，我在印度拍摄最后的蒸汽火车，看到当地一份杂志关于新德里一所摔跤学校的报道及其照片，我认为十分有趣，而且有视觉冲击力。因此，便到这所摔跤学校拍照片，这成为我拍摄火车项目期间的一种调剂。摔跤运动员的照片在英国《独立报》杂志上发表，并获得当年世界新闻摄影比赛体育类的首奖。从某种意义上来说，该项目比拍摄火车的项目更加成功。

在出版印度最后蒸汽火车的画册之后，我便想出版一本摔跤运动员的画册。经过研究之后，我决定不是拍任何形式的摔跤，而是专门拍摄传统摔跤。传统摔跤是另外一种冲突形式，从历史上来看，它

左图：2004年，以色列，在耶路撒冷附近与巴勒斯坦领土隔离的围墙

右页上图：2005年，以色列，安保墙

右页左下图：2004年，巴布亚新几内亚，莫尔兹比港的黑帮团伙成员

右页右下图：2006年，阿富汗，选自“喀布尔肖像”系列

是最早的交战方式，因此，我认为它会是一个很有意思的项目，但没有想到自费断断续续地做了10年，直到我认为能编成画册为止。

江融：那么，你为何要做关于印度最后蒸汽火车的项目？

杜邦：该项目的想法是在读报纸上的一篇文章时产生的。我对于世界上即将消失的事物感兴趣，另外，印度是我有兴趣做该项目的另一个原因。我想到了萨尔加多拍摄的印度和“手工业工人”的照片，感觉到这会是一个很有意思的项目。因此，全身心地投入到拍摄与蒸汽火车有关的人和事物中去，如车间、工人、旅客、沿途的风景和列车等。但是，总的来说，该项目是关于“人”而不是“火车”，因为我最感兴趣的是与这些列车有关的“人”的生活，火车只是这些人的奋斗和故事的背景。

江融：所有报道摄影记者或记者都想抢到“独家新闻”，你认为大家相互竞争抢“独家新闻”是否是一种正常的做法？

杜邦：我不认为是正常的，但我也不认为能够刻意寻找“独家新闻”。“独家新闻”往往在你最不经意时出现，因此是偶发现象。

江融：那么，你拍摄的美军士兵焚烧阿富汗塔利班士兵尸体的照片是否是“独家新闻”？

杜邦：绝对是，因为我是唯一的目击者。

江融：是否也有人拍摄到该事件的录像？

杜邦：录像也是我拍的。在过去几年里，我也大量拍摄录像。对有些项目来说，我可能会既拍录像又拍照片，这是我个人尝试的新方向，将静态照片与动态视频结合的纪实摄影。

上图： 2005年，阿富汗，美国海军陆战队第二营在库纳尔省阿萨达巴德搜缴武器

右图： 1998年，阿富汗，在美国巴格拉姆空军基地附近的北方联盟截肢者成员

上图：2005年，阿富汗，被塔利班炸毁的巴米扬佛像

左图：2005年，阿富汗，美军在坎大哈省的车队遭到伏击后，烧毁了两具塔利班成员的尸体

江融： 这是多媒体。

杜邦： 的确是这样。另外，录像可以作为一个备用材料。如果我看到一个有趣的情况，我会用录像机拍摄。从挣钱角度来说，这给予我双重机会，我能够将录像出售给电视台，这样更好。有幸的是，这种情况在焚烧塔利班士兵尸体的事件中发生了，我不仅拍了照片，而且还录了像，但是，更重要的是该事件，而非是否拍到好照片或好录像。该事件实在太重要，必须进行录像。

江融： 是否因为电视对摄影的重大影响，人们已开始谈论“多媒体”作品？

杜邦： 是的。但每一个人都有自己的理念，我的想法是录像与摄影并不矛盾，如果我两样都做，可能会是一种平衡，因为我想将二者结合起来，但不想同时是录像记者和摄影家。不过，有时会感到十分沮丧，因为当我拍摄录像时，可能会无法捕捉到一些照片，反之亦然。我并没有在所有项目中采用该方式，对我来说，这种方法十分新颖，我正在试验。我喜欢挑战自我，学习新的东西，并试图寻找到新的方式，这是一种带有声音和动态影像的摄影。我在拍录像时所采用的原则类似于我的摄影原则。

江融： 这张塔利班士兵的照片，使你获得了许多奖项。对我来说，这十分具有讽刺意味：你精心拍过许多其他作品，但这次碰巧拍到这张照片，便成了“独家新闻”，如果我当时在场，甚至业余摄影师在场，也能拍到这张照片。

杜邦： 正如我刚才所说，这张照片更多是关于该事件，以及随之产生的争论和影响。从某种意义上来说，它成为了一张标志性的照片。但该照片只有《纽约时报》发表，包括《巴黎竞赛》杂志等

所有其他报刊均不敢发表，因为他们担心会引起穆斯林骚乱。

我拍摄该事件的录像如野火般在互联网上迅速流传到全世界，在48小时内，该事件成为全世界最重要的消息。美国国防部长唐纳德·拉姆斯菲尔德（Donald Rumsfeld）出来公开谈论该事件，大家都在讨论这件事，并感到担忧。我认为，因为发生伊拉克阿布格莱布监狱虐俘事件，以及《古兰经》被冲下马桶的丑闻，媒体不敢发表该照片。幸好，《纽约时报》敢于发表，该照片才公诸于世。

当时该事件的录像比照片产生的影响更大，世界各地的人都看到该录像，它触及了大家的心灵，改变了美国军方的政策，美国军事法庭还指控涉及该事件的一些美国士兵。另外，它还改变了美国的心理战术，该事件发生后，美军在阿富汗发行一本帮助士兵了解当地文化的小册子。我的其他照片或

左页图：2016年，纳米比亚，卡拉哈里沙漠的桑人踏上狩猎和采集之旅

上图：2020年，澳大利亚，在巴特洛小镇发生的猛烈森林火灾造成大规模毁坏

录像从没有产生过如此巨大的国际影响。

江融： 你为何认为录像的影响超过照片？你是否认为静态照片不如录像有力量？

杜邦： 我不同意这种说法。我仍然认为，在现有媒介中，照片最具有影响力，因为静态照片能够给人深刻的印象。如果回顾历史，你会发现，人们记忆最深的是一些有标志性的照片，而非电视录像。这才是摄影的真正力量所在，但照片必须发表才能产生效果。

《纽约时报》发表该照片产生了很多影响，该照片被提名普利策奖，它获得了美国海外新闻记者俱乐部“罗伯特·卡帕金奖”的鼓励奖。该事件的录像可能有助于该照片产生影响，但照片仍然更具有影响力，它捕捉到尸体在燃烧以及美国士兵为背景的瞬间。如同其他了不起的照片一样，该照片记录了我们历史上的一个重要事件，因此，将会比录像更为长久地留在人们的记忆中。

江融： 回顾过去30多年的摄影经历，你是否认为因为运气好才拍到这次独家新闻？

杜邦： 我认为，运气是我自己创造的，因为我始终没有放弃报道该事件。你必须到现场，必须耐心。我那次去阿富汗不只是停留几天，我跟随美国士兵6个星期。当运气来临时，你必须充分加以利用。如果我没有坚持上山，坚决走到山顶，就不会拍到该照片。我知道山顶上有尸体正在焚烧，当我到达山顶时，没有想到我当时所见到的情况后来会产生这么大的影响。我只知道这是重要的，能反映美国在阿富汗的一些情况，需要拍照和录像。我到阿富汗的任务始终是反映美国在阿富汗的行动。

江融： 许多摄影家在晚年得出的结论是：摄影无法改变世界。你怎么认为？

杜邦： 改变世界是不可能的，但摄影肯定能改变一些状况。例如，阿布格莱布的虐俘照片及其产生的影响。如果你回顾历史，便能清楚地看到这一点。

江融： 从事摄影30多年，摄影是否改变了你？

杜邦： 就摄影本身来说，我已从135相机转变成采用不同画幅的相机，并刚买了一个针孔相机。我喜欢尝试新相机和新胶卷以及录像。随着年龄增长，我也不断变化，只是想富有创意。我可以一辈子用莱卡相机来创作，但这决不会令我满足。改变不同的画幅，能使我兴奋。

江融： 你的世界观是否有改变？

杜邦： 这种改变更多涉及我的摄影经历，以及我所看到、感受到和听到的世界，而非涉及如何改变世界。

江融： 数码摄影正对传统摄影产生重大影响，你是否准备好迎接数码摄影的挑战？

杜邦： 我主要还是拍摄胶片，并会尽可能长久地拍摄胶片，使用暗房。我不太喜欢使用数码相机，我对数码技术感兴趣的部分是，拍摄传统胶片，然后进行扫描，并通过电脑中Photoshop软件替代暗房处理之后打印，这的确十分便捷。

江融： 那么，总的来说，你对摄影的未来抱乐观态度？

杜邦： 是的，我认为，今后胶片拍出的照片将更有价值。当所有人都在使用数码相机，谁若坚持采用胶片摄影，这些照片将会很有价值。我有可能是错的，但我始终相信底片档案会保存很长时间。现在大家都在使用数码文档拍摄，但该文档能保存多久？我们知道底片能保存很久，因为摄影术已存在近180年，而数码技术才存在了30多年。

上图：2001年，巴基斯坦，白沙瓦附近的难民营中一名阿富汗妇女

Atta KIM
金我他

2006年7月，纽约国际摄影中心举办韩国艺术家金我他摄影个展，题为“气韵生动”（ON-AIR）；同时位于纽约雀喜儿画廊区的尤西·米罗画廊（Yossi Milo Gallery）也展出他的“博物馆”（Museum）项目作品。一时间，许多人都在谈论到底谁是“金我他”及其作品。

金我他出生在韩国最南端的巨济岛。父亲从小教他注意观察周遭世界，包括小花小草、昆虫和石头。大学时，虽然学机械，他却着迷于海德格尔(Martin Heidegger)等哲学家的思想，并开始摄影创作。

为寻找自我和了解人的精神世界，1985年起，金我他采访和拍摄了几家精神病院的病患。有一天，一个病人突然让他将象棋棋子吞下，他将棋子吐出来时，发现原来很脏的一层泥已经消失，露出洁白的木质。这件事情让他顿悟，意识到不能先入为主地来理解世界。从此，他决定摈弃所有的成见，通过亲身体验来透过表象看本质。之后，金我他接触了禅宗和俄国思想家葛吉夫（George Gurdjieff）的理论，这两种思想让他意识到冥想和解构的重要性。他花了一年时间，在夜里试图看清物体，然后，又花几年时间在黑夜中打坐，想象与周围的物体对话，并用慢速曝光拍摄自拍像和周围的岩石，他称该过程为“影像训练”。

在创作“解构”（Deconstruction）系列作品的过程中，金我他真正领悟到“解构”不等于完全摧毁，而是创新的开始。此后，他接连创作出几个相互关联的系列和项目，“气韵生动”便是在解构这些系列和项目的基础上创作的项目。理解金我他的摄影理念需要对其作品有个整体了解，才能知道他通过摄影媒介究竟想要表达什么观念。

上图： 金我他，2006年，纽约，江融摄

右页图： 2006年，131-1号，金我他肖像，“冰的独白”系列，“气韵生动”项目

江融：或许我们应当逐个讨论你的项目，以便了解你的哲学思想和“影像训练”如何影响到你的作品。让我们从你的第一个项目“精神病人”（Psychopaths）开始，该项目是在1985年至1986年进行的，你访问了几家精神病院，听取了365个精神病人的故事。你曾说，做该项目是为了解人的精神。你为何要这样做？

金我他：首先，我想指出，“精神病人”不是一个项目，它只是一个过程，因为我这么做并不只打算拍照片，而是为了了解世界和发现自我。大学时期，我的摄影作品较为抽象，我不理解为何会产生这些作品。于是，决定访问精神病院，当时我十分痛苦，想了解什么是人的精神。我的确想要知道和体验人的精神世界，并想了解到底是什么困扰着人的精神。

江融：之后，你从1986年至1990年做了下一个系列作品，题为“父亲”（The Father）。这是指你的父亲？还是泛指？通过做该系列，你是否想挖掘自己的身份起源？

金我他：该系列是我人生的转折点。访问精神病院后，我发现了自我。然而，为了完成发现自我的过程，无法避免的是，要通过我的父亲，因为是父亲给了我生命。为了使自己能完全从其他来源自我解放，我必须通过自己的父亲，与他重新团聚交谈，之后才能将自己与我父亲分开。这的确是一个寻找自我和身份的过程。

左页图：1995年，001号，“实地”系列，博物馆项目

上图：1999年，073号，“人物”系列，博物馆项目

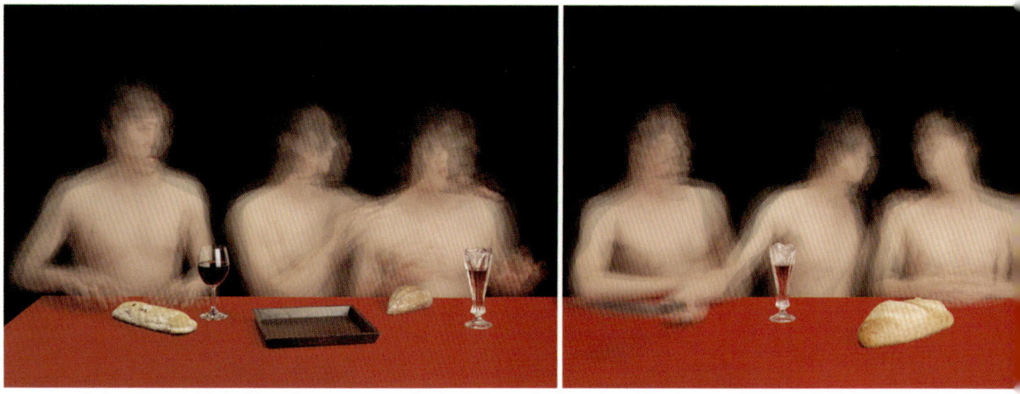

上图： 2003年，077号，最后的晚餐，13个人，“气韵生动”项目

左图： 2005年，080号，吻，15对夫妇，“气韵生动”项目

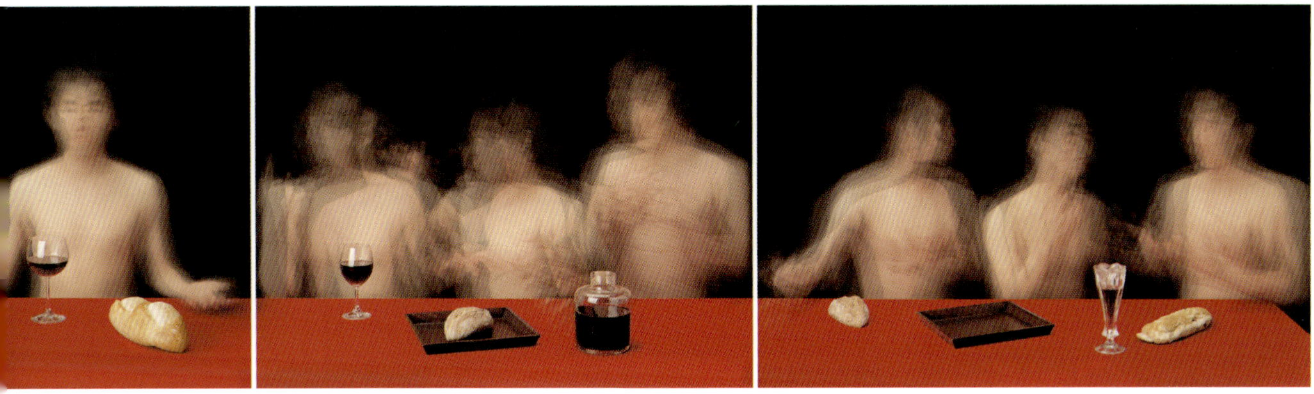

江融： 你父亲似乎在你的生命中占据十分重要的位置。我在想，对于韩国人来说，父亲是否都具有这种地位？

金我他： 父亲对我来说十分特殊，我与父亲之间感情深厚。小时候，我特别喜欢思考，这是受父亲的影响。他教我如何观察周遭环境，并加以欣赏。他不断问我周围的事物，如花卉、昆虫、小石子，甚至地上的野草。他让我对所有微不足道的东西感兴趣，我从父亲那里学会了尊重所有的事物。不过，当人们遭遇痛苦或即将死亡时，他们最终还是会想到母亲。这是父母亲对我们大家的意义。

江融： 我注意到，你在拍摄"父亲"系列作品时，也拍摄了你母亲的裸体肖像。这是不寻常的事情。你母亲在该系列中发挥什么作用？

金我他： 我在拍摄"父亲"系列时，首次拍摄了母亲的裸体照片。小时候，我常常毫不犹豫地在母亲面前脱衣服，后来，在某个时候，我注意到，在母亲面前，我会用衣服遮盖身体。我母亲也不在自己的儿子面前赤身裸体。这是可悲的，因为这是传统观念开始起作用。换句话说，这是人开始从动物转变为人的阶段。

我在拍摄“父亲”系列时，特别想拍摄母亲的身体。当然，母亲不愿意在他长大成人的儿子面前暴露胴体。我母亲的乳房有珍珠般的肤色，美极了！10年之后，也就是在2001年，我将裸体的母亲放在佛教的象征——莲花底座上，作为我“博物馆”项目的最后一件作品。那一天，她笑了，那是我见过的最美的笑容。

江融：1989年至1990年，你拍摄了韩国150名文化界著名人士的系列作品，题为“人类文化财产”（Human Cultural Assets）。你是否通过做该系列来寻找自己的身份本源，还是寻找韩国人的集体特征，尤其是精英的特征？

金我他：我想通过做该系列与外界沟通。“人类文化财产”是关于具有明确人生观的韩国人，他们的确有十分深邃的思想，我想知道，他们到底在人生中获得了什么。当时，在韩国大约有190位人士被评为“人类文化财产”，我见到了其中150位，他们是艺术家、学者、哲学家以及在各自领域中取得重大成就的人士。这个艰苦的过程帮助我寻找自我，通过与他们的交谈，我学到许多东西，认识到我需要逐步建立自己的世界，并意识到重复制造传统的东西已经无法使我满足。这种意识对于想要成为艺术家的人来说最为重要。

江融：从1990年至1992年，你完成了“在世”（In-der-Welt-sein）系列。你说过，该系列作品是你“气韵生动”项目的基础，为何是基础？

金我他：尽管“在世”是德国哲学家海德格尔的观念，拍摄该系列作品时，我已经体验和超越了这个观念。但创作该系列的过程，对我来说十分珍贵。目前仍在创作的“气韵生动”项目，实际上在1990年时就已产生了影像。当时我在黑夜中独自不断训练自己在2小时内移动10厘米，最终，我逐步从时空中将自己解放出来。我用两三个小时的时间曝光，来拍摄自己在黑暗中独自缓慢移动的自拍像。随着时间的推移，我发现了自己想象中的颜色，这些颜色都应用到我后来的项目中。仿佛今天是昨天的结果，正如今天的解构便是明天一样。

江融：之后，你从1992年到1995年创作了“解构”系列。该系列引起评论家的注意。法国哲学家德里达（Jacques Derrida）的解构概念与禅宗的解构概念有何区别？

金我他：德里达的概念讲究科学论证的方法，而且是静态的。禅宗的概念十分理想化，你无法用肉眼捕捉到。德里达是冷的，禅是热的。

江融：这是非常有意思的比喻。你说过，你的所有不同系列和项目作品都相互关联。你做完“解构”系列后，便产生了“博物馆”项目，“博物馆”项目又产生了“气韵生动”项目。我认为，这种解构的过程是自我实现的过程。解构并非完全摧毁，而是从中有所创新。

金我他：解构并非意味着摧毁。“解构”一词是由“化解”与“构成”组成的。它意味着产生新的构成办法。这是我的“影像训练”中冥想、消化和解构过程的一个环节。可通过该过程来解构固有的观念，使人们对世界上所有已知真理产生新的理解。德里达的解构观念更多依靠逻辑和理性的结构，而我所说的解构更多需要内心的挣扎。

江融：1995年至2002年期间，你在创作“博物馆”项目时，使用有机玻璃大柜子将不同人装在里面，然后放置在不同地点，建立你自己的“博物馆”。这是展示他人身份的办法吗？

上图： 2005年，110-1号，八小时，“纽约”系列，“气韵生动”项目

世界人民大团结万岁

左页上图： 2007年，150-4号，八小时，“中国”系列，“气韵生动”项目

左页下图： 2007年，150-30号，八小时，“中国”系列，“气韵生动”项目

上图： 2007年，新德里，1万张照片，“因达罗”系列，“气韵生动”项目

左图： 2008年，153-1号，冰制帕提农神庙，“冰的独白”系列，“气韵生动”项目

金我他： 对我来说，世上的一切都能成为文物，并具有历史价值。如果博物馆能使死亡物品获得生命，我的博物馆则是使得生物永生的装置。这也是对生命的绝对敬重。

江融： 因此，我认为，通过该项目，你更多是要表现他者的身份，而非你自己的身份。

金我他： 该项目不是要以不同的方式来展现我的身份，而是，通过我的身份来看世界。当我找到自己新的身份之后，我将自己的姓名改为金我他。在韩语里，Atta是指“我”和“他”。

江融： 所以，这是你的艺名，那么，你的真实姓名是什么？

金我他： 我发现了一个全新的自我，所以，不再使用原名。在原名中，难以发现自己的身份，因此，我决定给自己一个新名字。

江融： 这个新名字让我想起海德格尔“此在”和“在世”，以及禅宗的“自在”与“他在”的

左页图： 2010年，《论语》，15817字，“气韵生动”项目

上图： 2010年，《道德经》，5290字，“气韵生动”项目

概念，这两个概念也可理解为“我”和“他”。

金我他： 是的。事实上，我早就想改名字，但我的姓名是父亲起的。在改名字方面，我一直存在矛盾。一旦找到自我，矛盾便消失，因此，我决定改名字。

江融： 现在我们应当开始讨论“气韵生动”项目。你采用长时间曝光的手法来拍摄不断消失的影像，例如，你在朝鲜三八线非军事区或在纽约时报广场用8小时曝光拍摄照片。这些照片仍然能够看到背景、风景、广场及其周围的建筑，但看不到在长时间曝光期间经过的人或车辆。你是否想通过该项目理解时间的流逝。

金我他：“气韵生动”是一种非常具有悖论性质的美学。通过让可见的物体消失，我打算讲述有关本体存在的故事。在“纽约”系列中，许许多多经过的人和车辆均在照片中消失了，但建筑物仍然存在。然而，我在想，“这些建筑会永存吗?”回答是否定的。总有一天，它们也会完全消失。这可以通过消失的人和车辆加以分析。

俗话说：“只有失去了，才意识到珍贵。”因此，我所拍摄的“毛泽东”和“金我他”冰雕融化的水是否会消失呢？完全没有消失，只是蒸发到空气中，在空中形成新的关系。因此，一切似乎已经消失，实际上并非如此。它们转换为另一种形式。这才是世界真实的一面，也是“气韵生动”的真实含义。

江融： 你在该项目中还采用另一种手法，将许多影像叠加到一起构成一个新影像或合成影像。你将这些叠加出来的肖像称作“自拍像”系列。你是否通过该系列来反映他们身份的共性?

金我他： 个人从来不会消失，他们的脱氧核糖核酸仍然存在，他们只是与其他人找到了新的关系。“自拍像”系列具有反讽意味之处在于，你必须失去一些特征才能与他人分享共同之处。我们一直在探讨身份特征问题，我认为，“我”无法单独存在，“我”之所以存在，是因为他人同时存在。

江融： 许多人可能不理解“气韵生动”项目的含义。它是否可以理解为一切事物最终都要消失?

金我他： 通过西方哲学和美学可能难以理解我的作品，因为它们鼓励利用理性和逻辑来判断所有现象。如果你认为世上的一切肯定是可见的，那么，更难以理解我的作品。不过，是否能够理解我的作品并不重要，重要的是，我们所能看到的表象世界和影像并非就是一切。这才是真理。西方人看到下雨和下雪，可能只会想到“雨”和“雪”。我所试图表明的是，空气中的水分变成雨和雪之后就变成新的事物。人的身份也是一样。所有生存的物体都是在这种关系中循环往复。我想体现本体生存的绝对价值，而非消失过程中产生的空白，这才是世界的真相。我的“气韵生动”项目正是体现了这种理念。

上图：2011—2017年，“红山”系列，019号，选自“论自然”项目，画布放在炮兵射击场的靶子上，炮弹碎片撕碎的画布被收集和拼接后，再涂上红色油漆

Edward KEATING
爱德华·基廷

爱德华·基廷上大二时辍学，到美国西岸寻找自我。到洛杉矶后，很快发现他对西岸的美好幻想破灭，之后沿横贯美国的66号公路徒步搭车旅行，最后又回到东岸的纽约定居。在这期间，他做过伐木工和出租车司机。

1981年，他重返大学，到纽约的哥伦比亚大学攻读美国文学。大学毕业后，基廷为几位摄影家担任助理，同时大量拍摄纽约街头的照片。不久便开始为《财富》周刊等杂志拍摄图片，并于1991年被《纽约时报》聘为专职摄影家。

基廷的报道生涯充满传奇和争议。他曾因为报道纽约布鲁克林皇冠高地种族暴乱差点被暴徒打死；又因为到科索沃报道，被塞尔维亚士兵逮捕，险些作为人质被杀，最后他设法逃出。

在《纽约时报》任职期间，基廷将多年练就的街道摄影技巧应用到新闻摄影中，他与报社的记者十一次被集体提名普利策奖，两次获奖，其中一次是因为报道"9·11"事件。基廷拍摄了一幅世贸大楼倒塌后附近公寓楼房中一套茶具的照片，令人难忘。正当基廷处在摄影事业高峰时，不幸的事情发生。2002年，在为报社采访关于恐怖主义"基地"组织的报道时，他拍摄了一个小孩在阿拉伯人开的餐馆前举着玩具手枪的照片，被当地报社记者举报有摆拍做法。虽然基廷否认有任何不当行为，最后还是被迫辞职。

目前，基廷成为自由职业摄影家。近年来，他重返年轻时曾走过的66号公路，创作了一部题为"美国大路"（The Main Street）摄影作品，象征着美国作为帝国的没落。

上图： 2007年，纽约，爱德华·基廷，江融摄

右页图： 2002年，美国纽约市曼哈顿，罗伯特·弗兰克在他的布利克街工作室

第202页图： 2001年，美国，9月11日，纽约市双子塔倒塌后的布利克街

第203页图： 2001年，美国，位于纽约世贸中心附近公寓的茶具

江融：成为《纽约时报》的专职摄影记者很不容易，申请时竞争一定很激烈。

基廷：的确如此。不过，我是他们所需要的合适人选，而且时机也很合适。

江融：为何这么说？

基廷：刚开始时，我在《纽约时报》担任自由摄影记者，并在此前拍摄了大量照片。当时，报社来了一批思想较为进步、开明的摄影编辑，他们想要一种更加个人化、带有分析性的照片。正好，我喜欢拍的照片不是仅停留在记录事实，而是带有某种政治和社会背景。我花10年拍摄的街头照片正是这类照片，我的风格正好适合这些编辑当时想寻找的风格。

江融：不过，据我所知，你是为《纽约时报》社区版而非全国版拍摄。

基廷：即使当我被聘为《纽约时报》专职摄影记者时，他们也很少派报社的摄影记者到外地拍摄。当时报社的摄影记者得不到与文字记者相同的尊敬。不过，这种状况已经改变，许多人认为，我加盟《纽约时报》之后，对于该报照片的变化做出相当大的贡献。

江融：你在为《纽约时报》工作期间，采访了纽约布鲁克林区皇冠高地种族暴乱事件，并差一点被打死。到底发生了什么事？

基廷：那是1991年8月，大约有一百人用铁管、木棍和砖头打我，结果我的后脑缝了50针。

江融：他们为何要打你？

基廷：当时有一百多人侵入一家运动鞋店，我站在远处观察他们，但没有拍照，避免刺激他们。

然而，我相信由于种族的原因，他们朝我冲过来，并差点把我打死。他们还抢走我的所有相机。

江融： 这次事件对你打击一定很大。

基廷： 当然。幸好有两名警察路过，把我救了。

江融： 事后，当警察让你指认嫌犯的照片，你为何决定不追究那些打你的人?

基廷： 报复是得不到任何好处的。我这么决定，是为了自己保持内心平静，我想这是为了宽恕和避免乱做判断。他们打我是不对的，但我决定就此罢休。

江融： 你14岁时，曾看到一个黑人在你居住的以白人为主的社区里奔跑，你便报警。结果，此人是因为他的汽车没有油了，才跑去寻找帮助。对此，你感到十分羞愧。该事件是否影响到你决定宽恕打你的人?

基廷： 所有事情都是相互关联的，我们在某个时候必须对周围发生的事情负责。因此，这两者之间一定有些联系。

江融： 1999年，你到科索沃采访。你如何获得这项国际采访任务?

基廷： 原本是《纽约时报》杂志派我到贝尔格莱德做一次报道。我得到这项任务时，北约与米洛舍维奇政权之间的紧张局势正在加剧，北约给予米洛舍维奇的最后通牒是两三天，因此，我被转派到阿尔巴尼亚。

江融： 据说，你在科索沃时被逮捕。

基廷： 我在阿尔巴尼亚停留了一周，之后，想通过一座桥从阿尔巴尼亚进入科索沃，那天有大约

两万名难民从科索沃进入阿尔巴尼亚。当我快走到桥头时，有几名塞尔维亚人将我抓到塞尔维亚境内。

江融： 你为何想要进入科索沃？

基廷： 我想冒险进行报道，结果被拘留和审问。他们用枪顶着我的头部，威胁要打死我。其中只有一人能说一点英语，其他人站在他背后讥笑我或恫吓我。有一人将塑料袋罩在我脸上直到我难以呼吸才松开。

江融： 他们知道你是美国人吗？

基廷： 知道，因为我带有美国护照和《纽约时报》的记者证。

江融： 你是否害怕？

基廷： 当然，但我尽量不表现出来。

江融： 后来，为何把你放了？

基廷： 他们打了许多电话，可能是请示贝尔格莱德。我不断听到他们在喊"《纽约时报》"。同时，其他人在搜查我的物品。这时有一名士兵在我的摄影包里发现了一把口琴，他拿起口琴，顶着我的胸口大喊，"鲍勃·迪伦！"命令我吹迪伦的歌曲。我不理他。

过了大约一小时，他又在我的腰袋里发现另一把口琴，他又对我大喊，"鲍勃·迪伦（Bob Dylan）！"这次，所有人的眼光都注视着我，因此，我无法拒绝他的命令，我深呼吸了一下，竭尽全力演奏了一首迪伦的曲子，名叫《铃鼓先生》（*Mr. Tambourine Man*）。

当我演奏完毕，奇迹发生了，他们热烈地鼓掌，边大声叫喊边跺脚，十分激动。他们似乎认为我就是鲍勃·迪伦。之后，有一个人给了我一支烟，另一个人为我点烟。我立即明白，没事了。我抽完烟之后，大家都看着指挥官，没有人知道会发生什么事。指挥官看了我一会儿之后，指着我的摄影包，让我离开此地。我抓起背包，以最快的速度，跑回到桥的另一端阿尔巴尼亚境内。

江融： 现在我想专门谈一下你报道“9·11”中的经历。据说，那一天你差点离开曼哈顿。到底发生了什么事情?

基廷：“9·11”那天，原本我和太太计划与我们的好友、著名摄影家罗伯特·弗兰克以及他的太太一道去葡萄牙度假。我们的航班是当天晚上起飞，上午我打算从曼哈顿的住家到郊外的另一个房子拿点东西，但我睡过头。飞机撞向世贸大楼之后不久，通往纽约市的所有桥梁和隧道便被关闭，如果我早起离开曼哈顿岛，便无法在当天回来。

江融： 但即便如此，头两天你仍没有进入世贸现场。

基廷： 作为记者来说，一想到无法进入现场，便感到十分沮丧，因为，“9·11”是我一生中遇到的最大新闻事件和美国历史上最大事件之一。

江融： 即使有《纽约时报》的记者证，你也无法进入吗?

基廷： 没有任何媒体记者获准进入，只有一些自由职业的记者设法进入。我花了两天最后才进去。

江融： 据说，你因此被捕。

基廷： 我是在4个月之后才被捕，之前，我做了大量自发的报道。我与现场的合同工建立了关系，他们会将通行证借给我，以便我能进去报道。当我被捕后，警察要我告诉他们，是谁给我通行证。我拒绝告诉他们这些合同工的名字。这么做会毁了他们。这是记者的规矩，他们不会泄漏“线人”的姓名，大部分记者宁可蹲监狱也不会破坏这种信任。因此，我上了法庭，并被判罚做一些服务社区的事情。

江融： 作为记者，你不应当偏袒某一方。但你说过，“9·11”的确给你的内心打击很大，因为它发生在你的国家、你所居住的城市。你认为，“从记者的职业角度来说，世贸大楼的废墟不同于我所到过的任何地方”。那么，对于像“9·11”这样的大事件，报道摄影记者应当如何反应?

基廷：“9·11”是对我的国家的袭击，对我所居住的城市以及我祖父和我父母曾居住过的城市的袭击。这对我造成很大冲击，但并不影响我对真相的关注。我想，有时我们的偏见会渗透到我们的作品里，但你仍然应当尽可能客观。你要跟着真相走，无论真相会引领你到何处，不幸的是，你并非总能走到你想到达的地方。我不会让我的偏见决定报道的走向，最好是要敢于批评你感到亲近和重要的事情。

在“9·11”发生一周之后，我得到了一个十分敏感的情报：个别救援人员洗劫现场一些废弃商店。我将该情报给了与我合作的文字记者。这种报道可能对救援人员产生非常不同的印象，而且会减损他们的英雄地位。有人批评我们做了这项报道，但我认为这个报道是有必要的。

江融： 你为何认为世贸大楼废墟是一个不寻常的地方?

基廷： 从视觉上来说，从未见过这种场面。我们从未遇到这类袭击，仿佛是科幻电影中的场面，非常超现实。

江融： 你说，当你到达现场，大量的尘土是令你印象最为深刻的东西之一。到处都是尘土，而且你拍了一张尘土中茶具的照片，尽管照片中没有人，

第205页图： 2006年，美国，纽约时报广场

上图： 1998年，美国，在纽约金斯伯里的弗洛伊德·贝内特纪念机场举行婚礼

左图： 2011年，美国纽约，同性恋婚姻

右页图： 2000年，美国纽约市的一场婚礼

但这张照片非常有力量。

基廷： 这张照片是我获得普利策奖的作品之一。“9·11”是一个特殊事件，因此反映该事件的照片也应当不同寻常。我知道，我必须改变方式拍摄该事件。

江融： 当你进入放有该茶具的房间时，你的反应如何？

基廷： 当我进入世贸废墟现场，我告诉自己，一定要从该事件中寻找一张与众不同的照片，我不知该照片是什么样，当我看到之后，我会发现的。

应当说，这张茶具照片是与众不同的，它很安静，不张扬，你从照片里得不到太多信息，但在发生如此巨大的恐怖和毁灭之后，这种照片的确发人深省。许多人看了之后，难以用言语来表达，它是一张人们能够认同和联想的照片，而且能够让人从恐怖中开始恢复过来。

江融： 这张照片也像凝固的时间。

基廷： 是的，它没有时间的概念。

江融： 如同西班牙画家萨尔瓦多·达利（Salvatore Dali）题为《记忆的永恒》那幅画。

基廷： 是的。有趣的是，当我刚进入这个房间时，我看到该房间充满了从窗外冲进来的各种各样的碎片，几乎所有的东西都被打翻和毁坏。然而，在该房间的中间，这套茶具正对的窗户，却没有受损，而周围的东西都被损坏。我拍了所有被毁坏的状况，并拍了窗外的情景。有四五次经过该茶具，每次看到它，都感到惊讶，我当时太震惊了，差一点没有拍这张照片便离开该房间。现在回想起来，是该茶具本身一直在召唤着我拍摄它。

江融： 你总是喜欢拍黑白照片，为何用彩色胶卷拍这张照片？

基廷： 最后，我突然意识到，需要拍它。我通常不拍静物，主要拍人。因此，刚开始我没有想到要拍。幸好我只是在一间房间里观察，如果我只匆忙经过该茶具一次，很可能就错过。最后，我对它沉思片刻，决定用彩色胶卷拍摄。我总是用彩色胶卷为报社拍照。

江融： 我认为，这张照片彩色效果更好。

基廷： 不知为何，彩色使得这张照片更美。尽管发生了这场恐怖事件，生活仍然是美丽的。

江融： 你和《纽约时报》的其他摄影记者因为报道“9·11”而获得2002年普利策奖。2002年是你摄影职业生涯的一个高峰。但在同一年12月20日，你在纽约州水牛城报道一个故事后，引起争论。你拍的那个男孩的照片为何会引起争议？

基廷： 这张照片引起了政治上的争议。当时，水牛城有5个居民被指控参加在阿富汗恐怖主义“基地”组织培训，之后受命派回美国成为暗藏的“基地”小组。因此，对该城市有许多负面的报道。当地的一些摄影记者对于我拍这张照片的内容不满，认为会使得他们所在的城市难堪，所以，他们决定对我这位外来的摄影记者发动反击，告了我一状，使我成为受害者。

江融： 别人告你摆拍新闻照片，你是否让照片里的男孩用玩具手枪对准你？如果是的话，你认为是否有理由这么做？

基廷： 我没有让这个男孩将玩具手枪对着我拍照。我当时是拍这个男孩的肖像，只要我将该照片作为肖像而非自发事件提交给编辑，我可以随意拍摄我想拍的照片。这张照片是作为肖像拍摄，并在图说中说明是作为肖像提交给编辑，但《纽约时报》的一名图片编辑将它作为新闻照片发表。这位编辑在将该照片用在报纸上之前完全知道该照片的来龙去脉，但仍然决定那么用，我却为此举付出惨重代价。

江融： 实际情况到底如何？

基廷： 最早是《纽约时报》新闻部派我去采访这个故事，当我到达水牛城之后，《纽约时报杂志》和《每周回顾》版面这两个非新闻的部门编辑也让我提供照片，但不是新闻取向的照片，而是能够涉及全球恐怖主义问题的更具观念性照片。因此，当我在为新闻部拍摄这位男孩的照片时，我想到为《每周回顾》编辑拍一张这个男孩的肖像照。结果，这张照片最终被用作新闻照片。

这便是实际情况。但出于政治上的权宜之计，《纽约时报》没有为我辩护，反而要解雇我。最终，我与他们达成协议，自动辞职。

江融： 你在为《纽约时报》工作时，还为该报一个名为《婚誓》的每周婚礼专栏拍照。这种照片是商业摄影吗？

基廷： 绝对不是！婚礼是人生经历的一件大事。我拍的婚礼照片与通常的婚礼照片非常不同，十分具有新闻报道风格，大部分是用黑白胶卷拍的。我将写实主义和新闻报道的方式融入婚礼摄影，寻找“决定性瞬间”，而非陈腐浅薄的婚礼照片。

当《纽约时报》的读者看过我的婚礼照片之后，他们越来越多地要求拍摄较少摆拍的婚礼照片。《国家地理》杂志图片总监曾说过，我的婚礼照片对美国婚礼摄影业产生了重大影响。

江融： 刚才你用了卡蒂埃-布列松的“决定性瞬间”一词，不过，我知道你是罗伯特·弗兰克的

上图：2000年，美国，66号公路，德克萨斯州阿马里洛咖啡馆

右图：2007年，美国，66号公路，俄克拉荷马州艾瑞克市的酒吧

好友，而且一直在效仿他。在你拍的街头以及66号公路项目的照片中，我可以看到你采用弗兰克的手法多于卡蒂埃-布列松的手法。

基廷：我在婚礼照片中采用“决定性瞬间”手法，因为婚礼的确有这些关键的时刻。新婚夫妇希望拍到他们在婚礼上接吻、切蛋糕和其他重要的时刻。因此，我采用“决定性瞬间”作为一种拍摄手段。

但总的来说，我的照片不像卡蒂埃-布列松，他的照片十分讲究精确的几何构图。然而，弗兰克的照片不拘泥于形式，它们更多是将作者内心产生的感情和想法投射到照片中，它们大多不讲究完美和对称。但他的照片更像是投掷出去的石头，几乎可以说是带有敌意，甚至愤怒，以及无法言说的怜悯。同时，它们也带有同情心。

江融：当你看弗兰克的照片时，也能发现重要的瞬间，这是弗兰克特有的瞬间。

基廷：这种瞬间也十分有趣。它不是卡蒂埃-布列松式“达到高潮的瞬间”，而是“次要的瞬间”，但与“决定性瞬间”一样重要。

江融：你在纽约街头拍了大量照片，并在“徕卡之家”摄影画廊举办过一次这类照片的展览，为何该展览题为《流亡在纽约》？

基廷：该标题暗指滚石摇滚乐队的一张题为《流亡在大街上》的唱片。顺便说一下，该唱片的封面照片是罗伯特·弗兰克拍的。对许多人来说，他们觉得来到纽约，就如同来到宇宙的中心，可以随心施展。但一旦你到达之后，可能会发现自己陷到纽约，站在队伍的末端。当你意识到自己所处的地位难有作为时，你会开始反思，这如同流亡。

左页图： 2009年，美国，66号公路，堪萨斯州巴克斯特斯普林斯

上图： 2003年，美国，66号公路，俄克拉荷马州

右图： 2002年，美国，66号公路，加州洛杉矶

江融：从你在纽约街头和66号公路拍的照片来看，你捕捉到人的疏离感。甚至在你的婚礼照片中，也能看出参加婚礼的人之间缺乏交流。我认为，这很像弗兰克照片中所捕捉到的情景。

基廷：我相信，最终我们是孤独的，我们需要别人，但我们只能相信和依靠自己。这是我对生活的感悟，也许婚姻能够弥补这种孤独感。

江融：这是否也是你做有关66号公路项目的原因？

基廷：最早是《纽约时报杂志》杂志让我做一个关于66号公路的报道。66号公路曾经是连接芝加哥到西部加州，横贯美国中西部许多大城市的主要公路，它曾经过许多主要街道，沿途修建了许多建筑。但这条公路已被遗忘，现在的交通绕开这些城市的中心，这些社区由于没有旅行者和游客，开始缓慢地消亡。

我在拍摄这条公路时发现那里的人被遗忘，而且非常孤独。美国总是更加强调个人，而非群体或社区，66号公路便是这种观念的充分体现。正如某人被隔绝，或太老了而变得没有任何实际用处，66号公路变得老旧，被高速公路取代。为了所谓进步，这条公路以及住在公路附近的人成为牺牲品，所有这些人都流亡在无人知晓的地方。

这也是美国的行事方式，我们不断地摧毁旧的东西，包括旧的建筑，然后盖更大的建筑，而不顾周围的人及其文化。这是注重利润的文化。因此，66号公路是关于美国及其价值观念的强有力暗喻。

江融：现在，你成为自由摄影记者，作为《纽约时报》记者与自由摄影记者之间有何不同？

基廷：在《纽约时报》工作时，每天都有令人感兴趣的拍摄任务，而且，有强大的团队在背后支持我，还有资产数百亿美元的公司在背后保护我。现在的情况十分不同，我必须自己找工作，并直接与顾客打交道。但为《纽约时报》工作时，我在某种程度上始终意识到我是在为报纸工作，这种意识多少会影响我的拍摄。

现在，我再次能够拍摄我想要拍的作品，我有相当程度的自由。正如美国著名蓝调歌手罗伯特·约翰逊（Robert Johnson）所说："我到纽约42街与百老汇大道交界的十字路口，将我的灵魂出卖给魔鬼，以换取荣耀和名誉。"离开报社后，我最大的挑战是如何将我的灵魂赎回。我认为，虽然可能少了一些帮助和支持，但总的来说，自己应付得不错。

江融：展望未来，你对摄影是否感到乐观，尤其是传统的摄影？

基廷：我是属于使用胶卷和拍摄黑白照片的最后一代摄影家。数码相机已存在大约30年，而且会不断进步。我认为，数码摄影是一种奇迹，原来摄影做不到的事情，现在都是可行的。

不过，我个人不喜欢数码影像的感觉，太清晰，反差太大。而且人们现在拍数码照片，会花大量时间查看机背显示器上的图像，而没有花更多的时间观察被摄主体。这对摄影本身来说非常不利，好像人们通过观看机背上的画面，便能知道是否拍到自己想拍的照片。摄影变得更多关注是否"拍到它"，而不是注重去发现。"它"是什么？可能都得不到答案。

现在人们边拍照片边做出决定，在刚拍完一张照片不到5秒钟便将它删除。不能因为你不知道某张照片是否好坏而将它删除。我可能拍了一张黑白照片，将它放大到16英寸×20英寸，挂到墙上2年之久，仍然在思考该照片。你对自己的摄影要有信心。如果你不断查看所拍的照片，你就始终处在怀疑中，对自己缺乏信心。应当先将照片拍下，然后再加以思考。

上图：1983年，美国，
纽约市暴风雪

Phil BORGES
菲尔·博爵斯

博爵斯45岁时，放弃已开业18年的牙医诊所，离开曾经享受过的优裕生活，搬到一个自己没有行医执照的地方。拿他自己的话来说，便是“烧毁了回头的桥”，去追寻他的摄影梦想。

在随后的3年里，博爵斯一直没有收入，仅靠储蓄节俭地生活，直到逐步打入商业摄影的行业。当他在商业摄影界站住脚后，又开始改变自己，到世界各国旅行，拍摄少数民族和土著人的肖像。1994年，他多次前往中国西藏和尼泊尔以及印度北部，拍摄了一组藏人肖像，引起了国际摄影界的重视。

1998年，为纪念《世界人权宣言》签署50周年，博爵斯完成了另一个题为“持久的精神”(Enduring Spirit)项目，用肖像的形式，再次反映世界各国土著人民及其濒临灭绝的文化，以及他们为保护这种文化所表现出的持久精神。

后来，博爵斯采访并拍摄了世界各国的妇女如何在国际关爱组织（CARE International）的协助下摆脱传统妇女的角色和观念，摒弃各种落后做法，争取妇女和女童的权利，完成了“赋予妇女权能”(Women Empowered) 的项目。

博爵斯一直采用室外现场简易布光方法拍摄肖像摄影，近距离面对面地拍摄被采访的人物，将他们突出放置在画面的前景，同时大多以天空为背景，并包括人物的环境。在后期制作方面，他用手绘的形式将人物的脸部和皮肤涂上棕色，更突出人物的面部表情和质感，形成了独特的“博爵斯风格”。近年来，博爵斯仍然穿行于世界各国人们很少踏足的地方采访和拍摄，他的传奇人生仍在继续中。

上图：2007年，纽约，菲尔·博爵斯，江融摄

右页图：1994年，肯尼亚尼伊鲁山，洛般，24岁，选自“持久的精神”系列

江融：1989年，在从事矫正牙医18年之后，你放弃了诊所，卖掉房子，搬到西雅图，开始职业摄影。当时，你已经45岁，有一个儿子。什么动力促使你这么做？与中年危机是否有关？

博爵斯：我在从事矫正牙医的职业时，一直不安分，主要因为我热爱旅行。对我来说，每天到同一办公室，做例行的工作，无法完全令我满足。因此，我总是在寻找艺术的表达形式来宣泄我的激情。

实际上，20世纪60年代末我在旧金山上大学主修牙医时，便喜欢上摄影。当时，嬉皮士运动盛行，旧金山的生活丰富多彩。

江融： 那时，世界各地都有学生运动，包括中国和法国。

博爵斯： 是的。我在伯克莱大学上学，住在海特-艾什伯里区。当时，有位社会学家给我一份工作，让我采访我所居住社区中无家可归者，了解他们为何不顾当时爆发的肝炎传染病，坚持交换使用针头来吸毒。所以，我开始采访这些人生活中最隐私的事情：他们如何使用毒品？他们如何交换针头？他们为何要这么做？采访结束后，我看着这些被采访者，他们头发蓬乱，模样不可思议，我便开始拍他们的照片，并拍摄了关于他们的短片。

江融： 但你毕业之后，18年一直没有动过相机。对我来说，你停止做牙医，成为摄影家，是一个非常大的举动。你为何要搬到西雅图？

博爵斯： 当时，与旧金山相比，西雅图的房价非常低。而且，我认为应当住在城市里才有可能建立摄影的事业。我花了两年时间，才将我所开的牙医诊所转给另一位牙医，并将我的所有病人介绍给他。在这期间，我在一个社区学院选修几门摄影课，但没有进行任何商业摄影活动。一结束诊所转手过程，我便搬到西雅图。

江融： 所以，你早有准备。

博爵斯： 是的。搬到西雅图还有另外一个原因。我不想在情况变得艰难时，又回去当矫正牙医。我知道，情况会是艰难的，因此，搬到我没有行医执照的西雅图。我烧毁了回头的桥，断了自己的后路。

江融： 而且，你搬到一个低收入的住宅区。

博爵斯： 我搬进一栋小屋，我以前住的房子非常好，有游泳池。因此，我完全降低生活水准。

江融： 你在转手牙医诊所期间是否开始拍照片？

博爵斯： 是的。有一位老师教我如何做个人的项目，以及如何创作一组作品。他告诉我，要选择一个主题，并利用摄影来挖掘该主题。因此，我在搬到西雅图之前，做了一个以自行车快递员为主题的项目。

江融： 你曾说过，对于摄影家来说，最难的一件事情是要盯住一个方向，或聚焦在一个具体的主题上。我认为，这对于任何摄影家来说，的确都是一个挑战。

博爵斯： 摄影家是通过视觉进行交流，你必须在心里明白你所要描述的主题，这正是摄影力量的来源。你需要在你所选择的主题上花时间，然后在该主题上下功夫。例如，我所做的关于妇女的项目，3年前，我与“关爱国际组织”这个非政府组织合作开始拍摄该项目，至今仍然在进行中。

江融： 你刚搬到西雅图时，遇到许多困难。尽管你想进入摄影圈，但你难以进入商业摄影界。

博爵斯： 是的。非常困难。我不了解商业摄影如何运作。因此，我加入了美国媒体摄影家协会(American Society of Media Photographers)。

江融： 该协会由哪些成员组成？

博爵斯： 所有为杂志、报纸和其他媒体拍摄插图照片的摄影家均可参加。他们都是商业摄影家。

江融： 你是否曾经想过放弃当摄影家，回去当牙医？

博爵斯： 从来没有过。

江融： 当时，你没有收入，又有一个孩子。我很想知道，你的太太对所有这一切如何反应？

博爵斯： 当我与太太谈恋爱时，我已经决定将诊所卖掉。当她走进我的生活时，我已经在移

交过程中。

江融： 我认为，邂逅的确能改变人的一生。你曾遇到一位社会工作者，问你是否愿意教流落街头的孩子拍照片，你立即同意了。你认为，邂逅在你的生活中起到什么作用？

博爵斯： 我十分相信意外的运气。从我放弃牙

上图： 1994年，中国，西藏拉萨，雅玛，8岁，选自“藏人肖像”系列

左图：1996年，肯尼亚巴拉戈伊，埃楚卡，24岁，埃拉盖，21岁，选自“持久的精神”系列

医行业的整个过程所学到的经验是，似乎每次我刚搞定某件事情，开始放松的时候，就是我放弃这件事情并接着做下一件事情的时候。我成功进入商业摄影，开始拍摄公司的订单、备售照片以及唱片和书籍封面，我的生活又开始好转，又可以放松了。但是，当攻克了商业摄影这个堡垒，我又决定放弃商业摄影，并用所有原本刊登广告的钱来拍摄我真正有热情做的项目。

江融：当你决定做专业摄影家时，你就想成为艺术摄影家吗？

博爵斯：实话告诉你，当时我对这次改行感到如此惧怕，以至那时只希望我可以维持自己和家人的生活。因为从小家境贫寒，我决心长大后要从事能赚钱的工作，所以上大学时，我决定成为一名牙医。如果我能重新来过，我会选择我想要做的事情，并一直朝该方向努力。这是我现在一直希望告诉子女的一个经验教训。

江融：什么教训？

博爵斯：不要将自己的未来建立在只想赚钱的基础上，如果你只想赚钱，那么，你会放弃其他机会。这是一个大的错误，而且会是一个死胡同。当我刚改行成为摄影家时，我仍然只想到赚钱，当然，大部分摄影家都是从事商业摄影。一旦我知道，我能够成为摄影家，我便决定用摄影来做我真正喜爱

上图：1996年，印度尼西亚伊里安查亚，吉尼班，50岁，选自“持久的精神”系列

左图：1994年，印度拉达克，吉格梅，8岁，索纳姆18个月，选自“藏人肖像”系列

上图：1996年，肯尼亚尼伊鲁山，苏库兰，37岁，选自“持久的精神”系列

右图：1994年，印度拉达克，增腾，81岁，选自“藏人肖像”系列

右图：1997年，埃塞俄比亚穆里尔，卡利姆，22岁，阿尔戈3岁，选自“持久的精神”系列

的事情，那就是深入到土著人居住的偏远地区，拍摄土著人和他们的文化。

江融： 你在犹他州偏远的地方长大，这是否是你喜欢偏远地方的原因之一？

博爵斯： 是的。我小时候成长的地方，人们是靠种地生活。我喜欢这段生活。

江融： 你曾说过，只有生活在边缘状态，你才感到活着。这话怎么解释？

博爵斯： 尽管我曾是一个尽职的牙医，但做牙医这份工作让我感到十分压抑。该行业变化很慢，不像摄影，尤其是现在，数码摄影取代胶片，摄影已经完全改变。现在的摄影十分令人激动。

江融： 我认为，“藏人肖像”项目是你摄影生涯的转折点。

博爵斯： 是的，1994年，我决定做一个关于西藏人的项目，采访并拍摄他们的肖像，之后，做展览并出画册。

江融： 你的肖像摄影风格十分特殊。这是你在做该项目时形成的风格？还是你在早期作品中已经采用？

博爵斯： 我在早期个人作品中已经采用，并在我的商业摄影中使用，后来我一直不断发展这种风格。

左图：1997年，美国蒙大拿州，罗伊·皮特，44岁，选自“持久的精神”系列

右页图：2006年，埃塞俄比亚，阿贝，28岁，选自“赋予妇女权能”系列

江融：在建立该风格时，你是否从其他艺术家的风格中得到灵感？

博爵斯：我没有见过其他人采用该风格。我喜欢拍摄黑白照片，并从一开始便喜欢加一点色彩进去。我试着在黑白照片中用染料和不同的东西，后来，有人告诉我如何使用夹纸框。

江融：什么是夹纸框？

博爵斯：水彩画艺术家使用该材料。它是一张薄膜，你可以将它放在照片上，剪去你想上彩的地方，然后，有选择地在那些没有覆盖住的地方涂上不同影调的色彩。

江融：一定很花时间。

博爵斯：是的，而且都是在暗房里进行。

江融：现在，你可以用Photoshop来完成。

博爵斯：现在是比较容易。

江融：克里斯·雷尼埃（Chris Rainier）也一直在拍摄土著人，但他的风格与你的不同。你如何界定自己的照片？

博爵斯：我的照片是肖像照，我的大部分被摄者都直接面向照相机。雷尼埃的照片更多像报道摄影。

江融：我认为，雷尼埃更强调黑色调。

博爵斯： 很难界定我的照片。它们有点接近纪实摄影，又有点像艺术摄影，同时，也讲述相关的故事。

江融： 在你的项目标题中，你常常喜欢使用“精神”一词，如“持久的精神”，你是如何捕捉人的精神？

博爵斯： 如果你看我的样片，我通常用哈苏相机拍一个人的二十几张照片，你从一张到另一张照片，可以看出每一张都有被摄者不同的情绪。因此，我有前后不同顺序的照片，为了编画册，我会从不同情绪中挑选。我选择脆弱和开放的情绪。

江融： 但在你的一些照片中，被摄者的表情有些震惊。为什么？

博爵斯： 我要让他们传达一种强有力的信息。

江融： 我注意到你在室外采用灯光照明拍摄。室外已经很亮，为何你还需要照明？

博爵斯： 我在拍照时，要盯着被摄者的眼睛。如果眼帘下有很重的阴影，我就看不到他们的眼睛。

江融： 你是否也想通过灯光制造眼神光？

博爵斯： 当我展览时，我希望观众也能走上前，看着我照片中被摄者的眼睛。这是我希望达到的效果。

江融： 你是否也想通过灯光达到戏剧效果？

博爵斯： 当我刚接触摄影时，我便喜欢戏剧化的灯光效果。我开始在工作室拍照时，便喜欢能够控制灯光的效果。使用数码相机之后，大多数情况下我不使用灯光。

江融： 是否因为有白平衡？

博爵斯： 不是的。是因为我可以在低光的条件下拍摄。如果你能找到合适的灯光状况，没有什么比自然光更美了。由于我常常背对天空拍摄，照片是背光，因此，需要打光。

江融： 我认为你十分擅长了解人的心理，你认为一名优秀摄影家是否也应当善解人意？

博爵斯： 好奇心是我能够拍好照片的原因之一。我的确对人和他们的故事及面貌十分好奇。

江融：你通常将被摄者放在前景，并在拍摄时十分贴近被摄者，你为何要这么做？

博爵斯：因为这是关于他们的照片。

江融：你采用什么镜头才不会造成画面变形？

博爵斯：我通常在哈苏相机上采用80毫米的标准镜头。

江融：你曾说过，通过影像讲故事是能够使人转变的强有力工具。我认为，通过你所做的4个大的项目，你一直在利用影像讲故事。“持久的精神”便是其中一个项目，你在该项目中试图传达什么信息？

博爵斯：我做该项目，是为了记录世界各国的土著人。1998年，大赦国际组织希望采用该项目的一些作品来庆祝《世界人权宣言》签署50周年。因此，我向他们建议做一个该项目的巡展，并出一本相关的画册。

江融：你是否仍在做该项目？

博爵斯：不做该项目了。我已经不满足于到一个地方记录一群人。现在我对其他问题更感兴趣。我刚出版的关于赋予妇女权能的画册，便是更关注男女不平等的问题，而非只是人物的美丽。当我做土著人项目时，我对于他们及其独特的生活方式印象特深。现在，我的作品更多是关于我认为十分重要的问题。

江融：但你仍然采用相同的风格，这种风格几乎成为“博爵斯风格”。你是否想改变一下风格？

博爵斯：做完目前这个项目，我打算做一些风格完全不同的东西。

江融：我注意到，你已经开始拍摄彩色照片。它们是用佳能数码相机拍摄的，同时你仍然在做铂金照片。

博爵斯：这是我一直在做的试验。我希望能产生特殊的效果，因此，正在结合铂金和数码印像技术制作照片。

江融：目前你做的这个项目，是关于赋予妇女权能。“赋予权能”是一个动词。你认为静态照片能表达该动词吗？

博爵斯：影像加上故事才能表达。光有影像，没有故事是做不到的。被摄者的故事是我作品的关键，因此，我总是将他们的故事直接印在我的照片上。

江融：你是否打算拍纪录片？

博爵斯：现在我已经采用多媒体技术。但我仍然认为，静态影像更有力度。我们的日常生活如同电影一样，每一个事物都在移动。我们已经适应这一点。当你将时间的片断冻结，你便会感到震惊。这种影像能够进入你的潜意识。

江融：你曾经是为了以后能够做你想做的事情而工作，现在，你可以直接做你想做的。从你转行从事摄影以来已经过去了20年，你本人是否也已经转变？

博爵斯：无论你做什么，活了20年也该转变。我现在对未来不再紧张，我担忧的事情少了，你知道，老年人常常会对年轻人说，“如果我能重新再来，我会不那么担忧”。我也正在成为这种老人。

至于冒险将自己放在边缘状态的问题，我更相信过程。如果我必须再次从牙医变成摄影家，我将会更自信，相信事情最终会好转。如果你相信某件事情，有自己的价值观念，并致力于实现这种观念，事情最终会朝对你有利的方向发展，就像发生了奇迹一样！

上图：2009年，中国四川玉龙拉措湖，选自“西藏”系列

Lois GREENFIELD
路易斯·格林菲尔德

第一眼看到画面的人，都会被照片上展示的场景所吸引：演员在这时成为飞翔的精灵，自由自在地展示着属于幻想的舞蹈，空气似乎成为推动舞蹈演员的能量。这种画面记录肉眼无法捕捉的影像，使稍纵即逝的刹那成为永恒的雕塑；这种影像割断了连续性，失去了重心和平衡，产生了无法理喻的超现实画面。路易斯·格林菲尔德用1/2000秒的瞬间，将激烈的现代舞蹈，定格成优雅的形态。

然而，除了小时候上过几堂芭蕾舞蹈课，格林菲尔德在开始拍摄舞蹈之前，并不十分了解舞蹈，而且对舞蹈并没有特殊的兴趣。1970年从美国布兰戴斯大学毕业之后，她曾梦想成为《国家地理》杂志的摄影家，刚开始，她担任自由职业摄影家，为波士顿几家报纸进行采访报道。她在大学主修人类学和电影，摄影是自学成才。

1973年搬回纽约居住之后，适逢现代舞在纽约舞台上蓬勃发展，她锲而不舍，经常拍摄舞蹈表演的彩排，不断摸索如何才能捕捉到离奇的形体构成和不寻常的瞬间。1982年，格林菲尔德决定放弃采用纪实手法拍摄舞蹈，她不满足于从远处拍摄彩排中的剧照，而是要将舞蹈中的瞬间重新塑造成摄影作品。

格林菲尔德始终牢记美国著名摄影家杜安·米歇尔斯（Duane Michals）的一句话：“我要努力创造没有我便无法存在的东西。”这句话一直激励着她。十分巧合的是，1992年，纽约国际摄影中心同时为米歇尔斯和格林菲尔德举办个人回顾展。格林菲尔德在过去40年来致力于舞蹈摄影，的确开创了舞蹈摄影新天地，而且，她仍然在创造中。

上图： 2007年，纽约，路易斯·格林菲尔德，江融摄

右页图： 1993年，佛利普·霍普、杰克·加拉格尔、丹尼尔·埃兹拉诺和阿什利·罗兰

江融： 你一直都在拍摄舞蹈演员和舞蹈，为何你却不希望被视为舞蹈摄影家？

格林菲尔德： 我的根本兴趣在于通过摄影探索舞蹈的动作过程，而非记录经过编排的舞蹈。能够激发我创作灵感的是，探索在拍摄舞蹈过程中所唤起的细微情感和所能叙述的内涵。因此，对我来说，还有什么能比舞蹈演员更适合作为我的拍摄对象？

在开始拍摄舞蹈之前，我的确对舞蹈没有特殊的兴趣。我拍摄舞蹈已经40年，无论是我邀请舞蹈演员到我的工作室，还是他们雇我拍摄，我的大部分作品都是拍摄舞蹈演员即兴表演的瞬间。这些随机的舞蹈动作是自发产生的，没有参考任何舞蹈，

右图：1988年，丹尼尔·埃兹拉诺和阿什利·罗兰

它们可能无法作为舞蹈的组成部分进行表演，因为它们不是来自任何舞蹈节目。它们不属于任何连续动作的组成部分。我所拍摄的这些瞬间，既没有上一个瞬间，也没有下一个瞬间，它好像一刹那中的一个小型舞蹈节目。

江融：难怪你曾说，你对拍摄舞蹈演员充满激情，而非舞蹈本身。而且，你还认为，一个编排杰出的舞蹈节目并非能够造就杰出的摄影作品。那么，你如何能够如此准确地预测一个瞬间的舞蹈动作？你小时候是否有过任何舞蹈训练？

格林菲尔德：除了小时候上过几堂芭蕾舞蹈课，我没有受过任何这方面的训练。预测动作要靠直觉。你必须在看到你想捕捉的瞬间之前决定拍摄。如果等到你在相机取景框中看到画面时，必然捕捉不到该画面。你要预估可能即将发生某个有趣的画面，但你无法真正知道实际的画面。

江融：你是否在用相机拍摄之前使用宝丽来相机拍摄？

格林菲尔德：是的，我曾经使用过。但现在我使用数码相机，而不是宝丽来相机。

江融：因此，你必须事先知道舞蹈演员可能将要跳的一些动作。这可能对你拍摄会有帮助。

格林菲尔德：对我来说，帮助不大。我曾去拍摄舞蹈彩排，第一次看彩排时，我拍到了一些好照片，因为会有许多惊奇。但是，如果舞蹈演员一再重复相同的动作，我便不再感到惊奇，我的本能就变得迟钝。在工作室拍摄时，我预先不看整套舞蹈

左图：1988年，珍妮特·莉莉、比尔·琼斯和海蒂·拉茨基

第231页图：1997年，沙姆·莫舍

动作。观看舞蹈和拍摄舞蹈是两回事。

最令我感兴趣的是，拍摄人的视觉无法捕捉到的瞬间。你可以坐在那里看我拍照，但是直到看见照片之前，你和我都无法真正知道我所拍到的画面。我们的头脑无法停止时间，我们也看不到静态影像。不过，如果你坐在我的工作室，当闪光灯闪亮的一刹那，有可能看到闪光灯闪过之后留下的画面。

江融：所以，你喜欢随兴的自发动作。

格林菲尔德：是的，就好像照片是自然产生的。

江融：因此，你要求舞蹈演员不要将已设计好的舞蹈动作带入你的工作室。

格林菲尔德：的确如此。不过我仍然需要指导他们，因此这是一种合作。

江融：那么，为何你要求他们要表现出安详的面部表情？

格林菲尔德：我不希望他们看上去很费力气，而希望他们看上去很平静，这使他们显得更神奇，看上去更具有超人的能力，因为他们给人一种幻觉，能够毫不费力完成令人难以置信的动作。大部分人认为，在舞蹈摄影中，只能捕捉一个瞬间——最高潮的瞬间。实际上，最高潮的瞬间是较为静止的瞬间。我认为最有趣的瞬间是在最高潮瞬间之前或之后的一刹那。舞蹈演员在这一刹那更像漂浮在空中。这个瞬间的动作较为模棱两可，不清楚是上升还是下降。

江融：最高潮的瞬间是难以界定的。

格林菲尔德：的确如此。因此，预先看到动作并不一定真正有助于我捕捉该动作，因为关键不在于我是否能捕捉到该瞬间，而是我应当捕捉这个瞬间中的哪个重要部分。

江融：所以，只有通过经验才能很准确地预测。

格林菲尔德：是的。现在我的确十分了解舞蹈，而且因为我不是舞蹈出身，所以能有自己判断的视角。换句话说，我并不会因为某人能够做劈叉动作而感到惊讶。从一开始，我一直寻求创作有趣的照片。不管你是否对舞蹈感兴趣，或者你是否了解某个具体的舞蹈，照片本身必须能站得住脚。

江融：难怪你说你不想记录舞蹈，而是要重新创造一个瞬间。

格林菲尔德：或者说是想象一个瞬间。

江融：你刚开始拍摄彩排照片时，感到十分沮丧，因为无法控制灯光的效果。不过，正是失望促使你创新。

格林菲尔德：非常正确。

江融：1982年，你将两名舞蹈演员带到工作室，并且借了一台哈苏相机，从那以来，你就一直采用6×6方构图的格式。你是偶然因为借用了哈苏相机喜欢上这种格式，还是你真正认为正方形格式非常重要。

格林菲尔德：是偶然喜欢上的。当时我接了一个商业拍摄项目，他们问我是否可以采用6×6格式。我借了一台哈苏相机，并拿这两名舞蹈演员试拍。我十分喜欢拍摄结果，我认为，方构图是十分不自然的格式，它不是人们自然的观看方式，长方形才是自然的方式。正是因为不自然，才逼迫你用不同的方式构图。而且，将习惯于在长方形舞台上表演的一群舞蹈演员放在一个方构图中的确不容易，它使我改变了构图观念。

我的第一个试验是，利用方构图裁切进出取景框的舞蹈演员，这种意外裁切演员躯体的做法彻底改变了我的构图，并对我的美学观念产生十分重大的影响。

江融：我认为这种裁切效果更好。中国画也有同样的技法，留白并不等于是空白，仍然具有含义。另外，有些意象仍然可以延伸到画面之外。你用取景框裁切舞蹈演员的躯体也产生相同的效果，使观者想象画面之外的影像。

格林菲尔德：我不知道中国绘画也有这种观念，但我的确希望观者想象画面之外可能发生的影像。另外，我也不知道空白在中国画中是有含义的。但在我的作品中，空白的确能对画面产生影响和能量。因此，我希望舞蹈演员在我的画面中看上去十分安详和放松，而非表现得十分紧张。如果他们放松，空白画面看上去就会像“空气”，成为推动舞蹈演员的能量。

江融：你在拍摄照片时的一个创举是，你要求舞蹈演员横向运动，而非朝你跑来或背对着你跑开。从技术上来说，这似乎有助于你聚焦。但是究竟为何你要让他们横向运动？

格林菲尔德：这不完全是为了聚焦方便，因为我预先将相机的焦段定好。我通常不希望他们的形象在画面中缩小，而更喜欢他们的侧面像，更多地寻找他们在空中的形状。

江融：6×6格式仿佛成为了这些演员的舞台，但并非是一个大舞台，你利用该格式来压缩和创造你照片中的能量。你如何做到这一点？

格林菲尔德：如果一枚炸弹在空中爆炸，尤其是在沙漠或在广阔的空间中，空间会吸收爆炸的能量。然而，如果是在一个规定的空间中爆炸，则会显得更具有威力。

江融： 你似乎总是想要与主流不同，与传统不同。通常要表现一种动态，人们更倾向于采用“模糊画面”。你却喜欢采用1/2000秒来捕捉瞬间中的片刻。

格林菲尔德： 的确如此。我没有试图摹仿我们对动作的感受，这正是模糊影像的作用。我试图向人们显示只能存在于照片中的瞬间，在看过照片之后，人们才相信他们已经看过该瞬间。

江融： 这种瞬间十分超现实。

格林菲尔德： 是的，因此，有人认为我是采用Photoshop或其他软件来创造这些影像。但我不用Photoshop，也不将不同底片合成一张照片。

右图：1999年，安德鲁·帕乔

江融： 你是在1982年创作那些早期作品，当时不可能使用Photoshop。不过，你的照片的确看上去超现实而且令人无法相信。似乎那些舞蹈演员会摔下来。

格林菲尔德： 是的。但他们知道如何落地。这些照片看上去超现实的另一个原因是，当你看这些照片时，你并不知道它们是用1/2000秒拍摄的。你会想这些舞蹈演员怎么能够保持这些姿势。事实上，他们始终是在运动过程中。

江融： 另外，他们并没有在同一平面上。由于镜头的压缩感，看上去似乎所有的舞蹈演员都在同一平面上。你是否对时间的消逝特别感兴趣?

格林菲尔德： 我认为，我的真正被摄对象是时间。摄影是关于一个稍纵即逝的瞬间，我所拍摄的动作便是稍纵即逝。任何照片都是反映时间中的一个瞬间，甚至包括爱德华·韦斯顿（Edward Weston）著名的青椒照片。只不过人们没有意识到这是时间中的一个瞬间。照片使得一个飞快的动作比现实更加实在，我所捕捉的瞬间如此之快肉眼无法看清，然而，照片却像雕塑一样将他们凝固。

江融： 不过，路易斯，有些人认为你虽然凝固了瞬间，却没有捕捉到舞蹈精神。

格林菲尔德： 这种说法无可厚非，因为各种拍摄方法总是可行的。我的本意并非捕捉舞蹈的精神，而在于反映一张照片内在的矛盾，我想捕捉令人无法理喻的瞬间。这基本上是我拍摄照片的标准。如果你能理解正在观看的照片，并能以理性和清晰的字句加以描述，那么我对该照片不感兴趣。我感兴趣的是你看完后还是不明白的照片。

左图：2002年，詹妮弗·克拉特巴克

江融：你也拍摄过许多商业照片。你的照片能产生许多令人无法想象的效果，并容易吸引观众观看这种效果，这正是广告公司期待的。你是否认为艺术摄影与商业摄影存在矛盾？

格林菲尔德：对我来说，我一直有幸能够同时拍摄这两种照片。我的照片能说明许多暗喻，例如，可以用来表明“杰出”、“团队合作”和“平衡”等。因此，商业摄影也允许我创作艺术摄影。

江融：瑞士钟表公司蕾蒙威（Raymond Weil）雇你拍摄一个订单，结果却创作出一组艺术摄影佳作，似乎商业摄影也可以是创作过程。你如何界定艺术摄影？

格林菲尔德：通过照片本身便能区分什么是艺术摄影，而不论这些照片是否产生于商业拍摄订单。

江融：你认为别人会如何看待这些产生于商业订单的照片？

格林菲尔德：我不清楚，不过他们很可能受拍摄这些照片的背景情况影响。

江融：你也已经开始使用数码相机。你是否认为数码摄影能使你更好地创作？

格林菲尔德：我并不这么认为。

江融：你说过数码相机放慢你创作的过程，因为你常常会停下来查看拍摄的结果。你如何比较数码相机与宝丽来相机之间的不同？

格林菲尔德：数码机背十分了不起，因为如果你用该机背拍到了理想画面，你便拍到该照片，而使用宝丽来相机的情况则不同。数码相机能够让你

更随兴地拍摄，你不需要换胶卷，拍摄起来也不需要花太多钱。另外，舞蹈演员也能得到更多反馈，他们立即能够从我的电脑屏幕上看到结果。不过，所存在的危险是，如果他们看得太频繁，自发流畅的动作便容易消失，各种构思难以自由发展。因此，我通常让舞蹈演员连续做10次动作才让他们看效果。即使数码技术有许多好处，最终不见得会更有利于我的创作。

江融： 你是否已停止使用胶卷？

格林菲尔德： 我已经多年不使用胶卷了。

江融： 你是否认为数码相机的效果在影调方面与胶卷相同？

格林菲尔德： 我对数码照片的影调还是满意的，但景深不够好。不过，我喜欢数码相机能够实时查看效果，并同时能够拍摄彩色和黑白。现在已无法

左页图： 2014年，简珮如

左上图： 2014年，娜塔莉·德林·约翰逊

右上图： 2013年，林倢卉

避免使用数码相机。你会骑着马从纽约到加州，还是乘飞机到那里？

江融：你曾与澳大利亚舞蹈团合作，拍摄名叫“凝固的瞬间”（HELD）的舞蹈。你是否在他们表演时，使用单反数码相机拍摄，而且你拍摄的影像立刻放映到现场的两个大银幕上？

格林菲尔德：的确如此。

江融：那些不太理想的画面是否也放映出来？

格林菲尔德：所有的画面未经编辑全都放映到银幕上。

江融：这样是否会分散观众的注意力？

格林菲尔德：事实上，这种做法是该舞蹈的前提和构思。我本人也在舞台上，而且是该演出不可或缺的组成部分。该舞蹈正是将静态画面与实际编排的舞蹈并置在一起，以便表现摄影如何能够将被摄对象转变成画面，使得呈现的结果与我们所看到的“现实”不同。

江融：在你的新作“一到一”（One to One）系列中，你想达到什么效果？

格林菲尔德：我想捕捉完美瞬间，其中舞者的运动、表情和姿势成为一个神秘场景的组成部分，布景中往往还带有反光的表面、面料和其他元素。该系列作品旨在不让观者明白照片中的含义，只是要向他们呈现神秘的瞬间。这些作品所提出的问题没有答案，它们充满各种矛盾，同时在混乱中寻求和谐。

江融：你新出版的《动与静》（*Moving Still*）摄影画册与早年出版的《打破边界》（*Breaking Bounds*）和《悬在空中》（*Airborne*）有何不同之处？

格林菲尔德：早年出版的两本摄影画册是将舞者从舞台转移到我的工作室。他们不是在表演编排好的舞蹈，而是通过在空中创造似乎难以想象的组合来对抗逻辑和重力。在我的新摄影画册中，每一幅作品只有一位舞者，他们没有离开地面，在黑色背景前，他们的姿势带有模棱两可的含义，他们似乎是静态的，实际上是在运动中。

江融：你现在已成为著名摄影家，你希望未来的摄影史学家如何看待你的作品？

格林菲尔德：我当然对于自己的作品是原创的感到最为骄傲。我的作品不是衍生于任何其他人的作品。事实上，现在许多人在模仿我的作品。

江融：那么，你是否认为你的作品是艺术摄影？

格林菲尔德：当然是艺术作品，至于是否是优秀艺术作品则留待别人评判。拍照片似乎很容易，尤其是现在。摄影是最民主的艺术形式，这实际上对摄影不利，因为越来越多的人拍出相同的照片，我们大家都在学习相同的视觉语言，大部分人都喜欢拍某些画面，如落日。尽管我曾经是旅行摄影家，但我现在旅行时很少拍照片，我不想拍摄大家都在拍的照片。不幸的是，现在人们更感兴趣观看他们刚拍摄的照片，而非沉浸在摄影之中。我的建议是，沉浸在拍摄过程中，不要边拍边看。在大部分情况下，你无法看完照片之后觉得不好重新回去再拍。当这个混乱的世界在你眼前展开时，你必须学会如何通过视觉来想象和构思。

如何能够使你的影像独树一帜是最具有吸引力的问题。我能够使自己的摄影具有个人风格，因为它们来源于我的灵感和构思。

右页图：2014年，保罗·齐夫科维奇

Stephen SHORE

斯蒂芬·肖尔

20世纪70年代初，经过一个多世纪的摄影实践，美国摄影处在一个十字路口。当时的摄影家处于彷徨的状态，如何推动摄影的发展是摄影家思考和探索的当务之急。正是在这种特殊的时期，1972年，斯蒂芬·肖尔决定到美国各地旅行，用135相机和彩色胶卷进行全新的尝试，拍摄记录他的美国之行所到之处沿途景观和所有生活细节，创作了“美国表象”（American Surfaces）的项目。1972年，纽约光线画廊展出这部5英寸明信片式的彩色作品。当时，大部分观众对该展览没有感觉，就连摄影评论家也不得要领。

几乎在同一个时期，美国各地不约而同有几位摄影家也用彩色胶卷创作，形成了后来被称为“新彩色摄影”的流派。其中，肖尔最为纯粹，他没有依靠后期照片的制作，来增强色彩的效果，而是依靠新的观看方式，利用色块、线条、平面和透视等机制，开拓了摄影的新疆界。

1973年，肖尔继续其美国内地之行，他先是用4×5相机，之后改用8×10大画幅相机，开始了“不寻常之地”摄影项目，该项目一直延续到1982年左右。同一年《光圈》杂志出版社为他出版的摄影画册《不寻常之地》（*Uncommon Places*），更被誉为“彩色摄影的圣经”。

肖尔创作的这两部作品成为罗伯特·弗兰克之后又一部“在路上”的重要视觉日记。肖尔对摄影的贡献在于他能从日常平凡的街景和身边的普通物品发现不寻常的意义和美感，他将快照美学应用到艺术摄影中，并与其他几位彩色摄影家一道确立了彩色摄影作为艺术摄影的形式。肖尔一直利用各种不同摄影手段探索的精神，对摄影媒介的开拓做出了重要贡献。

上图：2007年，纽约，斯蒂芬·肖尔，江融摄

右页图：1972年7月，美国俄克拉荷马州，俄克拉荷马城，选自《美国表象》

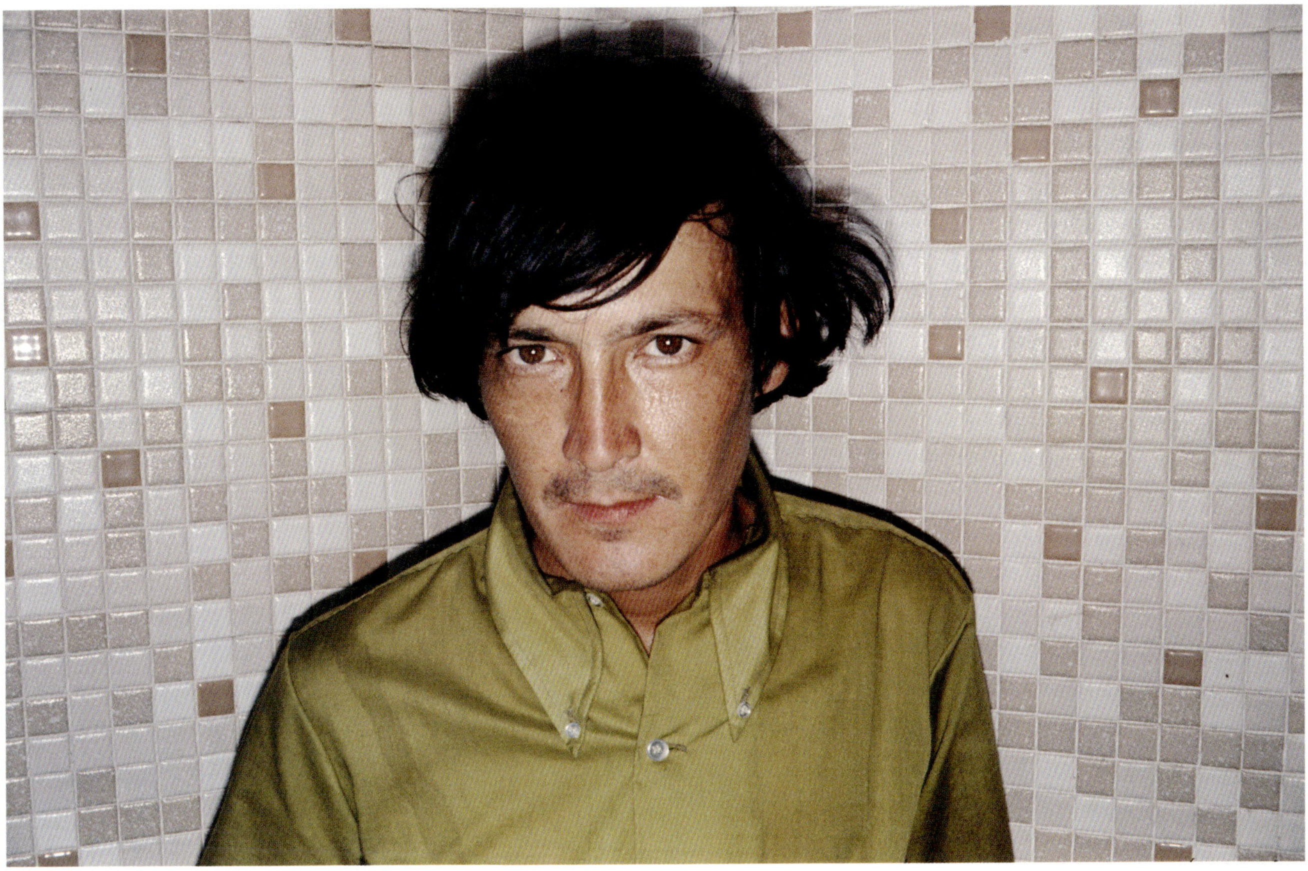

江融： 你曾经说过，摄影基本上是关于如何做决定的问题。那么，1972年，在开始做“美国表象”项目时，你为何决定用彩色照片拍摄？

肖尔： 事实上，我在做该项目的前一年已经开始采用彩色照片，并拍摄了两个项目，它们分别是“米老鼠傻瓜相机”，这是彩色快照系列作品；另一个是“阿马里洛明信片”。我认为，当时是拍摄彩色照片的时候了。大约在同一时候，威廉·埃格尔斯顿（William Eggleston）、路易基·吉瑞（Luigi Ghirri）和乔尔·迈耶罗维茨（Joel Meyerowitz）也开始使用彩色照片。当时，所有的快照都是彩色照片，电影、杂志、电视和明信片均是彩色。只有报纸仍然采用黑白照片，主要是为了降低成本，而非出于美观。但是，艺术摄影仍然是黑白照片。

我一直在研究许多明信片，发现它们是很吸引人的视觉素材。为了做上述两个通俗题材的项目，1971年，我便开始使用彩色照片。

江融： 沃克·埃文斯（Walker Evans）是影响过你的摄影家之一，尽管他也拍过彩色照片，埃文斯主要是以黑白照片著名。我能看出埃文斯在你的作品中的影子，你的作品如同他的作品的彩色翻版。当然，你有自己的风格和内容。你是否因为要有别于他而决定使用彩色照片？还是因为你想对彩色照片进行试验？

肖尔： 我没有想有别于埃文斯，他对我的作品影响最深，但我不需要与他完全相同，才能表明受到他的影响。我也不需要模仿他，然后再与他有别。我感到与埃文斯在视觉方面有许多相通的地方，但我使用彩色照片与他无关。

江融： 那么，你当时是否知道埃格尔斯顿以及

其他摄影家也在试验彩色照片？

肖尔：1973年，我才知道埃格尔斯顿的作品。在1972年秋天，我将“美国表象”的作品给纽约现代艺术博物馆摄影部主任约翰·萨考斯基（John Szarkowski）看，他告诉我，也许我应当结识在孟菲斯的埃格尔斯顿，所以，介绍我认识他。1973年，我在纽约与他会面。

江融：埃格尔斯顿对你的作品反应如何？

肖尔：我认为，尽管我们的作品十分不同，但我们之间存在一种联系：我们都在探讨彩色摄影。后来，他介绍我认识威廉·克里森伯里（William Christenberry）。

江融：你曾说过：“彩色能增加影像的信息和透明度，并能表现时代的颜色。”你为何决定要为你在纽约国际摄影中心的展览重新洗印一套照片，而没用原始照片？对我来说，这些照片看上去太新，似

上图：1972年6月，美国新墨西哥州法明顿，选自《美国表象》

右页图：1972年6月，美国德州达拉斯，选自《美国表象》

乎是刚拍的照片，而不像在20世纪70年代拍摄。

肖尔：与原始照片现在的状况相比，这些新洗印的照片更接近20世纪70年代初我在纽约展出时的照片。我听到，有些人在看我的原始照片时说，他们喜欢20世纪70年代的颜色，但他们不了解，他们所看到的照片已经褪色。

江融：目前展出的照片是数码技术洗印（digital C-print），还是传统技术洗印（C-print）的彩色照片？

肖尔：它们是数码技术洗印的彩色照片。

江融：对我来说，你的第一版《不寻常之地》画册中的照片，让我感到很怀旧，使我想起20世纪70年代的“美好时光”。

肖尔：但你也不能根据画册中的照片进行判断，因为画册中复制的照片并不像当年展出时的照片。你需要知道，这些照片不是为了传达怀旧之感，而且，它们会褪色。这些照片首次展出时，观众并没有从中感受到怀旧之情。

江融：换句话说，你不希望你的作品过于矫情，而是要它们看上去自然不做作。这才是你的本意。

肖尔：是的。

江融：某种意义上来说，这也成为你的风格，尽管你说过：“你并没有一开始就刻意寻找风格，风格是你探索本身的结果。”

肖尔：是的。我认为，风格也是一个人性情的体现。

江融：你在国际摄影中心的展览题为“传记体的风景摄影：斯蒂芬·肖尔1969年至1979年照片”。它包括你的两大部分作品，它们是“美国表象”和“不寻常之地”。这些照片是你在美国各地旅行时拍摄的。你为何决定做这些旅行？

肖尔：在20世纪60年代末，我在纽约有一群来

自德州阿马里洛的朋友，他们夏天都回阿马里洛度假。1969年，我与他们一道去阿马里洛，看到过去从未经历过的美国中部地区。我发现这些地方十分吸引人，并且让人非常想去探索。

江融：你在出发前，是否知道罗伯特·弗兰克的美国之行，以及他的画册《美国人》？

肖尔：是的，我知道。

江融：那么，你的美国之行与他的美国之行有何不同？

肖尔：我记得，当时我认为他作品的观点过于尖锐。从某种意义上来说，我的作品是对他的作品的反动。

江融：当你在美国旅行期间，越战和“水门事件”使得美国人十分沮丧。你没有去拍摄大事件，以及像纽约这样的地方，你为何决定到那些不起眼

上图：1972年7月，美国伊利诺伊州芝加哥，选自《美国表象》

右页图：1972年7月，美国新墨西哥州图库姆卡里市，选自《美国表象》

的小地方拍摄？

肖尔： 我想要看到美国文化的真面目。我对纽约十分熟悉，在“美国表象”中，有许多在纽约市拍摄的照片，但我要看到范围更广的文化。我想看到新闻中看不到的平凡小事。

如果你所知道的一切均来自报纸，你会觉得一切都十分可怕，因为它们不会报道今天地铁运输系统运行正常准时，它们不会报道日常生活中的平常事情，它们也不应当这么做，否则，我也不会读报，因为这会十分无聊。但这个世界远比新闻报道更加丰富多彩，同样，当时的美国文化也不仅仅只是越战和反战，或者“水门事件”的听证会。美国不只是这些，我对生活中的小事件感兴趣。

江融： 我也注意到，尽管在这本画册的新版本中，你也包括了当年在周游美国期间拍摄的肖像，但大部分情况下，你拍摄场景而非人物。因此，你的画册名为《不寻常之地》，而非《不寻常之人》。你是否对场景更感兴趣？

肖尔： 我从135相机转换成采用8×10相机时，便趋向于更多拍摄场景。但我用135相机拍摄的“美国表象”，有四分之一是人物照片。我在拍摄“美国表象”时，使用的是柯达生产的彩色胶卷（Kodacolor），当时，该胶卷的成像仍然无法非常清晰，无法放很大的照片。因此，我决定采用更大的底片。

江融： 你是否在此时开始使用8×10相机？

肖尔： 我首先想到使用老式的新闻相机，如同维吉（Weegee）使用的那一种。我买了一台4×5 Crown Graphic相机，原本打算手持该相机，使用闪光灯拍摄如同“美国表象”中的照片，但采用4×5的底片。“美国表象”中有许多建筑照片，当我开始拍摄建筑照片时，我将相机放在三脚架上。后来，发现使用4×5相机有一个好处，它有一个可上升的相机前轴。为了使用该前轴，必须使用毛玻璃。我非常惊讶地发现，我喜欢使用三脚架，喜欢可上升前轴的控

制力，并喜欢通过毛玻璃取景。这出乎我的意料。

江融：因此，探索相机本身是探索的组成部分。

肖尔：而且，这个探索和发现使得我的摄影进入不同的方向，因为4×5相机是不同的摄影工具。当我开始采用大画幅相机时，并没有打算要朝着该方向发展。

江融：你为何喜欢使用三脚架、可上升前轴和毛玻璃？

肖尔：因为使用这些工具过程中，一切都必须精确周到。

江融：你说过，使用大画幅相机，迫使你必须十分清楚地意识到自己在摄影时的决定。你必须十分精确地选择自己所要站立的地方和拍摄的角度，因为大画幅感光板很贵，你负担不起反复拍摄。

肖尔：的确是这样。

江融：从某种意义上来说，这又是一项重大决定，有助于你更加集中精力。

肖尔：绝对是这样。所有这些因素促使我从4×5相机转换成8×10相机。第一次使用8×10相机时，我便很喜欢该相机。我喜欢通过毛玻璃取景，这种方法十分神奇，当我看到首次拍摄的结果，发现成像如此清晰，超过了4×5相机的拍摄结果。

江融：画面中有更多的信息和细节。

肖尔：而且更加鲜艳，有更多和更微妙的颜色，并且，使用8×10相机更容易拍摄建筑。因此，我对相机的摸索使我从使用135相机拍摄“美国表象”的原初手法，进入新的方向。

江融：进入做下一个项目“不寻常之地”？

肖尔：是的。在这个项目中，我拍摄了一些静物，也有一些人像，但它们在全书中的比例不如《美国表象》那么多。

江融： 你所说的静物是什么？

肖尔： 如我拍摄的台灯、电视机和椅子等。正是因为我所探讨的性质，使我想了解摄影在形式上的各种细微差别之处。

江融： 原本我想，采用8×10相机之后，你会拍摄更多山脉、建筑和公路的照片，而非静物照片。

肖尔： 我的确拍摄了更多这类照片。在“不寻常之地”项目中，我拍摄的建筑和街道的照片多于静物和人像。原因有二：第一，相机本身决定了更容易拍摄建筑和街道；第二，可能也是更重要的原因是我对摄影媒介的形式探索。在探索过程中所产生的问题，需要我通过视觉的手段加以回答，而且，

左页图： 1973年1月，美国佛州西棕榈滩，选自《美国表象》

上图： 1973年7月21日，美国俄勒冈州，克拉马斯瀑布以南，97号公路，选自《不寻常之地》

常常需要在街道的场景中才能得到答案。

江融： 你曾经说过，摄影也是回答问题的过程。当你做项目时，会不断产生问题。一旦没有问题了，项目也将结束。你也说过，你通常喜欢问形式问题。什么样的问题是形式问题？

肖尔： 它们是结构性问题。我有兴趣了解，相对于照片的平面来说，照片中的空间有多深。我的意思是，照片会产生空间很深的幻觉，同时，又有照片表面这个平面的现实存在。当然，我想知道，如何才能创作出结构上统一的照片，既能产生三维的幻觉，同时又是平面的。

江融： 你说过，世界是三维的，影像是二维的。

肖尔： 是的。

江融： 那么，你如何才能在影像中创造出三维的幻觉？

肖尔： 现实是作为一个平面的影像反映在相纸上。我要创作的影像看上去是平面的，同时又能产生三维的幻觉。

江融： 我认为，这很像中国画。因为，中国画是裱在卷轴上，表面上看是平面的，但能产生透视感。如果你看一幅中国山水画，尽管是画在一个平

左页图： 1974年7月16日，美国缅因州奥根奎特的瞭望酒店，选自《不寻常之地》

上图： 1974年8月18日，加拿大艾伯塔省梅迪辛哈特假日酒店28号房间，选自《不寻常之地》

第248页图： 1975年6月21日，美国加州洛杉矶比利佛大道和拉布雷亚大道，选自《不寻常之地》

面上，但通常可分为三个部分：前景、中景和远处的山脉。而且，东方人的观看方式通常是纵向的，而非横向。所以，中国画会产生三维的感觉。

肖尔： 另外，我也对照片边缘的效果感兴趣。换句话说，当某物体被边缘裁切时，会发生什么效果？不裁切又会是什么效果？有一条对角线进入画面的某个角落会产生什么效果？对角线在该角落的上方或下方又会有怎样的效果？这些小问题便是关于如何创作一张照片的问题。

江融： 正如你在《照片的本质》(*The Nature of Photographs*）著作中指出，摄影是“一个分析过程”。

肖尔： 我的意思是，摄影本身是分析性的，绘画则是综合过程，你先从一张空白的画布开始，你在画布上所添加的每一笔均使得该画变得更加复杂。就摄影来说，你是从纷繁复杂的世界入手，你一旦取景，便对你所看到的世界进行组织，某种意义上来说，也是使得它更加简洁。

江融： 化繁为简。

肖尔： 是的。因此，绘画是不断添加，而摄影是不断提炼，你面对大千世界，用取景框进行选择。这便是我所说的“分析过程”。

江融： 但大家普遍认为，许多好的照片均是出自直觉的拍摄。

肖尔： 我没有说摄影家必须在拍摄时进行分析，我是说摄影本身的过程。我不是在谈论摄影家拍摄的思想过程，我是在谈论摄影媒介本身如何运作。有些摄影家意识到该过程，有些摄影家可能没有意识到，但并不等于该过程不存在直觉和随机性。

江融： 寻找影像中的视觉关系似乎对你来说十分重要。你说过，观看你的照片要求观众必须专心致志，他们必须对你的影像进行思考，因为你的照片看似简单，好像很容易便能拍到，但事实并非如此。

上图： 1976年3月20日，纽约市，自拍像，选自《不寻常之地》

那么，如果观众没有耐心，也没有时间思考怎么办？

肖尔： 我的一些照片比另一些更难拍摄，对于懂摄影的人来说，他们知道，我的一些照片并不简单，并不容易拍到。对于不懂摄影的人来说，他们

可能就看不懂。

江融： 当然会是如此。但许多人认为，照片必须具有视觉冲击力。

肖尔： 我知道你的意思。我在拍摄中所感兴趣的一件事情是，如何在一种高度强化的意识境界中传达世界的形象。我自认为，通过最普通的场景来传达，最能做到这一点。例如，我拍摄的广告牌上的山脉照片，我认为，这是一张很好的照片，但这张照片拍起来不难，不需要有很深的洞察力便能看到该影像。我想那一天任何人开车经过此地应当都能看见。

江融： 你是通过车上的倒后镜看到的，天上的云十分壮观，有些超现实的感觉。

肖尔： 也许我低估了自己，也许其他人那天没有注意到。对我来说，那张照片比我在汽车旅馆房间拍摄的台灯照片要容易拍，而台灯照片更难拍，因为台灯是如此平凡，以至于你必须特别注意周围的世界才能注意到它。

江融： 你的照片在欧洲得到更多的赞誉，尤其在德国。而且，你也影响了贝歇夫妇（Bernd and Hilla Becher）的几位学生。贝歇夫妇曾拍摄过各种水塔，从视觉上来说，这些水塔并不吸引人。你认

左页图：1976年12月8日，美国加州177号公路，加州沙漠中心，选自《不寻常之地》

上图：1979年8月13日，美国加州约塞米蒂国家公园默塞德河，选自《不寻常之地》

为，为何你的照片在欧洲和德国特别受欢迎？

肖尔：我也许无法回答该问题。但我在1973年遇到西拉·贝歇（Hilla Becher），她告诉我应当走遍美国，拍摄每一条主要的大街。记得当时我的反应是，“不，这不是我要做的项目”，我要拍摄最典型的大街。我不像他们那样有计划性。

江融：那么，你是否采取一种“看不懂就不要看”的态度？

肖尔：我不认为我有这种态度。我也不认为，伟大的艺术家一开始便要创造伟大的艺术品。他们因为内在的原因进行创作，而伟大的作品是这种创作的结果。

江融： 换句话说，拍摄是非常个人化的过程，它关涉到你自己的生命和你的探索。照片是这种探索的结果。

肖尔： 但这种结果也具有公众性，因为，你将作品公诸于众。所以，这种探索可能涉及世界上的问题，也可能探索我们的文化，这便不仅仅是个人的问题。

江融： 据说，大部分伟大的摄影家均拍摄过平凡的事物。例如，爱德华·韦斯顿拍过青椒。但他们均能化平凡为神奇。

肖尔： 是的。也许是我的性情决定，相对于戏剧化的影像来说，我对平凡的影像更有感觉。我从这些平凡的影像中能了解到更多，因此，我必须用心思考。

江融： 安迪·沃霍尔（Andy Warhol）是另一位对你有过影响的艺术家。他曾说过："如果你想完全了解安迪·沃霍尔的作品，只要看我的绘画、电影和我本人的表象即可。我便在这表象上，表象的背后没有任何东西。"你认为，安迪·沃霍尔超越了自己的绘画表象，还是故意只停留在表象？

肖尔： 我想，他说这话时，只是在搞笑。他是故意这么说的。但我认为，他的作品超越了表象。

江融： 你在"美国表象"的项目中，也采用"表象"一词。你是否故意从安迪·沃霍尔处借用该词？

肖尔： 我没有从他那里借用该词。作为摄影家，我必须拍摄事物的表象。除了天空，相机最容易拍到的便是事物的表象。但我也对所看到的一些表象真正感兴趣，例如，在一个仿木纹贴面的桌子上的一碗色拉。除了更加深刻的问题，这才是相机更容易拍到的东西，相机拍到的是从表面反射的光线。

江融： 因此，你在《照片的本质》中指出，摄影并非只是关涉内容。

肖尔： 但我在此书中并非谈论我的摄影。我认为，我的照片是有内容的，它是对美国当时的文化进行的观察。而我在《照片的本质》中所要讨论的问题是摄影本身在形式方面的本质问题。我认为，一个好的摄影家是两方面的结合体：一方面是具备有趣的感受；另一方面是理解这个世界如何能通过相机转变成照片。摄影家必须传达某个事物，但也必须真正理解摄影的传播工具：摄影家是将正在流逝的时间中的一个三维世界，通过这种转变过程，创造成一个被取景框所界定的平面和静态的照片。

江融： 美国著名摄影文化评论家薇姬·戈德堡说过，寇德卡不仅具有风格，而且具有特殊的眼力。你如何界定个人的眼力？

肖尔： 有些摄影家具有"眼力"，其他摄影家具有"特殊的眼力"。换句话说，有些摄影家的作品是关于"如何观看"的，而其他摄影家则具有特殊的观察力。

江融： 最后一个问题，摄影的本质到底是什么？

肖尔：（在思考很久之后）我不认为该问题只有一种答案。但我想说，经过这么多年摄影之后，我惊讶地发现，摄影对摄影家思想状况的反应是如此微妙。有一句阿拉伯谚语："表象是通往真相的桥梁。"作为摄影家，我所要拍摄的是表象，但事物的表象是各种深层力量的迹象。

江融： 如同海洋一样。

肖尔： 是的。

上图：1975年7月5日，美国德州埃尔帕索，埃尔帕索街，选自《不寻常之地》

Peter MacGILL 彼得·麦吉尔

一幅摄影作品究竟能值多少钱？爱德华·斯泰肯（Edward Steichen）1904年制作的《池塘月色》（*The Pond-Moonrise*）2006年在纽约索斯比拍卖行为何能卖出292.8万美元的天价？是谁挥洒出这个大手笔？彼得·麦吉尔是回答这些问题的首选专家。

麦吉尔是纽约佩斯/麦吉尔画廊（Pace/MacGill Gallery）的总裁。该画廊位于世界上地价最贵的纽约57街与麦迪逊大道的交界处。麦吉尔具有45年以上的经营画廊经验，他将该画廊打造成为世界最重要的摄影画廊之一。

1973年，纽约摄影市场刚起步时，麦吉尔从画廊的最基层做起，在纽约最早的摄影画廊之一光线画廊担任实习生。从搬运展品到布展挂照片，事无巨细，样样都干。1978年，他受聘为光线画廊总监。

虽然事业有成，但麦吉尔并不满足，他没有急着赚钱买房子享受，而是开始新的创业。1983年，麦吉尔与合作伙伴一道用9千美元起家，创办了佩斯/麦吉尔画廊。从创立之初，展出南·戈尔丁（Nan Goldin）的首次个展，到现在代理一批被称作“蓝筹”的艺术家，其中包括罗伯特·弗兰克、欧文·佩恩（Irving Penn）和哈里·卡拉汉（Harry Callahan）等，他在业内享有权威地位。

麦吉尔的专业素养、敬业精神以及职业信誉赢得了顾客的信任。2006年他代表顾客在纽约索斯比拍卖行买下斯泰肯的《池塘月色》，创下单幅照片成交最高价的纪录；在2000年，他还曾以125万美元的价格出售了曼·雷（Man Ray）的著名照片《玻璃眼泪》（*Tears*），谱写当时单幅照片出售的最高价记录。麦吉尔已成为摄影市场的举足轻重人物。

上图：2007年，纽约市，彼得·麦吉尔，江融摄

右页图：1999年，自拍像，查克·克洛斯摄

江融：你曾经做过一个关于自1970年以来摄影状况的讲座。为了做好该讲座，你向一些重要的摄影家、策展人和评论家做了一个调查，了解自1970年以来哪些因素影响了摄影的发展。在他们提出的一系列因素中，画廊名列榜首。你认为，画廊在促进摄影发展中为何会发挥如此重要的作用?

麦吉尔：1970年，纽约只有一家摄影画廊，它是威特金画廊（Witkin Gallery），而且，刚成立一年。当时，许多人对摄影感兴趣，并有许多艺术家实践过。但人们并不完全了解摄影是怎么回事，为何它是重要的媒介，如何仔细观看摄影作品，更不知道如何收藏和出版摄影作品。在此之前，摄影本应发生的许多事情均未发生。

江融：那么，应当如何看待被誉为“美国现代摄影之父”阿尔弗雷德·施蒂格利茨（Alfred Stieglitz）通过开设画廊举办摄影展来促进摄影作为艺术的贡献?

麦吉尔：那是在几代人之前的事情，不过，施蒂格利茨的确在争取摄影作为艺术的认可方面做出了杰出的贡献。施蒂格利茨于1946年去世，当时，已经有摄影画报，大家也的确对摄影有所了解，但是，并非每个人都将摄影视为艺术，也没有想到可以收藏照片。当然，没有施蒂格利茨，摄影也不会发展到今天的地步。他是一位非常重要的摄影家和画廊经纪人。但从20世纪20年代到70年代，中间隔了50年。

江融：你说过，哈罗德·琼斯（Harold Jones）是一个重要的人物，20世纪70年代初，他发动了一场运动来使人们观看并相信摄影。

麦吉尔：当时，哈罗德·琼斯和李·威特金（Lee Witkin）均是摄影画廊的经理。哈罗德办光线画廊的策略与李非常不同。李的画廊设在纽约60街，看上去与我的起居室相似，有沙发和各种画册，十分舒适。照片的挂法类似于沙龙，但没有多少严格的构思，展览主要是将摄影家的全部作品展示出来。

哈罗德为光线画廊带来一种不同的理念，他将摄影视为当代艺术。光线画廊很美，它的空间极简，没有沙发，人们可以非常清楚地观看照片。他挂照片的方法，使得观众可以像观看当代绘画或素描一样观看照片。

江融：因此，哈罗德的光线画廊与施蒂格利茨的291画廊不同之处在于前者只展出照片，后者还展出绘画。

麦吉尔：1903年，291画廊刚开办时，只展出照片。后来，它开始展示塞尚、毕加索和布朗库西等画家或雕塑家的作品。

江融：1971年，还有一位名叫伊利雅娜·索纳本（Illeana Sonnabend）的女经纪人，也开设一家画廊。

麦吉尔：她很早便将照片与其他艺术品一道展出，她不认为摄影应当单独处在一个全然不同的世界里，相反，她认为所有“同一时代”创作的艺术存在相互的联系。在这方面，她非常超前。

江融：她为何超前?

麦吉尔：因为当时人们认为摄影与绘画是分开的。现在情况不同了，摄影与其他艺术结合在一起，这才是正常的。20世纪60年代至90年代，摄影被分开处理，伊利雅娜从来就不吃这一套。

江融：你说过，刚开始，摄影画廊只有几家，现在非常多。目前纽约展出摄影的画廊有多少家?

麦吉尔：几百家。

江融：是否有一段时间纽约开设了许多画廊?

麦吉尔：在1997年至2007年这10年里，纽约开

设画廊的数量多到吓人，因为，越来越多的人想收藏艺术品，市场的确对艺术品有需求。

江融： 那么，画廊到底为提升摄影的地位做了什么？

麦吉尔： 如果你回顾光线画廊在最初的作用，就会发现，我们的确努力提供一个场所，使得人们能够来观看当时刚创作出的最重要照片，以及过去的杰作。画廊成为观看照片的重要场所。如果有人聪明，当时就应当将这些照片买下收藏。

不久，博物馆也开始到画廊收藏照片，这是不可低估的，因为博物馆与他们所在的社区紧密相联。

上图： 1904年，池塘月色，爱德华·斯泰肯摄

第259页图： 1967年，纽约中央公园动物园，加里·维诺格兰德摄

博物馆的馆长、董事会成员和其他人员常常是社区的领袖。如果能够让博物馆对摄影感兴趣，对该社区来说，摄影就变得很重要。这是会产生利益均沾的效应。美国各地的博物馆馆长都来光线画廊，因为他们对哈利·卡拉汉等人的新作品有兴趣。

江融：在美国，艺术家是否通常需要先在画廊展出，才能到博物馆展出？

麦吉尔：不一定，不过，时常如此，但是，没有硬性的规定。我认为，如果博物馆能发现一位无人知晓、而且也未曾在画廊展出过的艺术家，该博物馆会再高兴不过了。无论是否“自己发现”，博物馆展出的作品必须有价值。

江融：在购买照片之前，人们自然会想到摄影是否是艺术？你认为呢？

麦吉尔：什么是艺术？艺术是人类努力创作的结果。

江融：20世纪70年代，越来越多的艺术家采用摄影作为创作的媒介，是否可以认为，这时摄影才最终被确定为艺术？

麦吉尔：我认为，你是将摄影被确定为艺术与公众的舆论等同起来了。你不能说伟大的纪实摄影家卡蒂埃-布列松不是艺术家，他的照片超越了现实。绘画和雕塑也一样，这就要看艺术家如何处理现实的问题，如何通过自己的一套做法，使得这些事物成为艺术品。

江融：新闻报道摄影的作品是否也是艺术品？

麦吉尔：你认为维基的作品是否为艺术品？他是新闻摄影家，非常老道地进行拍摄，他的作品当然是艺术。不管人们如何称呼吉尔斯·佩雷斯（Gilles Peress）的作品，他的作品非常好。贴“艺术”标签是我们的问题，而我所感兴趣的是他们的作品，而非我们如何称呼这些作品。

江融：除了能促进摄影的地位，画廊在与艺术家的关系方面还能发挥什么作用？

麦吉尔：如果画廊经营得好，则能为摄影家提供支助，他们可以通过卖作品维生，但在1970年之前，这种情况不常见。

江融：你如何决定是否要代理一位摄影家？

麦吉尔：一旦画廊办起来，便要寻找一批艺术家，只要他们还活着，基本上就能为你提供展览所需的作品。这种情况好坏参半。我通常为新锐艺术家留下空间。目前，我们正在展出乔斯林·李（Jocelyn Lee）的作品，她非常棒。我们与她合作过几年，现在，该是让她展览的时候了。她拍摄的方式与许多人相同，但她拍得更好，她拍摄的肖像照具有穿透力。我们画廊试图挑选作品具有创意的摄影家。

江融：你是否参加美国国际摄影艺术经纪人展销会（AIPAD）？

麦吉尔：我只是去观看，但不参加他们的展销会。

江融：为什么呢？

麦吉尔：许多画廊其他什么都不做，只是到处参加展销会。他们的画廊空间只是摆样子，并在那里摆放运输作品集装箱。展销会结束之后，他们回到画廊，重新装箱，然后，再运到下一个展销会。然而，我们在纽约57街和雀喜儿的画廊终年保持活跃的展览节目。

江融：换句话说，不同的画廊采用不同的经营策略。

麦吉尔：绝对是这样的。

江融： 例如，纽约的尤西·米洛画廊（Yossi Milos）主要代理年轻的摄影家。《光圈》杂志介绍新锐摄影家，米洛便会展出该摄影家的作品。他也喜欢经常参加摄影展销会。

麦吉尔： 这正是光线画廊在20世纪70年代所做的事情。当我们刚开设佩斯/麦吉尔画廊时，我们展出了南·戈尔丁的首次个展，乔-彼得·威特金（Joel-Peter Witkin）的第二次个展。我们代理了许多刚出道的摄影家，为此也感到骄傲。现在，我们代理非常重要的艺术家，能为他们工作是一种特权。我们为他们协调出版画册和举办博物馆的展览，出售他们大型的摄影收藏作品集。我们是在非常高端的摄影市场进行交易，因此，采取的策略不是在拓宽市场，而是在深化市场。我喜欢这种策略。

江融： 1978年，你成为光线画廊的总监。你认为画廊总监应具备什么素质？

麦吉尔： 画廊总监应当是一个好人，因为，你要为所代理的艺术家服务，另外，必须照顾好你的客户。我认为，担任画廊总监的基本原则是要像绅士一样待人。如果你不能良好待人，包括艺术家、画廊的工作人员以及你的客户，那么，你就搞不好。你必须要善待他人。而且，如果运气好，你应当有好眼力，能够看出作品的好坏。你需要能够看着客户的眼睛，告诉他们“这幅照片是有趣的”及其理由。你需要使人们理解你的观点，并让他们感觉到你所说的一切均来自你对作品的真心感受。如果你的水平很高，你的客户就能学到很多，并开始信任你，最终，他们会回过头来教你。

江融： 因此，画廊需要有一批固定的顾客。

麦吉尔： 绝对是的，要做到这一点，需要有良

好的艺术资源。画廊的好坏不仅与总监有关，而且主要是与所代理的艺术家有关。

江融： 你如何决定一幅照片的价格？

麦吉尔： 由市场的承受能力来决定。

江融： 你能否告诉我们你与所代理的艺术家之间的关系？

麦吉尔： 我们试图做好画廊需要做的事情，艺术家需要做好他们的创作工作，但是，我们始终要意识到，我们画廊所能做的事情不如艺术家重要。画廊应当很好地协助编辑艺术家的作品，将他们的作品储存好，并促进他们与客户，包括个人客户、机构、博物馆和出版商的工作关系。

江融： 财务方面的安排是如何？画廊是否给予艺术家免费展出他们作品的机会？艺术家是否需要将展出作品出售额的一半作为佣金给画廊？

麦吉尔： 每一笔佣金都是不同的。没有固定规则，如果是遗产（estate），佣金可能是某个百分比，如果是活着的艺术家，百分比又不同。因此，没有固定的方法来界定佣金。

江融： 2006年，你代表顾客购买了爱德华·斯泰肯的一幅名为《池塘月色》的照片。你能否介绍这次交易？

左页图：1971年，美国弗吉尼亚州丹维尔，伊迪丝，埃米特·高恩摄

右图：1986年，汉德福德旧城遗址和哥伦比亚河，汉德福德核保护区，位于华盛顿州里奇兰德市附近，埃米特·高恩摄

麦吉尔：该照片由纽约大都会艺术博物馆出售。他们将几幅重要的照片脱手出售，以便购买吉尔曼造纸公司（Gilman Paper）的藏品。这些作品极为重要，许多人都对这次出售兴奋不已。我们从这次出售中为顾客购买了好几幅作品。如果我们的顾客想要购买，我们画廊则需要放弃自己购买的机会。我们在拍卖会上不能与自己的顾客竞争，而是要在拍卖会上为他们工作。

我与购买《池塘月色》的顾客合作过20多年，他们夫妇俩想买，并向我了解他们应当出多少钱购买。我说，可能会卖250万美元。但任何人均无法保证拍卖会上可能发生什么情况，因此，我们与顾客商定一个数额再加上竞买价的数额。我的职责是要知道《池塘月色》能卖多少钱，十分令人惊讶的是，卖出的价格居然与我预测的价格完全一样。我们以260万美元购买（250万加竞买价），再加上佣金，最终的价格为292.8万美元。

江融：为何该照片如此昂贵？

麦吉尔：该作品只有三幅，这是最好的一幅。它很美，该作品使得我们的客户藏品外延扩展，他们的藏品始于画意摄影流行之后，现在能以画意摄影为起点。而且，该照片可能是有史以来出售的最重要的画意摄影作品。

其次，自从创作以来，该照片一直被认为是一件杰作。当时，摄影尚未被承认为艺术。由于它的

尺寸、颜色和色调的微妙，刚开始时，该作品常常被误认为是绘画。这件稀世之作尺寸较大，制作的技术复杂，因此，很多人想要购买它。

江融： 是否有其他的竞买人与你竞争？

麦吉尔： 当然有，因此价格才上升。美国国家艺术馆也参与竞买，他们的出价超过100万美元。

江融： 这么说，你还与博物馆竞争？

麦吉尔： 不止有一个竞买人。在该照片的价格达到某个数字之前，一直有好几个竞买人。我在拍卖行买艺术品有非常特殊的办法。聪明人告诉我，要等到拍卖的小木槌快要落下之前才开始出价，因为，这个时候已经没有多少人能与你竞争。从心理上来说，大部分的人已经退出竞争。

江融： 为何顾客需要依靠你做这项买卖？

麦吉尔： 我从来没有买卖我不喜爱的照片。这种爱是基于对艺术品本身相关事实的真正感动和理解。例如，挂在我起居室墙上的黛安·阿勃斯题为《持有玩具手榴弹的孩子》这幅照片，它是一幅很美的作品，而且，它曾参加1967年在纽约现代艺术博物馆“新纪实”（New Documents）摄影展，使得它尤其特殊。拍卖行常常甚至不了解他们所拥有的一

些艺术品的重要性，他们没有时间进行充分的研究。我在该行业已经45年，而且看过许多照片。顾客之所以雇用我们，是因为我们的经验，我们对顾客所花的心思，以及我们在拍卖行购买艺术品的知识。

江融： 你也帮休斯顿艺术博物馆等博物馆做了几宗艺术品的交易。为何像博物馆这样的机构不能自己购买，而需要依靠你？

麦吉尔： 因为我喜欢我所从事的行业，而且值得信任。

江融： 能否认为不仅摄影是艺术，收藏也是一门艺术？

麦吉尔： 我不知道收藏是否为一门艺术。但好的收藏家必须收藏，他们别无选择，他们喜爱自己收藏的作品。有一位收藏家曾经告诉我，一旦他购买了某件艺术品，直到该艺术品运到他家中，否则，他睡不着觉。这才是真正的收藏家。

江融： 有人建议，在收藏照片时，要观看、观看、再观看，如同买房子一样。你对收藏照片的建议是什么？

麦吉尔： 买艺术品，而不要买房子。要不断地观看，然后购买你所喜爱的艺术品。有一位收藏家

第262页图： 1993年，云，第240号，理查德·米斯拉奇摄

第263页图： 2005年，夏天的最后玫瑰，杜安·米歇尔斯摄

左图： 2005年，在雾池的家人，乔斯林·李摄

右页图： 2005年，地下，乔安·维伯格摄

带着他的一位朋友来找我，他的朋友曾经是重要的收藏家，想要重新开始收藏。因此，我们向他展示他表示有兴趣的作品，同时，我们也向他展示其他一些照片。通过看这些照片，他立即改变了原来的想法，并发现他真正感兴趣的作品，以及他真正感到激动的作品。

我的最大乐趣之一，便是进入从我们的画廊收藏作品达二三十年的顾客家中，观看他们的收藏品。那些充满激情长期收藏照片的人才是真正的赢家，因为他们能够与这些他们喜爱的作品生活在一起，并加以欣赏。

江融： 当收藏涉及这么大数额的款项时，对我来说，似乎艺术品也变成了商品。

麦吉尔： 如果处理不当，收藏的确会是一件可怕的事情。一些新的收藏家现在称他们的藏品为"资产投资"，因为他们已购买的作品会增值。如果他们想要称其为资产，无可厚非，但这不是收藏的真正含意。

江融： 那么，回过头来看，投资艺术品似乎比投资股票要好。

麦吉尔： 我不想就此加以评论，但如果做得好，的确有可能胜过投资股票。我知道，有些照片在二三十年前，不值多少钱，现在则值100万美元。但那些在购买艺术品的回报上胜过股票投资的人，往往都是最有激情的收藏家。

如今，有不少人将收藏看成是在某个特定艺术

家作品或特定领域中的“卡位”，这种收藏方式不会持久，因为收藏艺术品不是这么一回事。收藏艺术品是要获得超越艺术品本身并能激发收藏家热情的作品。伟大的艺术品能改变你的一生。收藏不是关于“建立资产”或“卡位”的问题，而是对艺术所产生的影响作出的反应。

江融： 因此，收藏不是与拥有该艺术品的一时快感有关，而是对该艺术品作出的真实反应。

麦吉尔： 当然如此。

江融： 现在数码摄影对传统摄影产生如此巨大的影响，你是否认为这种影响也会影响到画廊的作用？

麦吉尔： 数码摄影十分重要，它已经改变了摄影。我欢迎数码摄影，但也继续信奉传统的模拟摄影。不过，对我来说，今天的数码摄影仍然没有超过罗伯特·弗兰克、哈利·卡拉汉和欧文·佩恩的作品。

江融： 斯蒂芬·肖尔在纽约国际摄影中心举办过他本人的回顾展，该展览的作品是数码洗印的。

麦吉尔： 斯蒂芬利用数码技术从他的原底片制作照片。他所看到的影像和他观看的方式，使他成为一位十分重要的摄影家。大家对他用数码技术印照片有许多意见，但我不在乎斯蒂芬如何印他的照片，只要他的照片令人回味就行了。他如何制作照片不重要，我只想观看作品，看是否被作品所感动。

江融： 当我采访斯蒂芬·肖尔时，他告诉我，他的数码洗印照片真正再现了他在拍照时所看到的情景。

麦吉尔： 因为他拍摄这些照片和在制作原片的时代，仍无法控制相纸的反差。现在，他对这些照片的最终效果能够真正加以控制。

我们已经到了很少有黑白相纸，而且较容易制作数码照片的时代，我对如何利用数码技术来创新感兴趣。我认为，安德烈亚斯·古斯基做到了。

江融： 这样发展下去，银盐明胶法印制的照片将奇货可居。

麦吉尔： 当然如此，毫无疑问。欧文·佩恩在25年前便对我说："你知道吗，我的创作方法已经不复存在。"现在很少人使用8×10机背取景相机，自己冲胶卷，并制作细节丰富、美丽的接触印相照片。朱迪思·乔伊·罗斯（Judith Joy Ross）还在采用这种方式创作，但这种传统的确已经结束。

江融： 网络是影响画廊的另一个因素。现在许多交易在网上进行，如电子湾（eBay）。你是否认为画廊今后仍然会存在？

麦吉尔： 互联网的力量是无法否认的，但至少在我们所参与的领域，你必须亲自用手触摸、感受和观看，才能被艺术品本身所感动。我们也联网开展一些交易，但我们无法用JPEG图像出售200万美元的照片，除非卖给与我有很久和很深关系的客户，该客户对我绝对信任，而且，我与该客户有过长久的成功交易历史。的确，可以进行网上交易，但我无法完全依靠它。网上交易市场会出现，但与我们在画廊的交易不同。人们仍然需要花时间感受艺术。

尽管摄影是基于科学和技术的媒介，放大的每张照片仍然不同。网上交易有利也有弊，它的出现和发展可能会使得一些画廊难以为继。不过，年轻一代知道如何将互联网中的"现实"变成现实世界，互联网会使得摄影市场变得更加广阔和深入。

江融： 目前在中国，画廊也正在大量出现。照片市场正在起飞。根据你45年经营画廊的经验，你对中国画廊经营者能提供什么建议？

麦吉尔： 寻找最好的艺术家，展出最棒的作品，善待艺术家和你的客户。坚持自己的一套经营计划，与博物馆和出版商合作。研究最佳画廊的模式，吸取他们最好的东西。竭尽所能，这便是我的建议。

江融： 回顾已走过的道路，你认为在经营画廊过程中你从中得到最重要的东西是什么？

麦吉尔： 我非常有幸能从摄影作品中直接学习摄影。能够认识这些优秀的艺术家，在帮助他们的同时向他们学习，这是我的荣幸。这个过程令人不可思议。

上图：1915年，华尔街，保罗·斯特兰德摄

Melissa HARRIS

梅丽莎·哈里斯

1952年，秉持“为摄影媒介、世界各国摄影从业人员以及摄影和艺术爱好者服务”的宗旨，美国摄影界的九位重要人物在旧金山创办了《光圈》(*Aperture*）杂志，其中包括摄影家迈纳·怀特（Minor White)、安塞尔·亚当斯（Ansel Adams)、多萝西娅·兰格（Dorothea Lange)、芭芭拉·摩根（Barbara Morgan），以及摄影史学家博蒙特·纽霍尔（Beaumont Newhall）和摄影评论家南茜·纽霍尔（Nancy Newhall）夫妇等。经过近70年的洗礼，该杂志不仅作为世界上存在时间最久的非营利性摄影杂志，在国际摄影界具有权威影响，而且已发展成为集杂志、出版、展览和教育为一体的综合性基金会，在国际上独树一帜。

《光圈》创始人之一迈纳·怀特是第一任主编，从开始的几百名订户，逐渐将该杂志办成一份业界瞩目的艺术摄影期刊。但《光圈》的发展也非一帆风顺，1964年，该杂志曾被迫停刊。1965年，怀特的学生迈克尔·霍夫曼（Michael Hoffman）接手继任《光圈》主编。即使在逆境中，霍夫曼对该杂志仍充满信心，看到其发展潜力，采取了一系列改革。他将杂志变成季刊，扩大它的业务，成立了光圈出版社，并举办相关展览。梅丽莎·哈里斯在1992年成为《光圈》杂志社主编后，该杂志从过去注重专题和摄影家专辑转变成更具开放性和包容性的杂志，更多利用摄影探讨政治、社会和道德问题，同时挖掘和介绍世界各国新锐摄影家。2000年，她决定将该杂志改版，使其焕然一新。经过她与基金会同仁的努力，《光圈》基金会、出版社和杂志社始终致力于站在摄影的最前沿，如今已成为国际摄影界摄影动态的风向标。

上图： 梅丽莎·哈里斯，佚名摄

右页图：《光圈》杂志第232期封面

第271页左图：《光圈》杂志第1期封面

第271页右图：《光圈》杂志第122期封面

aperture
232
Los Angeles

江融：1952年，美国摄影界九位重要人物创办《光圈》杂志的初衷是什么？

哈里斯：很显然，我无法代表他们说话，但他们曾发表过关于该杂志宗旨的声明，表明创办该杂志目的之一是交流和传播他们及其他摄影家的作品。当时，画廊几乎不展览照片，即使博物馆也很少展出照片。因此，该杂志使他们能够建立一个具有相同兴趣的群体，交流他们的作品，并尽可能介绍一些国际摄影界的动态。

他们尽力以高品质复制作品，因为许多人会通过该杂志首次体验到摄影作品。当然，自那时以来，印刷方法已出现重大变化，但在当时，他们制作杂志的水平是一流的。

江融：在宗旨声明中，他们表明，要将该杂志办成一份“成熟”的杂志，以便与任何严肃的摄影家和富有创意者交流，不仅包括专业人士，也包括业余爱好者或学生。迈纳·怀特不仅是该杂志的倡导者，而且亲自担任第一任主编。能否谈一下你所了解的迈纳·怀特？

哈里斯：我从未见过他，但从我所听到的情况来说，怀特是一位领袖式的人物，非常具有魅力，口才很好，而且十分注重精神层面，他不但对摄影有非凡的直觉，在照片的编排方面更有其独到之处。我认为，这些能力对于任何杂志都至关重要。因此，早期的《光圈》杂志主题突出，效果很好。

江融：据我的研究，怀特是一个完美主义者，对杂志的质量毫不妥协。因此，有些人甚至认为，他在编辑方面像一个“暴君”，他在阐释《光圈》杂志创办人的初衷时“一意孤行”。

哈里斯：我认为，杂志编辑都会将他们的感觉带到编辑工作中。如果有人不太喜欢某种特定的感觉，他们便会认为是编辑将自己的感觉强加给读者。你从怀特编的早期《光圈》杂志可以看出，他十分犀利的眼光可能无法被所有人接受，但该杂志并非要迎合所有人，它是要秉持一种观点。怀特所编辑的专辑如同视觉诗歌。

江融：我认为，《光圈》的历史与20世纪50年代以来摄影的发展过程紧密相关，尤其是与美国摄影相关。怀特为该杂志所做的一件大事是，出版了《爱德华·韦斯顿》这一重要专辑，而且编辑制作得非常精美。所以，这期杂志十分成功。1965年成为《光圈》杂志主编的迈克尔·霍夫曼在15岁时看到这期杂志，对他产生深远的影响。霍夫曼参加过怀特举办的摄影讲习班，曾协助怀特工作，并在怀特之后，继任《光圈》杂志主编。

哈里斯：迈克尔·霍夫曼对《光圈》充满了信仰。当怀特想要停办该杂志时，霍夫曼不想让它停掉。曾激励过他的那一期杂志主题是“认知的火焰”（The Flame of Recognition），南茜·纽霍尔及其在这期杂志中关于韦斯顿的文章和见解，也激励着霍夫曼继续将该杂志办下去。

江融：我认为，霍夫曼是一位天才，他23岁便成为《光圈》主编；26岁，在南茜·纽霍尔的支持下，又担任费城博物馆摄影策展人。你认为霍夫曼对《光圈》杂志的主要贡献是什么？

哈里斯：他十分杰出，而且非常具有远见。当迈纳·怀特不想继续担任主编时，霍夫曼却看到了该杂志的潜力。他开设了出版书籍画册的部门，并使得办展、出书和办杂志三方面相互协调促进。他具有企业家的精神，他的贡献远远超出对这份杂志的贡献，他基本上将自己的毕生献给了《光圈》基金会。霍夫曼对摄影的热爱和熟稔，使他具有独特的眼光，并勇气十足。如果他相信某件事是可行的，便不会在乎其他人怎么说，他不会受市场或舆论的左右。

他有时也许令人难以接受，但他是一个不可多得的人才，他做了他想做的事情，的确十分了不起。

江融： 霍夫曼曾做过的最重要事情之一是，在1967年出版保罗·斯特兰德（Paul Strand）在墨西哥拍摄的作品画册。据说，霍夫曼认为《光圈》杂志的生存有赖于将它变成实业进行管理。

哈里斯： 我从不认为霍夫曼想改变《光圈》的宗旨，但我刚才说过，他具有企业家精神。《光圈》是非营利性机构，我们不是商业杂志。他不是要将该杂志变成商业杂志或传统意义上的实业。他知道该杂志在扩大业务方面有很大潜力，因此，继承创办人的活力，根据世界和摄影媒介演变的情况，寻找一切可能的方法进一步扩大该杂志的业务。

但我必须指出，霍夫曼不仅只是对摄影感兴趣，他要做更加不平凡的事情。他最不在乎摄影的技术问题，怀特很可能也是如此。他们是要将摄影作为通往其他事情的渠道，通常是不同寻常的事情。

江融： 你刚才提到，《光圈》是非营利性机构。你如何界定“非营利性”？

哈里斯： 有不同的方法可以界定这个词。首先，我们这个机构不是为了赚钱。另外，我们是一个可以部分免交美国联邦所得税的机构。事实上，任何提供给该机构的款项均用于各种项目。如果我们的项目不亏钱，就算幸运。我们尽量不亏本，一些项目有一定的收入，便用来支助那些亏钱的项目。我们有各方面的业务，不仅只是办一份杂志，我们还有出版书籍画册和举办展览的项目，以及教育项目。我们开展的大部分业务均需要许多钱，如杂志和出书，因为我们总是追求高质量。我们也一直确保读者能够买得起我们的杂志和画册。

左图：《光圈》杂志第195期封面

右页左图：《光圈》杂志第203期封面

右页右图：《光圈》杂志第210期封面

与许多其他出版社的画册相比，我们的价格较低，我们希望包括学生在内的读者能够付得起。但出版的费用如此之高，我们也无法始终都以这种方式出书。在我们这个行业里，若要将一本书做得很漂亮，兼顾到形式和内容，是要花很多钱，但花在这方面的钱很难收回。

江融：你们能否找赞助商资助办展？

哈里斯：我们一直都在找展览或画册的赞助商。从某种程度上来说，我们的生存需要依靠赞助。

江融：《光圈》杂志社从20世纪60年代开始出书以来，已经出版数百本书籍。所有这些书都非常专业，不仅在排版设计方面，在选择摄影家方面也很出色，这些摄影家既有大师，也有国际上刚出名的摄影家。

哈里斯：还有一种情况是，在艺术家尚未出名时，我们便为他们出书，例如，南·戈尔丁的《性依赖叙事曲》(*Ballads of Sexual Dependency*)。当然，是她的作品使得她出名，但我们通过出书来展示她的作品。我们还在大家真正了解萨丽·曼（Sally Mann）的作品之前，便出版了她的《血亲家庭》(*Immediate Family*)。我当然希望，我们的工作就是去发现尚未出名的那些艺术家，并在画册或《光圈》杂志中介绍他们。我们总是致力于站在摄影的最前沿，而非只是反映它的现状，这需要勇气和信仰。

江融：另外，当纽约现代艺术博物馆决定不出版黛安·阿勃斯的作品集，该博物馆原摄影部主任约翰·萨考斯基与《光圈》出版社联系，希望你们出版她的作品。《光圈》出版了她的画册，据说，迄

今为止，这本画册已经售出20多万册，并不断再版。

哈里斯：这也是我们试图在做的一件事情。我们一直希望《光圈》出版社出版的书籍能够再版，我们每次印刷的数量不多，但每当大家重新对某位摄影家或某本书感兴趣时，我们会再版。有几位艺术家的画册仍然再版，如黛安·阿勃斯、南·戈尔丁、萨丽·曼和爱德华·柯蒂斯（Edward Curtis）等许多其他人。

江融：那么，这些再版的书籍是否产生利润？

哈里斯：我想，再版之后，会有一些利润，但不会太多。而且，艺术家需要收版税，并可能从这些书中赚些钱，这对于他们来说很重要。

江融：杂志社与出版社之间是什么关系？

哈里斯：我们这个机构很小，因此，我们之间的关系很密切。我也编辑了几本书，出版社在发现一些有趣的作品时，也对我们的杂志提供许多建议。

江融：同时，你还策展。

哈里斯：我们这里的编辑都以不同的方式策展，尤其是将我们所出版的书转变成展览，或者我们会策划与《光圈》杂志有关的展览。

江融：你们也在世界各地举办巡回展览。

哈里斯：是的，我们尽力举办这种巡回展览，这对于大家来说，都是双赢的。这些展览通常与新出版的画册有关。巡回展览能够让更多的人看到艺术家作品。因此，艺术家十分高兴，而且，也会有更多人购买相关画册，这很重要。

《光圈》非常注重使命感，我们不仅是一个杂志社或出版社，实际上，我们有信仰，并想有所作为。

我认为，这是很重要的，因为这能指导我们的杂志和出版的方向，我们已经出版了许多与社会问题有关的书籍。任何商业出版社也不会这么做，因为无论如何，这对于它们来说，都太冒风险。我们这么做，实际上是因为我们想要促进对话和讨论我们这个时代所关切的问题。

江融： 这也是我想问的下一个问题。《光圈》主动出版了许多其他商业出版社拒绝出版的画册和书籍，你们在选择出版书籍时的标准是什么？

哈里斯： 作品质量最重要，必须是上乘的。如果是涉及社会问题，则必须可信和准确。当我们出版《性依赖叙事曲》时，那本画册的内容的确十分尖锐，其他出版社在当时是不会出的。总的来说，《光圈》在各方面均敢于冒险，这对于我们所做的事情来说，是十分重要的。我们不是为了冒险而冒险。如果我们的确想要做某件事情，就会尽力去做。从某种意义上来说，这也是非营利性机构的好处，因为，它们所追求的最终目的与其他机构不同。当然，我们也不能一直都亏钱。

江融： 我想，现在谁的作品如果能被《光圈》出版，便是该作者的荣耀。

哈里斯： 我希望如此。这些作者的确是属于一个非常优良的摄影传统，他们属于这个由优秀书籍和出色艺术家组成的大家庭。

江融：《光圈》创办者的初衷也是希望该杂志能成为“促进摄影发展的共荣圈”，并帮助摄影家。

哈里斯： 的确如此。

左页左图：《光圈》杂志第223期封面

左页右图：《光圈》杂志第224期封面

右图： 1992年，萨丽·曼，《血亲家庭》摄影集封面，光圈出版社

江融： 霍夫曼希望《光圈》能成为“一个理想的进化过程”。好多人都参加实现该理想，包括你本人在内。你是在1992年成为《光圈》的主编，并于2000年决定将该杂志改版。除此之外，你还为该杂志带来什么变化？

哈里斯： 我认为，担任过《光圈》编辑的人员均带来一些变化。《光圈》杂志社处于最佳状态时，是一个十分开放和具有活力的地方，但也曾运作不佳。在我担任主编之前，该杂志一直以专题为主。这些专题涉及种族和身份，也可以是关于某个地方的主题。但世界已经发生如此巨大的变化，人们已经不想只是成为中国艺术家，或美国和任何具体国家的艺术家，他们只是想当艺术家。过去，当我们想做一期关于某个国家的作品专辑时，这一期杂志可能有助于该国的艺术。现在，我不敢肯定我们是否还能产生这种作用，因为我们的世界已经越发全球化。

另外，在我担任主编之前，《光圈》曾经出版过许多艺术家个人专辑，如韦斯顿、斯特兰德、休德克（Josef Sudek）、蒙卡奇和沃杰纳罗韦察（David Wojnarowicz）等。这是符合该杂志创办时的传统，但我们设立了出版社，因此，艺术家专辑到底是杂志还是书籍，有些混乱不清。当时，我们对杂志的潜力挖掘不够，而且，路子变得越来越窄。所以，有许多好作品因不符合某个专题而无法得到发表。

在霍夫曼的支持下，并与艺术总监约兰达·科莫（Yolanda Cuomo）合作，我所做的一切就是将《光圈》变得更像杂志。我曾在《艺术论坛》和《访谈》杂志工作过，所以对如何办杂志十分了解。我主编的第一期杂志题为“躯体的疑问”（Body in Question），这一期杂志是注重观念。我们仍然可以

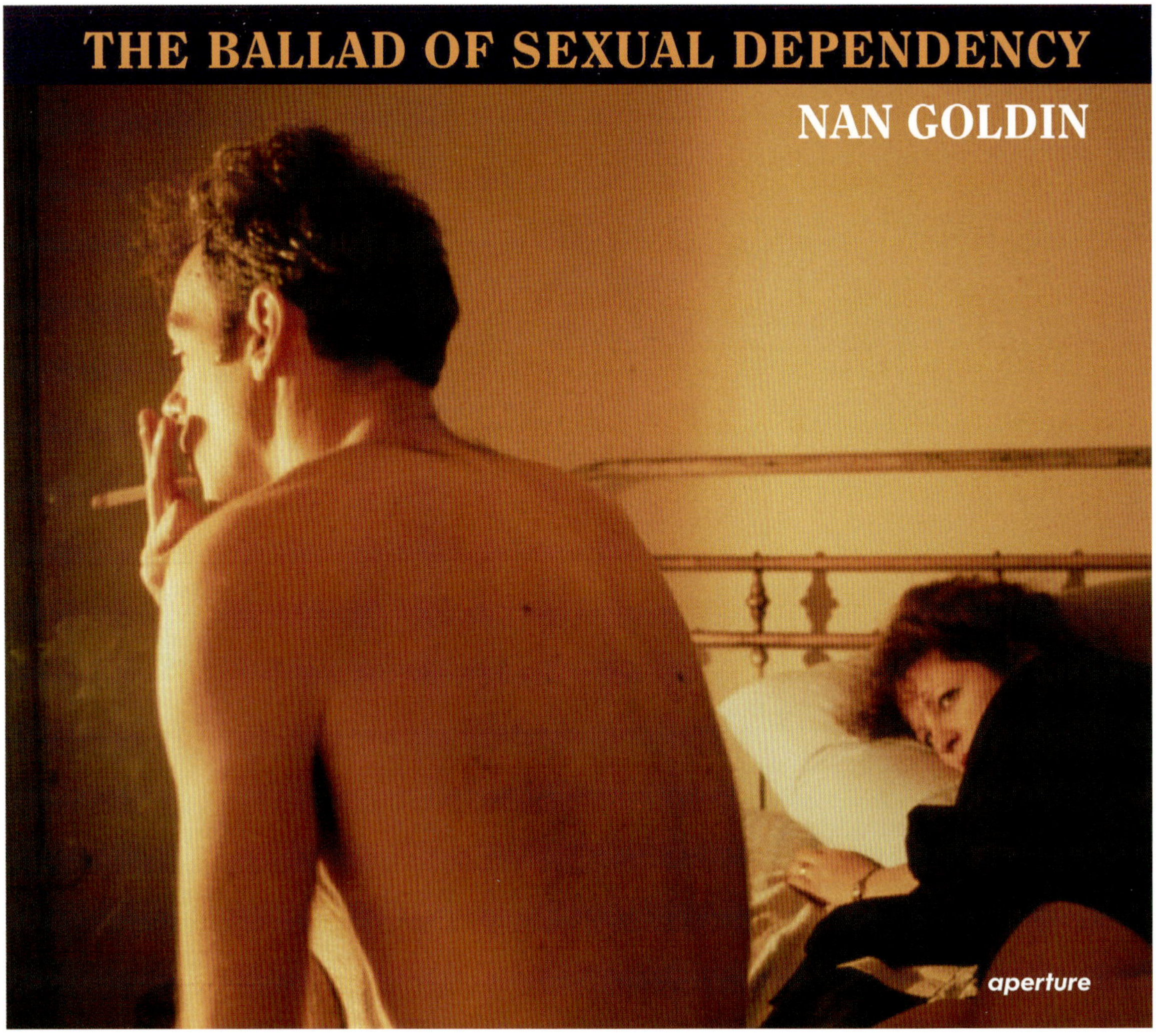

做专题，但篇幅要小。我们可以在同一期杂志中有各种不同作品，要介绍非常棒且非常有力度的作品，我们的目标是在内容和观念方面保持开放的态度，具有包容性，而且不作任何妥协。这便是我们《光圈》杂志社现在一直尽力做的事情。

上图：1986年，南·戈尔丁《性依赖叙事曲》摄影集封面，光圈出版社

右页图：1965年，爱德华·韦斯顿《认知的火焰》摄影集封面，光圈出版社

江融：据我所知，《光圈》杂志在刚创办时，基本上是以报道“艺术摄影”为主。

哈里斯：这都是一种强加的和相当笼统的标签。读者对《光圈》杂志感兴趣有各种原因，他们不见得都是摄影家。他们可能欣赏某些作品，但不喜欢其他作品。你无法讨所有人喜欢，但我希望《光

圈》始终对各种不同的人都具有吸引力。

江融： 在你成为主编之后，该杂志似乎更多地探讨政治、社会和道德问题。你是否认为这种做法与创办者的理想有偏差？

哈里斯： 根本没有，我认为完全符合他们的理想。安塞尔·亚当斯对环境问题极为感兴趣；多萝茜娅·兰格拍摄了关于移徙工人的杰出作品，她十分关切社会问题。怀特特别注重超验和精神方面的问题，而且喜欢探讨与人体有关的问题。我认为，我们所做的一切都是在遵循创办者的道路。当然，我们所探讨的问题已经改变。如果尚未改变，则意味着我们的世界尚未改变，世界上的一切事物都在转变。

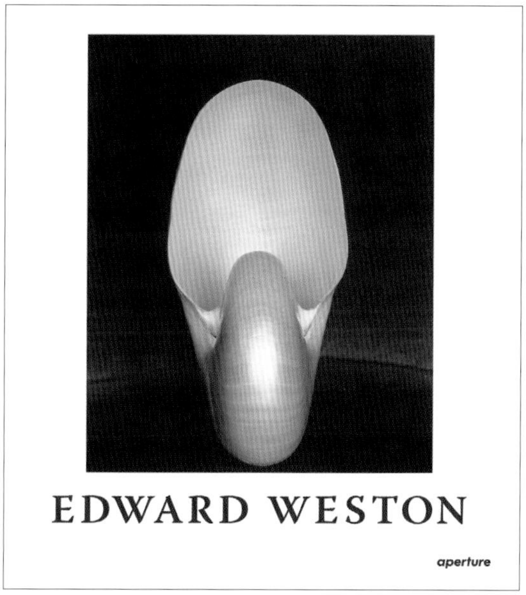

江融： 下一个问题可能是老问题，但我还是想问你，因为对该问题有不同的意见。有些人认为摄影与绘画不同，而且，应当自成一体，成为一种艺术的形式；另外一些人则认为，摄影与绘画不可分开。你的看法如何？

哈里斯： 我完全不在乎他们之间的关系。实话告诉你，我认为，该问题是没有意义的。我学的是艺术史，而且，在《艺术论坛》杂志工作时，该杂志探讨绘画、雕塑以及各种不同形式的艺术作品，我还写过关于舞蹈和行为艺术的文章。因此，我认为，按照媒介划分的想法是没有必要的。

摄影家与画家或雕塑家一样都是艺术家。正如摄影家常常探讨社会问题一样，有些画家也探讨社会问题，如利昂·戈卢布（Leon Golup）和戈雅（Goya），关键在于你的作品是否富有创意。《光圈》曾经出过一期关于沃杰纳罗韦察的个人专辑，他更多地被认为是画家，但他同时也是摄影家，他以不同的方式"利用"摄影。

我不是说，不要做有关具体媒介的事情，但目前在更多的展览中，摄影只是其中的一部分，它与雕塑和绘画互动，让所有这些不同艺术品进行互动是非常神奇的。在同一个展厅，你能看到唐纳德·贾德（Donald Judd，雕塑家）、索尔·莱威特（Sol LeWitt，画家）和李·弗里德兰德（Lee Friedlander，摄影家）的作品，这非常有趣，因为你能看到正在时间和空间、规模和形状中发生的事情。

江融：《光圈》杂志在过去主要介绍已成名的艺术家和大师，现在似乎更多介绍当代艺术家。

哈里斯： 我喜欢这样做，我也希望《光圈》具有当代性。过去我们注重主题，如果你看《光圈》20世纪90年代初期的期刊，如《我们的城镇》(*Our Town*)那一期，封面上刊登当时还不知名的摄影家格雷戈里·克鲁德逊（Gregory Crewdson）的照片，介绍了几位年轻和不知名的艺术家，但每个艺术家在该期中只有一两张作品，因为那是一个专辑。当时我们无法像现在这样能够给他们很多版面，这也是我要改变该杂志的原因之一。我们现在通常给予每位艺术家6页的版面，用于发表文章及其照片。

江融： 从某种意义上来说，这样做是对的。正如你说过，最有意思的事情是能发现年轻摄影家，并加以宣传。

哈里斯：的确如此。如果年轻摄影家的作品能够在《光圈》发表，会对他们有帮助。而且，我希望能够在博物馆和画廊发现他们之前，便介绍他们。

江融：我知道，大家都在关注《光圈》杂志正在介绍哪些新发现的摄影家。纽约的尤西·米洛画廊常常在《光圈》杂志介绍某位摄影家后，举办该摄影家的展览。一定程度上，《光圈》已成为衡量新锐摄影家的标准。

哈里斯：我希望如此。我希望人们在读该杂志时，会认为他们从中看到了一些尚未看到的东西；我希望人们能够通过该杂志改变他们原先固有的观念；我也希望，该杂志具有实验性，能够让读者自问。如果有人不喜欢杂志中的某些作品，我不会在乎。如果大家都喜欢该杂志中的所有内容，那意味着我的工作有问题。如果《光圈》引起开明的对话和讨论，这是好事情，是我们想做的。

我们的订户都是十分明智的，大部分订户都是长期订户，他们十分认真对待该杂志。因此，如果他们不喜欢杂志中的一些内容，是没有关系的。

江融：那么，你通常如何决定哪位艺术家可以上哪一期杂志？

哈里斯：现在，我们有大量非常出色的作品，而且，我们有一批十分优秀的特约编辑。与编辑部的其他编辑一道，我们看大量的作品。有时，当我们知道某位艺术家将在博物馆办展或出书时，我们会尽量与该展览或画册同步介绍该艺术家。这是一种很好的互动作用，对艺术家、博物馆和《光圈》都有好处。总的来说，我们努力将一些不同的艺术家均衡地混合在一起。在同一期里，你可能会看到一篇关于社会问题作品的介绍，同时，可能也会有一些较为传统的内容，或较为侧重观念的作品。因此，整本杂志会有十分不同的内容。

江融：互联网现在对报纸和杂志产生很大影响。你对互联网的影响是否有顾虑？

哈里斯：我对互联网感到十分兴奋，而不会感到担忧。但我认为，人们仍然想要看到一些印刷品，印刷品拿在手里的感觉是十分具体实在的。读者看到的是实际作品，与荧光屏上看到的作品非常不同。不过，我也很想在网络上进行一些不寻常的试验。对我来说，能够知道如何将杂志办下去，同时又能在网络上有一席之地，这的确是一个真正的挑战。

因此，我想为杂志开发一个网站，做一些十分有创意的事情。我将网络当成是一种媒介，而非只是将杂志的内容上载到网页。如果我们能够为网站制作一些专门的内容，那将是很棒的。

江融：2002年，当你们庆祝《光圈》五十周年时，你在题为“回顾与展望”纪念专辑的编者说明中指出：“通过回顾，能有助于确定杂志的演变过程，以便了解我们的现状，同时又能展望未来。”那么，《光圈》杂志的前景如何？

哈里斯：我们出版该专辑的原因便是通过回顾来展望未来。但我无法告诉你，两年之后该杂志会是怎样。如果我能告诉你这一点，那么，我不是一个好主编，因为我们的做法一直是与时俱进，包括对正创作出的作品，以及各种不同艺术家和问题及时进行介绍。我知道，我会不断地展望未来，而非不断地回顾。我不想有过多的先入之见，如果那样，便意味着我没有密切关注正在发生的情况，我认为，与时俱进是十分重要的。如果我们密切注意，便能发现一些新生事物，那么，便能做一些有意义的事情。至于什么是有意义的事情，我无法预知，因为我们必须密切关注。

上图：《光圈》杂志第179期封面

Robert FRANK
罗伯特·弗兰克

1955年，瑞士裔美国摄影家罗伯特·弗兰克开始了纵横美国之旅。弗兰克从美国大城市和中西部小镇日常迂腐的生活中，用影像真实地记录了他所见到的美国和美国人。1958年，他从近3万张底片中精选83幅，出版了《美国人》这本具有里程碑意义的画册。

人们对《美国人》的评价莫衷一是，有人认为，它是对1955年在纽约现代艺术博物馆开幕的“人类大家庭”展览的揶揄；另外有人将弗兰克划归为“垮掉的一代”，断言《美国人》是“垮掉的一代”所推崇的价值观在视觉方面的表现；还有人认为，弗兰克以一个来自欧洲“异邦人”的眼光，对美国的所谓文明进行了深入观察。

随着时间的推移，人们认识到《美国人》的拍摄手法打破常规，改变了世界摄影的方向，以及人们对摄影审美的传统观念。弗兰克却没有以“英雄”自居。在《美国人》出版之后，弗兰克很快便重新改变自己，开始与他人合作拍电影，并留下了许多部至今仍被视为独立制片电影的经典之作。

1971年，他与妻子琼·利夫（June Leaf）一道自我流放到加拿大新斯科舍的一个小岛上，并又回头拍摄静态的照片，但他没有重复自己，而是使用多幅接片组合成作品，还常常在底片上刻上文字，与他早期的作品完全不同。

笔者有幸在弗兰克位于曼哈顿下城一栋破旧的楼房采访他，发现这位83岁的老人并没有“垮掉”，他和蔼慈祥，但十分固执刚强。虽然已上了年纪，脑子仍十分敏锐。他物质生活简朴，然而，精神却是丰富的，他是心灵的守望者。

上图：2007年，纽约，罗伯特·弗兰克，江融摄

右页图：1956年，旧金山，选自《美国人》

江融： 你是怎么产生周游美国各地并拍摄“美国人”项目的想法？

弗兰克： 在做该项目之前，我在美国已住了八九年，但除了新泽西州一日游，并到过圣路易斯，尚未看过美国大部分地方。我知道美国幅员辽阔，两岸临海，自然会对它好奇。的确是当时的好奇和活力，驱使我坐上汽车，横跨美国。拍摄“美国人”的旅行分两部分，我先去底特律，然后回到纽约；之后，我从纽约去德州，又从德州去洛杉矶和旧金山，再回到纽约。

江融： 有人认为沃克·埃文斯是你的导师，他协助你申请古根海姆基金来做“美国人”项目。1938年，埃文斯出版了《美国影像》(*American Photographs*)这本富有创意的画册。在多大程度上，埃文斯影响了你，尤其在做“美国人”项目方面？

弗兰克： 埃文斯的确激励过我，但周游美国之行与他没有太多关系，此行只是为了创作令人难忘的照片，如同我见过的埃文斯的照片。那次周游美国之行是与我的好奇有关。不过，埃文斯拍摄人物的方式影响了我。我曾与埃文斯一道工作，有时，协助他在纽约市附近和一些厂房拍摄照片，我仍然记得他拍过的一些厂房。我对他的工作方式以及他的作品印象深刻。这是他对我的激励。

江融： 如你所知，埃文斯探讨如何通过平凡的事物，如汽车、理发店和佃农农舍等，创造真实的影像。你在1961年曾说过：“现在你可以拍任何东西了”，这话怎么讲？

弗兰克： 20世纪60年代，出现了真正的自由，新人辈出，包括新的画家、作家和诗人，而且还可以创作新的类型的电影。当时有更多的自由。因此，我认为这种情况同样适用于摄影，我感到自己必须忠实于我所看到的一切，而且应当让其他人知道这一点。

江融： 当然，你拍照的方式不同于埃文斯，他在大部分情况下使用大画幅相机，而你使用135的莱卡相机。你的摄影风格更加随意，而他的照片更加正式。你的一些照片甚至聚焦不实，从技术上来说，有些人认为，你的照片构图不佳。但我认为，你是故意要这么做，以便打破俗套和规矩。你认为拍摄照片时，什么是首要的事情？

弗兰克： 你必须自由，摄影是要冒一定风险的，这不是拍你姐姐的快照。冒险是指这种拍摄手法可能不同于人们认为的正确摄影方法，因此，你会走上与众不同的摄影之路，其中便蕴含着风险。我认为，不冒风险不值得成为艺术家。

江融： 在美国，每一代都有人要横跨该国。20世纪30年代，沃克·埃文斯跑遍美国；50年代，是你；70年代，是斯蒂芬·肖尔；当然，还有其他摄影家也这么做过，包括一些年轻的美国摄影家。你是如何看待斯蒂芬·肖尔的作品？他当时也到过德州和底特律，但他的照片与你的非常不同，他基本上集中拍摄场景或街景，也拍摄一些人像，另外，他使用彩色胶卷拍摄。

弗兰克： 我对他的作品了解不多。每次我看到他的作品，都感觉一目了然，非常干净。他似乎对自己所要拍摄和发表的作品十分有把握。

江融： 你曾说过：“不存在决定性瞬间，你必须创造瞬间。”但我认为，你所拍摄的《美国人》中的照片，也有许多重要的瞬间。我们姑且称其为“非决定性瞬间”，而不是“决定性瞬间”，它们更像是在卡蒂埃-布列松所谓“决定性瞬间”之前或之后的瞬间。我认为，布列松的瞬间更多是关系到某个瞬间在几何学中的精确性，而你的瞬间更关心

上图：1955年，新奥尔良，有轨电车，选自《美国人》

捕捉人的姿态，或你所拍摄人物脸上异化和空洞的表情。你如何界定你自己照片中的瞬间？

弗兰克： 我只是认为，我的瞬间比布列松或任何其他人的瞬间更好。你将自己的照片编成画册，可能是8幅或10幅，也可能更多，对读者来说，这本画册会留下印象。读者在观看时不太注重瞬间，而是注重这位摄影家对他所见到的人和事的感受。构图和布光完美等美感不太重要，这对照片来说不是最重要的。我认为，埃文斯的照片始终包含这种美感，他总是在最佳的时刻拍摄这些照片，它们直接了当而且十分清晰，具有完美的感觉。对我来说，我拍摄得更快，不太思考如何才能拍到完美的照片。

江融： 你曾参与爱德华·斯泰肯率领的“人类大家庭”摄影展策展团队，但你在该展开幕之前便退出。你是在该展于1955年在纽约现代艺术博物馆开幕的同一年开始做“美国人”。你为何要离开这个策展团队？

弗兰克： 因为我不想要矫揉造作的情调。

江融：《人类大家庭》的画册一直到现在还在重印，它可能是迄今为止世界上最受欢迎的画册之一。你是否认为，照片必须具有传统意义上的美感或需要令人振奋才具有价值？

弗兰克： 完全不是这样。照片必须给观者留下印象，最好能够比报纸上的照片或电视上的画面更长久地留在观者的记忆中。

江融： 有人认为，你的画册《美国人》是对爱德华·斯泰肯《人类大家庭》展览画册的反讽。他们认为，这两本书之间存在明显的对比。“垮掉的一代”主将杰克·克鲁亚克（Jack Kerouac）为你的画册撰写的前言，被看作是在讽刺卡尔·桑德伯格（Carl Sandburg）为《人类大家庭》所写的前言。你是否同意这种评论？

弗兰克： 我从来没有做过这种与桑德伯格有关的比较。这两本画册出版的时间不同，《人类大家庭》是在1955年出版。的确，我走的是不同的道路，我对当时反映美国的不同影像感兴趣，或者说，对《人类大家庭》所缺乏的影像感兴趣。

江融： 你常常被认为属于“垮掉的一代”成员，而且你的画册《美国人》被认为是“垮掉的一代”推崇的价值观念的视觉表现或文本。但你曾说过，你与他们不同，你有家庭责任，有孩子，而

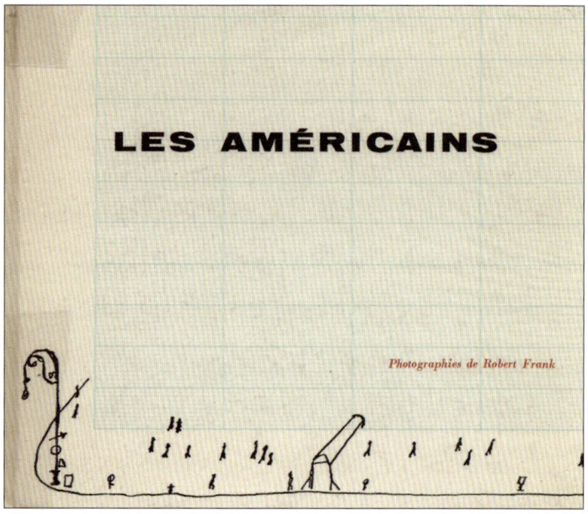

上图： 1958年，巴黎，《美国人》法文版封面，罗贝尔·德尔皮尔

右页左图： 1959年，纽约，《美国人》英文版封面，格罗夫出版社

右页右图： 2008年，哥廷根，《美国人》中文版封面，史泰德出版社

且不赞成他们的生活方式。在开始“美国人”项目之前，你是否认识“垮掉的一代”任何成员？

弗兰克：当时，我在纽约有一帮朋友，我不知道他们属于哪个团体，他们中有诗人、画家和摄影家。后来，才出现“垮掉的一代”这个词，不知道这个词是谁发明，又是如何发明的。但对我来说，这批朋友有相同的兴趣，大家在一块儿很开心。也许，他们在某种程度上都反对当时的常规定见，他们感到可以与众不同，打破常规。而且，他们认为，不见得非要有职业才能成为社会的一员。你不需要像其他人那样一定要去上班工作，除了上班，还有其他可能性。当时是可以有梦想的。

江融：你在1958年遇到杰克·克鲁亚克，并请他为你的画册写前言。你也曾与他一道开车去佛罗里达，那次旅行是在何时？

弗兰克：我不记得具体时间，不过，是在认识他之后进行的。他当时想将他的母亲从佛罗里达带回纽约的长岛。

江融：你曾说过，你喜欢法国存在主义作家阿尔贝·加缪（Albert Camus）的著作和美国著名歌手

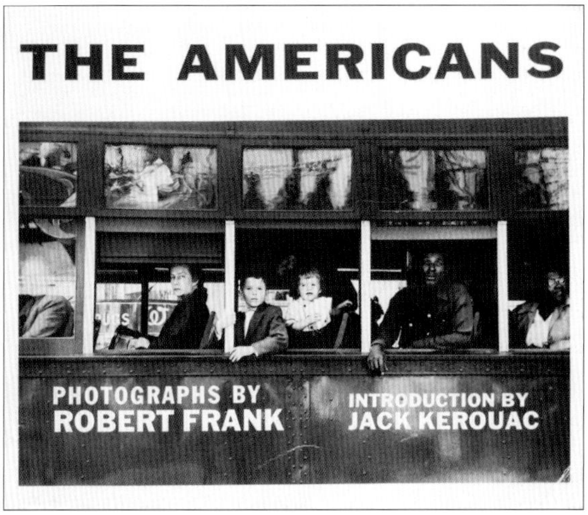

鲍勃·迪伦的歌曲及歌词。存在主义的哲学思想是否表现在你的作品中？鲍勃·迪伦在什么方面影响过你的作品？

弗兰克：我认为，他们的影响体现在有关我个人的作品中，尤其是我在照片中使用文字，或将文字刻在底片上，我这么做是要尝试使得照片更加直接。也许是受迪伦歌曲和歌声的影响，使我更有信心这么做。

江融：人们认为，你拍摄“美国人”这个系

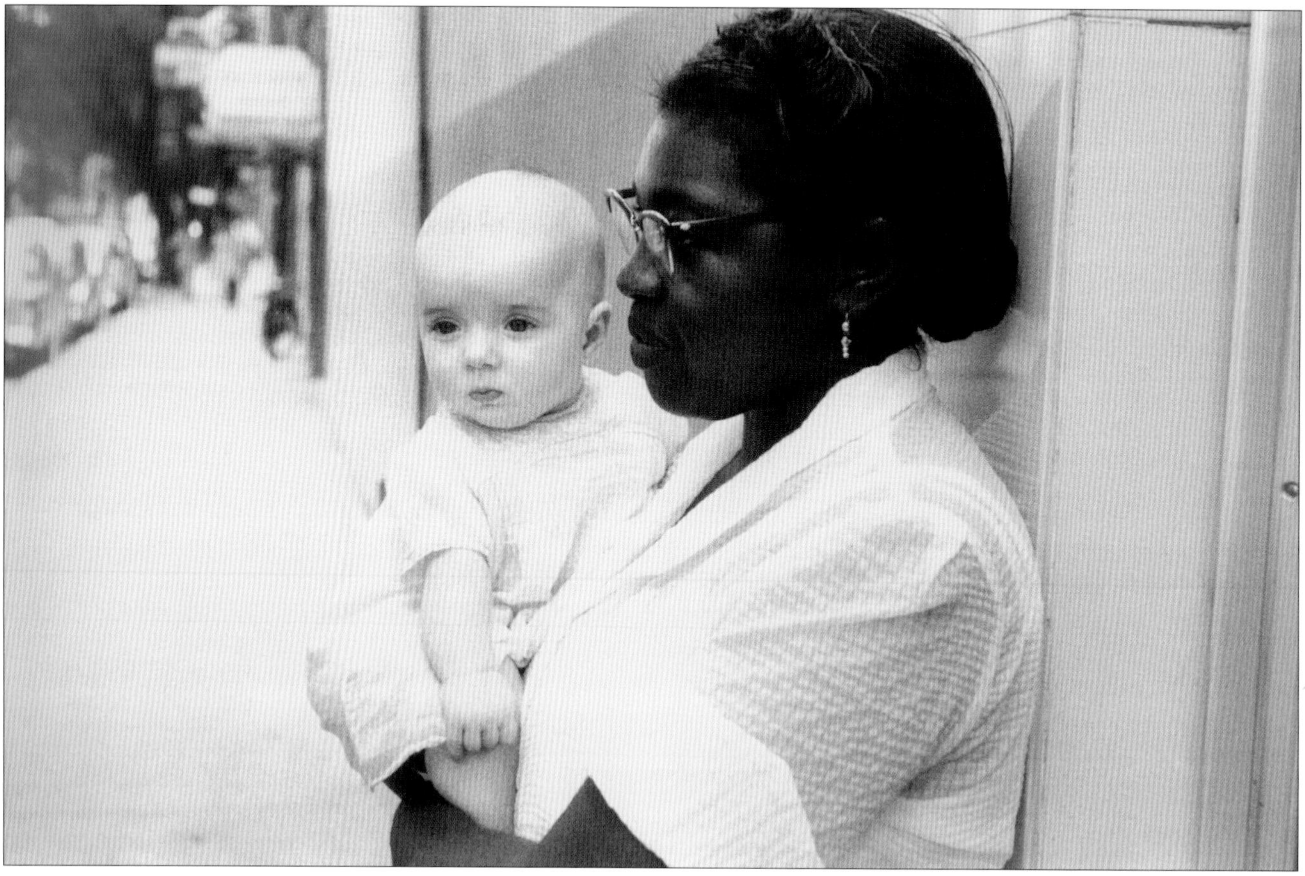

列作品的方式，改变了摄影的美学和观看照片的习惯。而且，1959年在美国出版的《美国人》版本中，你没有将文字说明放在照片的旁边，而是将它们放在画册末尾，这也是创新之举。

弗兰克： 你说的是可能改变了人们观看照片习惯的两件事情。我并没有刻意去改变这种习惯。我只是表明，报道摄影或旅行记录可以有许多不同的可能性。你无需遵循约定俗成的新闻报道手法也能拍好。归根结底，"美国人"项目是一位年轻的摄影家想要冒险地表明：我要出版一本由我本人选择的83幅作品组成的画册，这些作品不是由编辑挑选的，它们也不是因为要模仿沃克·埃文斯或《人类大家庭》(*The Family of Man*) 的画册而做的选择。我的意思是，这本画册只是我个人的告白。

江融： 有人认为，你是"瑞士摄影家，美国诗人"，换句话说，他们认为，你是从欧洲人的视角而非传统美国人的角度拍摄照片。但如你早些时候所述，你在开始拍摄"美国人"之前，已经在美国生活了八九年。那么，你是否认为在拍摄"美国人"时，你采用的是欧洲人的视角？

弗兰克： 如果你来自欧洲，而且是在年轻时就来到，并在美国生活过一段时间，你会逐渐成为美国人。横跨美国旅行并通过摄影来告诉人们你所感受到的美国，以及美国使你所产生的变化，是一种很好方式。

江融： 那么，你的确认为，作为刚到达美国不久的年轻人，你仍然受欧洲视角的影响，但在美国生活过一段时间，你也试图适应美国人的观看方式。

弗兰克： 我在欧洲所受的教育和观看的方式与我所做的这个项目毫无关系，因为，我很快便接受

左页图：1955年，南卡罗来纳州查尔斯顿，选自《美国人》

上图：1955年，新泽西州霍博肯，游行，选自《美国人》

这个国家作为我的国家，而我的背景没有在该项目中产生影响。美国的独特性才是我做该项目的主因，这些独特性包括有许多汽车、许多人、城市大得可怕、人们辛勤工作，以及在一个这么大的国家里，所有人都讲同一种语言。我直觉地注意到美国这方面的问题，就是“平凡迂腐”的问题。

江融：你的照片被认为非常具有叙述性，如同电影一样。在你完成“美国人”项目之后，很快便改变自己，开始拍摄电影。1959年，你同其他几个人合作，拍摄了一部十分重要的电影，题为《采吾菊》(*Pull My Daisy*)，这部电影至今仍然被认为是独立制作电影的经典作品之一。你为何要开始拍摄电影?

弗兰克：这是合乎逻辑的步骤。当你拍摄静态照片时，你通过取景器，选择不同的瞬间拍摄照片，你会意识到，在一张照片之前和之后还有更多的故事可以讲述，你立即会想到电影。另外，电影除了画面还有声音，因此，可以进行更多的表达。

江融：20世纪70年代，在继续对制作电影和录像感兴趣之余，你又回过头来拍摄静态照片。1972年，你出版了第二本画册，题为《我的手纹》(*The Lines of My Hand*)。这本画册题目的含义是什么?

弗兰克：当你看一个人的脸时，你会看到此人脸上的皱纹，因此，你可以感受到多年来生活对此人产生的影响。手纹与脸上的皱纹是可以类比的，这种比喻比较容易理解。

江融：那么，你为何又在20世纪70年代回去拍静态摄影?

弗兰克：你真正努力拍摄电影10年之后，可能又对拍电影感到失望，那么，你会认为，又该回到拍摄较为简单的东西。

江融：当你重新开始拍摄静态照片之后，你的影像与你在“美国人”中拍摄的影像完全不同。与你早期作品相比，它们更多是合成的，如你刚才说过，将文字刻入底片，如《厌倦说再见》(*Sick of Goodbyes*)等许多其他作品。

弗兰克：这些作品是为了改变形式。我不想重复使用135的相机。我选择使用更大的相机，一次成像的宝丽来相机是5×7相机。我特别注意不要重复自己，我开始使用这种相机，以便能够摆脱135相机拍摄的影像。

江融：你也开始用多张照片放置在一起合成一幅作品，这更像是艺术作品，而非直接摄影。你也用油漆在照片中写字，这些油漆会滴下来，这是非常现代的艺术创作手法，直到现在仍然有人采用这种手法。你是否认为，这些作品更像是多媒介艺术作品，而非纯粹的摄影作品?

弗兰克：我只是想要改变我的工作方式，对我来说，这些作品应当称作艺术作品，还是拼贴画或绘画，都不重要。我只是想改变我的创造影像的方式。

江融：你的后期作品非常个人化，视觉效果十分强烈，而且充满痛苦。我想冒昧地问一个关于你个人的问题，这些作品与你的女儿不幸早逝是否有关?

弗兰克：你不要问过于具体的问题。如果想要述说经历过的人生，可以用写作或摄影来描述。对我来说，我可以用某种方式的摄影和一些文字来叙述。如果我是作家，我很可能会写一本书。但摄影能够让人们在较短的时间内叙述你想要说的话，然后继续生活。

江融：“继续生活”似乎是你后期照片的主题，因为你的照片标题有许多与此相关，如“搬出去”和“坚持住，并继续向前”等。那么，“继续向

上图：1956年，蒙大拿州巴特市，旅馆窗外的景象，选自《美国人》

左图：1981年，马布（盲目、爱情、信仰）

右页图：1993年，纽约布利克街7号，自拍像

前”是否是你照片想要表达的主题之一？

弗兰克： 我认为，生活总是不断前行。如果你停止不动，继续你已经做过的事情，继续将它做得更完美、更大，对我来说，这是危险的状况，因为，你失去了创新的活力。

江融： 1970年，你搬到加拿大新斯科舍省的一个小岛上，你想要独处。大部分情况下，你拒绝采访，你不想引人注目。你曾说过，要想成为有创意的摄影家，必须学会单独工作。你是否认为孤独地工作对于艺术家来说十分重要？

弗兰克： 当我在1970年离开纽约时，在门口挂了一个牌子，上面写着“10分钟就回来”。的确，孤独是有好处的，有时对艺术家会有帮助。

江融： 你也曾说过：“我总是不断地朝外看以便能够朝内看。”我的理解是，你是通过捕捉外在世界的现象来表达你自己和你的内心感受。回顾过去60多年的艺术创作和摄影生涯，你想与年轻的艺术家分享什么经验？你认为艺术家应当努力做什么才是最重要的？

弗兰克：（沉思约十几秒之后）我认为，你们都应当有勇气继续前进，不断深入地走下去，走下去！

右图：2003年，加拿大马布，罗伯特·弗兰克在圣劳伦斯湾，爱德华·基廷摄

Carolyn COLE
卡洛琳·科尔

2004年，《洛杉矶时报》摄影记者卡洛琳·科尔成为第一位同一年获得美国4项新闻报道摄影奖首奖的摄影家。科尔让人印象至深的不仅是她所获得的奖项，而且是她的照片和她的身影。过去三十多年，在世界各地几乎所有的热点地区，都能看到这位女摄影家冒着生命危险穿梭在事件的现场，并始终力争处在事件的最前沿。

在采访报道中，科尔经历了许多艰难困苦。在巴格达遭到轰炸断电期间，她经常在烛光下工作；在车臣，她用烧水的茶壶洗澡；在伯利恒教堂，她与200多名男子一道共用一个厕所；她学会吃各种可能不卫生食品或吃得很少，但能保持很强的抵抗力和免疫力而不生病；有时为了不引人注意或尊重当地的习俗，她必须穿黑色大衣并围头巾，甚至需要染发。

科尔认为，驱使她克服各种困难的动力是，“想要创造出能传达大部分人无法见到的真实状况的影像，并传达当事人的情绪。我不仅需要对被摄者负责，而且，要对可能看到这些照片的人负责。一张照片可能是读者与几千英里以外正在挣扎者之间的唯一联系”。

科尔所追求的摄影表现方式是“真实、直接和简单”，她认为，“最重要的是内容，然后，是情绪和瞬间。如果有时间，我才会注意用光和构图，但在新闻摄影中，最后一点是很难做到的。”

事实上，科尔都做到了。然而，科尔十分谦虚，她认为，摄影使得她的生命变得有意义，摄影是她的声音，是她的表达方式，她很感激找到了这种方式，她说：“这种机会，是福赐。”

上图： 2007年，纽约，卡洛琳·科尔，江融摄

右页图： 2003年4月16日，在伊拉克被美军占领后，萨达姆·侯赛因画像很快就消失

江融： 作为已工作30多年的新闻摄影家，你曾说过，需要不断前行，并需要处在最前沿。这话怎么说？

科尔： 在许多情况下，所发生的事件变化迅速，你很容易落在后面，而且困在人群中，看不到实际发生的情况。为了摆脱这种困境，应当处在事件发生的最前沿。如果我落在人后，便无法看清是否即将发生冲突。因此，我总是试图站在抗议者、警戒线或在可能发生事件的前方，这样我才不会被挡住。

上图： 2002年，以色列，在伯利恒圣诞教堂被围困期间，一名巴勒斯坦人被以色列狙击手射杀

右页图： 2002年，巴勒斯坦人和以色列人在圣诞教堂发生长达一个多月的对峙

江融： 从你在海地拍摄的一张照片可以看出，你是在示威者与警察之间拍摄到该照片的，当时一定十分火爆，你一定被夹在中间。即使对于一位男摄影家来说，也很难拍到该照片。我在想，作为一名女摄影家，你如何能做到？

科尔： 对于任何人来说，想在暴乱的场面中，

拍到一张不模糊的干净画面都是不容易的。在拍摄海地冲突时，场面的确十分火爆，我被挤到墙边，并被挤在警察身上。警察通常不希望摄影家在场，当时在场的人都有自己的打算。示威者想要进入投票站，警察试图将他们挡回去，我则被他们夹在中间。拍摄这种场面的确十分困难。

江融： 那么，在新闻摄影方面，与男摄影家来比，作为女摄影家，利弊如何？

科尔： 我从来不考虑作为女摄影家的利弊，这与我毫不相关，但有一点是肯定的：你必须充满毅力和决心。最重要的是要有决心，如果你决心要拍到一幅好照片，以表明当时的状况，那么，你的内心便充满了力量，有利于促使你到达需要处在的位置。这更多是要克服一种心态，即是否值得这么做？对我来说，这是值得的。

江融： 你的确做到了这一点。2002年在位于巴勒斯坦伯利恒圣诞教堂发生的事件中，你是唯一进到教堂拍摄并报道的摄影家。不过，我在想，在冲突中，例如，在以巴冲突中，作为一名新闻报道摄影家，你需要报道冲突的哪一方？

科尔： 我以相同的方式报道冲突双方。我身处哪一方做报道，是没有关系的，我是从相同的角度报道双方的情况。在一些情况中，很难从冲突的一方走到另一方去报道，你会被困在一方。因此，有时我的同事会报道另一方的情况，这样就能尽可能公平地报道双方的情况。

在以巴冲突中，我先是在以色列一方报道了几个星期，然后在圣诞教堂外报道了约一个星期，最后才进入教堂里。我总是用同样的热情和目标来报道一个主题。

左页图： 2003年，利比里亚，内战中死亡人员的尸体被埋在蒙罗维亚郊区的乱葬坑

上图： 2003年，利比里亚，一名政府军士兵为抵御叛军的推进保卫着一座桥梁

左图： 2003年，利比里亚，一名政府军士兵哀悼他的伤亡战友

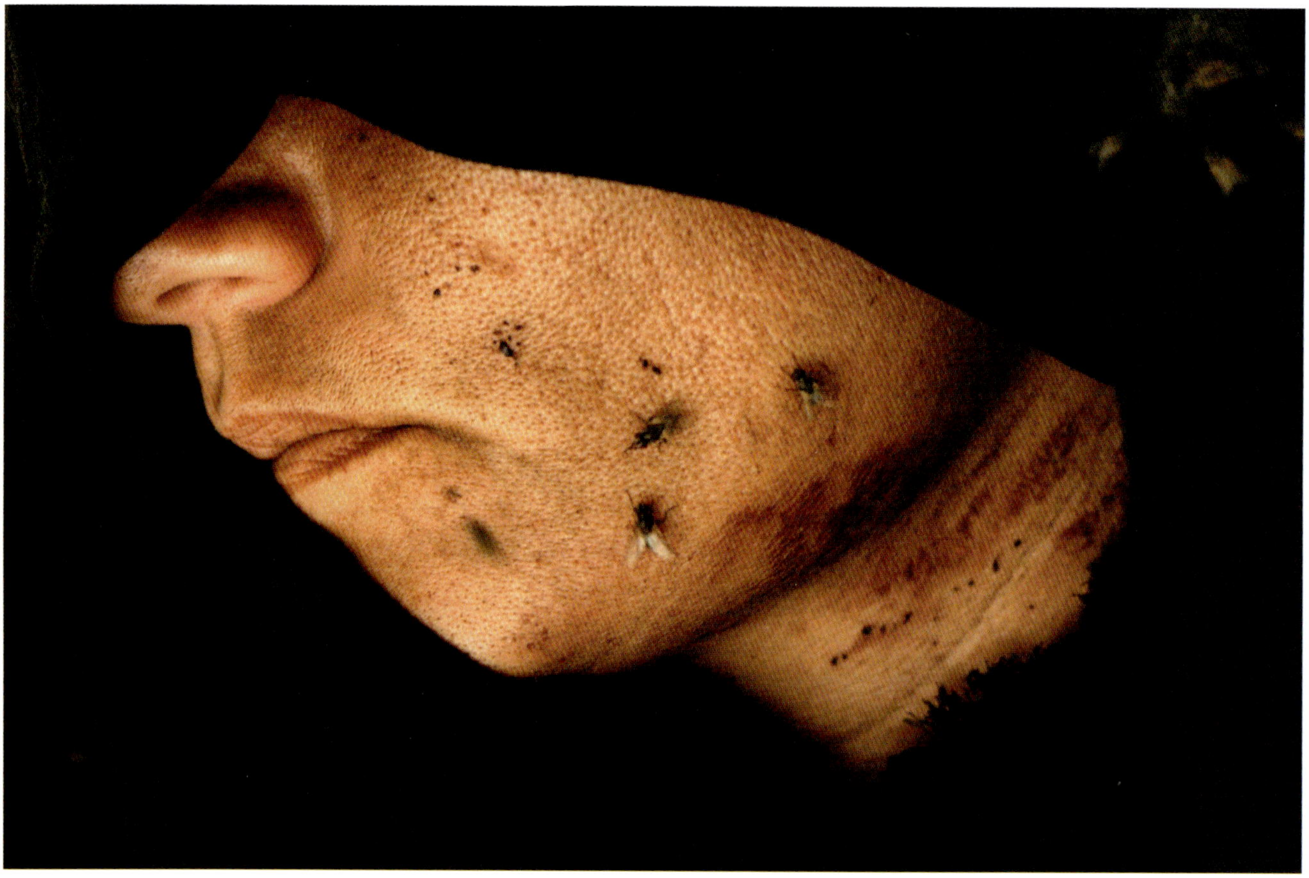

江融： 你是否更多地报道处于弱势的一方？

科尔： 我发现，冲突中通常有一方的情势会比另一方更危险。我常常与《洛杉矶时报》其他摄影记者共同合作报道。因为我比他们中的大部分人更有经验，编辑通常会派我到更危险或更前沿的地方。例如，在伊拉克战争爆发之初，我与其他几位摄影记者跟随美军报道。我的任务是在巴格达报道伊拉克人的情况，但我总是意识到，必须同时报道双方的情况。

江融： 但你也说过，当报道涉及到美国军队时，值得去冒险。那么，当美军轰炸伊拉克时，作为一位美国记者，你需要报道哪一方？你认为，你应当更注重报道美方？还是应当更多地报道轰炸对伊拉克人造成的后果？

科尔： 我认为，双方都很重要。在伊拉克，我被派去报道伊拉克方面的情况。作为美国记者，报道美军情况与报道受美国政策影响的伊拉克人情况同等重要。

江融： 如果你跟随美军报道，例如，你跟随美军在纳杰夫报道，我认为，你似乎很难不偏袒美军，因为他们在保护你。

科尔： 即使当我跟随美军报道时，我基本上仍然以相同的态度关注所有主题。我首先是人。我知道美军士兵所冒的危险，我也了解在军事占领下，伊拉克平民所遭受的危险。我只不过在某个时候正好处在某一方，而在另外的时候处在另一方，但不管你处在何方，战争总是危险的。到达现场报道，是要向人

们展示事情的真相，并试图帮助他们了解实际情况。

江融：在利比里亚冲突中，你先是报道叛乱分子，最后，你又与政府部队在一起。你拍摄了一张儿童兵竭力击退正在逼进首都的叛乱分子的著名照片。那一天，你是如何报道的？

科尔：实际上，那一天，报道叛乱分子的摄影家很少，大部分摄影家到达利比里亚时已经太晚，无法跟随叛乱分子进行报道。在停火之前跨越前线到达叛乱分子一方是很危险的，因此，我花大部分时间与政府民兵在一起，他们试图保护首都蒙罗维亚，并防止叛乱分子进入该城市。在这场冲突中，只有很少一些人掌控局势，几乎所有其他人都是受害者，儿童兵是受害者，平民是交战的受害者。

左页图：2003年4月，巴格达，在美国入侵伊拉克期间，精神病院的病人无人照看

上图：2003年，伊拉克，孩子们哀悼被美军进入巴格达时杀害的亲人

上图：2004年，伊拉克，在纳杰夫战役中，伊拉克人被美军拘留

右页图：2009 年，巴基斯坦，基地组织同情者在斯瓦特河谷进攻中被巴基斯坦军队俘虏

江融： 你说过，你只是与反叛分子对视，便能与他们交流。其中一名枪手被击中，你拍了一张他死去时的照片。当时情况十分危险，又有语言障碍，你是如何接近叛乱分子？

科尔： 我发现，在世界大部分地区，人们都十分了解媒体所发挥的作用。他们知道记者为何会到达现场。大部分情况下，他们都与记者有过接触，知道我们的作用是努力报道这些地方正在发生的情况。我无需向他们做过多的解释，当然，眼光的接触是重要的，当眼睛对视时，他们立即便能确定你在现场的作用，同时，你也知道他们意识到你在现场。

江融： 你如何才能确定他们同意你拍照？

科尔： 如果他们不让你拍照，会立即让你知道。就是这么简单。

江融： 但在有些情况中，例如一场葬礼，通常葬礼是十分庄严的，人们或是十分安静，或是在哭。在这种情况中，你如何决定是否可以拍照？

科尔： 如果可能，我会提前与翻译先到现场，与家属交谈，征得他们同意。我会了解情况，尽可能多地了解死者的情况。如果做不到，那么，我会尽快了解，或者先拍照，事后再了解。

江融： 你是否在某些不合适的情况下决定不拍照？

科尔： 的确有些时候有人不让拍。如果某人的死亡是正在发生的战争造成的，我认为应当记录，但我在拍摄时不会考虑该照片今后是否发表的问题。我在实地尽可能多拍，假如犹豫不决，该拍的会没有拍到，我在事后会尽可能多地了解细节。不过，如果有人明确表示他不想被拍，而且，不希望有记者在场，那么，在这种情况下，我当然不会拍摄。

江融： 你在拍摄遭受苦难者的照片时是否会感到内疚？

科尔： 我了解自己所发挥的作用，知道自己是在试图使人们意识到世界上所发生的事情，并努力让人们关心另一个国家的人，关心我国政府的政策如何影响到这些人。我不会在拍摄时受情绪的影响，否则，我无法工作。

江融： 你说过，在工作时，你基本上将所有的能量倾注在工作中，不会情绪化。但我在想当你看到某人流血或死亡，你如何不动感情？

科尔： 当然，我也有情感。但是，如果我在这些情况中情绪失控，那么我就无法完成工作，我到达现场又有何用？

江融： 我注意到，你的照片充满被摄者的各种情绪，而且，你经常捕捉到人们在哭的画面。为何捕捉人的情绪如此重要?

科尔：因为我希望人们在看了照片之后能被感动，我希望人们能够从我所拍摄的人物和我所到过的国家中感受到某些东西，而不论这些照片是否在他们的国家、他们的州或街坊拍摄的。我的目标始终是在报纸的读者与他们不了解的那些正在经历某些重大事件的人之间搭起桥梁，这就是我的工作。如果做不到这一点，我便是失职。做好这项工作的办法之一是将这些人的情绪传达给读者。

江融：你曾经说过，内容是你照片中的重中之重，然后才是情绪和瞬间。如果有时间，你才会注意用光和构图。你为何认为内容对新闻摄影如此重要?

科尔：因为新闻注重传播信息。我首先需要了解发生的情况，为何我要拍摄该照片，为何该照片对这项报道至关重要。一旦我知道所要拍摄照片的内容，所有其他的要素都变得次要。我至少要有充分的理由拍摄这些照片。

其次，我会寻找某个事件和某个人物的瞬间和情绪。然后，我会增加用光和构图等其他因素。希望所有这些因素的组合能产生一张让读者停下来观看的照片。人们不断受到大量照片的困扰，因此，现在创作出能让人们观看并思考的照片绝非易事。

江融：所以，你将用光和构图作为最后才关注的重点，但你的许多照片构图讲究，光效很好。你是否认为，拍摄人们遭受痛苦的照片也应拍得“漂亮”?

科尔：不论所发生的事情是漂亮或是丑陋，我都采用相同的摄影原则。战争和死亡是丑陋的，我所要做的事情是，让人们意识到正发生有大量人死亡的事件，构图完美的照片有助于传递该信息。

江融：你曾拍摄到躺在乱葬坑中的利比里亚男、女青年的尸体，该照片第一眼看上去像是时尚摄影，似乎他们是躺在沙滩上闭眼晒太阳。这张照片拍得很美。你构图为何那么紧凑?

科尔：事实上，有60多具尸体几乎头挨着头躺在乱葬坑，然后，有人将沙土铲在他们的身上，这是令人毛骨悚然的情景。如果国际社会早一些涉入该局势，这些人可能不会死亡。那一天，我拍摄了许多照片，大部分都无法发表。但这张照片忠实地再现了当时的状况。我拍摄照片的方法是，寻找能够使人思考和感受的照片。我认为，那一天，我拍摄的照片十分触目惊心，而且画面逼真、简洁。这些照片是漂亮或丑陋，对我来说是次要的。

江融：你是当今世界上仅有的几位拍摄“冲突”的女摄影家之一。你能否告诉我们，“冲突摄影”与“战地摄影”之间的区别?

科尔：当今的冲突与短兵相接的越战不同，其中许多冲突是轰炸行动。除了报道战斗，你还需要报道更多其他问题，其中包括难民、逃难的人们和伤亡人员。我认为，“冲突摄影”比“战地摄影”所包含的问题更多。我在利比里亚首次目击枪战的情况，之后在伊拉克也见过。不过，大部分情况下，我看到的是轰炸行动。因此，我不仅将注意力放在轰炸上，也将注意力放在冲突所造成的平民伤亡以及难民的情况上。

江融：在接受我的采访时，英国著名战地摄影家唐·麦卡林说，拍战争容易，拍和平更难。你如何看待这种说法?

科尔：无论是在战时还是和平时期，我发现摄影总是非常难的一件事情。很难能拍到具有我们刚才所讨论的那些组成要素的照片。大部分时候，我拍不到这种照片，因为不具备构成这种照片的要素。但是，如果我能拍到所要拍摄的内容，则是迈出了

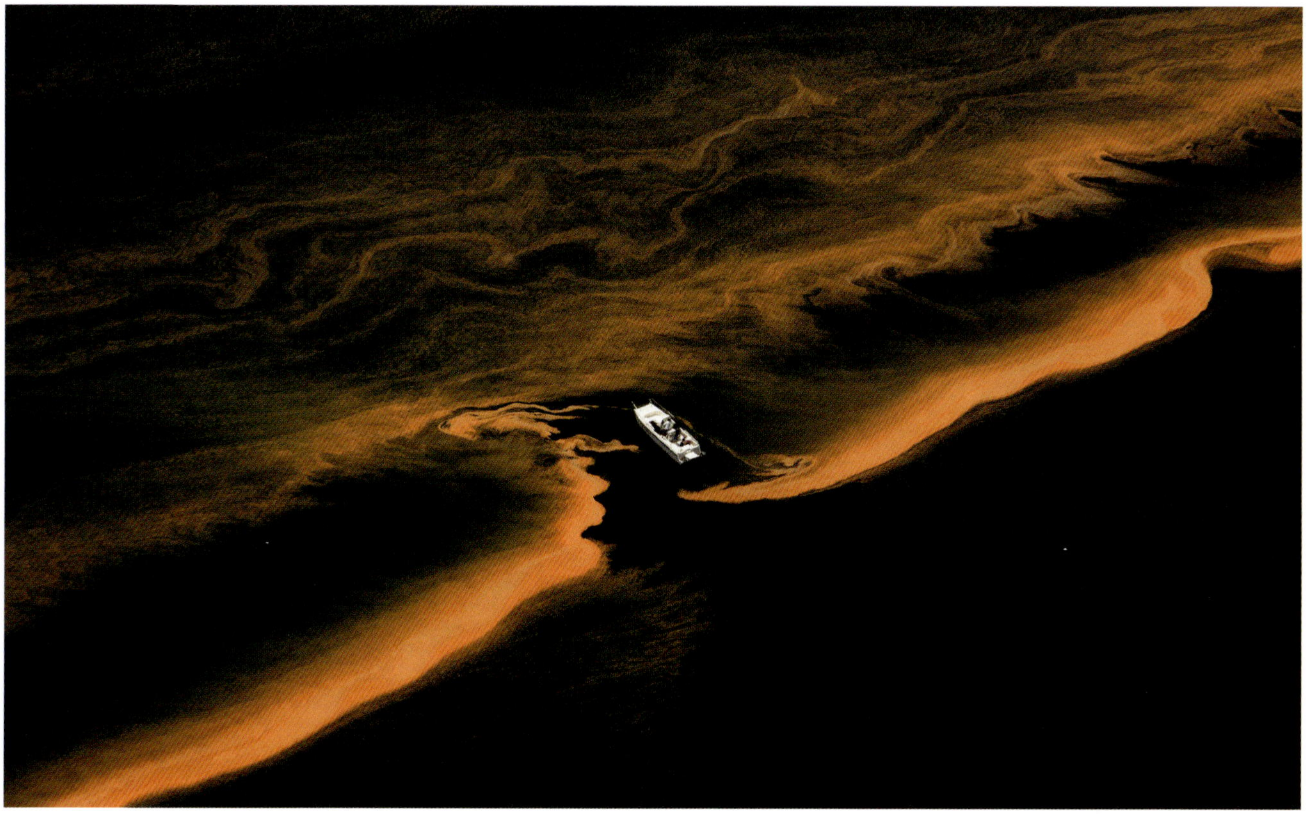

第一步，之后，我会增加其他的组成要素。我认为，“冲突摄影”也很难，事态发生得非常快，有时会是十分混乱的，而且，也有生命危险，因此，“冲突摄影”或和平时期的专题摄影都不容易。要拍好某人的肖像，同样需要付出我的所有能量。拍摄名人肖像与报道葬礼所需的能量相当。拍摄和平时期的照片，可能需要更多的时间才能发现你试图要报道的内容。拍摄专题摄影与新闻摄影所需的心态不同。

江融： 谈到“新闻摄影”与“专题摄影”，它们之间到底有何不同？

科尔： 我认为，“专题摄影”需要更多的耐心和时间，所发生的瞬间不像新闻事件那么快。对我来说，在新闻事件中所要拍摄的内容是显而易见的。但在“专题摄影”中并非总是明显的。在瞬间与瞬间之间，可能需要等待相当长的时间。我可能需要等待数日甚至数月，才能得到我认为对某项报道十分重要的因素。但我仍然寻找能够感人的照片，这种照片能够与观众交流，能够讲故事。

江融： 你曾说过，即使你集中精力主要拍摄新闻照片，但从长远来看，当你将同一个主题的所有照片放在一起时，它们也能表现出某一个事件的先后顺序。这也相当于一个专题报道，是吗？

科尔： 在许多情况中，我会花好几个星期专门报道一个重大新闻事件，我也常常会在几年内多次重新报道该事件。每次重返事件发生地，不论是伊拉克、阿富汗和以色列，我都会使该报道更加深入。在我的一生中，我希望能积累较为完整的报道。

江融： 让我们再回到“始终处于最前沿”的问题。我认为，除了你始终努力处在事件的最前沿，从技术上来说，你也一直处在最前沿。你很早就试用柯达数码相机，现在你也在拍摄过程中同时使用录相机记录事件的动态影像和背景声音。你是否认为，作为新闻摄影家，你必须处在技术的最前沿？

科尔：总的来说，作为摄影记者，你必须知道报道所需的一切必要手段。我很高兴，自己很早就开始采用数码摄影，到“9·11”事件发生时，我已经知道如何使用数码技术。我所报道的一些事件发生在非常偏僻的农村，如科索沃和阿富汗，这些地方没有暗房或冲印店。我经常是在汽车里工作，有时，利用汽车的电池通过卫星电话将照片传送到报社。如果我当年在是否开始采用数码摄影和使用卫星技术方面犹豫不决，那么，我就不会像现在这样胸有成竹。作为摄影记者，关键在于如何完成任务。我发现，采用已出现的新技术，而非加以抵制，更有助于我完成任务。无论你喜欢与否，新技术总是要出现的。目前，网络变得越发重要，已成为新闻采集更加重要的组成部分，我需要知道如何收集录像和现场声音。我希望自己早就开始这么做了，因为我认为录像和现场声音能增加静态影像通常无法提供的元素。因此，将现场声音与静态照片结合在一起，对于我来说是十分重要的。最近，我刚获得无人机的执照，这样我也能在作品中增添通过无人机拍摄的照片。

我不是说，要做到这一点很容易。如果你增加摄像机和录音机，那么，等于做三份工作，工作量增加两倍，还不包括编辑静态图像和录像的过程。我可以理解为何有人拒绝这么做。但作为摄影记者，我要学会完成任务所需的一切工具。

江融：你曾说过，为了获得你想要拍摄的照片，无论需要克服什么困难，都是值得。

科尔：对我来说，静态图像能留在脑海中，是人们对某个事件的记忆。我在录像方面的经验仍然不足，但我通过照片能记得所发生的事情。在我职业发展的现阶段，照片仍然是我从某个事件中所要获得的最重要的东西。除此之外，如果有时间增加录像、录音和其他内容，那么，我就会这么做。但是，首先我要拍到能讲述所发生事件的好照片。

江融：你有幸能找到新闻报道摄影职业，它不仅使你的生命充满冒险，而且也充满目的。你如何在个人生活与这种充满冒险的生活中找到平衡？

科尔：我认为，要在个人生活与职业生活中找到平衡是不容易的。自从1999年以来，我每年在实地的时间是半年到10个月不等。但新闻报道摄影使我的人生充满目的。我的确认为，我所从事的工作和其他记者所做的工作能够产生影响。如果我不相信新闻报道能产生作用，就不会从事这项工作。我与报纸的读者也保持联系，常常收到他们的来信，他们告诉我，很感谢我能够到实地目击所发生的事情，并通过照片转达给他们。这的确让我觉得充实。但要花这么多的时间工作，同时还能面面俱到地生活，是不现实的，至少目前来说是不可能的。

江融：你已经获得这么多奖项。我在想，你是否有获奖疲惫的感觉？

科尔：报社为我报名参加许多我得过的奖项比赛，显然，这些奖项能使更多人了解我的作品，也使我在报社中得到认可。我得到了编辑的支持，他们愿意冒风险派我到实地，这使我有机会继续从事我想要开展的工作。另外，在获奖之前，我已经工作了15年，直到15年后，我才得到认可。因此，获奖不是一蹴而就的。

江融：你做出这么多的牺牲是为了什么？

科尔：我只是想成为一名优秀的摄影记者。在我职业生涯中，我已经竭尽全力来记录所见到的世界和人物。我要让人们关心我所记录的世界和人物。如果做到了这一点，我便成功了。

第305页图： 2010年，美国，英国石油公司在路易斯安那州海岸外墨西哥湾的泄漏石油事件

上图： 2010年5月，美国，由于钻井平台爆炸，鹈鹕身上沾满了英国石油公司泄漏的石油

Giorgia FIORIO
乔治娅·菲奥莉欧

世界上有极少数的摄影家，为自己定下长远的目标。他们选择游离于主流社会之外，拒绝商业浪潮和摄影市场的诱惑，避免现代技术可能造成的分心，以磐石般的定力，花10年甚至更长的时间，心如止水，潜心做一个摄影项目。摄影成了他们置疑这个世界、开展个人探索的手段。意大利著名女摄影家乔治娅·菲奥莉欧便是其中的佼佼者。

从1990年开始，为了探索封闭的男人世界，菲奥莉欧身材虽然瘦小，但她花10年时间，背着沉重的摄影器材，下到1400多米深的矿井；跟随士兵前往波斯尼亚和乍得的战场；与消防队员、骑兵和水手共同生活。终于，她赢得了被摄对象的信任，完成了一部专门探讨西方社会集体意识中“理想”男子形象原型的视觉文献。

2000年，菲奥莉欧又踏上新的探索征程，这一次，她的眼界更加开阔，从菲律宾天主教徒扮演耶稣受难的苦行仪式，到海地巫术教的洗礼活动；从印度教徒在恒河每12年举行一次的大壶节，到藏传佛教徒前往喜马拉雅山的朝圣；再到秘鲁安第斯山上印第安部落的祈祷；她在后来的9年，走遍世界各地，拍摄题为“神赐”（The Gift）的摄影项目；她从世界各地不同宗教和信仰的仪式中，追寻人类共同的精神遗产，探讨“人”与“神”以及人类周而复始的生存状况问题。

菲奥莉欧认为，摄影是置疑世界的方式之一，它并不给予答案，而是提出问题。因此，在过去近40年里，她一直以摄影向自己、也向观众提出各种问题。这是她个人的探索，这种探索是宏大的，最终可能产生视觉的史诗。

上图： 2007年，纽约，乔治娅·菲奥莉欧，江融摄

右页图： 2001年，印度，大壶节上的朝圣者，选自“神赐”系列

江融：我相信，人们最常向你提出的一个问题是，为何你花10年时间做了一个关于“男人”的摄影项目？是什么让你如此着迷于完成这个项目？

菲奥莉欧：我开始做该项目时才21岁。刚开始研究做什么项目时，通常不知道会是什么主题，会是什么结果，也不知道会花多少时间。我更没想到会做一个关于“男人”的项目。

当时，我在纽约国际摄影中心上课，毕业前3个月，我开始做一个有关拳击手的项目。后来逐渐进入这个对我开放的男人世界，并意识到，自己有责任介绍这个世界。这是一个我不知道却又很想了解的世界。结果，我不仅拍摄了拳击手，而且拍摄了矿工、士兵、水手、消防员和斗牛士。这些男人均来自西方社会，而且是一个封闭的群体，尤其很少对女人开放。他们的日常生活是在挑战身体极限。从某种意义来说，该项目是探索西方集体意识中的形象原型：属于这些群体的男人被视为20世纪的“理想”男人。

刚开始，我对这些男人所表现出来的尊严印象深刻，他们所选择的生活方式充满威胁。在极度的压力之下，人类能够迎接挑战，变得更加伟大。因此，我从拍摄一个人物形象转向另一个形象，不知不觉间就拍了10年。但是，我最终发现，所有这些人物的力量恰恰表明了人类生存的脆弱。这就颠覆了一切。

江融：我也在想为何你没有再花10年时间做另一个有关“女人”的项目？

菲奥莉欧：我不会这么做。

江融：为何不会？

菲奥莉欧：不应当分门别类地选择拍摄主题，不应当拍了“男人”，而后拍“女人”，然后再拍“儿童”。我并非一开始就确定要做一个有关“男人”的项目，我是从社会的某一个原型着手，该原型碰巧是男人。另外，摄影并不给予答案，而是提出问题，它是置疑这个世界的方式。我更愿意置疑我不了解的世界。作为女人，我对探索男人的世界更有兴趣。观看女人，我会有一些偷窥的感觉。

江融：作为女人，你是否认为更易于接近所要拍摄的男人？

菲奥莉欧：不，我不认为如此。身为女人，只是当时我选定男人作为关注对象的原因之一。

江融：作为男人，我认为，更难于接近其他男人进行拍摄。

菲奥莉欧：对我来说，当时将男人作为拍摄对象是非常难的。但我认为，如果你尊重他们，他们会慢慢地让你拍摄。因此，我总是花许多时间与每一个拍摄群体在一起，过一段时间，就能与他们建立关系。

我并没有太多考虑这些关于性别的问题。我对了解未知的世界更感兴趣，男人的世界在当时对我来说是陌生的，但也只是作为社会的组成部分进行拍摄。现在我正拍摄的项目包括男人、女人和儿童。这是关于人类而非只是关于男人的项目，它涉及人类生存的本质，是更为广义的人类。当拍完关于男人的项目后，我再没有将他们视为一个社会的类别，而是将他们视为“人”。

江融：你当时在做男人的项目时，将这些男人视为过去西方世界的“理想”人物。我在想为何你没有将东方的男人包括在内？

菲奥莉欧： 因为相对于东方世界来说，这是我较为熟悉的世界。

江融： 但你说过，你想了解那些你不熟悉的世界。

菲奥莉欧 ： 是的。但我当时只决定做一个关于西方社会的项目，而不是世界任何其他地区的项目，我从一开始便做出该决定，因为我从国际摄影中心毕业后，不想做一个迂腐的项目。

左页上图： 2000年，海地，对大瀑布的朝圣之旅，选自“神赐”系列

左页下图： 2001年，印度贝拿勒斯，晨练，选自“神赐”系列

上图： 2004年，土耳其科尼亚，旋转的苦行僧，阿拉丁清真寺，选自“神赐”系列

跨页图：2000年，菲律宾，在圣佩德罗市举行的天主教复活节庆祝活动，选自“神赐”系列

右页左图：2002年，印度，佛教徒在凯拉什山朝圣，选自“神赐”系列

右页右图：1998年，马里，穆斯林国民警卫队骆驼连的士兵在祈祷，选自“男人”系列

江融： 什么是“迂腐的”项目？

菲奥莉欧： 就是人们通常所期待的那种摄影项目。我不想拍摄一个具有异国情调的地方，如东方；我也不想拍摄“可爱的”儿童，或“漂亮的”女人。我只想了解我不理解的世界，因此，我根据当时的记忆和过去想象中的“理想”人物，选择这个项目。过去，我奶奶常说“男人很强壮”。我对此表示怀疑，因此才做该项目。

江融： 你曾说过：“这些男人面对一种完全真实的生活。”这正是你试图捕捉的核心内容。而且，你总是要将个人的想象转变成你的摄影作品。因此，在你拍摄之前，也许你已经在脑海里有某种想象。

菲奥莉欧： 是的。大家都有某种想象的记忆，但现实与想象总是矛盾的。摄影不仅只是呈现现实，还需要诠释现实。因此，摄影是现实和想象的结合，这才构成你的独到眼光。摄影不可能完全客观，它始终是一种观点。

江融： 我知道，文学是你获得“观点”的途径之一。你大量阅读，在去俄国拍摄之前，你读了大量俄国文学作品。

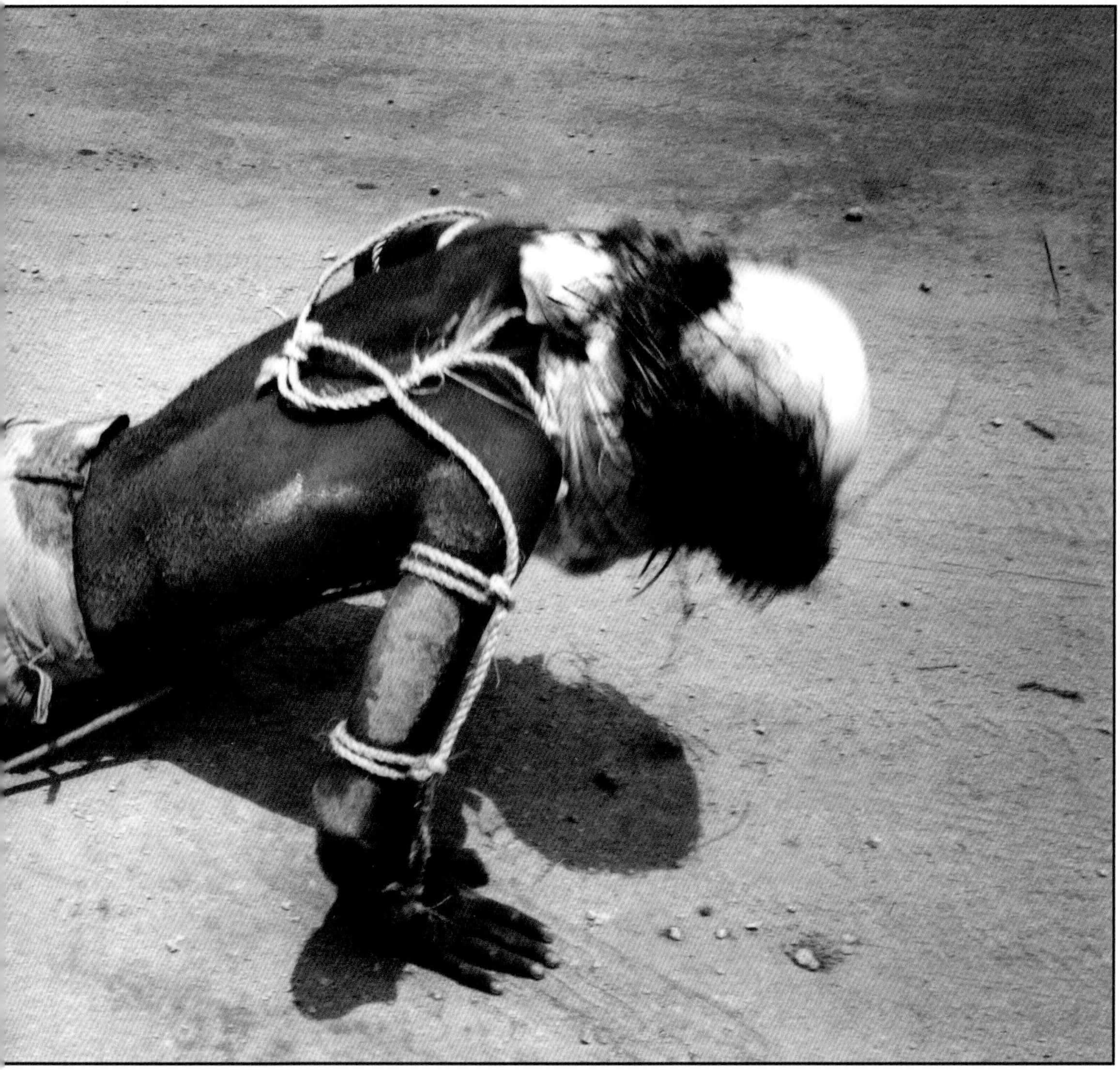

上图：1999年，意大利，撒丁区圣皮埃特罗岛的水手，选自“男人”系列

右页图：1999年，德国埃肯弗德，海军蛙人特种部队队员在训练中，选自“男人”系列

菲奥莉欧： 是的。我阅读大量的文学作品和诗歌。我没有电视，而且也很少上网。

江融： 你为何反对现代技术？

菲奥莉欧： 我尽可能保持孩童的眼光。我认为，摄影的功能之一是置疑这个世界。如果你观看的方式完全受当今影像的污染，那么，当你观看时，你便会先入为主地认为已经看过了。

江融：所以，我认为，你的影像似乎来自另一个世界。

菲奥莉欧：当你阅读时，你也在想象。想象力会强化你的愿望，你才会决定，必须去证实你的想象。例如，你知道在这扇门之外是一条走廊。假如你根本不知道门后面是什么，那么，就可能是大海。这就是说，如果你自以为是，便不会打开门。因此，我认为，我们应当保持某种童贞。

摄影也是一种体力活，你到达一个不同时空的地方，你接触到不同的人，只有通过你的想象力，才会找到你想要的东西，所以，摄影是一种欲望，如同恋爱。你在脑子里想象你所听说的这个人的各种情况，你从未见过面，却已经爱上，因此，你很想见到此人。摄影也一样。

江融：你是否认为，文学与摄影有矛盾，因为文学是“文字”而非“影像”组成的。

菲奥莉欧：对我来说，文字、诗歌和音乐均是能强化和唤起我想象力的不同手段，因为我会预先想象我所要拍摄的影像。我也喜欢观看不同时期的绘画，这有助于我的构图。

江融：从你的照片，能看出你深受意大利文艺复兴时期艺术作品的影响。

菲奥莉欧：我喜欢他们的构图，对我来说，这些艺术家的作品非常重要。我对画面中人物的构图十分讲究。

江融：你说过，你一直在做一部宏大的视觉叙事诗，你所出的每一本画册，成为该叙事诗中的一个章节。你已完成的有关男人的项目便是如此，你共出版7本相关画册，最终，你精选其中的最佳照片，将它们编成一本名叫《男人》(*Men*) 的画册。我认为，你的确完成了一部视觉叙事诗。

菲奥莉欧：但我认为，我的作品既不是叙述性，也不是描述性。我的影像不是在讲述故事，它们不是报道摄影。相对于我正在做的“神赐”项目，我所做的关于男人的项目更接近纪实摄影。就目前的项目而言，我的拍摄对象不是现成的，不在我的眼前。它不是关于某个人的项目，而是关于人类毕生求索的项目，他们到底在寻找什么是一个谜。我也不知道答案，否则，我也不会做该项目。

江融：那么，你如何界定自己？你是一位艺术摄影家，还是一位纪实摄影家？

菲奥莉欧：刚开始时，我是一名纪实摄影家，更多地拍摄与社会问题有关的摄影，现在我的摄影更多与人文有关，同时又是我个人的探索过程。我的摄影中有艺术摄影的成分，因为我在构图和最终放大的照片制作方面很下功夫。对我来说，如果我自己不放大照片，便不存在我的影像。

江融：你将杰鲁普·西埃夫（Jeanloup Sieff）视为你的良师益友，他可是一位艺术摄影家。

菲奥莉欧：他并非是我唯一的老师，但我必须承认，他对我产生了重大影响。

江融：还有谁对你也产生过重大影响？

菲奥莉欧：唐·麦卡林在我开始创作时也对我产生重大影响。当我从国际摄影中心毕业后，做了拳击手和意大利士兵的项目，在法国阿尔勒摄影节上获奖。那一年，麦卡林在阿尔勒上有个大型回顾展。虽然他喜欢我的作品，却十分严肃地对我说："你必须更上一层楼，你必须超越自己，走到你自己的对立面。"当时，我还无法真正理解这句话的含义，但我能感觉到他说话时的紧迫感。麦卡林的这番话让我意识到对摄影要做出道义上的承诺，至今，我一直铭记。我认为，摄影是强有力的交流工具，摄影不仅只是拍照，它还必须有意义。面对当今的世界，这是一项重大的责任。

江融：你是否曾想过要成为像麦卡林一样的战地摄影家？

菲奥莉欧：没有想过。

江融：如果你认为，你所要拍摄的男人是将"死亡视为每天都可能发生的现实"，那么，你为何不到真正的战场上？

菲奥莉欧：当我拍摄法国外国军团时，去过波斯尼亚战场，我也随他们到过乍得。我从来就没有想过要模仿麦卡林。我认为，艺术家有两类：一类是表达自己的艺术家；另一类是思考型的艺术家。事实上，灵感和表达是无止境的，只是我们的思想有许多限制。只要我们做好思想准备，拍摄主题便会降临到你的脑海中。

例如，我不喜欢寒冷的气候，但我已经5次到过喜马拉雅山脉和安第斯山脉拍摄，我感到必须去那里拍摄，我并没有决定去那里，只是觉得无法回避，我的直觉告诉我要这么做。

江融：我注意到，你喜欢用中画幅的相机，6×6和6×12画幅。你下矿井拍摄乌克兰矿工是用什么相机？

菲奥莉欧：中画幅相机。

江融：当时你用闪光灯吗？

菲奥莉欧：是的。事实上，在矿井下用闪光灯会有问题，有可能引起爆炸。每天下井前，都必须确保是否能用闪光灯。

江融：你是否一直用黑白胶卷？

菲奥莉欧：是的。

江融：你是否认为黑白胶卷是唯一能表达你眼光的媒介？

菲奥莉欧：我喜欢其他摄影家的彩色作品，但我不是用彩色眼光看世界。我能看到不同影调和光线，我能看到高光、暗调和不同的灰度。摄影是一种语言，摄影家有不同的表达方式。通常，人们以"彩色"观看世界，因此，彩色摄影更接近现实世界，它更像散文，有许多带色彩的词汇；黑白摄影像诗歌，用词更简洁。

江融：2000年，你如何想到要做这个题为"神

赐”的新项目？

菲奥莉欧：我做完关于男人的项目后，意识到我不想再做关于西方社会的项目。我非常想了解什么是每个人都有的东西，这是我们有限生命的秘密。因此，我十分谦卑地开始个人的探索，了解人类如何面对有限的生命，了解人类的信仰最早如何面对这个现实？

刚开始，我想从一种宗教拍摄到另一种宗教。当我第一次拍摄该项目回来之后，便立即意识到，

左页图：1996年，西班牙马拉加，斗牛士在训练中，选自“男人”系列

上图：1995年，法属圭亚那，法国外国军团在丛林中训练，选自“男人”系列

雕像的头部，选自乔治娅·菲奥莉欧的“人类：生存的考古学”项目，该项目是从相同的固定位置和距离拍摄，变幻的光线使得雕像面貌产生多种变化，栩栩如生

保留的头像ÄS 7787号，公元前2609一前2584年的石灰岩制作，埃及吉萨古墓，奥地利维也纳艺术史博物馆
® Humanum
© Giorgia Fiorio，2017

这种方法是不可取的。我不是在盘点所有的宗教。

有一天，我在埃及开罗博物馆观看远古时期的伟大雕像，突然意识到，这正是我要寻找的。这些旷古的雕像及其永恒的姿势让我想起仪式的起源。我的项目不是关于宗教，也不是要采用百科全书的方式进行拍摄。我所要寻找的是世界各地仍然在采用的与人类起源有关的仪式，并探索人与上帝之间的关系。但我意识到，这只是我个人的追寻。

在做该项目期间，我有时会惊讶地意识到，物质世界是精神世界的基础。所有的仪式都是围绕着“循环往复”的过程：从生命到死亡，从无生命到有生命，它们都是关于创造、生育、新生和死亡。这个项目的标题“神赐”是一个有传递含义的词，它是人类历史上最古老的词汇之一，其含义包括给予、馈赠、接纳和回赠，这是一个循环往复的周期：生死的轮回。尽管仪式各不相同，属于不同的文明，但都与馈赠和感恩有关，而且都是用生命进行馈赠和感恩。

江融： 从你上述有关该项目的描述，我能感觉到它的含义十分深刻。但你认为是否能通过影像将这些认识传达出来？

菲奥莉欧： 我不知道，但我一直在努力。我一直在对自己提出各种问题，我的影像也在对观众提出问题。它们没有答案，只是谜一般的证据。对摄影家来说，这是重大的挑战。我的被摄对象不在眼前，它会自我呈现出来，你必须有福分才能看到，在这些被摄对象面前，我始终感到非常谦卑。

江融： 刚才你提到十分重视各种姿势。你在做关于男人的项目时，发现“所有这些在不同状况中男人的姿势都是相同的，它们都是这些男人面对各种艰难困苦场面的相同动作，亘古不变”。你在做目前的项目时，又发现“所到之处，你会看到人们不断重复这些姿势”。你说过，对宗教信仰的教条不感兴趣，而是对各种姿势感兴趣。你为何对姿势如此感兴趣？

菲奥莉欧： 因为我是摄影家，不是作家。如果我是作家，我会用词汇来描述我的感受。作为摄影家，我是通过你的一举一动来感知你，即使你不怎么动，我也能从你的姿态和面部表情加以感受。因此，人的姿势是对这个世界的反应，它们是我作品的关键。在做完“神赐”项目之后，我打算做一个世界各地雕像的项目。

江融： 为何要做这个新项目？

菲奥莉欧： 因为我想探讨世界各地的人如何在历史上表达他们对自己的感受。古代人对自己的感受是将上帝拟人化，这种感受经过几千年才逐渐地从神变成人。对我来说，这是一个让我非常激动的项目，当我观看雕像时，我注意到，雕像的影子正是该雕像原型的影子。想到这一点，便让我感到震惊和昏眩。

江融： 我认为，你实际上是生活在自己的世界里，这是一个不真实的世界。你正在进行个人的探索，这种探索是宏大的，最终会产生视觉的史诗。你是如何做到这一点？

菲奥莉欧： 并非是我自己决定要到大风大浪中去经受考验，我发现自己已经被抛到大海中。从某种意义上来说，我别无选择，必须奋力游泳才不会被淹死。这是我无法回避的，只能去做，而且，希望自己能够坚强地做好。

上图：1995年，吉布提，法国外籍军团在训练中，选自“男人”系列

Fred RITCHIN
弗雷德·里钦

美国著名媒介专家弗雷德·里钦是最早提出摄影即将迎来“数码革命”的有识之士之一。早在1984年，Photoshop和互联网尚未问世时，他便在《纽约时报杂志》撰文，提醒人们电脑和数码软件可能对摄影的真实性带来根本影响。1990年，当全世界刚庆祝摄影术发明150周年之后，美国光圈出版社出版了里钦关于“数码革命”的专著，题为《以我们自身的影像》(*In Our Own Image*)，这是最早探讨“数码革命”可能对摄影产生影响的著作之一。

里钦在书中指出，传统摄影是由化学反应的颗粒组成的影像，而“数码摄影”是由离散的电子像素组成，因此，它是一种不同的媒介。他甚至预言，数码摄影这种新媒介与模拟摄影之间的区别，最终可能像汽车与马车之间的区别。

2008年，里钦出版了他的新著《摄影之后》(*After Photography*)，更加深入地探讨了数码技术为摄影带来的更多可能性。里钦认为，由于数码影像的像素均可改变，在电脑荧屏上可成为其他地方的通路，通过互联网这个信息高速公路，数码影像能转变成一种超文本的媒介，使得摄影家和观众均能参与确定和扩大影像的含义，他称这种影像为“超摄影”(hyper-photography)。

他在2015年出版的《拓展摄影的边界》(*Bending the Frame*) 中进一步探讨新闻报道摄影和纪实摄影如何能够更好地再现我们所面临的愈加复杂的世界，并提出如何能够利用影像促进新思维，以便为我们这个世界产生作用等问题。里钦在摄影和媒介领域的丰富经验和深入研究，使他成为这两个领域的权威和重要的声音。

上图：2008年，纽约，弗雷德·里钦，江融摄

右页图：1993年，牛年，选自“人兽”系列，李小镜摄

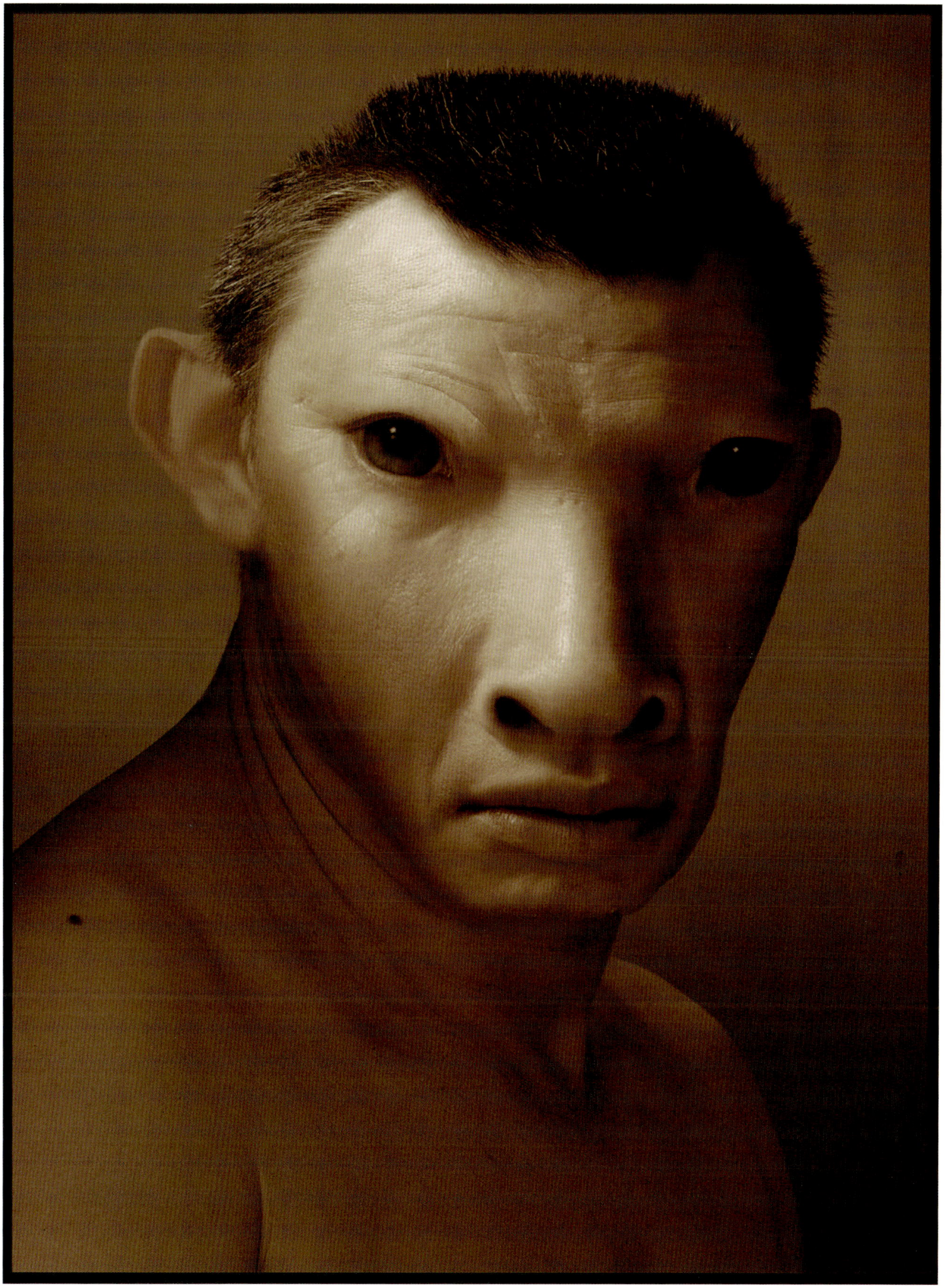

江融： 你在《摄影之后》中的论点之一是数码摄影不只是在演变，而是掀起一场革命。为何它不是摄影媒介演变过程中的又一个阶段，而是一场革命？

里钦： 这是社会学中所谓“范式的转变”，尽管数码摄影看上去仍然像传统摄影，如仍然使用相机，以及使用与胶卷功能类似的电子感应器，但实际上，数码摄影是对世界、媒介和交流进行全新思考的不同方式。因此，所产生的结果也与传统摄影迥然不同。

迄今为止，数码摄影与传统摄影之间的区别仍未完全显现，部分是因为数码摄影尚未成为一个独立的媒介。目前我们仍然误认为数码摄影只是一个更加有效的摄影方式，事实上，它已经是一个非常不同的媒介。

江融： 如你所述，数码摄影已开始转变成“另一种媒介，更准确地来说，已变成一个可以在网络上互动的多媒体，它独立于传统摄影”。那么，数码摄影与传统摄影有哪些主要区别？

里钦： 正如所有模拟媒介一样，传统摄影是一个线性媒介，它有连续的影调，主要是基于牛顿物理学，是符合逻辑的。数码摄影则是非线性的，其像素是离散的元素，你甚至可以改变任何一个像素，但你在胶卷上无法做到这一点。因此，数码影像可以重新改变，它像一个充满各种可能性的马赛克（拼贴图）。因为它是虚拟状态，所以可通过网络进行远距离传递。数码照片的数据甚至可变成音乐，但底片无法做到这一点。所以，数码摄影与传统摄影有许多差异，有些差异尚不明显，但随着时间的推移，人们将发现它们是非常不同的。

传统摄影越来越像绘画，因为它是一个更固定和永久的媒介，它对世界的看法更加单一。但数码摄影更像立体媒介，你可以通过它进行多角度观看。因此，它已不再只是一个人用一台相机观看一个场景。

江融： 所以，传统摄影的观点较为单一，数码摄影的视角更多。

里钦： 是的。传统摄影较为单一的角度使你知道卡蒂埃-布列松的照片是在某一个时间、某一个场景拍摄的。但对于数码摄影来说，它可以使你在时间、空间、视角和作者的身份方面进行把玩。

江融： 你将这种新媒介称作是“超摄影”。你是如何界定“超摄影”？

里钦： 我们已有“超文本”的说法，即非线性的叙述。这种叙述不仅包括开篇、中间部分和结尾（也可能没有结尾），而且，还有多重的可能性可以延伸。超摄影也一样，它的前提是承认某一个状况不仅只有一个真实的反映。例如，如果我现在拍下你的照片，人们会说，这的确是你，似乎这是你唯一的一面。但我们知道，这是不真实的，你有更复杂的方面。如果我从不同角度和不同时间拍下你的许多照片，人们便会问，到底哪一张照片才是真实的你。因此，其前提是假定有许多可能性，而非只是较为简单地建构我们所认为的现实。

江融： 如你所知，德国哲学家瓦尔特·本雅明

左页图： 1990年，弗雷德·里钦，《以我们自身的影像：即将到来的摄影革命》封面，光圈出版社

上图： 1991—1992年，白人到来，瓦哈卡州，马格达莱纳-佩纳斯科，佩德罗·麦耶尔摄

左图： 1987—1993年，美国纽约，行走的广告牌，佩德罗·麦耶尔摄

上图： 1996—2001年，探险，杰夫·韦斯摄

右图： 1999—2000年，郊区，杰夫·韦斯摄

右页图： 2009年，弗雷德·里钦，《摄影之后》封面，诺顿出版社

（Walter Benjamin）在他1936年的论文《机械复制时代的艺术作品》中指出，不断的复制会“用众多的复制品取代了独一无二的存在”，减少了原作的“灵光”。传统摄影的底片被复制之后均会减损原来影像的一些细节，因此，底片的这种独一无二性使得传统摄影具有“灵光”。然而，数码影像用数码软件拷贝之后，副本与原作无法区分不同，因此，对于数码摄影来说，“原作”失去它的意义。那么，你认为数码摄影会减少，还是增加这种“灵光”？

里钦：我认为，数码摄影能同时通过确认虚拟和随机的状态来强调存在的“灵光”，但不会专门强调某一个空间的独一无二性。对我来说，这能使得生活更加复杂、更加令人兴奋和更加有生气。因此，就某一个单独的物体来说，数码摄影并不会给予神圣的独一无二性，但会给予多重性，这也会产生“灵光”——随机性的灵光。

本雅明的观点是，在机械的世界里，从一个影像制造无数的复制品会减少“灵光”。但在数码世界里，我们有可能在同一个空间、同一时间里或在不同时间、不同空间里产生无数不同的影像。因此，数码影像能产生机械摄影无法产生的众多可能性。

从某种意义来说，机械摄影会表明，在很大程度上，这是曾经存在过的状态；数码摄影只会表明，这是可能曾经存在过的状态。因此，其中的差异是巨大的。

江融：那么，是否因为世界已经发展到如此复杂的地步，传统摄影已无法加以描述？还是因为个人电脑、互联网和数码技术的发明才产生数码摄影？

里钦：这是辩证的。我们常常在潜意识中知道我们的技术已经有局限性，因此通过发明新技术，使我们产生新观念，并使我们能够进一步表达对这个世界的看法。例如，有了数码摄影或数码媒介，我们可以通过想象显示出我们曾认为是真实存在的却没有工具加以显现的影像。因此，技术创新反映并可能扩大我们的意识，同时也可能减损我们的意识。

江融：你还将数码摄影称作“摄影2.0”，并认为“摄影2.0”是“网络2.0”的产物。二者均可产生虚拟空间，在该空间中，观众不仅是信息的被动接受者，而且能增添原文或影像的含义。那么，你认为，摄影家作为叙述者的传统作用是否将会减少？

里钦：很难说。法国哲学家和文学评论家罗兰·巴特提出“积极的读者”概念。这种解构主义的理论认为，阅读任何文本的读者成为该文本的合作者或合著者。

“网络2.0”是指，我们不仅只是读者，也是含义的共同创造者，因为我们能增加和编辑文本，如维基百科，我们不只是依靠百科全书来告诉我们大千世界，我们也协助共建维基百科。

问题是，在所有的领域里，是否还存在权威的作者？我认为，权威依然存在，只是有时候以不同的面貌出现。例如，在新闻报道领域，专业记者的报道曾经具有权威性。如今，如果发生地震，很可能是地震生还者能具有权威的报道，如果此人有社交媒体账户，便可能在地震发生的第一时间进

行权威的报道。

在艺术领域里，尽管有成千上万的艺术家，但卓越的艺术家仍然可以出类拔萃。在艺术表达方面，我们现在可以有新的可能性：你可以到YouTube网站观看到数百万作者的作品；你也可到电影院看一个作者的作品。你仍然可以有选择。因此，所有的作者都可以有自己的表达空间。

江融： 这也是我们现在面临的两难状况。在Instagram和YouTube网站上，每天都有这么多人上传无数的照片和录像，我们陷入到影像的海洋中。如果没有像以往图片编辑、评论家或策展人所具有的更加权威意见，虽然我们有更多的视角和故事，但我们可能难以知道自己到底要看什么。

里钦： 报纸现在也面临相同的情况，它们曾经有数百万的读者阅读头版的内容。现在，因为有这么多社交媒体以及其他资料来源，美国的多家报纸已经倒闭。但是，任何人均可上传自媒体、照片或录像的网站，实际上，也是没有头版的。

因此，我们需要有人每天在Instagram网站上选择最佳的照片，以便我们不会淹没在数百万张照片中。这可以是一种新的职业："网络2.0时代"的图片编辑，为公众过滤和编辑图片。

江融： 我们曾经在世界各地的报纸头版上阅读同一张照片，例如，黄功吾拍摄的越战期间被燃烧弹烧着女孩的著名照片，该照片对越战产生重大的影响，证明了摄影的力量。如今，当我们有如此众多传播照片的渠道时，摄影的力量是否被削弱？

里钦： 我认为，在过去30年里，摄影的力量早已经被削弱。正如在伊拉克战争中，除了阿布格莱布监狱美军虐待俘虏的照片，还有哪些照片真正对伊拉克战争产生了影响？这种状况与越战时的状况大不相同。在20世纪30年代，多萝西娅·兰格以及其他摄影家拍摄的影像，让我们了解大萧条的状况。2008年，当美国和世界经济崩溃时，有哪些照片能

让我们理解这种状况？但我不认为，这只是数码媒介造成的问题。录像倒是产生更多影响。

江融： 传播影像的新渠道也打开了许多新的可能性。“多媒体”便是将静态影像与动态影像结合起来，并配上声音和音乐进行传播的方式，今后甚至可以加上味道。你认为，这是否将是摄影家传播他们照片的主要途径之一？

里钦： 从某种意义上来说，无论是以什么形式进行传播，都属于不同社会中口传信息的传统，人们口口相传，来确定什么是可能真实的情况。现在越来越多的人能够利用网络和照片，意味着我们大家必须共同来做决定。

因此，无论是摄影、录像或多媒体，我们不能假定，类似于黄功吾的照片会改变我们对战争的看法，这种照片只会是各种不同声音中的一个，使我们能够在一个共同的社区中做决定。迄今为止，我们尚不知道如何为了共同的利益整合各种不同利益

跨页图： 2001年，夜生活，选自“夜生活”系列，李小镜摄

上图： 2005年，但愿你在这里，克雷格·卡尔帕克简摄

右图： 2004年，鼓手，洛蕾塔·卢克斯摄

右页图： 2013年，弗雷德·里钦，《拓展摄影的边界》封面，光圈出版社

的社区。

在多媒体的世界里，很难断定摄影与录像的优劣。新的数码相机能拍摄高清晰度录像，这种相机可能会使得事情变得更糟，因为人们可能无法在摄影和录像方面两全其美。但会出现一个新旧媒介并存的时代，关键在于我们要知道如何以明智的方式利用媒介，使人们能够从专业、业余、当地人或外来者等多角度了解世界。这将是今后令人兴奋的挑战。

江融：传统的观念是，单幅静态影像比动态影像能够更长久地留在人们的记忆中。但现在似乎已经不这么认为了。

里钦：如果你将一幅照片放在美国有线网络新闻的网站上，几小时之后可能便被其他照片取代，现在是要求速度和不断更新的时代。在网络上，单幅照片没有什么地位，如果你将黄功吾的照片放在网上，可能许多人都不会看到它。

因此，目前来说，录像在荧幕上能产生更大的影响，因为通常一个短的录像要持续几分钟，这比人们观看单幅照片的时间要久。录像具有本身的故事，而单幅照片更具有可塑性，不同的图说可以对照片产生不同的解读。

江融：传统摄影的重要功能之一是可以作为证据。现在发明了Photoshop之后，修改照片已经变得如此容易，摄影的这项功能正在减弱。这可能是数码技术对传统摄影带来的消极影响。你认为，摄影的可信度是否能够保留，尤其对新闻和纪实摄影来说？

里钦：在美国，报纸比较注意摄影的可信度问题，杂志为了封面好看，常常修改照片，以便杂志能卖得更好，这是一方面的问题。

另一方面，乔治·布什在伊拉克战争期间，曾在美军舰艇上安排一次让媒体拍摄的机会，宣布伊战“已完成任务”。从许多方面来说，都可以认为这张照片是谎言，是在影响读者。尽管这是一张照片，事实上，它也没有可信度。我们更多地关注数码技术篡改照片的问题，却对摆拍事件的照片关注不够，两者均属于造假。

我们可以思考如何利用照片来揭露造假的照片。例如，布什“已完成任务”的照片，可放在荧屏上，然后在这张照片底下应当还有一张照片，以便当读者将鼠标放在这张照片上并点击鼠标时，便会出现伊拉克战争中的死伤状况的照片，使读者会对上面一张照片提出疑问。

江融：因此，新闻报道摄影家和纪实摄影家在使用Photoshop或其他软件对数码影像进行后期处理时，是否有一条底线是不能逾越的？

里钦：在确保影像的像素不被改变方面，目前正在进行多方面努力，而且有不同的方式和规定可以限制造假，尤其是在新闻报道方面。但是，Photoshop已经问世约30年，我们却没有做出许多努力来向读者澄清什么样的照片是虚构的。

江融：据美国消费者报告公司曾在全国进行的调查表明，30%的网民不相信新闻网站使用的照片未经修改。

右图：2000—2003年“无标题”，第86号，选自“未见事物的证据”系列，西蒙·约翰摄

里钦：的确如此。如果我们已做出了更多的努力，来区分虚构和非虚构的照片，这样的情况将不会发生。例如，你到书店买一本小说，你知道不是买一本史书，而且小说并不会使我们不相信历史。

江融：谈到虚构和非虚构的问题，我认为，数码技术对艺术摄影产生了积极的影响，使艺术家有更多创作的可能性。虚构与真实一直贯穿在艺术创作中，但我们尚未见到利用数码媒介创造出真正的杰作。你在新书中指出，数码摄影“必须寻找到某种方式来重新确认摄影与现实之间的关系”。你为何认为数码摄影不能太脱离现实?

里钦：当你在艺术作品中使用一张照片，你常常需要借用该照片的可信度。在照相写实主义的绘画中，它们正是借用了这种可信度，因为传统观念认为，照片中的内容是真实存在的。我认为，利用摄影创作的数码艺术展示一个可能出现的新世界，将会更有趣。我们总是能够根据现有的科学证据合成恐龙曾经如何生活的影像，但我们的挑战之一是如何合成尚未去过的新世界，数码影像特别擅长这方面的创作，因为这种影像可以令人信服。在电影方面，它们已经比静态照片更加远离对现实的传统认知。

江融：德国艺术家洛蕾塔•卢克斯（Loretta Lux）使用摄影、绘画和数码技术创作出一个奇异世界中的儿童，这些儿童看上去十分怪异。为何她的这些影像被认为是利用数码摄影较为成功的作品?

里钦：我们拍摄儿童时，通常会根据我们认为

左图：2005年，无题，第131号（美洲驼），选自“直到天国来临”系列，西蒙·约翰摄

儿童应当是什么样的陈规定见来拍摄，而非拍摄儿童实际的模样，我们常常要等待儿童微笑时才拍摄。但是，黛安·阿勃斯和萨丽·曼向我们展示了更为复杂的儿童形象。因此，卢克斯利用数码软件的新工具，像画家一样创作出这些奇怪却是可信的儿童，说明软件工具使得摄影成为合成媒介，而非只是分析媒介。

江融：墨西哥摄影家佩德罗·梅耶尔（Pedro Meyer）利用数码工具将他的记忆加入到他的照片中。你是否认为未来的历史学家将无法在他的这些照片中区分真实与虚构？

里钦：我认为，梅耶尔是将他的创作过程开放，阐明他照片中的情况是他认为的情况，实际情况并非如此。他的创作手法是主观的，因为所有的影像实际上都是作者阐析的结果。但我们知道，无人能够确切地告诉你实际发生的情况，因为在任何情况下均没有唯一的真实情况。

纪实风格的摆拍摄影理念通常是在实际情况并非如此时假装就是如此。梅耶尔的做法正好相反，他揭开了一切，指出他的这些照片是根据他的记忆或梦境创作的，但也有事实根据的。这种做法不是将摄影作为传统意义上的纪录媒介使用。

江融：所以，现在拍照，按动快门只是讲述一个故事的开始，而非结束。你在书中描述的“超摄影”，观众还可通过网络和电脑对某一张照片添增含义。换句话说，照片中作为故事的主要叙述者——

摄影家与观众和被摄者的这种三角关系现在已经被打破。这种关系将出现更多的角度，照片及其含义也将变得更有可塑性。那么，谁将最终控制照片的含义？

里钦：读者始终会做出最后的判断，没有读者，便没有含义，而且影像只会空洞地留在书上和荧屏上。就“超摄影”来说，读者有更多的信息、更多的角度和更多的可能性来解读一个影像的多重含义。我认为，如果认真对待超摄影，含义必将更复杂和更微妙，并更具有细微的差别。

另外，需要提高人们的“媒介素养”（media literacy），教育人们如何以更加复杂的方式看媒介。遗憾的是，许多人仍然以传统方式使用数码相机，而没有考虑到目前的技术所提供的新的可能性。

江融：随着手机相机的推出，“公民新闻报道”的现象也已经出现。观众不仅可以断定照片的含义，而且可以参与提供照片。这种现象是否会使得专业摄影家的处境更加困难？

里钦：你的问题能产生两个问题：第一，如何界定专业摄影家？第二，未来的专业摄影家应当是什么样？如果摄影家被派去拍摄一个预先安排好的活动，却装作是拍到实际发生的事情，那么，对我来说，该摄影家便不专业。当然，许多摄影家必须为某个机构工作，他们必须要完成所派遣的任务。因此，摄影家被一些人认为是不需要智力的工作，这是错误的。

如果摄影家能够真正了解状况，并能够通过照片讲述某个事情的背景情况，这才是专业摄影家需

左页上图：1997年，走廊，克雷格·卡尔帕克简摄

上图：2011年，无题（红外线产业），弗洛里安·迈耶-艾森摄

右图：2005年，六月湖鸟瞰，弗洛里安·迈耶-艾森摄

要做的工作。

江融：随着摄影家能够在实地编辑数码照片，并将它们发送到社交媒体上，而不需要图片编辑的过滤，你是否认为图片编辑的作用已经降低？

里钦：在许多情况下，图片编辑的作用已经被取代，某种意义上来说，这是好事，因为摄影家了解实际情况，可以选择自己拍的照片。另一方面，除非必要，摄影家不应当迅速在现场做出选择，而是应当反思他们刚经历的事件再做出决定。之后，如有机会，与图片编辑或策展人合作挑选照片则更好。因此，总是需要图片编辑。

江融：你在《摄影之后》书中的末尾指出，摄影或任何其他媒介的未来都不是预设的，何以见得？

里钦：因为人类能够做出选择，我们有能力通过真正好的想法来改变我们的媒介，我们有能力影响未来。我不相信宿命论。摄影家和艺术家有责任问自己，我们究竟想要什么样的未来，媒介如何能协助我们实现这种未来。世界各国的教育界也应当作出反应。当有几十亿人已经有机会接触电脑和数码相机时，我们不能说重新改变媒介过于昂贵，我们只能问，是否缺乏想象力和政治意愿。

江融：卡蒂埃-布列松认为，摄影是在肯定生活，因此，他认为，拍摄照片就是在不断说“就是它、就是它、就是它……”。你认为，拍摄数码照片是说“就是它”；还是说“不是它”？换句话说，你对数码摄影是持乐观态度，还是悲观态度？

里钦：我认为，难免会是既乐观又悲观。对于卡蒂埃-布列松来说，生活是乐观的，部分是因为他从第二次世界大战中生还，并与其他摄影家创立了玛格南图片社。我们必须确保生活继续美好，还必须使其更加美好，不仅为了我们自己，也为了整个世界和我们的子孙后代。

我们现在所处的历史时刻十分混乱和复杂。数码摄影也是一个非常复杂的媒介，我们必须习惯于利用复杂性。我认为，数码影像能使我们将文字、声音和非线性的链接以及其他文化视角结合起来，使我们能够超越简单、矫情和吓人的影像。例如，我们可以将中国摄影家与外国摄影家关于同一主题或同一观念的作品作为链接放在网络上，会是十分有趣的。

如果是这样的媒介，我会认为是非常好的媒介。但是，如果利用数码技术来造假或控制舆论，则是令人可怕的事情。因此，我们必须做出正确的选择来研发数码媒介。现在是摄影史上最令人兴奋的时候，我希望大家利用新的可能性，深入思考我们的未来。

江融：所以，我们所处的时代正如查尔斯·狄更斯（Charles Dickens）在《双城记》中所说，是“最美好的时代”和“最糟糕的时代”。

里钦：正是如此。

上图： 1997年，无题（第316号），奥利弗·沃索摄

Susan MEISELAS
苏珊·梅塞拉斯

1978年，刚满三十岁便加入玛格南图片社的苏珊·梅塞拉斯，从《纽约时报》上看到关于尼加拉瓜一家反独裁政府的报纸主编被暗杀的消息，引起她对该国形势的关注。5个月后，她自费登上飞往尼加拉瓜的航班，前往该国进行报道。

经过6个星期的努力，梅塞拉斯拍摄的桑地诺游击队成员的照片刊登在《纽约时报杂志》封面上。同年8月，她再度返回尼加拉瓜，采用纪实摄影的手法，记录了尼加拉瓜游击队和人民推翻索莫查独裁统治的整个过程。一年之后，当尼加拉瓜人民欢庆革命胜利之时，梅塞拉斯才意识到她该离开了，但已经无家可归。在随后二十几年里，梅塞拉斯不断返回尼加拉瓜及其他拉丁美洲国家，继续进行深入报道。为表彰这种"非凡的勇气和进取心"，美国海外新闻记者俱乐部于1979年颁发给她罗伯特·卡帕金奖。

梅塞拉斯从20世纪70年代就开始尝试使用各种纪实摄影的创新手法，包括早期拍摄"狂欢节脱衣舞娘"（Carnival Strippers）项目使用现场录音；将尼加拉瓜革命的照片重新放置在该国不同的公开场所，以探讨影像在建构记忆、历史和真实方面的作用；以及后期利用档案的影像和别人提供的照片来出版关于库尔德族人和达尼族人的画册，建立网上互动博物馆等做法，均使得她及其作品成为探讨纪实摄影的重要话题。

2008年，纽约国际摄影中心举办题为"苏珊·梅塞拉斯：在历史中"(Susan Meiselas: In History)的回顾展，更是奠定了这位获过许多大奖的摄影家及其作品在摄影史中的重要地位。梅塞拉斯通过四十多年的摄影实践和探索，对纪实摄影的发展和创新做出了卓越的贡献。

上图： 2008年，纽约，苏珊·梅塞拉斯，江融摄

右页图： 1971年，美国马萨诸塞州，自拍像，选自"44号欧文街"系列

江融： 你从在大学宿舍开始做“44号欧文街”（44 Irving St.）项目起，似乎就有意识问自己以下三个问题：为何要拍这些照片？为谁拍这些照片？拍这些照片的目的是什么？为何你这么早就知道问这些问题？

梅塞拉斯： 如果你拍摄墙壁，就不需要担心所包含的摄影家与被摄者之间的关系。然而，如果你敲别人的门，就必须说明为何你要拍此人的照片。你也必须问自己各种问题。因此，主要是因该项目的性质，我才开始问这些问题。

江融： 你曾说过，“返回”不是因为怀旧，而是要将照片回归到它们所属的地方。

梅塞拉斯： 将一些在特殊地方拍摄的照片送回到该地是“返回”的第一步，但在几年时间里重新拍摄或不断拍摄同一个地方，则是另一种“返回”。这种重新拍摄包括用电影的方式重拍一个地方。例如，我在1978至1979年拍摄了尼加拉瓜革命，十年之后，我又返回拍摄电影，返回去寻找我拍过的人，并发现他们所发生的变化。他们曾经在尼加拉瓜大街上为了革命而战，我想知道他们是如何看待这场革命。

江融：“返回”是你拍摄方法的主要特点之一。为何回访你已拍过的人和地方如此重要？

梅塞拉斯： 有不同方式的“返回”。“狂欢节脱衣舞娘”是我在三个夏天做的项目。我跟随这些姑娘从一个镇到另一个镇表演，通常我会花三四天与她们在一起，拍摄她们搭建帐篷、做表演秀，拆卸帐篷，再到另一个地点的过程。然后，我会回去冲胶卷放照片，再回来拍摄她们在下一个镇的表演。

因此，“返回”实际上是要维持与我愈发感兴趣者的关系。这是我首次想要“返回”的原因。至于“44号欧文街”项目，“返回”只是将我拍摄的照片拿回去给被摄者看，让他们谈论自己对这些肖像的反应，并了解他们是否认为这些照片真实地再现了自己，或者他们对自己的看法与照片所描绘的他们有何出入。

江融： 看来“返回”是十分重要的，尤其对纪实摄影来说。另外，你还选择“留下”，而非拍完就走。对于大部分新闻摄影家来说，他们在报道一个事件之后，便会转向另一个事件。能否说明为何“留下”对你来说是重要的？

梅塞拉斯： 能够选择“留下”是因为我作为自由摄影家所拥有的独立性。尽管我与媒体合作，但我不是为他们工作的，这意味着我并非需要完全根据他们的条件工作。20世纪70年代末和80年代初，我的许多照片发表在各种国际出版物上，但我不是为某家媒体派遣的任务拍摄。

如果你认为自己是在记录一个过程，“留下”是你对事态正在发展的一种反应。我注重记录历史，而非只是报道新闻，这对于我的工作来说十分重要。

江融： 你当时意识到尼加拉瓜人民正在创造历

左页图：1976年，苏珊·梅塞拉斯，《狂欢节脱衣舞娘》画册封面，法拉尔、斯特劳斯和吉鲁出版社

上图：1973年，美国佛蒙特州埃塞克斯，莉娜招揽客人，选自“狂欢节脱衣舞娘”系列

史，在尼加拉瓜拍摄的照片将会被视为历史。你的确是注重事态的发展，而非只是新闻。

梅塞拉斯： 为报纸杂志或图片社工作的摄影家通常会受限制，他们无法长期报道整个过程。独立摄影家则可以自行决定是否留下拍摄全过程，尤其是在当时。

江融： 你曾说过，按动快门只是摄影的开始。我认为，你对待被摄者如同一种奇遇的关系。拍摄某人的照片，就与此人达成了一种默契。但是，作为摄影家，是否有一条底线是不能逾越的？

梅塞拉斯： 这是个人的决定。我十分强烈地感受到与被摄者的关系所产生的社会契约。这种契约不如放弃肖像权声明那么明确，更多是被摄者对你的拍摄工作的理解，因此，你本人必须清楚这种契约关系。

你或许不知道所拍的照片会如何被使用，但你必须对照片负责，并将照片带回到曾欢迎你拍照的被摄者。我不认为这种关系仅始于照片。随着照片有了自己的生命，不论是在出版物、展览或画册中使用，这种关系会继续发展。

至于是否有条“底线”，这是要靠直觉进行判断。但我要被摄者感觉到，如果他们在照片中看到自己，他们能够理解我对他们的看法，他们能够认出自己来。我谨防任何指挥或操控被摄者的做法。我更愿意等待瞬间的出现，或等待被摄者感到舒适时再拍摄。否则，有时我会决定不拍。

江融： 因此，你似乎总是处在一种矛盾中：从专业摄影家的角度，你想作为证人、信息传递者、客观的记录者和旁观者；但作为一个有同情心和负责任的人来看，你又想成为同情者、参与者甚至是局内人或朋友。你是否存在这种矛盾？

梅塞拉斯： 我认为这是能够在其中游移的矛盾或复杂感情，而非固定的立场。大部分摄影家会认为，他们不是所报道事件的参与者，但是，因为拍摄了照片，摄影家成为记录或叙述某件事情的参与者。摄影家能够影响舆论。这又回到责任的问题，摄影家的作用是极为重要的。影像会在不同的环境中产生作用，因此，我仍然感觉到需要对所拍摄的影像负责。

江融： 那么，观众是否会认为，你与被摄者的这种关系使你无法成为可靠的证人或客观记录者？他们是否会认为你介入了太深？

梅塞拉斯： 很难说什么是“介入太深”，但保持诚实是至关重要的。与其他的战区不同，在中美洲拍摄，可能会接触到十分不同的角度，无论是来自游击队、平民或军队。因此，需要诚实对待。

可靠的证人是一个难题。即使在美国内战期间，有的摄影家就移动阵亡士兵的尸体，以便拍摄他们想要的照片，而我是不会这么做的。当你拍摄数码照片时，至关重要的是，你是否用数码的手段修改照片。我不删除内容、调整颜色或剪裁照片。在这方面，我十分保守。

江融： 你似乎对于如何取景也存在着矛盾。你认为，一张照片所产生的片断对某个瞬间有利，却

左页图：1981年，苏珊·梅塞拉斯，《尼加拉瓜》画册封面，万神殿出版社

上图：1979年，尼加拉瓜，桑地诺游击队成员袭击了在埃斯泰利的国民警卫队总部

对其他瞬间不利。你即使花一年时间拍摄了尼加拉瓜革命，而且拍到了许多杰作，但相对于你在这场革命中的整个经历来说，你仍然感觉这些照片不够全面。你如何处理这种矛盾？

梅塞拉斯： 我喜欢研究如何取景，我意识到哪些内容没有被包括在取景框里，或者我没有拍到的内容。建立单幅照片之间的顺序，使它们变成一个专题摄影是一个渐进的过程。当我编辑尼加拉瓜的画册时，我只选了71幅照片，并建立了一个非常像电影的故事结构。它必须是随着时间的推移不断向前发展。在1982年我举办的一次题为“沟通”（Mediations）的展览中，观众看到我的一些相同场景照片的不同画面，每一张都挺有意思，但略微有不同的侧重点。这种选择画面的过程是很难的，这是视觉语言。因此，我不断寻找不同的并置、排列和用文字传达的方法，来重构一张照片的含义。

江融： 谈到“重构”的问题，“建构语境”（contextualization）也是你摄影的另一个特点。你非常注意控制你的照片如何被使用和在何处使用。因此，你的照片被认为是“非静止不变的”。它们不是凝固在时间上，正如你所说的，它们会有自己的生命，而且，可能会有第二次甚至第三次生命。然而，这些照片的含义如此具有可塑性，是否会产生误解？

梅塞拉斯： 摄影家始终要面对可能的误解。即使当你非常精确地构图，将所有你希望包括的内容均包括在内，你仍然无法保证观众会与你的理解相同。当照片在报纸杂志上发表后，文章的标题和内容也会影响照片的解读。

江融： 因此，古巴作家艾德蒙多·德斯诺斯（Edmondo Desnoes）曾说过，你的照片是在两种语境中得到论说，一种是在发展中国家，另一种是在

左页图： 1978年，尼加拉瓜，迪里安巴的市场

上图： 1991年，伊拉克库尔德斯坦，法医人类学家克莱德·斯诺博士持有一名被处决的少年的头盖骨

第346页图： 2003 年，苏珊·梅塞拉斯，《与达尼族人的奇遇》画册封面，斯泰德出版社

第347页图： 2008年，克里斯汀·卢本，《苏珊·梅塞拉斯：在历史中》画册封面，斯泰德出版社

欧美等发达国家。他认为，不同的语境产生不同的论说。既然摄影家的任务是要作为不同世界的桥梁进行沟通，你认为，这两种论说是否能够合而为一？

梅塞拉斯： 你说的是两方面问题。一方面，摄影家试图要通过他们的照片使得不了解情况的读者或观众理解照片中的人物或事情。这只是过程中的一部分。另一个方面是你提到的问题，在多大程度上，摄影家能够准确地呈现一个人或事？我认为，照片总是主观的。你可以拍摄一个物体，并认为这就是真实情况中的物体，但你可能无法再现该物体的规模。当摄影家通过照片呈现某人或某事时，他们会带有历史或文化所产生的主观甚至具有偏见的看法。同样，观众也会有这种看法。因此，即使你想架设桥梁，也会在想是否存在无法沟通的差距。

当你看到一张关于中国的照片，你需要思考是谁拍摄的这张照片，此人为何拍摄这张照片，以及这张照片的背景情况。另外，如果该照片是在墙上展出，这与在杂志上发表，观众的解读有可能不同。发表在封面，还是在内页，也会是不同的选择结果。这几乎是与视觉的素养和解读有关。

江融： 所以，你认为应当将照片送回它们真正所属的地方，因为照片常常没有返回到它们被拍摄地方的文化中。

梅塞拉斯： 就我所做的关于库尔德斯坦的项目来说，其中有些照片是传教士或人类学家拍摄的。当地的库尔德族人看不到这些照片。因此，当我在西方的档案中发现这些照片，我就想应当将这些照片回归到被拍摄的地方。

通过数码媒介和互联网，你能看到外国人如何观看中国人，当我们回望一百年前拍摄的中国人的照片，你会很感兴趣了解当时的情况，而这些照片不见得在中国就能找到。因此，将外国人拍摄中国人的照片在中国展出，这种交流就变得十分重要。

江融： 我想讨论关于你的照片是“在历史中”的问题。显然，你并非一开始就将摄影当作艺术来拍。因此，你的照片被认为不是“在艺术中”，而是“在历史中”。“在历史中”的意思是什么？

梅塞拉斯： 这是指摄影具有某种社会联系，而且从某种程度上表明我作为作者的身份。“在艺术中”有些漂浮，“在历史中”是基于社会景观。这意味着，照片记录了某个瞬间，而且与这一瞬间联系在一起。如果我拍摄这个房间里的这张椅子，人们怎么知道我何时拍摄的，以及它的意义。我感兴趣的是，照片的构图以及照片中的内容，这些才是将影像“固定在历史中”的方面。

江融： 2004年，你将19幅照片带回到尼加拉瓜展示，并用录像记录了当地人对这些照片的反应，称该项目为“重构历史”，以便重构这些照片的语境。

梅塞拉斯： 另外，了解当地人对25年前拍摄的这些事件还有什么记忆。当地有一半的人没有经历过这个历史时期，因此，该展览提出了一系列问题。当时发生了什么事？我们现在的状况如何？我们将向何处去？这些历史是否被歪曲？照片中的人物现在对这些照片的看法如何？这些照片对当下的价值如何？

江融： 通过重构这些照片的语境，它们是否便产生你所说的第二次生命？

梅塞拉斯： 是的。这种重构能够探讨这些照片是否持续具有价值，还是说只能作为历史的参考资料。

江融： 你是否认为，你在尼加拉瓜拍摄的照片的确是为了这个国家和拉丁美洲的其他国家拍摄的？

梅塞拉斯： 我认为，它们对观察尼加拉瓜革命的那些欧美人士来说也是有价值的，有助于他们形成自己的观点和意见。

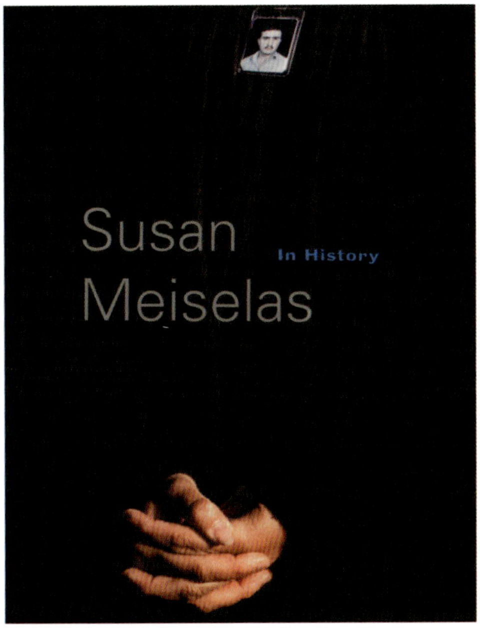

江融： 这些照片也能在审判和作证时使用，如它们被用于美国国会的听证会。

梅塞拉斯： 我在萨尔瓦多拍摄的照片在国会听证中被使用。

江融： 因此，照片所具有的作证功能对于你的照片来说十分重要。你认为，纪实摄影与观念摄影不同。无法作为证据的话，纪实摄影就会比较弱。你能否解释这个观点？

梅塞拉斯： 有些观念摄影家采用的某些技巧也产生有趣的观念摄影作品。我的许多作品是基于法证，对这类作品，我十分小心。我的回顾展里有一些我拍摄的库尔德斯坦坟地里发现的衣服的照片。我不希望人们只是认为它们构图美，而是希望他们能够想象这些衣服曾穿在人的身上，因此，可以联想到生命。

江融： 谈到美，我也想讨论你在拍摄尼加拉瓜的作品时使用彩色照片的问题。你是最早使用彩色照片记录一场革命的摄影家之一。美国思想家汉娜·阿伦特（Hannah Arendt）曾说过，红色是革命的颜色。显然，革命应当用颜色来反映。但是，有人批评你的这些彩色照片使得年轻的桑地诺游击队分子“过于浪漫”，“美化了”这场革命。这是关于你是否美化悲剧的问题。

梅塞拉斯： 今天再来谈论二十几年前的这种批评是有趣的。如今，99%的冲突是用彩色摄影报道的。在伊拉克战争中，几乎没有看到任何人拍摄黑白照片。而且，黑白照片反而成为美化的手段。因此，情况正好相反。我当时是想做一些与原来已经做过的不同的尝试，但并非只有我一人这么做。例如，英国摄影家拉里·布罗斯在越战中就已经使用彩色摄影。

就我来说，有几个综合因素促使我用彩色摄影报道战争。当时，杂志刚开始能够出版更多的彩色照片。因此，彩色照片的出现也是渐进的过程，如今，报纸都已采用彩色照片。

江融： 你当时使用两台相机，一台拍摄黑白，另一台拍摄彩色，显然，你是做了决定才用彩色照片报道这场冲突。

梅塞拉斯： 我当时越来越觉得彩色更能反映乐观的精神，而且，当地的文化也是注重色彩。

江融：我认为，彩色更真实。

梅塞拉斯：刚到尼加拉瓜时，我惊讶地看到人们从粉红色的房屋前跑过。如果我在同样充满颜色的佛罗里达州长大，可能不会那么惊讶。

江融：回到纪实摄影作为证据的问题。证据可以成为档案。纪实摄影的档案功能可建构现在、过去和未来，而不只是再现过去。就你做的库尔德斯坦的项目来说，这是否是你决定与其拍摄更多的照片，不如开始收集照片，重构记忆和历史的原因？

梅塞拉斯：当我到达库尔德斯坦后，我拍摄了乱葬坑的情况，但我无法反映这些人被杀之前的情况。我不知道更多的背景情况。因此，收集能表明在一个文化环境中生活的库尔德族人的照片，是提供关于过去背景情况的一种办法。

江融：最终你制作了题为《库尔德斯坦：在历史的阴影中》（*Kurdistan: In the Shadow of History*）的画册，以及www.akaKurdistan.com互动网站，让人们向这个网上博物馆提供照片。你如何产生这个想法？

梅塞拉斯：这本书于1997年出版之后，人们仍然送照片和材料给我，不知道书已经出版。这使我意识到，促成这本书的联系网络仍然存在。因此，我将这些照片和材料转移到网络环境，希望人们能够继续提供。

江融：借用别人的照片，再加上你自己的照片出书，这是否可以被视为后现代的“挪用”手法？

梅塞拉斯：挪用不一定意味着你与提供照片者之间存在的关系。后现代关于“挪用”的说法是涉及能够使用他人材料的权利。我认为，使用库尔德族人提供的那些照片是“归还”，而非“挪用”，因为我是将这些照片重新归还给库尔德族人，让他们能够检索这段压抑的历史。

江融：1988年至2001年期间，你多次到印尼西巴布亚省，并制作了题为《与达尼族人的奇遇》（*Encounters with the Dani*）一书。这本书主要也是收集关于达尼族人的历史照片和文字，说明这些照片的文化影响。过去二十年，你似乎越来越不满足于只是拍摄照片。

梅塞拉斯：我仍然在不断拍摄照片，我只是继续试验其他的方式，无论是录像、数码，装置或是公共艺术。这些都是表达视觉文化观念的不同平台。

江融：我认为，从某种意义来说，你所做的一切相当超前。现在将静态影像与动态录像合成，并配上背景录音或音乐，制作成多媒体是一种趋势。而你在20世纪70年代，便开始利用录音。同时，你又一直在维护纪实摄影的传统价值观念。我认为，你既前卫，又保守。

梅塞拉斯：纪实摄影的社会和道德价值观念的确需要维护。同时，我也想继续探讨和试验。但我不知道下一个项目会采取什么形式。当我真正与各种主题、地方和时间建立联系之后，各种观念便会出现。

江融：最后，我想回到采访开始时谈到的三个问题。你在从事摄影近40年之后，能否告诉我们，你为何拍照？你为谁拍照？你拍照的目的是什么？

梅塞拉斯：我认为摄影是一个十分个性化的过程。不同的人会对这些问题有不同的回答。我在做不同的项目时，回答也是不同的。我必须弄明白这三个问题，才能做好我的项目。这些问题并不抽象，它们是与具体的项目有关，无论最终成为画册还是展览，或现场装置艺术。因此，只有在努力思考如何做好你的作品时，这些观念才会出现，而且希望也能找到表达这些观念的合适形式。

上图：1980年，萨尔瓦多，军人在北部公路对公共汽车乘客的搜索

Michael THOMPSON
迈克尔·汤普森

1987年，一位独自来纽约想成为时尚摄影家的年轻人敲响了美国著名时尚摄影大师欧文·佩恩工作室的门，开门的竟然就是佩恩本人。经过面试之后，佩恩接受这位年轻人作为助手达四年之久。如今，这位年轻人已成为美国时尚界著名的摄影家，他就是迈克尔·汤普森。

汤普森出身在一个摄影世家，其父开过一家照相馆，他从小便帮助父亲拍照和放照片。17岁时，汤普森的父亲突然去世，他年纪太小，无法接过父亲留下的照相馆生意，只好将它卖掉。高中毕业后，他到加州布鲁克斯摄影学院上学，毕业后跟随一位时装图录摄影家实习三年多之后，就这样走上了时尚摄影的道路。

在担任佩恩的助手期间，汤普森不仅学到了如何更好地拍摄时尚摄影，也掌握了拍摄静物和肖像照的技巧。更重要的是，通过观察，他从佩恩大师那里学到了追求完美的锲而不舍精神，以及他的拍摄眼光和风格。当然，他也认识了许多时尚界的客户。

离开佩恩工作室之后，他开始独立工作，接到的第一个单子是拍摄高尔夫球鞋，但他并没有嫌弃，从小事做起。至今他不仅为好几家著名时尚杂志拍摄了数百张封面，而且出版了一本个人作品集。他的作品有佩恩的影子，大胆、简洁，并开始建立自己的风格。尽管他是业界里最后使用数码相机拍摄的摄影家之一，但已开始采用数码技术进行后期合成和修版。他堪称是介乎于传统与当代时尚摄影之间的一位优秀时尚摄影家。

以下是笔者在汤普森工作室对他进行的采访，时间正巧是佩恩去世的次日。

上图： 2009年，迈克尔·汤普森，纽约，江融摄

右页图： 1995年，巴黎，绿色的眼睛，紫红色的嘴唇

第353页图： 1998年，纽约，戴面具的女人

江融： 法国哲学家罗兰·巴特认为："并非任何照片均可称作时尚摄影……，时尚摄影形成了一种特殊语言，无疑具有本身的词汇和句法。"你作为时尚摄影家已30多年，能否告诉我们你认为什么是时尚摄影？

汤普森： 对我来说，时尚摄影是要创造幻想。它就像一部电影，你可根据时装来导演这部电影。如何拍实际上是由摄影家或杂志编辑来决定。这是时尚摄影有趣之处，因为除了时尚摄影，还有专门拍摄订购时装的图录摄影家，后者只是拍摄服装。

但是，如果你能将时尚摄影提升到另一个水平，并在一本杂志的15页甚至更多页码上创造一个幻想，那么，你等于在拍摄电影。显然，没有文字脚本，只有视觉脚本。你就像要编撰一个故事，而且，所有参与拍摄的工作人员均可提供他们的想法。

我认为，这种故事需要有悬念。如果你拍摄一名女模特，那么，就需要了解这个女人。她是否神秘？是否有趣？是否危险？你必须对此人有兴趣才能成功拍摄好时尚照片。

江融： 说到时尚摄影像电影时，让我想起20世纪90年代的时尚摄影。时尚摄影刚出现时，正如你所说的，当时只有拍摄时装的图录摄影家。但时尚摄影已发生很大的变化。20世纪80年代，英国开始出现"街头时尚摄影"（straight-up）。20世纪90年代，时尚摄影家开始借用电影或快照的叙述手法。你认为，他们为何会在时尚摄影中加入叙述手法？

汤普森： 时尚摄影始终在变化，这正是时尚摄影的特点。它是要不断改变人们的想法，时装设计师也是如此。当一切变得很现代，就有可能出现一个转向的运动。正如长发流行时，接着就会流行短发。一旦你对相同的东西感到舒适，正是要改变的时候了。

至于时尚摄影为何出现叙述手法的问题，就时尚摄影大师欧文·佩恩来说，他的叙述手法就是要尽可能大胆、简洁。如果你看佩恩的照片，会发现它会很快给你传达某种信息，你甚至无需去想他的静物照片在说什么。如果你需要想一幅时尚照片的含义，那么，我认为这张照片是失败的，它必须很具体。

江融： 我认为，你将佩恩照片的实质总结得很好。你曾经作过他的助手，你从他身上学到的最重要东西是什么？

汤普森： 显然，我是通过观察向他学习的。佩恩是一位大师，我认为，很难有人能完全模仿他。他不是那种拍一次就认为已经完美的摄影家，而是一直拍摄，直到他认为满意为止。我从他那里学到的一个重要道理是，如果我感觉某张照片不对劲，十有八九是因为这张照片太复杂了，照片中有太多的东西。佩恩是一个非常简洁明了的人。

江融： 显然，他也是一位完美主义者。

汤普森： 是的。不少人可能认为，他特别讲究技术，对各种镜头很熟悉。事实上，他才不是这种摄影家，他将技术方面的问题交给助手。

如果他手里的东西不小心掉到地上，作为助手，你会很快将它扫干净。但他会说："先不要扫。"之后，他会仔细观察，甚至还会拍摄掉到地上的东西。他喜欢一些奇异的事故。

在时尚摄影中，这一点很重要。如果突然有一阵风将某个东西刮到地上，先看一下再说，也许掉到地上的东西会产生意想不到的结果。相反，有时你一直努力想要某件事情发生，却适得其反。

江融： 太做作了。

汤普森： 是的。如果你出外景拍摄，有时会突然刮起大风，除非你不想要有刮风效果的照片，否

左图： 1993年，纽约，
诱惑

则，也许你正需要有风的效果。

江融： 在美国当代时尚摄影中，欧文·佩恩与理查德·埃夫登（Richard Avedon）被认为是两位大家。你是如何比较这两位已故的大师？

汤普森： 我曾见过埃夫登。他们俩都是天才，但性格完全不同，摄影风格也迥然不同，这是有趣的，可以看出摄影的谱系有多广。

佩恩非常遁世、安静，而且没有架子。他基本上不爱出风头，喜欢安静的家庭生活。埃夫登则比较合群、爱讲话，而且工作方式与佩恩不同。你从他们俩的照片风格也能看出不同。

江融： 我认为，佩恩有些照片有一种生死的感觉，尤其是他那本题为《消逝》（*Passage*）画册中的一些作品。但我在埃夫登的作品中比较少有这种感觉。你是否同意我的看法？

汤普森： 我担任他的助手时，他正在编这本画册。它属于那种你越看越会觉得更好的画册。他不在乎画册能卖出多少本，而是在按年代编一本自己的作品集。每次我看这本画册，都感到这些影像是多么神奇，尽管有些照片尺寸很小。

我记得，他当时每天会带几片银杏树叶到工作室，用锡箔包好放在桌上拍摄，直到他认为拍到所要的照片为止，最后，他将该照片用作这本画册的封面。

上图：1995年，纽约，
四个裸体

江融： 让我们回到时尚摄影不断变化的话题，我想更多地讨论英国年轻摄影家在20世纪80年代开创的“街头时尚摄影”。当时，他们想到利用街上的普通人作为模特，让他们站在一堵墙前，从头到脚拍摄他们的时尚穿着，而不用摄影室的灯光或背景。这种拍法改变了时尚摄影，但我不能肯定是否变得更好，因为与佩恩和埃夫登的高雅和迷人的照片相比，这类照片看上去像“反时尚”的照片。你是如何看待这些“街头时尚摄影”？

汤普森： 提到20世纪70年代的音乐，你会想到迪斯科，你也会想到重金属摇滚乐，它们都在同一时间出现。至于80年代的时尚摄影，当时佩恩的招

左页图： 1997年，纽约，柠檬色眼睛

牌作品是使用大量白背景和强烈的灯光。80年代末，埃夫登用8×10相机近距离拍摄模特的整个脸部作为杂志封面，照片非常清晰。

同时，我记得20世纪80年代末，在美国《时尚》杂志封面上看到一张大街上拍摄的少女照片，这位少女身穿T恤衫和牛仔裤，胸前挂着十字架。因此，当时有两种不同风格时尚摄影照片的封面。如果想到在这些街头时尚摄影出现之前的时尚摄影，便会认为同时存在这两种不同风格的时尚摄影是一件很重要的事情。

我认为，出现变化是好事。你不见得都要喜欢这种变化，但它使摄影家的情绪出现不同的变化，有些摄影家会跟随这种变化，另外一些则走相反的道路。

正如你一直在看毕加索的画，也许不会看腻，因为是大师的作品，但也许你会对他的风格感到习惯，想要看点其他东西。所以，我认为，同时发生不同的事情是最美的事情，这样你既可看到街头摄影，也能看到工作室摄影。如果所有的东西都一样，就会很单调。

江融： 我同意，那些"街头时尚摄影"与当时的文化趋势有关，尤其是摇滚乐，以及年轻人的文化。我们知道，年轻人是时尚产品的主要消费者。这可能是出现"街头时尚摄影"的原因之一，尤其是在诸如i-D或《面貌》(*The Face*)等年轻人喜欢的独立时尚杂志中发表。但到了90年代，时尚摄影开始采用"现实主义"或"纪实摄影"的手法。

汤普森： 当时时尚本身也很流行"乞丐装"风格，英国年轻女摄影家科琳·戴（Corinne Day）拍摄了当时还不知名的凯特·莫丝（Kate Moss）的照片，风格非常随意写实。这种写实的风格与埃夫登使用8×10相机，以及如同电影场景照明等手段拍摄的非常富有魅力的时尚照片迥然不同。

左图：2001年，纽约，仿维米尔

江融：既然时尚摄影是要创造幻想，你是否认为时尚摄影这种“写实”风格与时尚摄影传统意义上的内涵有矛盾？

汤普森：没有矛盾，因为制造幻想也只是时尚摄影的一个方面，而且幻想也不一定必须是华丽的幻想。总的来说，时尚摄影必须令人震惊。因此，时尚摄影家和设计师必须改变人们的思维方式。而且，人们也喜欢感到震惊，他们喜欢看到突然的变化，这样才能让他们多看两眼你拍摄的照片。如果所有的时尚照片都很华丽，那么，写实风格的时尚摄影就会让人震惊，它是以不同方式产生的幻想。之后，再出现较为讲究风格的时尚摄影，同样又会令人震惊。任何的艺术形式都是这样。

江融：那么，是否为了令人震惊而震惊？

汤普森：你可以拍出技术完美的照片，但如果该照片没有传达任何能够吸引人的信息，就不会是一张能让人停留的照片。

江融：过去十年里，数码技术被广泛应用在时尚摄影中，现在的影像可以修改和合成得天衣无缝。换句话说，现在一切都有可能做到。但一旦影像变得过于离奇，你认为是否会让观者不相信时尚摄影所创造的幻想？

汤普森：就拍摄照片来说，数码技术没有产生任何变化，至少对我来说是这样的。它只是用另一种方式来将脑子里的影像转换到电脑屏幕上。不能因为有了数码技术，就可以肆意修改照片。这种技术只是能够让你更快地修改，而无需进入暗房。但并不等于说，有了数码相机和数码软件，你就能产生更好的影像。

江融：你和佩恩的作品都让人有一些超现实感觉，尤其当你将相机聚焦到模特的眼睛或一只昆虫上。你是否认为超现实手法对时尚摄影很重要？

汤普森：超现实手法完全符合创造幻想的理念。当你拍摄了一只眼睛的特写照片，人们很少如此近地观看一只眼睛或一个手指。这种照片就异乎寻常。虽然只是一个手指，但你能看到指纹，以及手指上的一些粉状物，这的确会让人“震惊”。如今，你已无法轻易地让人震惊，因为他们几乎已经见过所有的东西了。

江融：除了创造令人震惊的照片，你是如何创造自己的风格？

汤普森：我早期的作品看上去很像佩恩的作品，因为我很喜欢他的作品，所以就没有刻意去改变它们。不过，一旦你开始思考你真正喜欢什么，你的

上图：2006年，圣巴托洛缪岛，沙滩上的女人

上图：2007年，纽约，黑脖领的女人

右页图：2007年，拉斯维加斯，水坝上的女人

作品就会发生变化。只要你坚持拍摄你认为有力度的作品，你的个性就会反映在作品中。而你一旦开始思考其他人会如何思考我的风格时，你就在自己的作品中增加了一些东西。你必须对自己负责，也许这样你才能在睡觉前对自己说，我喜欢今天拍摄的那张照片。

江融：传统时尚摄影需要突出时装，现在的时尚摄影家是否可以不需要注重拍摄时装？

汤普森：时装在时尚摄影中是起点。如果时装设计师提供的时装非常古典，你通常就不能拍摄一个现代的故事或外空的故事。因此，时尚摄影是基于服装。之后，你需要考虑穿该时装的女模特本身，因为，你不是让服装模型来穿衣服，而是穿在一个女人的身上。所以，你需要根据这位女人设计你所要拍摄的故事。

江融：如果她是一位超级模特，那么，我认为会与你拍摄一位不知名模特的情况不同。如果被摄者是一位女明星，是否更难以合作？

汤普森：如果是一位超级模特，尤其是著名人物时，你需要将她的真实身份改变为你将要创造的角色，并让这位模特像拍电影那样扮演那个角色。例如，著名女演员朱莉安娜·莫尔在时尚照片里就不应当仍然是她本人的样子，而应当是由她扮演照片里所需要的角色。

江融：那么，谁在时尚摄影中起到最重要的作用？是时尚设计师、超级模特，还是摄影家？

汤普森：杂志通常会将摄影家名字刊登在一个时尚摄影故事的首页，因此，他们是这篇故事的总策划。

江融：如果你的客户想让你拍摄能推销他们产品的照片，你是否还有按自己的方式拍摄的自由？

汤普森：当人家雇用我时，是期待着我能提出关于该产品的拍摄想法，而不是只拍摄产品，否则，我便是图录摄影家。

你需要将你的照片提升到能创造一种气氛的境界。如果你拍摄香水广告，香水都大同小异，是你拍摄的香水照片才吸引人们去购买该香水。因此，客户是期待着你能提出关于如何拍摄该广告的想法。

江融：互联网上的网民曾对拉尔夫·劳伦（Ralph Lauren）品牌服装的一张广告感到不满。这张广告中的模特经过软件修改得很厉害，以至于她的头比她的腰还要大。你认为时尚摄影家可以有这种修改的自由吗？

汤普森：这是一个十分难判断的问题。在时尚摄影中，你可以将时装模特修版到看上去非常美的地步。为了创造幻想，摄影家可以有这种自由。但修版也不能太过分，如果将模特的照片修改到过于完美，普通人无法想象自己可以如此完美。因此，摄影家必须自己判断应当修改到什么程度。

江融：2001年，英国时尚摄影家尼克·奈特（Nick Knight）在互联网上建立了一个时尚网站（www.SHOWstudio.com），这是世界上最早的时尚网站之一。以往，时尚摄影主要是在杂志上发表，所以，杂志成了时尚摄影家与读者之间进行交流的界面，奈特创建该网站，使得时尚摄影的传播从杂志时代进入网络时代。你是如何看待这种转变？

汤普森：我认为，所有的杂志最终都会转移到网络上。如今，人们都想从网络上获得信息，包括时尚的信息。因此，时尚摄影自然也会在网络上传播。

江融：另外一些传播手段可以是出版画册和在博物馆或画廊展出。你认为，时尚摄影如何能成为艺术？

汤普森：时尚摄影照片刚发表时，总是与当下流行的时装有关。随着时间的流逝，有些照片回头来看会变得很有意义，所以成为经典作品。但对我来说，当你看到一幅令你惊讶的时尚影像，你通常不会问照片中的时装是谁设计的。因此，一幅时尚影像可以超越普通的美丽影像。2009年纽约国际摄影中心展示的时尚摄影作品表明，你无需只是为了艺术创造出艺术影像，你也可以只是根据为一份时尚杂志拍摄照片的创意创造出艺术摄影作品。

江融：美国艺术文化评论家苏珊·桑塔格曾说过："最杰出的时尚摄影是超越时尚照片的。"你认为，什么能够"超越时尚照片"？

汤普森：对我来说，时装是次要的，它只是时尚摄影的起点。但杰出的时尚摄影应当超越时尚，它应当能激发一种幻想或情调，或再现某一个瞬间；它应当是关于时装背后的女人，它让你向往成为这个女人，或者让你想了解这个女人，你会把这个女人幻想成是一位十分有趣的人，或有些危险的人。总之，如果影像中的人物能让你着迷，那么，该影像便是成功的时尚摄影作品。

右页图：1993年，纽约，蓝色的身躯

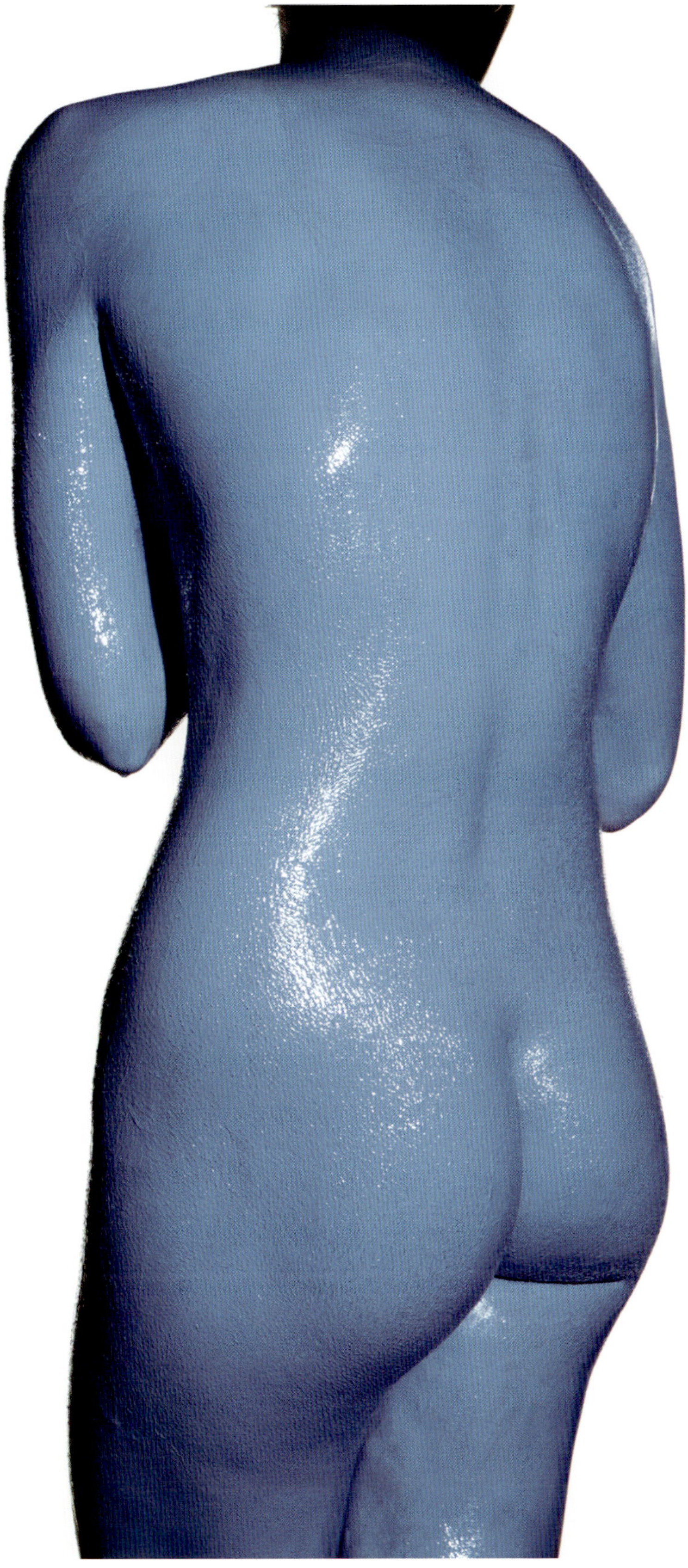

Lyle REXER
莱尔·雷克瑟尔

对于摄影而言，数码摄影技术不仅催生了新事物，也还魂了一些老东西：一些古老的摄影工艺或形式，借助数码技术在数码浪潮的背景下重现江湖，比如进入21世纪后在欧美重新崛起的抽象摄影就相当引人注目，许多摄影家采用这种较早的摄影形式，来探讨摄影媒介本身的可能性，追问摄影最本质的问题：究竟什么是摄影?

任教于纽约视觉艺术学院的美国影像学者和评论家莱尔·雷克瑟尔注意到这一现象，在大量研究的基础上出版了《视觉的边缘：抽象在摄影中的崛起》（*The Edge of Vision: The Rise of Abstraction in Photography*）这本重要著作，在摄影史上首次全面而深入地探讨了摄影术发明以来，摄影如何走向抽象的过程以及抽象在特定摄影发展阶段中的重要作用，通过考察不同年代摄影家如何利用各种手段探讨摄影抽象的可能性，证实了抽象是摄影术与身俱来的现象，最后阐明了在数码摄影大行其道的今天，抽象摄影何以呈现出重新崛起的趋势，很有启发性。

此外，雷克瑟尔基于摄影史研究的其它著作还有《摄影之复古的前卫：旧工艺的新浪潮》（*Photography's Antiquarian Avant-Garde: The New Wave in Old Processes*）。2009年，他获得了安迪·沃霍尔基金会艺术作家奖。2019年，他又出版了《批判性眼光：理解摄影的15幅图像》（*The Critical Eye：Fifteen Pictures to Understand Photography*）一书，通过从历史、生平和美学等视角对精选的图像进行剖析，来探讨摄影家的自觉性和观者对摄影作品阐释的作用，并将摄影史与当下摄影实践联系起来分析，充分体现了雷克瑟尔是一位擅于用精简的文字直抵摄影作品精髓的评论家。

上图： 2010年，纽约，莱尔·雷克瑟尔，江融摄

右页图： 2003年，曼陀罗，第450号，比尔·阿姆斯特朗摄

江融： 你策展的“视觉的边缘：当代抽象摄影作品展”2009年在平遥国际摄影节展出。中国关于抽象摄影的实践不多，对其概念和拍摄方法的探讨也很少，真正能欣赏该展览的人为数寥寥。你能否谈谈什么是抽象摄影？

雷克瑟尔： 我最初对抽象摄影产生兴趣并非是对某种摄影形式或方法的兴趣，而是因为我注意到当代有些摄影家，如托马斯·鲁夫和杉本博司（Hiroshi Sugimoto），既拍摄相对传统的照片，也拍摄非常抽象的照片。因此，我意识到抽象本身并非是一个种类，而是一种影像的可能性。有各种不同的抽象方法，也有创作抽象摄影的不同原因。它是艺术家可以采用的一个选项、一种策略，关键看他们要达到什么目的。

江融：当摄影术刚发明时，抽象摄影是偶然所得，如亨利·福克斯·塔尔博特（Henry Fox Talbot）制作的物影照片。由此可见，在早期摄影中，抽象摄影并非是一个选项。

雷克瑟尔：的确如此。有趣的是，当人们刚开始制作照片时，他们是想达到某种目的，他们知道所获得的影像能够在一定程度上反映外部世界，但没有人事先能知道他们所制作的影像会是什么样。他们便对照片的各个方面进行试验：照片颜色会是什么样？照片与它们所反映的外景有何区别？这些想法实际上是抽象的想法，它们关系到影像的属性。

塔尔博特注意到，他采用不同的化学原料，照片的颜色会不同。他并不十分在乎影像中的内容，他关心的是，当某个物体在一张感光纸上通过阳光曝光后，为何所得到的影像看上去与真实物体不同。因此，他要探讨该现象。事实上，这就是摄影抽象的结果。

江融：在相机发明之后，人们通过取景器取景，实际上已将许多东西抽离，摄影基本上是对世界进行抽象的过程。那么，自觉创作的抽象摄影与摄影本身的抽象如何区别？

雷克瑟尔：一直到摄影发展史的某一个节点之前，抽象对摄影没有任何意义。在此之前，即使照片制作者试图控制摄影的某个方面，他们仍然只是想达到再现这个世界的目的，抽象本身并不是目的。但大约在1917年前后，这种情况发生变化，正是在这个历史的节点上，现代摄影开始建立一套前后一致的美学观念。

江融：为何是1917年？

雷克瑟尔：我选择这一年，是因为发生了两个重要事情。著名摄影家保罗·斯特兰德为阿尔弗雷德·施蒂格利茨创办的《摄影作品》(*Camera Work*)杂志撰写了一篇文章。他指出，从现在起，我们知道摄影应当是什么样子，它应当自成一体，与绘画的目的和美学无关。摄影所追求的美学基本上应当是讲究构图的黑白照片，它通过影像与真实世界建立联系，并有自己的一套价值观念。

在此之前，阿尔文·兰登·科伯恩（Alvin Langdon Coburn）用相机和棱镜试验拍摄了一个系列抽象作品，他认为这组照片是对摄影采用了十分现代的手法。同时，他也写了一篇宣言，质疑为何照片必须要像我们每天看到的世界？为何照片不可以只关注如何处理光线、时间、空间和影子？这两个人既提出了现代摄影的美学观念，又制定了一个注重试验性手法的纲领。事实上，这也是抽象成为摄影自身目的的起点，它开启了许多扇门。

江融：为何科伯恩这样的沙龙摄影家会转向抽象摄影？是因为爆发了第一次世界大战？还是因为西方艺术世界当时正开展现代主义运动？

雷克瑟尔：更主要是因为后者的原因。当时抽象艺术开始流行。施蒂格利茨和斯泰肯这两位摄影家在《摄影作品》杂志中一直在倡导摄影的抽象特性，以及摄影作为媒介的自觉性。他们更注重如何表达自我，而非再现外部世界。就科伯恩来说，虽然在相机镜头前加棱镜拍摄抽象作品是采用人工装置手段，这却是一个飞跃。而且，他提出了“抽象摄影”这个概念。

江融：因此，他被视为“抽象摄影之父”。

雷克瑟尔：斯特兰德在推动抽象摄影方面也做出了贡献。他的一些作品构图十分抽象。

江融：斯特兰德呼吁注重“直接摄影”的客观性，但他也通过在直接摄影中紧凑的构图来创造抽象的影像，将十分具体的物体拍得十分抽象。因

上图：2002年，图钉，
艾伦·凯里摄

左图：2007年1月11日，六面图像（RGBCMY），加利福尼亚州圣克拉里塔市，柯达Supra，2007年，瓦利德·贝什蒂摄

此，是否也可以通过直接摄影来创作抽象摄影？

雷克瑟尔： 当然可以。但我们需要了解斯特兰德是如何观看外部世界的。他是一个马克思主义者，如同罗德钦科（Alexander Rodchenko）和里西茨基（El Lissitzky）等俄国摄影家一样，他相信历史观。因此，他的世界观反映在他的抽象作品中。换句话说，他相信历史的推动力。

例如，在拍摄华尔街的那组作品时，他不是要选择某个特定日子的某个时间，当光线很好时拍摄，而是将华尔街看成一个象征，因此，这组作品的调子很暗，几乎所有人物均消失在黑暗中。这便是一个具体图像可以十分抽象的例子。

江融： 谈到历史推动力问题。20世纪初发生了三大事件对摄影十分具有推动力。第一是出版了弗洛伊德的《梦的解析》，你认为他的理论使得艺术家的手与脑分工，因为艺术家更多地在作品中探讨潜意识的问题。那么，弗洛伊德的这本著作对摄影产生了什么影响？

雷克瑟尔： 弗洛伊德指出，所有艺术家的活动均是无法让人立即明白的思想活动，艺术家可以将这种思想活动变成影像，并让人们有可能进入未知的世界里。超现实主义运动大量涉及人的心理世界，这场运动既有画家也有摄影家参与，但超现实主义的摄影在某种意义上来说更为重要，因为它与抽象有关。当时，超现实主义艺术家寻找与时间无关或具有某种模棱两可性质的影像，他们希望摄影能从严格意义上的记录性质转向更抽象的性质。

江融： 你能否告诉我们当时哪位摄影家做到这一点？

雷克瑟尔： 超现实主义艺术家最喜欢的摄影家是尤金·阿杰。我们也许会认为阿杰是一位不折不扣的纪实摄影家，但他的影像中有某种东西让他们特别喜欢，大家所认识的巴黎在他的镜头里变得陌生。

江融： 是否因为他在清晨拍摄了大量照片？

雷克瑟尔： 是的，清晨的光效比较好，而且街上的人很少。另外，他在构图时，不知为何特别突出某些内容，所以，他的影像中有些无法解释的东西。

江融： 他是否故意要达到这种效果？

雷克瑟尔： 这一点无法知道。这也是为何超现实主义者十分喜欢他的作品的原因之一。当时，阿杰并不出名，而且没有被认为是艺术家，因此，他们将他的照片视为“随手拾来的材料”。后来，阿杰成为一位重要人物，因为他的照片可让观众思考和想象。从某种意义上来说，他的作品有另一层抽象的含义。他的手法后来被当代艺术家所采用。

江融： 你是指杜塞尔多夫学派的摄影家，如托马斯·鲁夫？

雷克瑟尔： 是的，尤其是鲁夫创作的“jpegs”系列作品。他特别有兴趣探讨照片需要多少信息才能让观众理解的问题。例如，一张色情照片的像素是否可以低到让人们看不太清楚，但仍然可以产生与清晰照片一样的效果？他利用抽象手法将该问题推到一个极限。希尔维奥·沃尔夫（Silvio Wolf）的作品常常也是如此，它们让观众无法直接读懂，或没有交待背景，但观众又特别希望得出结论，所以，联想丰富。在这个过程中，观众与影像之间的联系得到加强。

江融： 第二个重要事件是爱因斯坦于1905年发表《狭义相对论》，该理论表明人的透视观念十分狭隘。你认为，该理论还使得抽象摄影变得合理。能否解释这一观点？

雷克瑟尔： 该理论使得摄影更具有试验性。摄

右图：2006年，地平线，第16号，西尔维奥·沃尔夫摄

影特别擅长捕捉宇宙中物理原理发生作用的某些方面。20世纪初倡导抽象摄影的匈牙利摄影家莫豪利-纳吉（László Moholy-Nagy）对此十分感兴趣。他探讨光线能产生什么作用，以及如何利用光线来衡量时间等问题，并利用相机进行一系列影像试验来开展“新视觉运动”（New Vision）。他从电台信号发射塔俯拍照片，改变人们传统的观看方式。另外，他还想了解相机本身能看到什么的问题。相机不见得都能记录我们所看到的东西，但它能记录我们无法理解的宇宙中的现象。因此，他想了解相机是如何能将光线、时间和机遇等宇宙中的这些抽象现象与感觉、直觉和理解等人类的心理现象联系在一起。

江融：相机能不受人的掌控，自行记录一些东西，这一点十分有趣。这正如观念艺术家约翰·巴尔代萨里（John Baldessari）将快门打开的相机抛向天空，让相机随机记录的做法相似。

雷克瑟尔：他们之间没有太大区别。莫豪利-纳吉的试验是让相机记录不同物体与光线之间的效果。

江融：如同超现实主义摄影家曼·雷让相机的快门打开，记录桌子上的灰尘一样，结果产生了一幅十分神秘的影像。

雷克瑟尔：曼·雷与莫豪利-纳吉对摄影的态度略有不同。他总是试图利用相机来了解无意识，并激发观众的幻想。莫豪利-纳吉则试图利用相机向我们展示从未见过的事物。

江融：你还认为，莫豪利-纳吉在美国建立“新包豪斯设计学院”之后，包豪斯理念在美国变得更加追求精神和心理层面，而在欧洲仍然追求该学派原本的试验性探索。你为何认为该学派的理念在美

左图：2008年6月16日，遣返，亚当·布鲁姆伯格和奥利弗·查纳林摄

国变得更加追求精神层面？是否因为美国摄影家迈纳·怀特在这方面所发挥的推动作用？

雷克瑟尔：部分是因为怀特的作用。但诸如安塞尔·亚当斯和爱德华·韦斯顿等F64小组成员，以及施蒂格利茨均发挥了作用。他们试图将客观的媒介与对待艺术和表达十分讲究精神层面的观念结合起来。他们所继承的艺术语言基本上来自《圣经》，是一种救赎的语言。他们所思考的问题是，艺术的目的是什么？他们认为，艺术应当能够在精神上改变人类，是超验的。

江融：为何欧洲的情况不是如此？

雷克瑟尔：欧洲更讲究艺术的形式，欧洲艺术家更多地意识到艺术史。他们还将艺术视为社会责任，他们或是社会纪实摄影家，或是试验性很强的艺术家。他们认为摄影不见得能改变个人，但相信，摄影能改变社会。

江融：不过，许多美国摄影家来自欧洲，尤其是在二战之后。

雷克瑟尔：那些来自欧洲的摄影家大多对历史和社会感兴趣，而美国艺术界的讨论大多涉及上帝的问题。瑞士裔美国摄影家罗伯特·弗兰克基本上是欧洲摄影家，当他来到美国后，发现许多美国人很讲究宗教，而且不了解历史。他是作为一个局外人拍摄了《美国人》这部作品。

江融：施蒂格利茨被认为是“美国现代摄影之父”，他拍的“云”系列作品是否也是抽象摄影？

雷克瑟尔：“云”系列作品是在美国乔治湖拍的。他从欧洲回到美国后，对风景的反应十分复杂。他认为，这组云的作品不是纪实摄影，而是要通过风景使得观众与他本人的感受之间建立某种情感上的联系。这些作品的确是他的抽象照片。

江融： 你谈到，俄国革命“不仅是社会和经济方面的革命，而且也是视觉和观念上的革新”。罗德钦科与其他艺术家的确使得俄国摄影摆脱传统上与外部现实的紧密联系，但他提出的“新视觉”观念被用作宣传目的，在苏维埃统治下，“写实主义”仍然是艺术世界的主流。

雷克瑟尔： 艺术家对革命的看法一定与政客的看法不同。俄国的这些艺术家认为，若要使得艺术成为社会变革的力量，需要有新的艺术形式来改变人们的思想。政客则更关注如何控制人们的思想，他们认为，抽象摄影太模棱两可。因此，俄国摄影和艺术后来变得愈来愈保守，最终，罗德钦科停止创作。

江融： 在发生俄国革命的同时，西方艺术世界也正经历一场现代主义的革命，其结果是写实主义的消失。你认为，写实主义的消失是“西方艺术逐步和完全世俗化最明显的标志”。你能否解释一下这一观点？

雷克瑟尔： 西方艺术在过去500年经历了一个变化的过程，更加注重个人的意识作为艺术的源泉，而且，艺术为宗教或国家服务的观念变得淡化。从文艺复兴开始，西方艺术开始更加强调个人的才华，艺术作品是否有价值和具有重要性，不是因为教会认为它是好作品，不是因为买家喜欢，也不是因为大众喜欢，而是因为它有风格，而且表达了艺术家的观念。

江融： 这完全是现代主义的态度。但你是否认为，当艺术作品变得越来越抽象时，这种“看不懂拉倒”的态度最终会使得艺术走向死胡同？

雷克瑟尔： 我想指出，艺术品可以没有观众，

但艺术不会终结。当然，也不能一味地坚持艺术作品必须完全根据艺术家自我表达来界定，尤其就摄影来说，我们知道，摄影作品的解读基本上是由观众决定的。而且，也不应当认为，艺术作品完全是自我表达的结果，艺术家也受他们所处的时代和地方的影响。

我不认为抽象艺术本身有尽头，但抽象艺术具有最大的风险，因为艺术家没有退路，进入抽象领域的摄影家是要冒风险的，他们的作品可能会被认为没有分量和实质性内容。

江融： 韩国艺术家金我他最新的系列作品便遇到这种情况。在过去的两三年里，他到过世界一些大城市，每到一处，他就用数码相机拍摄了近万张当地人群和建筑的照片，然后，利用数码软件将每个城市的照片合成一幅作品，结果，作品中没有任

左页图：2012年，“无题”（C-1189），马可·布鲁尔摄

左图：2014年，换位，第3号，芭芭拉·卡斯滕摄

何具体画面，几乎一片空白。

雷克瑟尔：不仅摄影遇到这种风险。当下的艺术家正处在一个没有传统可循的历史时刻，观众也往往无法立即理解作品。这意味着，艺术家有大量自由，但他们却容易迷路。同时，观众的压力也很大。对于摄影家来说，现在的情况尤为如此。

江融：为什么？

雷克瑟尔：摄影的传统基本上被颠覆，我们无法预知未来的摄影会是什么样，而且，我们对摄影的期待也发生了很大变化。我们知道，摄影与外在世界有一定的联系，但我们现在无法具体说明这种联系。

江融：从20世纪60年代开始一直到90年代，正统摄影受到颠覆。波普艺术领军人物安迪·沃霍尔和极简主义的干将罗伯特·劳森伯格（Robert Rauschenberg）将摄影应用到绘画中。你认为，摄影“被贬到了现成材料的地位”。同时，你也认为，“波普艺术和极简主义开启了摄影的许多可能性”。难道你不认为它们提升了摄影的地位？

雷克瑟尔：这种将摄影应用到绘画中的做法所产生的悖论是，对摄影的贬低却产生了摄影的更多可能性。一方面，这种做法促使艺术摄影家认识到摄影有许多其他用途；另一方面，沃霍尔和劳森伯格向摄影家表明，能对观众产生最大影响的照片是现成照片。另外，劳森伯格指出，摄影是一个注重如何使用材料的过程，因此，可以巧妙地控制该过程。许多摄影家认识到，应当将这种对摄影的理解引进到摄影中。所以，产生了许多新的可能性。

江融：数码技术和互联网出现之后，更容易制作和传播影像，你认为传统胶片摄影是否将成为

“最后的照片”？

雷克瑟尔： 是的，这种情况正在发生。但也有好处，当一种媒介不再是通常使用的媒介时，它会产生新的意义。它成了一种选择，而非是必要的手段。

江融： 因此，许多摄影家正采用早期摄影技术和工艺进行创作。你将这种现象称作“复古的前卫”。

雷克瑟尔： 的确如此。基于化学药品的摄影不再是普遍使用的媒介时，如果你选择胶片拍摄，这种作品便产生新的含义。

江融： 你认为，抽象摄影的重新流行是否也是对数码技术的反应？

雷克瑟尔： 这个问题比较复杂。对有些艺术家来说，创作抽象摄影是为探讨什么是摄影的问题，另一些艺术家则利用抽象摄影探讨摄影的手段、含义和传播等问题，因此，数码技术的出现对抽象摄影产生不同的影响。

江融： 你认为抽象摄影是“视觉的边缘”，换句话说，抽象摄影处于边缘的地位。

雷克瑟尔： 抽象摄影的确是处于边缘地位，但已得到确认。一旦得到确认，便成为摄影的一部分。

江融： 绘画和雕塑已完成抽象过程。摄影现在是否也应当完成该过程？是否会有越来越多的摄影家注重探讨摄影媒介本身？

雷克瑟尔： 是的，这种情况正在发生。越来越多的摄影家已意识到，他们难以忽视摄影媒介本身的抽象性及其产生的意义。抽象摄影并不神秘，摄影的抽象过程是无法避免的。

上图： 2006年1月23日至今，541 795个来自Flickr的落日（局部），佩内洛普·翁布里科摄

Sally MANN 萨丽·曼

1992年，萨丽·曼发表了以她的三个孩子成长过程作为素材的《血亲家庭》画册，引起了摄影界以及其他各界的关注。这本画册是她用8x10大画幅相机捕捉或摆拍她儿子和两个女儿童年日常生活中的不同瞬间和姿态，其中有不少幅作品描绘他们在夏天裸露着身体玩耍的画面。这些精制的黑白照片能唤起人们对童年的美好回忆，同时诚实大胆地揭示了儿童成长过程中存在的恐惧、脆弱、不安全感、自我发现和自我怀疑等复杂的真相，颠覆了传统上将童年描绘成充满童贞和幻想的陈词滥调。

这部作品使她在艺术界迅速获得成功，同时也招来许多微词和争议，有人认为，萨丽·曼是在利用她的子女成名，甚至指责这些作品是“儿童色情照片”。但美国《时代》周刊在2001年将她评为“美国最优秀摄影家”之一，认为“迄今为止，没有其他以家庭为主题的作品能超越她的这部作品”。

20世纪90年代中期，萨丽·曼开始用火棉湿版法拍摄她的家乡弗吉尼亚州以及美国南方的风景，在这片曾经是美国内战战场和有大批奴隶死亡的土地上，她试图探讨死亡与风景之间的关系，拍摄出一批勾魂的风景作品。

2009年，她推出用六年时间拍摄患有肌肉萎缩症丈夫的项目，题为“骄傲的肉体”(Proud Flesh)，这部作品可以说是从女人视角系统观看男人人体作品的突破。她没有遵循男人具有英雄气概的传统观念，而是诚实面对她所看到男人的脆弱一面，并将她丈夫的身体转变成具有人类普遍意义的象征。萨丽·曼敢于打破诸如性、死亡和身体等禁忌，充分体现出艺术家的敏感、勇气和坦诚。她至今创作不辍，使其跻身当代世界著名摄影家行列。

上图：2010年，美国弗吉尼亚州，萨丽·曼，江融摄

右页图：1983—1985年，朱丽叶在白椅子上，选自“十二岁”系列

江融： 在研究了你迄今为止发表的五部主要作品之后，我感觉这些作品有内在连续性。当初你选择摄影而非写作来作为表达自我的媒介，最初的原动力是什么？

曼： 相对来说，摄影比写作要容易一些。我容易受视觉审美的诱惑，喜欢拍美丽的照片。至于我摄影的原动力，我真的不清楚。现在我拍了40多年后，重新回首，才能看出我的所有作品之间存在的连续性，以及我一直感兴趣的主题。

江融： 你在大学里主修诗歌，是否可以说诗歌与摄影密切相关？

曼： 我的一些照片如诗歌一样，它们十分凝练，像日本俳句，其他一些照片则更像庞德（Ezra Pound）的诗歌。我的大部分照片中有大量的信息，但不是纪实摄影中的那种信息，而是情感方面的信息。

江融： 我感觉，你在早期拍摄题为“十二岁：少女肖像”（At Twelve：Portraits of Young Women）的项目时，仍然是围绕着一个主题。与后来拍摄的“血亲家庭”相比，“十二岁”的那组作品更像是纪实摄影。“血亲家庭”的每幅作品均能单独成立。至于“十二岁”的作品，最好是将该项目的所有作品放在一起观看，它们是关于女孩开始进入青春期的主题。这些照片牵涉到一些社会和文化问题，但“血亲家庭”更像艺术照片。这两个项目是否不同？

曼： 正如你所说，我在做“十二岁”时，只是试图回答一个问题，即关于这些照片中那些女孩的问题，而且我只拍摄十二岁的女孩。至于“血亲家庭”，该项目中的照片所涉问题很广泛，它们是关于成长和童年复杂性的问题。随着我的孩子长大，在不同年龄，他们都会有不同问题，从尿床到扮演成人的模样等，因此，探讨的主题是开放性的。

江融： 小时候，你父亲曾告诉你，艺术表达可以有三个渠道，它们是性、死亡和幻想。你似乎听从他的建议，首先开始探讨与性有关的主题。

曼： 诗人叶芝（William Butler Yeats）认为，性和死亡是唯一能够让严肃的人感兴趣的主题。但我不完全赞成他的说法，我也不认为“十二岁”或“血亲家庭”与性这个主题有太多的关联。

江融： 性（sex）不等于是色情。我认为你的作品更多是涉及儿童如何意识到自己的社会性别（gender）问题。或许使用“社会性别”这个词会比“性”更为妥当。

曼： 我同意，但“血亲家庭”的内容远远不只是涉及社会性别问题。

江融： 你在拍摄“血亲家庭”项目时，是否采用摆拍的手法？

曼： 我与孩子们住在一起，那时候，几乎每天都用一台大画幅相机拍摄他们的各种姿态。我希望他们看上去很自然，而不是摆拍出来的样子。但在拍摄“十二岁”时，我基本上采用摆拍手法。

江融： 为什么？

曼： 因为我没有与那些被拍的孩子住在一起，我必须与她们约好时间到她们家里拍摄。所以，她们的片子都是摆拍的。

江融： 谈到用大画幅相机抓拍稍纵即逝的瞬间，你曾说过，“血亲家庭”中最好的照片是那些看上去像不经意拍到的，如同用135相机抓拍的快照。你如何能达到这种效果？

曼： 我的孩子很合作，他们知道摄影是怎么回事。他们基本上像是演员，愿意长时间合作。他们在相机前很放松自然，例如我女儿弗吉尼亚在我丈夫拉里的怀抱里那幅作品。

上图：1986年，复活节礼服，选自“血亲家庭”系列

上图： 1987年，埃米特最后一次以裸体出镜，选自“血亲家庭”系列

右页图： 1989年，抱歉的游戏，选自“血亲家庭”系列

江融： 或者像杰西在复活节展示新裙子的那幅作品。

曼： 那幅作品是经过仔细摆拍的。我找了一个人抓住画面中的那只狗，并在杰西展示裙子时将狗放开。一共拍了十次才拍到那幅作品，但每次她都表现得十分轻松和优雅。杰西是一个好演员。

江融： 那么，你认为摆拍也是十分重要的。

曼： 照片的背景和有些东西是需要布置的。

江融： 你也提到过，有时像是经过天使之手的触摸，才使得你能够拍到优美的照片。

曼： 尽管听上去好像太诗意了，但的确如此。有时，拍到好照片时，我感到十分神奇。这种神奇的照片是最好的照片，如题为《完美的西红柿》那幅照片，画面中杰西刚踏进到有光线的地方，弗吉尼亚的脸上正好表现出那个惊讶的表情。那幅作品是奇迹。

江融： 但你希望“血亲家庭”的照片能够讲真相，可是你借用美国著名诗人埃米莉·迪金森（Emily Dickinson）的诗句说，你要“不直接讲述”这些真相。就你的作品来说，“不直接讲述”真相的含义是什么？

曼： 不是用捏造的方式来讲述，而是用带有一点尖锐的方式来讲述，或者用带有“刺点”的方式讲述。我要用能吸引住你的方式讲述。如果你拍的

上图：1998年，无题（塔拉哈奇河上的桥），选自“南方腹地”系列

右页图：1998年，无题(带伤疤的树)，选自“南方腹地”系列

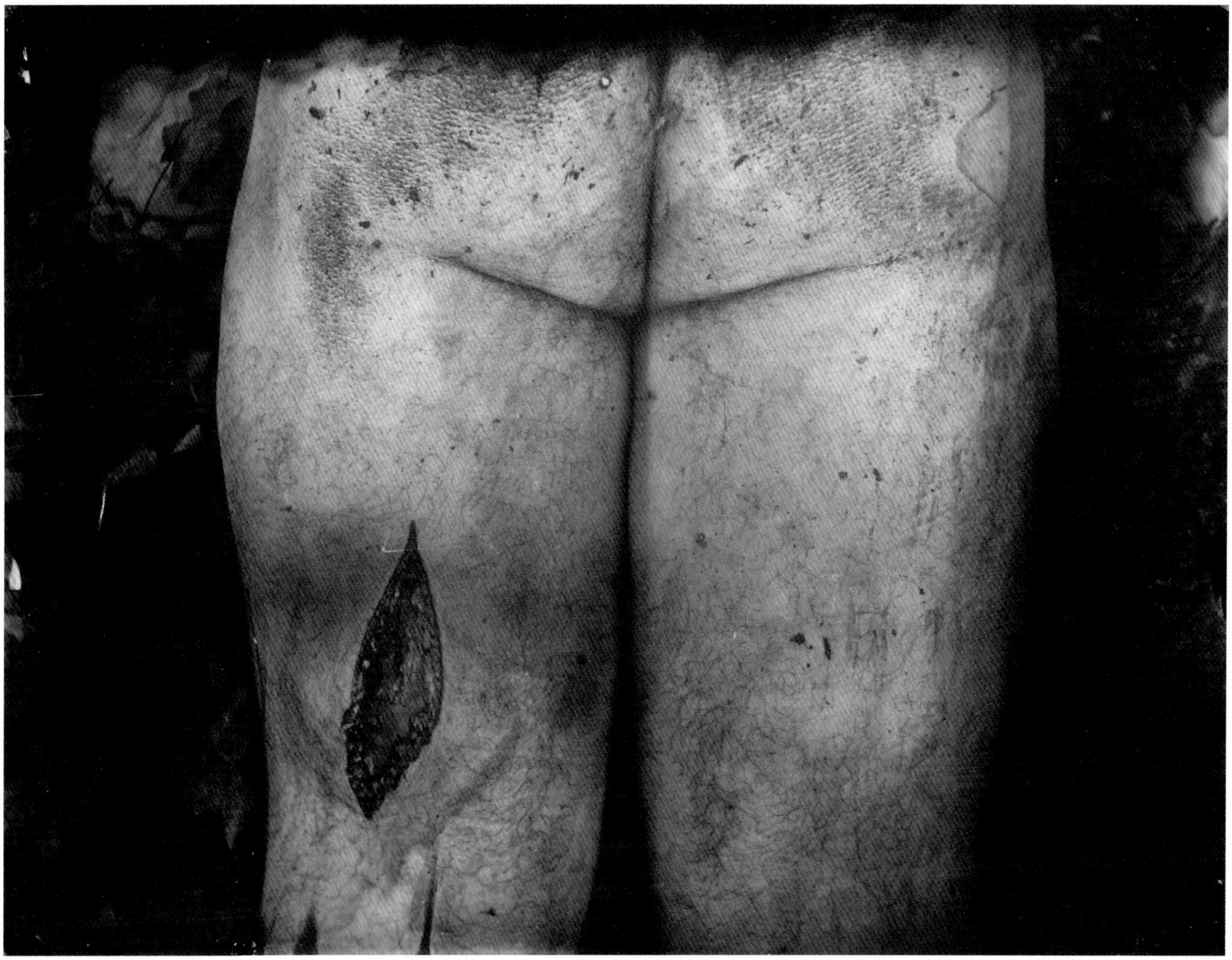

上图：2000年，无题第64号(树叶，尸体农场)，选自“所剩为何”系列

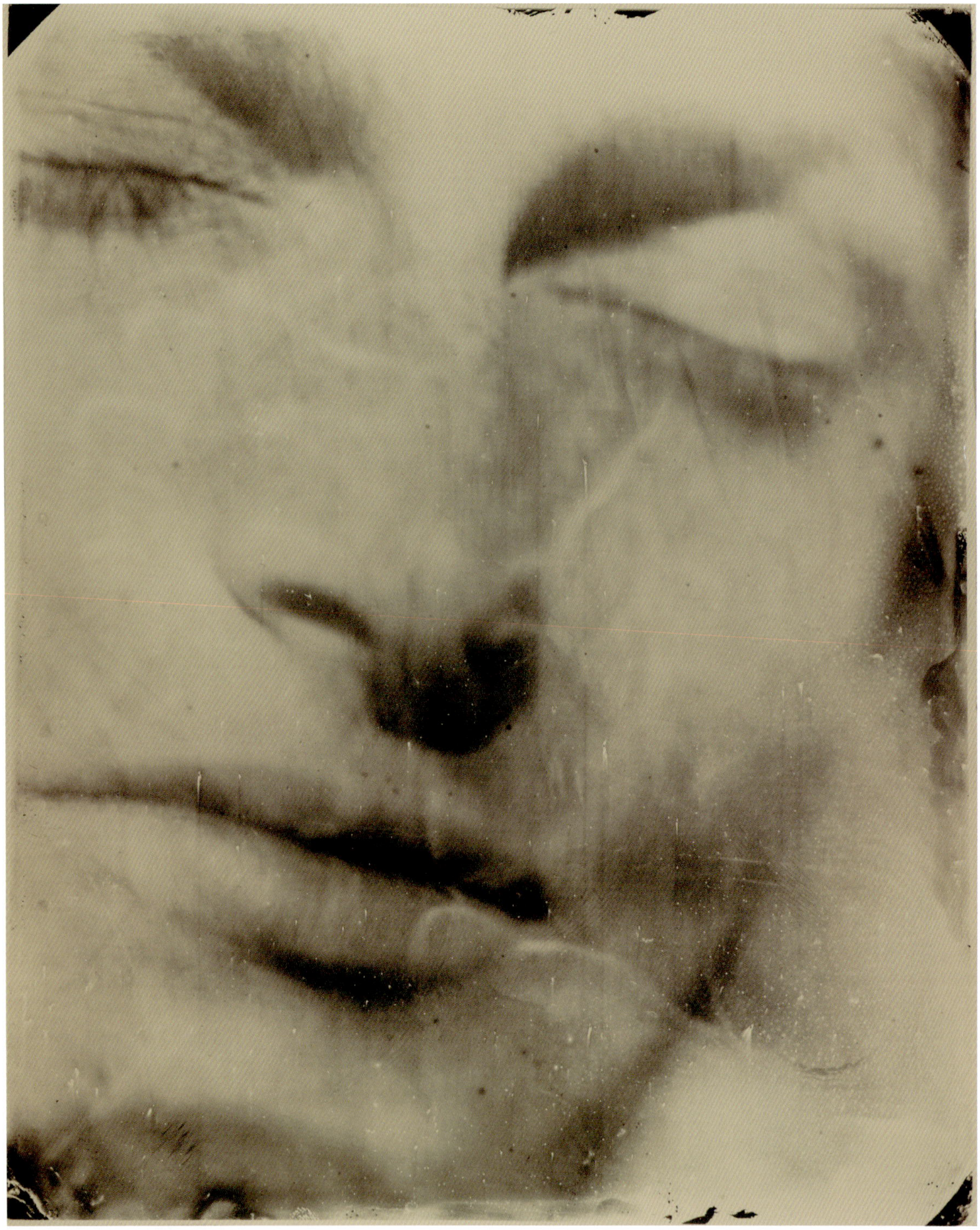

上图： 2004年，杰西，
第25号，选自“所剩
为何”系列

江融： 该项目的主要作品是在法医研究所拍摄的，观众很难面对这些尸体腐烂的照片，但你认为，这些“尸体中有人性”。你为何要拍摄该项目？

曼： 该项目的主要目的是要真正地面对人的死亡。我一直不理解为何人们会对死亡这个自然的简单事实所烦恼。我喜欢使人有些不舒服，当人们不舒服时，他们就会思考为何会感到烦恼的问题。

江融： 你编该项目的画册时，曾对是否将那些儿童脸部特写的照片作为最后一部分放在画册中感到犹豫，因为你担心这些照片会让人感到过于矫情。最终，为何还是将它们包括在内？

曼： 该画册最后需要某种柔情的东西，因为整个项目的照片非常令人难以接受。

江融： 我认为，最后这组儿童脸部特写的照片有不同层面的含义，看上去好像是在子宫里的婴儿超声波照片，但也像已死亡儿童的照片。它们是十分模棱两可的。

曼： 这个观察很有意思。另外，其中有些看上去像是销魂的感觉，其他一些像是在做梦，还有一些象征着稍纵即逝的生命。

江融： 显然，你父亲的去世给你留下了深刻印象，尤其是你说过，他在临终前并不害怕。

曼： 他得了脑癌。他是一位医生，而且始终表明，他不会让自己最终变成说胡话的人体空壳，他的死亡很有尊严。

江融： 你害怕死亡吗？

曼： 我不期待死亡，但我最担心自己变成残疾，无法从事我所能做的事情。2006年，我遇到一次严重事故，几乎丧生。我对骑马充满了热情，尽管很危险，我仍然花很多时间骑马。

江融： 你为何这么喜欢骑马？

曼： 骑马非常能够让我感到销魂。那天，我骑着一匹漂亮的白马奔驰在山顶上，当时跑得太快了，它的心脏受不了，突然倒地死亡，马的整个身体压在我身上，我的许多骨头断裂。那一次事故让我猛醒。之后有一段时间，我做不了任何事情，甚至连相机也举不起来。因此，我让别人将相机放在三脚架上，拍了一些自拍像。

江融： 有人说，如果你意识到死亡，你的一辈子都是在为死亡做准备。

曼： 你可以有两种方式准备。一种是对死亡惧怕，一直担心和防止死亡；另一种是更积极地活在当下。自那次事故之后，我生命的每一个时刻都变得更加珍贵。我决定要完成更多的工作，并享受我的生活。

江融： 你丈夫的肌肉萎缩症是否也让你感觉到我们都十分脆弱？

曼： 是的。

江融： 你在拍摄已腐烂的灰狗夏娃照片时，是将它的骨头一块块重新拼接起来。当你拍摄你最新发表的系列“骄傲的肉体”时，你基本上也是从头到脚一寸寸地拍摄你丈夫拉里的身体。那么，能否认为你拍摄这两个系列作品都是为了珍藏记忆？

曼： 拉里的照片并非只是一种文献式摄影，它们更像是我对他的拥抱。文献式的摄影过于冷静和讲究事实。拍摄该项目，使我能够有更多的时间与拉里共处，尽管我们俩几乎从青少年时就住在一起，但这一次我们在一起的时光更加集中精力，更加亲近。

江融： 你也在做另一个题为“婚姻信任”（Marital Trust）的项目，该项目与“骄傲的肉体”

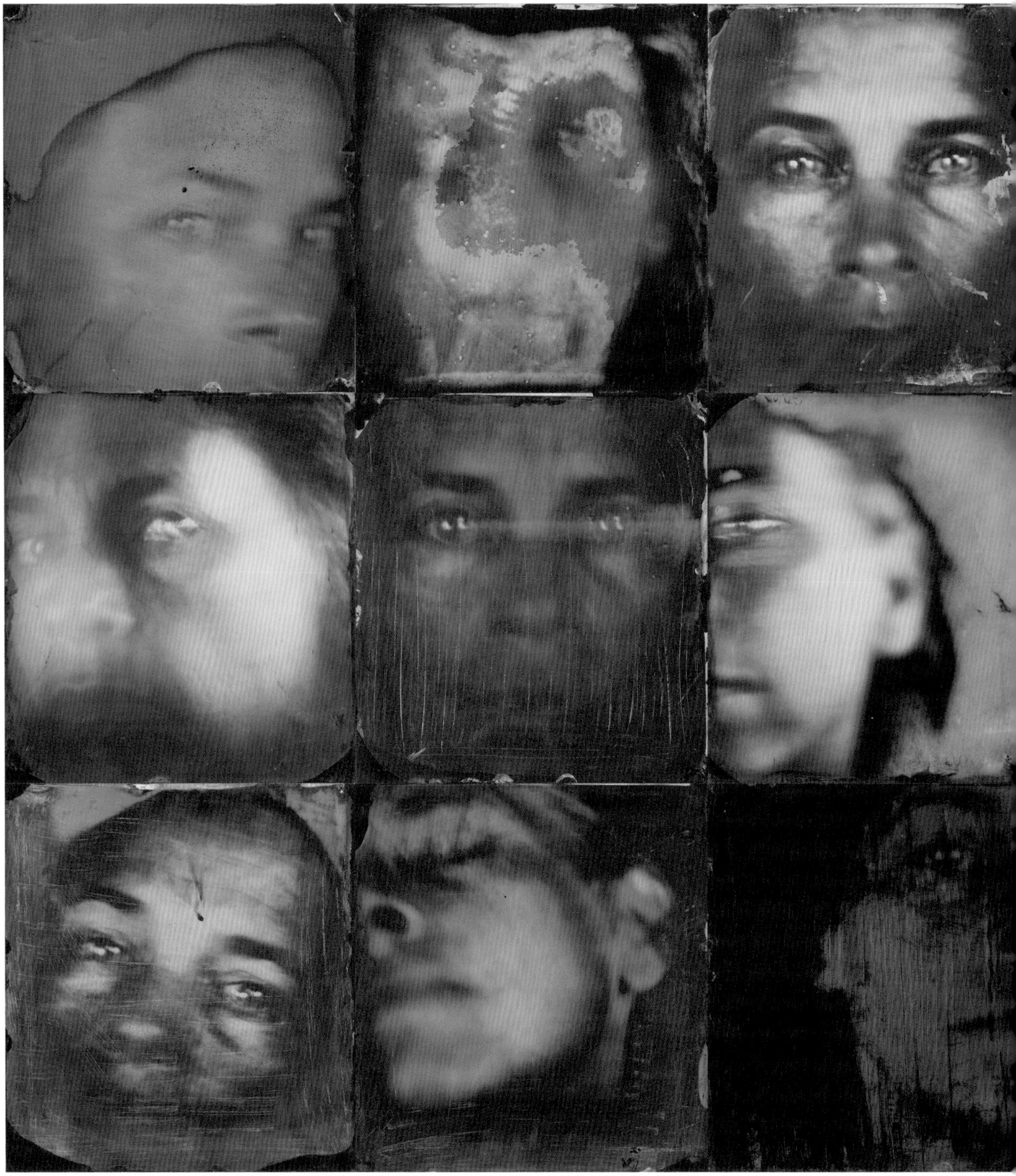

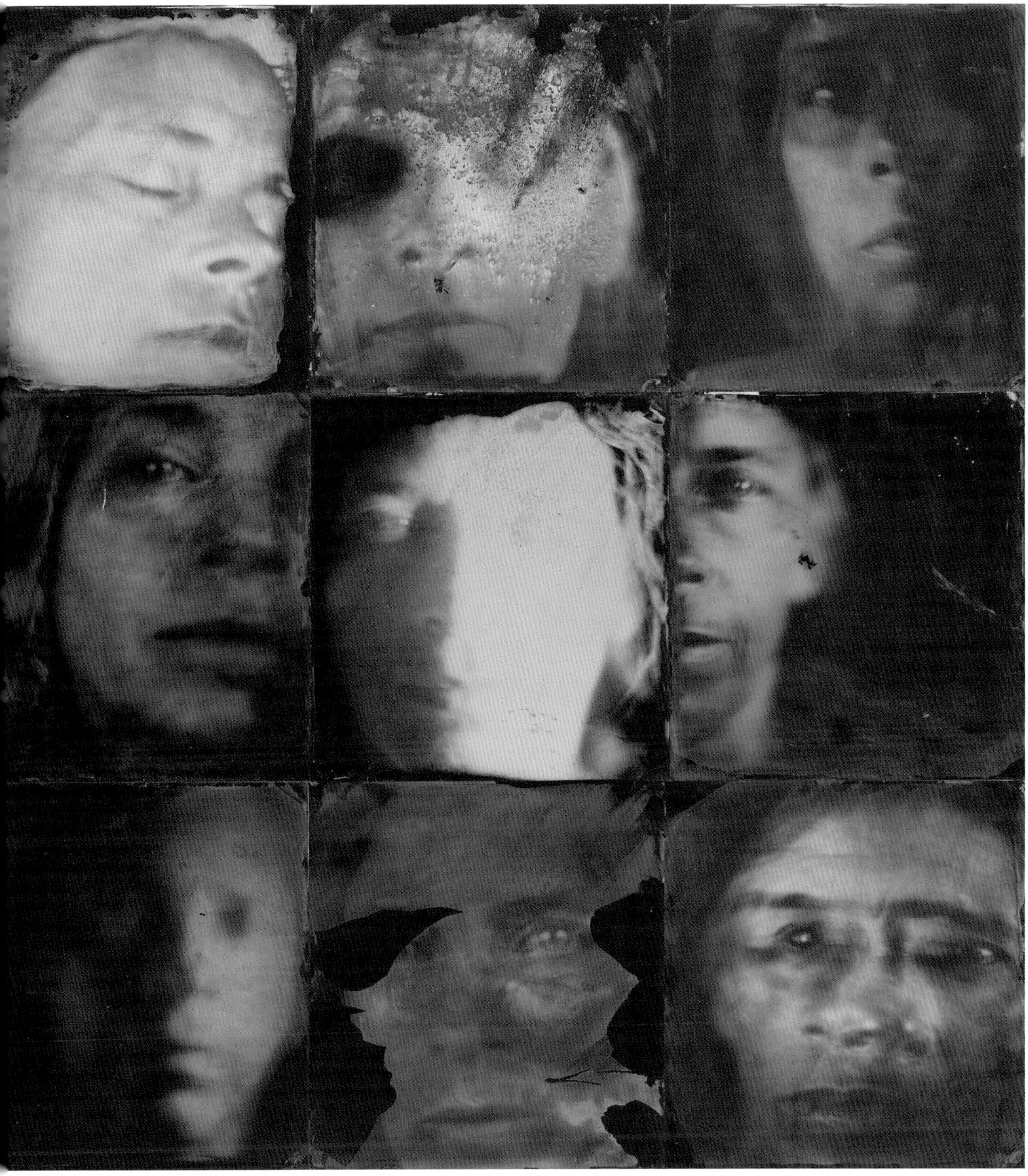

跨页图： 2006—2007年，无题(自拍像)(由18个部分组合)

上图：2008年，赫菲斯托斯，选自“骄傲的肉体”系列

右图：2007年，爱神显形，选自“骄傲的肉体”系列

有何区别?

曼：“婚姻信任”更像是“血亲家庭”，它是由一组独立的摆拍影像组成，非常美丽。它是关于日常生活，如刷牙、叠被、脱鞋等。

江融：这是将日常琐事变成美丽的影像。

曼：其中有一幅是拉里正在脱鞋，这个动作很安静、简单，而且不起眼，但他的姿态十分生动、温存。我每次看这幅作品都让我眼眶湿润。

江融：有人说，大凡伟大的艺术家，都能化平凡为美丽。

曼：是的。你看法国印象派画家伯纳尔画很多浴室中女人的作品，德加也画过一个男人在房间里观看一个女人的作品，十分平凡，但充满了各种情感。不需要用宏大题材的照片也能打动你。

江融：你为何称这组作品为“骄傲的肉体”？为何要在一个名词前加上一个形容词？这么做是否会限定这组作品的想象力？

曼：这组作品之所以有力度，是因为画面中的男人正在衰老，而且，他的左臂和右腿正在萎缩。但他仍然骄傲，没有因为这个可怕的疾病而感到害怕。

江融：对我来说，你已经将拉里变成一个抽象的影像，他可以是任何人。有人认为，男人的身体不像女人那么容易抽象，你同意这种说法吗？

曼：这是历史的原因，女人体一直是艺术家的主题。但我要改变这种观看的方式，我要通过拍拉里的照片来改变这种状况。

江融：人们常常形容你是“毫不畏惧”。我认为，你敢于打破如性、人体和死亡等禁忌。对于艺术家来说，胆识是否很重要？

曼：有一位作家曾说过：“当你写作时，如果你没有被吓出一身汗，那么，你就写得不够好。”我同意她的说法。只有当我逼着自己更加努力，对自己说“还不够好，我能做得更好”，才会拍出最好的照片。

我在拍摄拉里时，有时候，我知道快拍到好照片了，但还未拍到，我就会对他说：“让我们再多拍一会儿。”我开始有些不自在，并对拍过的照片感到焦虑，我会想，也许这张照片太冒险了，或暴露太多了，或者，是否会让拉里看上去不雅观。“骄傲的肉体”中有一幅作品能看到拉里的肚子，他像婴儿一样卷曲着身子，看上去十分无助。我看到该画面时，对自己说：“我是否敢拍这么一幅作品？”我有些冒汗，但我还是拍了。有时，你必须对你的照片感到担心，然后，克服这种害怕的心理，并将该照片拍下。

江融：这种坚持要拍到你想拍的照片过程是至关重要的。你曾说过：“需要带着敬畏的心情经受这种过程，你必须为摄影付出代价。”你的意思是，在摄影面前必须谦卑？

曼：不仅是谦卑，这个过程还要做许多苦力和重复的工作。最近有人出了一本关于如何能成功的书，其中谈到，直到你做某件事情达一万个小时之后，才能够将这件事情做好。这可能是能够流芳百世的艺术家与昙花一现的艺术家之间的主要区别之一。

我放照片的技术很好，是因为我花了几十万个小时的时间放照片。这些时候可能会十分无趣和单调，这正是你需要付出的代价。我花费的每一个小时，都在学习。三年前，我放了一组“婚姻信任”中的45幅作品。现在，我正在重新放这组作品，现在放的作品比三年前更好。然后，我会将三年前放的照片扔掉。我扔掉了几百幅放好的照片。而对许多人来说，这些照片可能已经很好了。

江融：法国作家普鲁斯特（Marcel Proust）曾说过：“唯一真正的乐园是失乐园。”我认为，你正在做的事情是要抓住可能会失去的乐园。你说呢？

曼：的确，尽管根本不存在乐园，我仍在试图抓住必将失去的乐园。但我不想知道我到底想要做什么，要是知道了，会是危险的。一旦你知道了，也许你就停止工作。

我的工作方法是，先拍一张我认为可能会是美丽的照片，然后在这一幅照片上探讨如何往下拍。我通常不从某个想法拍起，我的第一张照片往往看不出什么名堂。之后，就会出现框架，最终就会出现项目的轮廓。

江融：你认为，艺术家的使命是什么？

曼：正如迪金森说过，重新阐释显而易见的世界，以便能够启蒙和丰富世界。作为艺术家，我们有义务这么做，因为我们天生就能以不同于他人的方式观看世界。如果我们向观者提供的世界能够使他们提出疑问，并能促使他们改变状况，那将更好。如果你所提供的世界同时又是美丽的，那将是锦上添花。这是我给自己的任务规定：创作出美丽的艺术，同时又涉及某个问题。我希望能够将普通的事物变成能引起观众普遍共鸣的美丽艺术。

上图：2009年，沉思的心，选自“骄傲的肉体”系列

Mitch EPSTEIN
米奇·爱泼斯坦

米奇·爱泼斯坦出生在美国麻省一个小镇的犹太商人家庭，18岁离家去学艺术，后到纽约师从著名摄影家加里·威诺格兰德。他从20世纪70年代初便开始使用彩色摄影创作，在1973至1988年创作出题为“娱乐”（Recreation）的系列作品，反映越战之后美国民众转向注重个人生活的社会风气。之后，于1995至1998年拍摄了题为“纽约城事”（The City）的系列作品，反映世纪之交纽约这座大都市的变迁。接着，在2000至2003年，他返回出生地，完成了题为“家庭轶事”（Family Business）的系列作品，讲述他父亲如何从曾经拥有当地最大的家具店到破产的境地，以及该镇如何从一个纺织业和造纸业重镇转变成美国辍学率和犯罪率最高城市之一的状况。

2004年，爱泼斯坦开始了一项自称为“能源旅游”的计划，深入挖掘在美国这个能源最大生产国和消费国，能源生产和消费如何影响美国社会各利益集团的主题。他花费五年时间，跑遍美国二十多个州中与能源有关的地点，克服包括被联邦调查局审问等各种阻力，完成了一部题为“美国能量”（American Power）的项目。

爱泼斯坦的这三部曲作品，揭示了美国家庭、城市和国家在从工业化大国转向后工业时代中的没落和异化现象。连同他拍摄的“娱乐”等作品，他的一系列项目共同构成了关于美国这个超级大国如何在越战之后自我娱乐、失去方向和陷入困境的挽歌式作品。爱泼斯坦不仅是美国过去半个世纪演变的亲历者，也是这种演变的影像记录者。他的这几部优秀摄影艺术作品将成为人们了解美国在越战之后社会和文化景观变迁的宝贵文献资料。

上图：2011年，纽约，米奇·爱泼斯坦，江融摄

右页图：2004年，布拉·贺恩，俄亥俄州切郡，选自“美国能量”系列

江融： 自20世纪70年代初以来，你基本上都是用彩色摄影来创作所有项目。你的老师加里·威诺格兰德却是一位著名的黑白摄影家。为何你会决定用彩色摄影做你的项目？

爱泼斯坦： 刚开始，威诺格兰德让他的所有学生拍黑白照片。我在暗房里花了很多时间，学习放黑白照片的工艺。但几个月之后，我和其他几位同学决定使用彩色胶卷。

江融： 我很想知道为何你们会做出这种决定？

爱泼斯坦： 威诺格兰德在上课时，不时会保持缄默一段时间，迫使学生自我思考，寻找前进道路。他的教学方法注重抛弃陈规定见，例如，抛弃关于什么是好照片的先入为主的观念。当时，只有黑白照片和所谓"艺术照"才算好照片。他帮助我们抛弃这些陈腐观念，使得我和一些同学意识到，拍彩色照片可能会比黑白照片更激进，而且更有趣。不管怎样，彩色摄影在当时仍然是一个新领域，因为那时艺术家很少使用彩色摄影。总而言之，我想拍彩色照片，是要使我们这个班级有创新，而不是重复自己。彩色摄影在当时因商业用途而被认为是庸俗的。因此，拍彩色照片有风险。但我喜欢冒险。

江融： 你曾说过，从威诺格兰德学到的最重要观点之一是"要战胜显而易见的事物"。在20世纪70年代期间，"新彩色摄影"流派重要成员威廉·埃格尔斯顿和斯蒂芬·肖尔也是试图从显而易见的事物中拍出不平凡的作品。你当时是否已知道埃格尔斯顿和肖尔也在尝试拍摄彩色照片？

爱泼斯坦： 当我开始拍摄彩色照片时，并不知道这两位摄影家。当威诺格兰德发现我们很认真拍摄彩色照片，才介绍我们了解他们的作品。Kodachrome

左页图：1983年，佛罗里达州可可海滩，选自“娱乐”系列

上图：1973年，纽约，越战老兵游行，选自“娱乐”系列

胶卷的发明是促使我从黑白转向彩色摄影的最后一个原因。这种胶卷的色彩很漂亮，如果你能控制它在速度、反差和宽容度方面的局限性，Kodachrome胶卷会让你有很多自由：你几乎可以想拍什么就拍什么，因为这种幻灯片的价钱相对便宜；而且，你不需要进暗房，就可以将拍好的胶卷送去冲洗。我更愿意拍照片，而不是放照片。Kodachrome胶卷把我推到现实世界中。

江融： 为何到现实世界中如此重要？

爱泼斯坦： 我可以在现实世界中发展我的摄影手艺。我想知道这个世界在用彩色胶卷拍摄之后看上去会是什么样，尤其是不采用广告的鲜艳风格时的效果。这对于我成为摄影家的初期阶段来说是很重要的，因为，我很快发现如何使用色彩来体现事物的真正含义，而又不会让色彩特别突出而掩盖了照片的其他内容。

江融： 因此，你是最早试验彩色摄影，并成为促进新彩色摄影流派的成员之一。自20世纪70年代至今，你也是一直在记录美国社会风气变化的摄影家。能否告诉我们，为何在20世纪60年代末和70年代初，美国许多摄影家，包括你在内，转向拍摄日常生活，而非继续像路易斯·海因（Lewis Hine）在20世纪初拍摄关于社会处境不利者的社会纪实摄影？

爱泼斯坦： 我只能谈一下自己的情况。做学生时，最难的就是要知道应当拍什么主题。我首先必须打消自己是在艺术创作的浪漫想法，因为这种想法意味着，各种主题存在一个不同等级的差别，似乎那些最高级别的主题才算作好照片和艺术品。

江融： 因此，你不认为存在这种差别？

爱泼斯坦： 我不认为有这种差别。一切都是可以拍摄的。这一点，我是从威诺格兰德那里学来的，并通过我的实践体会更深。这是摄影令人感到神奇的秘密之一。摄影这个媒介非常具有可塑性，它能将最普通的东西变得十分有意思，甚至是超验的。同时，摄影又是很难驾驭的媒介，用相机能够拍摄任何主题。因此，不存在规定好的摄影方法。

当我是学生时，我尚不完全知道什么样的主题对我来说具有重要意义。我使用相机来更好地了解世界，同时更好地了解自己。我希望能找到一种方法，使得我能用一种批评的眼光看待摄影和艺术。当我还是一位年轻艺术家时，我是以一种单纯的热情来创作，最终对摄影变得着迷。我一直注意摄影媒介本身的潜力。因此，不愿意接受摄影是讲述某类故事或传递某种社会讯息的手段。当然，我知道，我的许多照片有文化和社会的内含，因为，他们是

左页图：1973年，纽约麦迪逊大道，选自“娱乐”系列

上图：1998年，纽约，无题，第4号，选自“纽约城事”系列

在现实世界里通过真实的经验拍摄的。

江融： 现在让我们来讨论你以日常生活为拍摄主题的“娱乐”项目，你拍摄该项目的动机是什么？

爱泼斯坦：“娱乐”这个项目是自然产生的。我总是喜欢拍摄人们在参与各种能让他们愉悦的活动，例如，我喜欢在纽约中央公园拍摄。该项目刚开始时，我并不完全知道自己想拍什么主题，尚未有这种判断能力。我只是知道哪些照片拍得好，并逐渐知道为何要拍该项目。一两年之后，我开始能够较客观地分析我的作品。后来，我形成了一套创作方法，并逐步加以完善。这套方法基本上分三个步骤。

江融： 哪三个步骤？

爱泼斯坦： 首先，我必须下决心带着某种打算

到现实世界中去拍摄。例如，我打算到中央公园拍摄，但我不知道实际情况会是如何，因此，我必须对现场状况抱着开放心态。之后，我会去拍摄一些与我的原初打算有关的照片，同时，也可能会改变原先的想法，因为我不能完全服从于原来的想法。这便是摄影的部分美妙之处。摄影如此具有可塑性，它使得我能围绕着某种打算拍摄，同时，又能将一些不期而遇的、令人惊奇的情况包括在内。最后一个阶段，是去客观理解所拍摄的作品。换句话说，是要客观地编辑这些作品，并从中吸取失败的教训，因为，失败是冒险的同义词。你必须试图超越实践中让人感到熟悉的东西。用批评的眼光分析作品的过程是至关重要的，这样才能产生新的想法。

江融： 除了这种拍摄方法，你还使用过135相机，之后改用6×9和6×7中画幅相机，最后才使用4×5和8×10大画幅相机。你为何尝试过这么多不同类型的相机？

爱泼斯坦： 我从135相机转向中画幅相机，是因为我希望能在拍摄之后很快看到放大的照片。在拍摄“娱乐”项目的前四年，我使用Kodachrome胶卷。在20世纪70年代至80年代期间，除非你能制作成本很高的染印法照片，不然自己很难从Kodachrome幻灯片放大出高质量的照片。因此，我开始使用宽容度更高的彩色负片，并改用6×9相机，之后又使用6×7相机。我在使用135相机和中画幅相机达25年之后，才开始使用大画幅相机。我是在拍摄“家庭轶事”时用的大画幅相机，当时，我到了一个想要从更多方面控制照片制作的阶段。

江融： 从哪些方面？

爱泼斯坦： 在20世纪90年代，当我在拍摄“纽约城事”项目时，我使用6×7相机拍摄了不少静物照片，但我在构图时，常常感到无法获得我想要的

左页图： 2000年，父亲的公文包，选自“家庭轶事”系列

左图： 2002年，父亲，汉普顿池塘，第3号，选自“家庭轶事”系列

精确度。因此，我自学如何使用4×5相机，我曾担心大画幅相机放在三角架上拍摄，会将我的拍摄限制在精心规划的照片，而失去随机性。但在拍摄过程中我才意识到，即使是使用大画幅相机，我仍然可以按照自己的打算拍摄，而不需要放弃在拍摄过程中随机拍摄一些不期而遇的画面。对于我来说，这是使用大画幅相机所获得的一些意想不到的自由。

江融： 当你在使用大画幅相机做“美国能量”项目时，你通常是从一个制高点拍摄，在你与被摄主体之间创造出一个距离，这种拍摄方法被称作“保持一定距离的介入”。我想知道，你从使用135相机抓拍这种“处在人群中”的拍摄方法，转变成使用大画幅相机“保持一定距离的介入”方法，这两种方法之间的最大区别是什么？

爱泼斯坦： 这两种方法提供了非常不同的机会。因为我如此长久地使用过手持相机，这对我使用8×10相机拍摄的作品产生重大影响。我选用8×10相机，是因为即使我的被摄主体在半英里之外，我仍然可以获得非常准确而且细节和影调丰富的影像。同时，我也没有被大画幅相机的局限性所吓倒，包括我所能放相机的机位相对有限，以及抓拍动作和随机性有限。我仍然在拍摄大画幅相机的过程中，让一些事情发生，而不需要摆拍。“美国能量”项目的大部分照片均是这么拍摄的。

江融： 能否举例说明？

爱泼斯坦： 例如，《美国能量》画册中的最后一幅作品。拍摄该作品时，我是在一个粮仓的高塔上，当时是下午3点左右，我正在观察眼前辽阔的风景，前景是一个小村庄，中景是农田和风能发电的叶轮机，之后，景色一直延伸到天边。我没有想到会有一辆校车和两个骑自行车的男孩出现在画面中。我便将这些偶然出现的元素包括在画面内。

我在使用手持相机时，学会将不同元素放置在同一个画面中，使它们之间产生某种关系。我在将大画幅相机放在三角架上拍摄时，也采用这种随机应变的技巧。手持相机的使用，使得我在使用大画幅相机时仍然比较自由，同时，大画幅相机能捕捉远距离风景的细节，因此，8×10相机所拍摄的画质肯定与135相机的画质不同，大画幅相机的照片有一种特殊的形式感，因此必然有权威感。

江融： 你曾从事电影摄影工作，你认为动态影像与静态影像的主要区别是什么？

爱泼斯坦： 当我刚开始拍摄摄影作品时，只有我自己、相机和外部世界。我很少会去改变外部世界来迎合我所要创作的作品。后来，当我拍摄电影时，我必须思考摄影机前的拍摄对象，并更积极地思考如何设计摄影机前的人物和景物。有时，我会去改变摄影机前的拍摄对象，尤其是有人物的场景。我很快发现这种能设计场景的自由对我的摄影有用，我意识到，这种拍电影的方法可用到我的摄影中，而不会失去被摄对象的真实性。

江融： 你是否在拍摄“家庭轶事”项目时便采用了这种方法，摆拍了一些场景？

爱泼斯坦： 是的。“家庭轶事”是拍摄我老家和我父亲生意的一部作品。我的被摄对象与我的关系十分密切，而且意味深长。因此，对我来说，这是摆拍一些场景的好机会。有时，我会设计拍摄我父亲或是他同事的一些肖像。另外，还摆拍一些静物照片，其中包括将我父亲的公文包放在床上、将包在玻璃纸里的美国国旗挂在墙上，以及将法律书籍放在购物车上等照片。

我是在我父亲家具店里摆拍这些静物照片，将他的店铺当作一个舞台背景。例如，他的公文包原来并不在床上，是我将它放在那里，以便能更具有象征意义。同时，我又牢记不把这些静物拍摄得过于矫情。因此，在必要时，我会做出这类调整，摆拍我相机前的被摄对象。但对我来说重要的是，这种拍法必须能产生某种真实性。

江融： 尽管我知道你不愿意被称作“纪实摄影家”，但我认为，你的确对纪实摄影的发展做出了贡献。不过，你曾说过，当你认为用数码技术修改你的作品能加强其效果时，你也修改部分作品。你认为，这么做是否会削弱纪实摄影的力量？

爱泼斯坦： 我从来就没有认为我的作品是严格意义上的“纪实摄影”，但也一直有意识地创作具

左页图： 1998年，无题，纽约，第6号，选自“纽约城事”系列

上图： 2005年，密西西比州，比洛克西，选自“美国能量”系列

有历史、文化或社会价值的纪实作品。我的想象力一直与我所观看的现实一样重要，换句话说，我如何利用这些现实比尊重这些现实的所谓客观性更为重要。因此，对我来说，数码技术从来就不是一个道德问题，关键的是你在多大程度上使用数码技术。我不断地自问：如何能利用摄影作为想象力的工具，并让摄影仍然与被摄对象所处的外部世界保持某种关系。我认为，答案仍然不清楚，因为现在人们有新的自由来探讨数码技术给予摄影的这种巨大可塑性。最终，我仍然强烈认为，外部世界如此丰富，甚至超过我的想象力，因此，我不需要加以修改。

"美国能量"的大部分照片是未经修改的。我不像安德烈亚斯•古斯基那样工作，他会利用数码技术将几张照片合成来产生散点透视。而我只是偶尔会将一幅照片中的人物移到另一幅照片中，但我不会想当然就这么做。我基本上是通过相机来拍摄作品。

江融： 你的"美国能量"项目最初产生于《纽约时报杂志》委托你完成的一个拍摄任务。你能否告诉我们，这个项目是如何缘起的？

爱泼斯坦： 该杂志委托我拍摄俄亥俄州柴郡这个即将消失的小镇，因为美国电力公司花大量费用让该镇居民迁走，以免该公司火力发电站可能造成的环境污染引起该镇居民打官司。我拍摄了选择留在该镇很少几位居民中的几个人的肖像。我也想拍摄发电厂本身，但该公司不让我进入发电厂。因此，我就思考如何能拍到发电厂而又不越界。柴郡的经历是我没有预料到的，几个月之后仍然让我挥之不去，并促使我开始做"美国能量"的项目，当时，我并不知道该项目最终会是什么样，但"美国

能量”的主题是缘起于柴郡。

江融： 当时，你已经使用8×10相机做该项目了吗?

爱泼斯坦： 没有，当时我是用4×5相机。不过，我是用手持相机拍摄了一幅有两股浓烟的照片。我在两个大烟囱底下，拍了这幅看不到地平线的作品。但在拍摄时，他们阻止我拍该照片。

江融： 从某种意义来说，你将他们不让你进入发电厂拍摄的局限性变成你新的拍摄方法，因为在20世纪70年代你在做“娱乐”项目时，你通常可以非常近距离地接近你的被摄对象。当然，当时的社会风气不同，人们更能接受摄影家拍他们的照片。现在，他们却不让你拍摄发电厂的照片。不过，你

左页图： 2004年，西弗吉尼亚州，波卡高中和阿莫斯火力发电厂，选自“美国能量”系列

上图： 2004年，西弗吉尼亚州雷蒙德市，阿莫斯火力发电厂，选自“美国能量”系列

采取了应对的措施。

爱泼斯坦： 我认为，坚持不懈地挖掘主题是我做该项目的方法。我对于“美国能量”项目的结果采取开放态度，使得我能完成该项目。我制定了到这些生产能源的地点旅行拍摄计划。我知道，这些地点都会得到公司安保人员和执法机构人员的严密保护，但我到这些地方，并对周围可能发生的情况采取开放态度，使得我能发现一些意想不到的经历，拍到与该项目有关联的照片，而又不需要进入发电厂内部。因此，我能集中注意力挖掘我想要发现的主题。

江融： 你能否介绍一个具体的例子？

爱泼斯坦： 我在西弗吉尼亚州阿莫斯火力发电厂附近拍摄到波卡高中美式足球队练球的照片便是一个很好的例子。当我来到阿莫斯发电厂后，我深入到附近的地方，希望能拍到有多层含义和更为复杂的照片，因为，不仅要观察发电厂的建筑，而且需要观察这些具有多层含义的景观，使得照片能在画面上和观念上有更深的层次。

江融： 谈到这些具有更多层次的照片，的确，在你的“美国能量”项目中有许多这样照片。例如，那张在胡佛水坝附近拍摄的公路桥梁的照片。这座桥梁没有修建来往的公路，这似乎可以意味着来去无路。就这种暗喻来说，你在拍摄时是否已经看出，还是事后才意识到它的含义？

爱泼斯坦： 我是去拍摄胡佛水坝的路上看到这座正在修建的公路桥。该项目拍到这个时候，我已大量思考汽车与公路、美国的扩张主义与美国西部，

以及我们的欲望与风景之间的关系问题。因此，对我来说，在拍摄这座公路桥时，已经看出它所具有的象征含义。但并非总是如此，我常常是在拍完之后才看出照片的更多含义。不过，通常我是按照一些想法去拍摄，而且，对于我所要拍摄照片的大体含义还是清楚的。

左页图：2008年，爱荷华州布莱尔斯堡，世纪风能项目，选自“美国能量”系列

上图：2007年，内华达州，胡佛水坝旁路工程，选自“美国能量”系列

江融：《美国能量》画册有63幅作品，其中1/5与2005年发生的“卡翠娜飓风”灾难有关。虽然在该灾难发生之前，你已准备到该飓风后来经过的美国南部地区，但将这场灾难包括在该项目中并非预先能想到的。那么，将这场灾难包括在内，对于“美国能量”项目有多重要？

爱泼斯坦：这对于该项目的延伸发展是至关重要的，因为该灾难发生时，我正想扩大这部作品主

题的外延。刚开始，我有些犹豫，因为我从未跟踪拍摄具有新闻重要性的灾难或主题。但“卡翠娜飓风”对能源工业以及需要大量依靠该工业的南部社区产生严重影响，因此，我认为自己别无选择，一定要去拍摄这场风暴所产生的后果。我大约是在飓风发生之后6个星期到达该地区。许多科学家认为，恶劣天气日益增多与气候变化以及我们整个社会在能源方面所做出的选择有关。而且，当看到政府和公司在应对这场危机的方式不力时，我深感困惑。

所以，我想通过照片表明美国无法被击败的观念已经破灭，美国不够尊重大自然的文化，以及脆弱的新奥尔良市在这场风灾中受到的重挫。卡翠娜风灾促使我更加明确思考政府、公司、大自然以及电力等不同能量之间的关系。能源仍然是这些关系的纽带，但有许多因素影响着能源主题，并使得它变得更加复杂。因此，我更加深入挖掘其他相关主题，使得该项目更具有广度和深度。

江融：你曾说过，当你在拍摄“美国能量”照片的那一刻，你没有在思考政治问题。但该主题如此具有政治含义。那么，在多大程度上，艺术家应当卷入政治？艺术家应当如何处理政治题材？

爱泼斯坦：我从来不为政治议题服务。我之所以开始拍摄该项目，不是因为我是一位带有政治目的的环保主义者。该项目变得更加具有政治含义，是因为我后来理解，政治是影响能源的主要因素之一。在项目后期，我特意研究政治与能源之间的关系，并研究能源政策对风景的影响，来探讨政策选择是如何做出的，谁做出这些选择。

我认为，在我们这个时代，艺术家有义务介入他们周围的世界。具有政治和社会意识的艺术家能使得艺术更加丰富，但艺术家不能说教。艺术家不是要给人上课，而是要提出一般人不敢也不愿意提出的大胆问题。

江融：在美国文学历史上，有不少作家尝试写出“伟大的美国小说”；在美国摄影史上，也有不少摄影家尝试将美国作为拍摄主题，为何要这么做？

爱泼斯坦：在某个时期通过一个具体主题客观地拍摄一个国家是一件很有意义的事情。如果没有一个主题就去拍摄美国，项目会因太庞大而难以完成。但通过能源主题，我得以记录了美国在那个特殊时期的状况。

江融：你在过去35年完成了这么多个项目之后，你认为什么方法才是最佳的摄影方式，尤其在我们这个全球化的世界和迅速发展的数码时代？

爱泼斯坦：我的建议是，无论你采用哪种媒介，都不要只是把眼光放在当下，还应当了解历史。如果你用数码相机创作，还应当了解摄影的光学和模拟技术。了解摄影史和艺术史也是很重要。同时，需要相信你的直觉。我本人一直在思考如何向前迈进，如何能使得我的作品继续对我本人和他人具有意义。另外，需要了解什么是我的创作风险，因为我需要冒险才能创新。

上图： 2003年，俄亥俄州柴郡，加文火力发电厂，选自“美国能量”系列

James WELLING
詹姆斯·韦林

詹姆斯·韦林在20世纪70年代中期出道以来，便将摄影变成自己的创作媒介。他不断挑战现代主义摄影的传统观念，一再探索摄影的各种表达方式。通过迄今为止四十多年的摄影实践，他创作了30多部作品，证明摄影这个媒介存在无数的可能性。

韦林被视为20世纪80年代在美国出现的“图像一代”（the Pictures Generation）运动的主要代表人物，但他与“图像一代”大部分艺术家所采用的扮演、挪用、拼凑和戏谑等手法，以及所关注的身份和性别等主题都不同。韦林更多关注摄影媒介本身在再现方面的问题，通过他的摄影实践证明：摄影再现是能够抽象的，照片的平坦表面与被摄物表面是不同的，摄影材料的物质性存在无数可能性，以此来质疑现代主义摄影的“透明性”。

韦林的摄影没有固定风格，游走在纪实风格与抽象摄影之间，但无论他采用什么风格，均是要表达摄影家的主观性；他使用不同的相机和各种工艺过程，来制作多种类型的照片，认为使用相机拍摄的照片与暗房中制作的物影照片之间不存在矛盾，它们代表着摄影是光与影结合的产物而可以共存；他始终尝试各种摄影材料来摸索它们的物质性所可能产生的含义，以此来表明摄影如口技，可以不断表达艺术家丰富的声音。

韦林利用不同的方法探讨摄影与其他媒介之间的关系，使得他的摄影超越了根据摄影媒介自身的属性界定艺术品的传统归类法，而将摄影放到更大的语境中。他利用物影照片和纪实风格摄影等传统手法来开拓出摄影的新疆界，他的摄影作品是“复古的前卫”，而且，他仍在不断重构摄影中。

上图： 2013年，纽约，詹姆斯·韦林，江融摄

右页图： 1986年，ZEPES，选自“降解”系列

第412页图： 1984年，明胶照片，第45号

第413页图： 1981年，痛苦，选自“窗帘”系列

江融： 在开始讨论你的“观念摄影”作品前，应当首先了解什么是“观念摄影”（conceptual photography）。这个概念与20世纪60年代在美国出现的“观念艺术”（conceptual art）是否有关联？能否分享你对“观念摄影”的理解？

韦林： 对我来说，“观念摄影”这个词可能并非是说明我所创作的摄影作品最合适的说法，“基于理念（idea-based）的摄影”作品可能更贴切。但“观念摄影”的确能说明20世纪60年代之后艺术世界进入摄影世界所产生的摄影。这种“观念摄影”对我作为摄影家的发展产生了重大的影响。

江融： 你是如何开始创作“观念摄影”或者如你所述“基于理念的摄影”作品？

韦林： 我是在20世纪70年代开始摄影创作。我看过道格拉斯·赫伯勒（Douglas Huebler）和贾恩·迪贝茨（Jan Dibbets）等观念艺术家采用摄影媒介的作品。因此，我是通过在1970年至1971年观看他们的作品才开始考虑使用相机记录雕塑和装置艺术品。我逐渐从使用相机记录转向对摄影记录作品本身特别感兴趣，并从雕塑家和装置艺术家转向摄影家。

江融： 我知道，保罗·斯特兰德拍摄的《墨西哥作品集》是最早对你的摄影产生影响的作品之一。他对你的影响可从你的“洛杉矶建筑与肖像”（Los Angeles Architecture and Portraits，1976—1978年）系列等早期作品中看出，主要是从借助光影来创造形式感以及将建筑与肖像并置这两个方面来看。或许这便是有些人将你的这些作品误认为是现代主义作品的原因吧。

韦林： 我在艺术院校接受的教育重要内容之一

左图：1980年，无题（4月），选自“铝箔”系列

右页图：1996年，布鲁塞尔，选自“光源”系列

是去图书馆系统地翻看艺术史、建筑和摄影书籍。正是以这种方式我看到了保罗·斯特兰德的《墨西哥作品集》。在看过许多观念艺术家的摄影作品之后，这位现代主义摄影家的作品看上去与20世纪60年代观念艺术家采用摄影的方式完全不同。

我从他的《墨西哥作品集》中十分惊讶地发现，他会拍摄一幅宗教雕塑，之后，会在大街上拍摄一幅肖像，例如一幅耶稣基督受难的雕像与一幅墨西哥的村民照片。他是在将耶稣与村民的精神境界与该雕塑精神境界的再现联系起来。我可以看出斯特兰德是一位“基于理念”的摄影家。

江融：人们往往分不清“理念”（idea）与“观念”（concept）这两个词的区别。在观念艺术中，这两个词之间是否有区别？

韦林：我不是语言学家。对我来说，它们之间密切相关。理念与观念是相连的。或许，从概念上来说，理念不像观念那么大。摄影家在思考如何创作时发现能驱动他们的那个想法便可称为“理念”。我认为，斯特兰德便是被一套理念驱动而创作《墨西哥作品集》，或者说是被关于人的尊严和阶级斗争的理念所驱动。

我将斯特兰德基于理念的摄影方式与20世纪60

年代观念艺术联系起来。我没有采用斯特兰德关于阶级斗争的理念，但我采用了他作为摄影家使用精心建构的影像并对世界有着相当强烈的理念来创作的范例。他的这种范例让我找到前进方向，并开始创作能反映我的世界观的摄影作品。

江融： 从你的作品中显然可以看出你在卡内基梅隆大学获得的绘画和雕塑训练的影响。但我想知道，当你开始使用摄影作为创作媒介时，你为何没有继承斯特兰德和其他现代主义摄影家开创的传统？另外，你为何没有跟随沃克·埃文斯的创作方式？埃文斯的作品被认为具有“透明性”，而你的作品被认为具有“不确定性”，甚至“难以解读”。

韦林： 在发现斯特兰德的作品之后，我也发现沃克·埃文斯的作品十分感人。不过，我在卡内基梅隆大学艺术学院上学时，除了绘画和雕塑，我还选过诗歌课程。学习诗歌可能是对我成为艺术家过程产生的最大影响之一。我曾读过美国现代主义诗人华莱士·史蒂文斯（Wallace Stevens）的诗作。他的一句话成为我的座右铭：要创作尽可能难以理解的诗歌。

换句话说，他要创作的诗歌并非无法理解，但你必须不断地去阅读，其含义是通过不断地阅读和思考才能领会。他也使用非常美的词汇，采用壮观的并置和重复的手法，并创造符合现实的普遍象征。他几乎可以说是哲学家诗人。我决定将这种创作理念应用到我的摄影作品中，并想要创作出模棱两可、晦涩但充满含义的作品。因此，在我的早期作品中，我试图将许多创作理念放到其中。

江融： 我认为，你刚才说出诗歌与摄影之间存在的有趣类比，其他一些摄影家，如萨丽·曼和罗伯特·亚当斯（Robert Adams）也做过类似的比较。我同意，如同一首好诗，优秀的摄影作品应当可以不断阅读，每一次阅读都有可能发现一些新东西。

另外，我是否可以认为，当你转学到加州艺术学院之后，你的老师约翰·巴尔代萨里对你的早期艺术发展产生过影响。这位老师向学生推介波德莱尔（Charles P. Baudelaire）的“应和”（correspondences）理念。那么，波德莱尔在多大程度上影响过你的创作？

韦林： 约翰·巴尔代萨里是一位非常慷慨的老师，但约翰没有将自己看成是一位具有权威的人物，而是将自己视为学生的同行。他会将自己正在研究的资料带来给学生看，包括他从欧洲带回的一些欧洲艺术家的展览图录等。他会将这些东西放在桌子上，并告诉我们如果愿意可以去看。我的接受力强，对我来说，这是完美的教育方法。约翰让我了解到战后的当代欧洲艺术。对此，我非常感激。

江融： 也许我们可以开始谈论你的作品。“铝箔”（Aluminum Foil，1980—1981年）系列是你最早被许多人认可的作品之一。我认为，那是你的一个非常典型作品，它介乎于具象与抽象之间。该系列作品乍一看会以山脉、海洋、地图或地形以及各种应和的影像形式出现，但当你仔细观看时，你会意识到它们只是铝箔。这便是在具象和抽象之间产生的张力。

我想知道你是否了解中国传统绘画可达到的最高境界是“似与不似之间”，类似于“具象与抽象之间”。我认为在你的“明胶照片”（Gelatin Photographs，1984年）系列中，你用墨水浸泡明胶，该系列的效果与中国水墨画的美感相似。该系列中的一些图像看起来真的像中国画，特别是当你留下白色的空间时。这白色的空间不是空的，而是具有含义，你知道这也是东方美学吗？

韦林： 不，我不知道，因为我对亚洲艺术了解有限。当艺术家约翰·凯奇（John Cage）来到卡内基梅隆大学时，我们见过一面。他让我了解《易经》，这本书的理念对我的影响十分重要。

至于“铝箔”系列，那是我在20世纪80年代创作的作品。当时，我已专注于创作约十年，那部作品是我在具象与抽象之间挣扎的总结。当我十几岁时，我是从具象画开始的，我画了风景。然后我被抽象艺术作品吸引，特别是抽象表现主义。因此，当我在80年代开始创作摄影作品时，我想把所有能指的东西都去除，但它们仍然十分抽象。

“铝箔”系列和“窗帘”（Drapes，1981年）系列都在探索几个问题，包括什么是抽象照片？是否能制作抽象照片？我想使用像安塞尔·亚当斯的大画幅相机拍摄清晰的照片，但观众仍然难以明白照片的含义是什么。照片里有某种东西，但是什么呢？我想让观众停留在这个问题上。就像从窗户往外看，你能看到很多有趣的东西，同时并有很多想法。

江融： 艺术评论家罗莎琳德·克劳斯（Rosalind Krauss）将你的作品描述为“尽可能不要一目了然，尽量延长观众看到影像与理解影像之间的时间”。除了抽象照片，你也想拍摄情感，如你的“窗帘”系列照片。我的问题是，你的“窗帘”系列为何采用

"痛苦"和"岛屿"等叙事标题？

韦林： 我从来没有受到街头摄影家的大量影响。当我开始摄影创作时，我不想拍摄街头摄影。我试图利用关于历史和当下生存状况的一系列理念和情感来创作。

至于你提出关于"窗帘"系列的标题问题，该系列的标题是模仿美国抽象表现主义画家阿希尔·戈尔基（Arshile Gorky）画作的标题，戈尔基作品标题使我的作品更能唤起各种含义。

江融： 你曾说过，你的许多照片都是关于情感的，比如早年关于你曾祖母的日记与你在康涅狄格州长大时见过的风景并置的系列。但是，你的照片乍看不是十分情绪化的影像，它们更像你描述的"窗帘"系列那样，是"压抑的情感"或"延迟触发的情感"。因此，作为艺术家，在作品中显示和不显示情感是否有矛盾？

韦林： 我认为，我是按照直觉来创作早期作品的，在那些作品中有不少情感在里边。当我在采用纪实风格手法创作一段时间后，1998年，回过头来制作"新抽象"（New Abstractions，1998—2000年）作品时，我更多地知道如何创作，并且是知名摄影家了。当我制作"铝箔"系列时，当时绝大多数的人并不了解我之前创作的作品，因此，对他们来说，该系列作品十分新颖。但当我回到"新抽象"系列时，我被称为抽象摄影家。我认为，我的所有作品均是关于触发情感的。

江融： 关于"新抽象"系列，它们是你在暗房中利用4×5摄影放大机随机地将预先切割的纸板放在明胶银盐纸上创作的相当抽象的影像。然后，你将这些照片扫描成底片，之后再放大成作品。你认

第417页图： 2009年，9818，选自“玻璃房”系列

左图： 2012年，FD1M，选自“流体动力学”系列

右页图： 2015年，8634，选自“编舞”系列

为摄影与表演有什么关系？

韦林： 当我在暗房里，总会在某处找到相纸条。所以我有了这样的想法，将这些纸条随机地扔到感光纸上，来创作物影摄影作品。起初，完全是随意的想法，在做更多的尝试之后，我开始将这些纸条贴在聚脂薄膜上在日光下创作。所以“新抽象”作品既有偶然因素也有加以控制的结果。

江融： 现在让我们回到20世纪70年代，你被认为是“图像一代”的关键成员之一，这一批成员是以挪用报纸、杂志、电影和电视的图像而闻名的。你在1974年完成的艺术硕士学位毕业作品正是挪用“温斯顿”和“万宝路”香烟广告来创作的拼贴作品。我想知道为何你后来不像其他成员那样继续挪用现成照片。相反，你决定自己拍摄照片或制作物影照片。你为何不继续走那条挪用现成图像的道路？

韦林： 1973年至1974年，我收集了大量杂志图像，并对具象中潜藏的密码很感兴趣，同时我也在阅读罗兰·巴特的著作。后来，我发现我收集的图像均是我想要拍摄的照片。我重拍了一些收集的图像，发现由自己拍摄具有杂志上奇怪图像特性的照片，似乎比我从杂志上剪下的图像更有趣。因此，我很快就决定不再继续挪用图像。

江融： 我觉得，你一直游走在具象与抽象之间。在最新的系列作品之一中，你采用了新现实主

义画家安德鲁·怀斯（Andrew Wyeth）的一些主题。同时，你最近的一个名为“流体动力学”（Fluid Dynamics）系列又是如此抽象。那么，你为何要在具象与抽象之间游走呢？

韦林：谈到分类问题，我认为，在我的照片中，我试图不明确表明什么是具象的，什么是抽象的。我对制作不被分类或能同时具有两种类别的作品观念感兴趣。这是一种扰乱思维和以不同方式构想各种事物的观念。我希望我的作品能使人们意识到分类往往是人为强加的，如抽象或具象之分，而实际情况是更加复杂而难以区分。

江融：现在我想谈一下你在1994年开始创作的“光源”（Light Sources）系列，其中光源总是以某种形式出现在影像中。你为何要做该系列？

韦林：1994年，我去了欧洲，住在安特卫普一段时间。在一个外国城市，你会感到非常解放。我被这座城市所吸引，开始拍摄不同的东西，如光效和肖像。我先是在安特卫普，然后在布鲁塞尔创作了“光源”系列的不少重要作品，之后便在构思一个由很多不同元素组成的项目，这是一种百科全书式的摄影。问题不在于照片是什么，而是我能拍什么。我感到可以什么都拍。

江融：如你所知，“摄影”这个词的原意是“用光绘画”。因此，光对于摄影来说是重要的。但是，你曾说过，当制作照片时，关键不在于光，而是在于如何控制光。此外，在这个“光源”系列中，许多照片都是非常暗的。这个系列中是否有光明和黑暗之分？

韦林：关于摄影的最明显特点之一是摄影再现表面。你可以说，光再现表面。我们能看到各种物体，因为这些物体将光反射到我们的眼中。我们可以用眼睛看到的任何东西都是光源。我就是喜欢黑暗的照片。我喜欢将很多信息融入深不可测之中。“光源”系列的照片是侧重于黑暗的一面。

我也喜欢在摄影中即兴表演。即兴是在所谓的摄影媒介与我所处理的被摄对象之间进行，无论是一张纸还是一个充满光芒的房间。你必须做出回应，你必须对所有的元素敏感。

江融：也许你正在讨论摄影的本质。

韦林：对我来说，不存在摄影的本质。这就是为何摄影非常有趣的原因。它不断变化，所有这些微小的变化使摄影如此令人兴奋。每当我做一件新作品时，我都会尝试重塑摄影。我为自己重新发明摄影。

江融：也许我们可以开始谈论你的彩色摄影作品了。尽管在1986年你已使用彩色滤镜创作了题为“降解”（Degrades）彩色系列作品，1997年，你开始使用Photoshop创作更多的彩色作品，如“玻璃房”（Glass House）等系列作品。你能谈一下数码技术对摄影的普遍影响，特别是对你的作品影响吗？

韦林：当我开始使用苹果电脑和扫描仪创作时，我很兴奋地开始在电脑上制作彩色照片。我立即发现电脑上有红色、绿色和蓝色滤色通道，便被三色处理过程迷住。我刚出道时，是使用黑白胶卷和滤色镜制作直接摄影照片。现在我可以使用电脑中的一个通道来处理影像，如红色通道加绿色过滤片，出来的影像看上去是很特别的。所以，我能采用电脑解开三色的神秘面纱。

江融：如今越来越多的人正使用数码技术来制作图像，并使摄影更具有可塑性和虚拟性。尽管这种技术使得摄影具有更多的可能性，摄影作为证据的可信度也被削弱了。你认为摄影的未来会是怎么样？

韦林：这是一个难题，因为我无法判断。数码技术提供的机会之一是它强调摄影不具备本质。摄影在不断转变中。我记得，我所在的加州大学洛杉矶分校有一位院长因为我们想放弃摄影放大机并创建一个数码照片冲印室而感到不高兴。然而，现在又有许多艺术家想制作传统模拟照片，并正在哀悼模拟摄影的消失。我们现在看到有两套摄影技术并行不悖：数码技术和模拟技术。这两种技术有奇怪的组合。

摄影是否正出现一个范式的变化？我不知道社交媒体会产生什么变化。对于摄影家来说，这种变化可能大于摄影材料的变化。能够将图像上传到网站或Instagram上，可能会对摄影产生大于彩色胶卷或模拟技术消失的影响。你现在可以说，你不知道20年后是否还会有彩色打印技术，会不会有一些发明可以让这种打印持续存在。但我们可以放心地说，社交媒体对我们如何得到和推广摄影影像有很大的影响。

江融：作为已实践摄影媒介超过40年的摄影家，你想给年轻一代摄影家什么样的建议？

韦林：你必须把媒介变成自己的东西。摄影的挑战之一就是没有任何已知正确的创作方式。你必须具备对这种媒介的某些知识，如Photoshop或其他不同工具，但你也必须有自己与该媒介的特殊关系。对我来说，当我刚接触摄影时，我完全是自学的。现在我已使摄影为我想要探索的一系列问题服务。我的大部分艺术硕士学生都有很强的摄影背景。但问题总是如何让媒介成为自己的媒介，因为它是一种冒险主义的媒介，它是表达其他声音的媒介。如何采用这些声音并将它们变成自己的声音，永远是一个挑战。在摄影世界里可以让许多东西成为你的声音。

上图：2016年，9947，杰拉尔德与凯莉，选自“编舞”系列

Charlotte

COTTON
夏洛特·科顿

夏洛特·科顿于2004年出版的《作为当代艺术的照片》(*The Photograph as Contemporary Art*)这本著作，一反传统摄影样式的分类方法，按照摄影艺术家的创作理念将当代艺术摄影分门别类，精辟地梳理了当代艺术摄影的发展脉络和趋势，并将摄影作为当代艺术媒介加以分析，引起国际摄影界的高度瞩目。

2015年，她推出题为《摄影如魔术》(*Photography is Magic*)这本后续著作，并于2016年应邀成为纽约国际摄影中心首位驻地策展人，为该中心策划了题为“公共、私人和秘密”(Public、Private and Secret)展览，再度引起人们的关注。

科顿在该展览中，将当代静态和动态影像作品与社交媒体以及传统摄影作品并置在一起展出，试图通过艺术家在公共和私人场所制作的影像作品与不断上载到互联网的影像之间的关系，探讨当下视觉文化中的名人网红效应与个人隐私易被侵犯等问题。在《摄影如魔术》一书中，科顿介绍了80多位年轻艺术家自2010年以来创作的“基于照片的作品”(photo-based work)。这些艺术家大多以Photoshop而非相机作为主要媒介，并利用数码软件创作而非到大街上街拍。

他们将摄影放在当代艺术语境和社交媒体所产生的视觉文化中加以探讨，并将摄影媒介与绘画、雕塑、装置和录像等媒介混合在一起，打破了这些媒介之间的疆界；他们突破了摄影只是作为再现现实世界证据的实用价值，而进入主观创意的领域；他们利用摄影媒介的可塑性，大胆地试验各种具有创意影像的可能性。对于这些艺术家来说，摄影已经不是如奇遇，而是如魔术，以便重新激活摄影媒介所具有的炼金术本质。

上图： 2016年，纽约，夏洛特·科顿，江融摄

右页图： 2013年，蓝头发肖像，丹尼尔·戈登摄

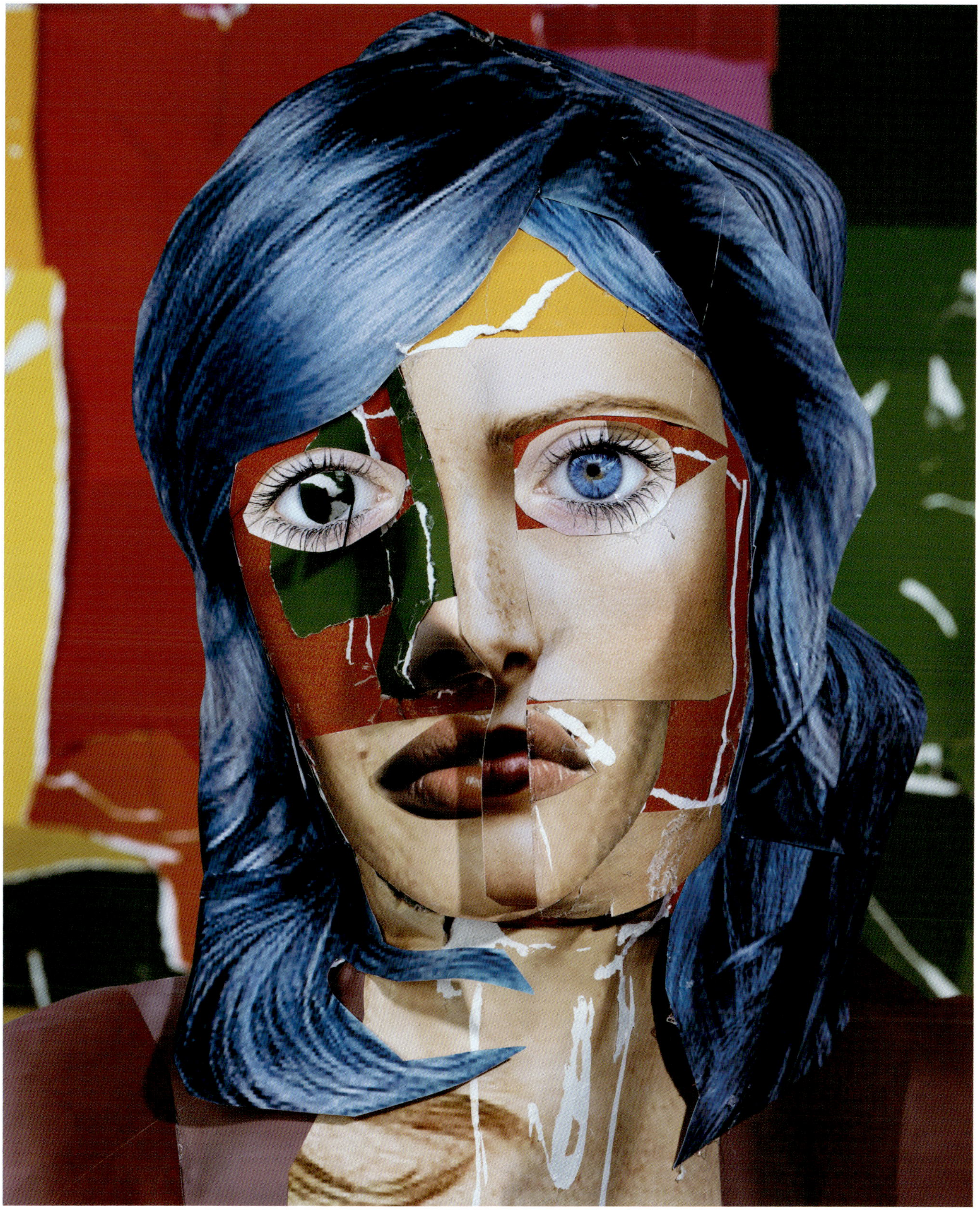

江融：在观看了你为纽约国际摄影中心策划的题为“公共、私人和私密”摄影展，以及近些年纽约现代艺术博物馆、盖蒂、古根海姆和大都会艺术博物馆举办的关于新摄影作品展之后，我的印象是，我们所熟悉的摄影正在消失。同时，每天都有上亿的影像不断生成出来。但它们与我们已知的摄影不完全相同。那么，你是否认为我们已知的摄影正在消失？

科顿：我对摄影抱有乐观的态度。原因有以下这几点。我认为，这个问题与艺术史不太有关联，而是与人类和人的创造力有关。如果我们来看一下20世纪90年代末开始关于摄影是否在衰败的讨论，现在我们能看出这种讨论是热心摄影的人所必经的有关摄影生存的对话阶段。

如果我们从历史的角度看摄影艺术的发展，或许会发现摄影曾经有过“实用价值”的阶段，可以说是从19世纪30年代摄影术诞生到20世纪90年代新闻报道摄影出现危机和作为当代艺术的摄影出现之前的这个阶段。在该阶段期间，由作者拍摄的摄影作品与我们的社会密切相关。

我们可以从其他视觉表达媒介中发现类似的例子。例如，水彩画在浪漫主义盛行时期曾达到顶峰，那时，水彩画绝对是表达当时富有创意观念的最合适媒介。因此，我不希望像艺术史学家那样，并认为摄影史上最有实用价值的阶段已结束。我拒绝接受这种说法。我更感兴趣人类在摄影和视觉文化方面的发展轨迹和社会意义，我认为，这是摄影在当下正在发展的关键活力。

我还认为，在影像生成中，数码技术崛起的同时，还出现了摄影作为当代艺术的崛起。同时，还出现艺术史和摄影照片市场所驱动的一些影响，艺术史和市场的要求是，作品的制作必须限量和稀少，照片必须有明确的作者，以便市场和艺术史能理解这些作品。对于摄影来说，这是一个重要的转折点，因为这意味着关于摄影是否为当代艺术的论证已结束。

但这种情况的不利一面是，摄影作为一个可被广泛应用和可塑性强的媒介，并且是随着人类行为所转变的特点，没有在我们关于文化对话中得到应有的承认。我们现在所处的时代是，与生成影像有关的人类活动比以往任何时候都多。摄影评论家和策展人的挑战是，如何能在一个已发生巨大变化的背景下来讲述具体的事例。“著作权”和“原创性”的问题通常是在创意文化中产生，并影响着我们如何来界定摄影的问题。至于我本人，在过去几年里，一直努力寻找与可塑性很强的摄影媒介建立非常直接和真实的关系。

江融：经过几代摄影家的努力，摄影才被承认为艺术。正如你在《作为当代艺术的照片》一书中所述，摄影正处在一个特殊时期，许多艺术家正在利用摄影作为他们的表达方式。但我注意到，尽管摄影被认为是当代艺术，似乎它的特性在某种程度上消失了，因为摄影成了艺术家的一种创作工具，而非创作的目的。例如，美国当代艺术家卢卡斯·布拉洛克（Lucas Blalock）称他的作品“像摄影一样”，但不是摄影。换句话说，他只是利用摄影作为表达工具。那么，你认为，摄影成为当代艺术之后，是否成为自己成功的受害者？

科顿：我认为，艺术的兴衰总是会产生后果的，但这种情况的发生并非孤立的。在摄影成为当代艺术之前，关于静态影像是新闻载体的这种新闻摄影思路便已开始衰亡。回想起来，我们会想到曾经的确存在被称作“摄影”的一种东西，也有一批人被明确称作“摄影家”，而且有一种教学框架被称作“摄影史”。这种对摄影作为一个稳定实体的解读已受到视觉文化的冲击。

当艺术世界开始注意某个东西时，通常都已成为历史了。我们是从当代艺术的语境中来看待摄影，

上图：2007—2012年，无题，选自“供观看的图像”系列，杰森·埃文斯摄

左图： 2013年，无题（海豚），埃拉德·拉斯里摄

这种当代艺术是作为现实世界的一种反映，往往表现在将纪实摄影重新放置在艺术的语境中，而非将摄影放在画报中的摄影版面越发减少的语境中审视。我们仍然在某种程度上认为摄影能告诉我们现实世界中的某些东西，但即便如此，也是放在关于当代艺术的论说语境中。

我认为，正如我在《摄影如魔术》一书中指出，归根结底，摄影在一个没有原作或没有原作版本的时代里还能做什么的问题？在一个数码时代，摄影风格无法创建一个传统意义上的原创视觉标志。当我们使用Photoshop时，我们大家都在使用相同的计算程序。

还有一种想法是，根据网络2.0，影像的生命独立于它们的生成者。因此，影像会传播，它被拷贝并被到处传送。它有其本身的生命，但这与关于艺术家传递他们的情绪并直接与其观众对话的传统想法没有关联。大部分影像成为我们所生活的这个世界中被遗忘的影像。

我所真正感兴趣的问题是，在这种环境中，艺术摄影可能是什么样子？我认为，这是真正游弋在这种疆界中的艺术家作品。如同卢卡斯·布拉洛克，这些艺术家实际上接受了当代艺术的运作方式，并探讨影像是如何表现的。他们的作品不是关于传统意义上的原创性，而是关于如何使用摄影，以及如何能制作出产生反响的作品。

现在不是关于要呈现一个观众从未见过的主题（如传统的新闻摄影）时代，也不是关于要创造出一个从未见过的崭新美学时代，因为我们已见过所

左图： 2013年，第049号图像（纸板箱、红秋叶，时髦猴子游戏），阿莎·谢克特摄

有的东西，而且我们能够生成任何东西。因此，原创性和创造性存在于这种“元”(meta)层面：如何使用影像，如何能够延长观众观看的时间，以及如何能够让观众意识到，尽管某个影像已十分熟悉，但该影像中仍然有些东西是不同的。

同样，我很高兴有一批人主要关注摄影遗产，他们希望在这个繁忙的影像世界里时间会停滞，并出于相同理由做他们一直在做的事情。这就是技术的好处。你可以使用仍然很好的老技术，但这种技术并非是当下的主要技术。我很高兴有些人仍然喜欢使用模拟相机、胶卷和暗房。这种做法并没有错，也没有不合适。但我认为这种做法是关于过去，而非关于当下的现实。就我个人来说，我想了解我们现在所能做的最及时的事情。

江融： 你刚才谈到静态影像，我想与你讨论静态影像与动态影像之间的关系。你在国际摄影中心策划的这个展览，我不知道你是否有意或无意地将视频作品放在楼上，将其他展品包括静态影像展品放在楼下。我感觉，目前来说，动态影像似乎比静态影像更重要。在社交媒体上，动态影像也更受欢迎。但我不知道为何你要将动态影像作品放在楼上？

科顿： 难道你认为，即使我们每天使用摄影的现实情况以及大部分艺术家的实践表明对传统摄影不太感兴趣，国际摄影中心仍然应当对基于镜头的静态影像和动态影像作品加以区分，并只展出摄影照片作品吗？国际摄影中心在必要时均同时展出静态影像和动态影像。只有博物馆和一些藏品仍然对视频作品和静态摄影加以区分。因此，国际摄影中

左图： 2013年，蓝色瓶子，卢卡斯·布拉洛克摄

右页图： 2013年，无题，选自“平面性、光线、黑白”系列，安妮·麦克唐纳摄

第430页图： 2013年，cfaal 340，杰西卡·伊顿摄

心不会画地为牢，坚持不展出视频作品，部分的原因是视频作品并非新奇，而且这种作品也不反映民间和艺术家当下的实际做法。所以，必须打破静态影像与动态影像之间的等级差异。

江融： 我觉得，《摄影如魔术》这本书中的绝大多数作品，以及大部分的新摄影均关注如何产生“新美学”，而没有关注当今世界所面临的各种紧迫问题。你是否认为当代摄影艺术已进一步分化艺术摄影与纪实摄影？

科顿：《摄影如魔术》是以书的形式概述了当代摄影的情况。它的论题其实不太大。书中所介绍的这些艺术家是一个很小的群体，他们相互了解各自的作品，并开展一个非常紧密的对话。我认为，他们的对话对摄影的未来十分重要。

我怀疑，对纪实摄影感兴趣的人会对他们的对话感兴趣。并不是说这本书中的艺术家对关于摄影的更广泛讨论没有任何贡献，而是说，这本书完全是介绍一批相互关联的摄影艺术家，他们共同在当代艺术的范畴内探讨摄影。现在是摄影发展史上一个十分有趣的时候。他们是第一代经过训练成为的当代艺术摄影家，他们大多获得摄影专业的艺术硕士学位。他们中的佼佼者正在讨论如何重新为摄影史以及摄影未来的道路带来活力。

江融： 那么，这批艺术家是正在利用最新数码技术和互联网进行摄影实验的弄潮儿，他们被称作“后互联网艺术家”。对于这批年轻艺术家来说，他们大量使用Photoshop，但很少使用相机，或者他们使用相机作为整个创作过程中的一部分。他们通常

不去街拍，其中大部分艺术家是在工作室创作。因此，Photoshop而非相机已成为他们的媒介。而对于纪实摄影来说，Photoshop可能造成可信度的问题。但对于这批“后互联网艺术家”来说，Photoshop可以是让创作更富于创造性和更富有意义作品的途径。因此，我认为，这两批摄影家之间似乎存在巨大的差异。

科顿：关于摄影的最佳说法是，摄影是一个非常直接和共同的语言。对于包括在《摄影如魔术》中那些摄影家来说，他们不担心自己的作品在他们开展创作活动这个狭小圈子之外会如何被解读。我知道，不少传统的摄影家不喜欢这批摄影家的作品。他们会认为，这些作品都是翻新的静物摄影和经过Photoshop处理的影像。但在目前来说这没有关系。因为，《摄影如魔术》中这些艺术家正在这个小圈子里阐释各种创作想法，他们均注重探讨摄影艺术在当代艺术中的地位问题。因此，这种微妙的对话是必要的。

江融：对我来说，似乎现在有一种趋势，许多艺术家都不去街拍，而是转移到互联网的超级高速公路上。他们中许多人是从互联网上下载图片之后翻拍或编辑成作品。例如道格·里卡德（Doug Richard）便是其中一位。如你所知，1938年，沃克·埃文斯创作了一部影响深远的作品，称作《美国影像》。2012年，里卡德创作了一个项目，称作“新的美国图像”（A New American Picture）。他选择了“图像”（picture）这个词，而非“照片”（photograph），因为他翻拍在电脑屏幕上谷歌街景的影像。他所翻拍的影像中，也有埃文斯曾经拍摄过

的地方。许多艺术家已经不用“摄影”这个词，他们称自己为“影像制作者”（image-maker）。因此，我的问题是，我们是否应当重新界定摄影？

科顿：在《摄影如魔术》中，我往往采用“基于照片的”（photographic）而非“摄影”（photography）这个词。我难以接受“摄影”这个词有某个已知和不变的定义，因为，对我来说，可塑性是摄影之美的所在之处。但我认为，摄影这个词已有太多含义，要看你的立场来定。

我偏向于采用“基于照片的”这个词，是因为从某种程度上来说，这种说法可以让我既保持对摄影的热爱，又能指出在不固守“摄影”的传统观念时可以存在许多其他的可能性，并能给予一个主题视觉感染力。

对于使用Photoshop作为媒介的艺术家创作的较为抽象作品所提出的批评之一是，这些作品缺乏主题。我仍然认为，摄影的艺术可以让你与某个表面的主题产生直接的接触。然而，情况已发生变化，观看的经历也已发生变化。观看影像现在已成为一种十分复杂的个人化行为。

摄影家希望能有明确的风格，这种想法仍然是合理的，但观看的环境已变化。黑白摄影是否意味着比彩色摄影更真实？模拟相机拍摄的胶片照片是否比数码文档更诚实？我质疑这些传统观念。对于严肃认真分析现实世界的人来说，我认为，里卡德的观看技巧与他所批评的许多艺术家的技巧一样精细。他已不采用观察，之后拍摄和捕捉的这种方式。他的观看方式非常不同，但仍然非常像摄影。

真正的区别在于艺术家与观众之间所达成的协议，以及艺术家在多大程度上考虑到绝大多数观众本身制作影像的方式。当代摄影艺术家的作品如同密码。观者在解读纪实摄影家或传统的艺术摄影家作品时，可以将艺术家个人简历考虑在内，但在解读当代艺术家作品时，却无法以相同的方式解读。人们对摄影变得抽象和脱离现实生活主题的一些担忧，并非是因为我们需要看更多穷苦婴儿哭泣的照片，而是因为我们自认为知道纪实摄影现在的处境，并认为纪实摄影家需要寻找到一种方式来捕捉被称作“主题”的东西。但实际情况要复杂得多。

如果我们同意Photoshop可以是一种媒介而非只是以数码的方式模仿模拟摄影，那么，你就不会有这种关于传统摄影家与主题之间关系的想法。你开始担心摄影不再像以前那样。剧作家兼演员诺埃尔·考德（Noël Coward）曾说过：“人们认为歌剧不再像以前那样。这种说法是错误的。歌剧仍然一如既往没有改变。这才是歌剧的问题所在。”我认为，这种说法十分适用于关于“摄影”的想法。

江融：如你所知，还有另外一批摄影艺术家希望能通过采用大画幅相机或湿版等工艺程序来回到摄影术发明之初的创作手法，以便作为抵抗摄影数码化的姿态。他们十分强调工艺和过程，他们要重新使得摄影物质化。但是，你在《摄影如魔术》中指出，认为只要通过工艺、采用某种器材或利用美术馆的墙面作为观看的背景等办法，就能使得艺术摄影有别于当代影像制作办法的想法，在目前看来是完全没有意义的。你为何会这么认为？

科顿：当代艺术一直面临的一个问题是，有人会说，我5岁的孩子也能这么画。你也可以说，新摄影不是正经的摄影，任何有合适电脑软件的人也能制作出这种摄影。对于我来说，这种守旧的想法不是令人十分放心。对于努力使得摄影成为一种独立的创作形式的人来说，我不认为这种想法会对我们有好处，因为它过于依赖传统的手法。

我倒是认为如今更新传统的摄影方法，尤其是银盐和黑白摄影方法，可能会更加激进，因为银盐和黑白摄影方法已被数码摄影和商业摄影所否定。利用这种被降低价值的手法进行创作的艺术家证明，

左页图：2014年，构图，第008号，凯特·斯蒂奇摄

右图：2014年，无题（第七深度，第013号），小山泰介摄

银盐和黑白摄影仍然可以引起观众的共鸣。因此，积极选用一种旧的摄影方式作为激进的选择可以产生令人惊奇的效果。但我真的难以相信光是靠这种旧的手法，尤其是大画幅相机或湿版工艺等手法，就能重新使得摄影充满活力。我认为，这种做法使得我们回到过于久远的摄影媒介历史而没有考虑当下的现实情况。

江融：实际上，我同意你的看法。每次出现新技术，如135相机或宝丽来相机，摄影都获得重生。但我也能理解许多摄影家目前的担忧，他们不知下一步该如何创作。

科顿：现在大家都处在一个探讨的阶段，讨论在这个重要关头，什么才是摄影的前途。有不少人表现出失落和错位的感觉，并担心自己没有处在摄影中心。从许多方面来说，现在都是令人感到错位的时候，包括在视觉文化方面。摄影的问题出现在许多重要的讨论中。所以，不要固执己见坚守自己的立场，这样的话，只会让自己落伍。

你仍然可以在做10年或15年前你做过的作品，但你必须同意现在你正在做的作品其含义已经不同。我认为，艺术家或摄影家有义务将目前的视觉文化考虑在内，因为你的作品是要与观众交流的。并不是说，你必须使用Photoshop或一种新的相机创作，

而是说，你必须考虑到其他艺术家创作和传播作品的方式，以及这种情况会对你的作品解读产生什么影响。你制作影像的方式并非是一种无倾向性的姿态。

江融： 在这个越发相互关联和虚拟的世界里，我们面对着以商品为中心和影像泛滥的视觉文化。摄影艺术家的作品也越发主观。但是，我们也同意，当代摄影作品与现实世界仍然存在关系。同时，虚拟现实、人工智能和3D打印机技术正在商业化。如果艺术家采用这些更加虚拟的技术，你认为，摄影的未来会是什么样?

科顿： 我希望，摄影会像现在这样广泛。我认为，关于摄影的前途问题尚未有定论。我想，20年后，我们仍然会在讨论什么是摄影的问题。但我相信，有些东西会被抛弃。例如，就3D打印机的出现来说，它表明影像是经过处理的，它提醒我们，制作摄影作品的艺术是关于如何将某个东西处理成一个艺术品或艺术形式。作为一个致力于创造独立和署名摄影作品的整体，我们已经开始理解，打印摄影作品根本不是一个没有倾向性的事情。我们这代人可能是最后一代仍然需要花时间这么做的人。

我们也越发意识到在摄影过程中我们所做的每一个积极的选择。例如，选择如何捕捉影像的方式，甚至是应当自己捕捉影像，还是从其他来源捕捉影像。影像捕捉的这个第一阶段便有非常多的选择。之后，你还需要选择如何传播影像，如何处理影像，包括该影像不同版本的真实体验，有些是在互联网上体验，还有一些是以画册或照片的形式体验。

我开始大量思考的许多问题之一是，在这个没有底片和最后版本的时代里，什么才算作有创意?我们的创作实践是什么?我的确充满希望，因为摄影仍然是最民主的表达方式。我的确相信，摄影不会死亡，因为人类在视觉方面正变得更加在行，越来越多的人正参与制作和传播影像。

一旦我们理解了当代艺术允许摄影参与是一件好事，并了解摄影仍然在社会和政治方面对我们是重要的，那么，我们就理解了该媒介正在出现的活力。我知道这种说法听上去过于笼统，但我不认为，摄影哲学的发展会是局限在讨论我们是否要从暗房转向3D处理的这种细节问题上。我不认为摄影的叙述方式只是受技术变化的影响，但我很想看到技术将发生什么变化。我认为，只有当我们接受摄影正回到现在这个十分宽泛领域的现实，我们才能真正找到各种的可能性。

右页图： 2014年，无题，克里斯·马乔摄

Rong JIANG

江融

1962年出生在福建省福州市，从小就立志到外交部工作，高中时，曾遇到一对在联合国工作的夫妇，也萌生了有朝一日到联合国工作的梦想。他于1978年考进上海外国语学院英文专业。1982年获得学士学位后，被外交部录用，并送到外交学院进修一年，后被选入外交部翻译室担任国家领导人和外国来访元首的口笔译工作。

1984年，他被设在北京外国语学院的联合国翻译训练班录取，接受同声传译和笔译的训练。结业之后，曾到纽约联合国总部、日内瓦万国宫和联合国驻维也纳专门机构从事短期同声传译和笔译工作。1989年至今在联合国大会事务和会议管理部中文处担任翻译工作，现任高级译审。1993年获纽约市立大学政治学硕士学位，曾在纽约国际摄影中心进修。

他利用业余时间曾创作《彼岸》《消逝的先行》和《门》三部曲摄影作品，以及《我联合国人民》《我中国人民》和《我土著人民》肖像摄影作品，作品曾在纽约皇后艺术博物馆、联合国总部、上海世博会、平遥国际摄影节、连州国际摄影年展、福建省美术馆、上海蕙风美术馆、郑州升达艺术馆以及大河画廊等地展出；出版《摄影的力量》著作和斯蒂芬·肖尔《照片的本质》译著；2009年获“中国摄影金像奖（理论和评论类）”；2011年担任连州国际摄影年展策展人；2017年开始主编“世界当代摄影大师成名作丛书”；2018年担任纽约华美协进会举办的《山艺术》展共同策展人；2020年担任美国露西奖基金会国际摄影大赛评委；现任联合国展览委员会委员和中国国家艺术基金会专家库摄影类专家。

上图：2020年，纽约，自拍像，江融摄

后记 探索摄影之旅

Afterword

我发现摄影魅力是从一张7岁时与姐姐换装拍摄的合影开始。这张合影是在我的从曾祖父于20世纪初创办的“江仿西”照相馆拍摄。当年从曾祖父到上海学摄影，之后回到家乡福建福清开设全县唯一的照相馆。拍摄这张合影时，照相馆已公私合营改名为“大众照相馆”。这是我记忆中印象最深的儿时照片。

1976年，当我姐参军当小兵时，我们又在福州一家照相馆合影留念，这张合影与童年时的合影形成了鲜明对比，可以看出岁月的变迁。同年高中毕业前，一位同学的伯父为我在公园里拍照留念，他用双重曝光技术拍摄我在石板凳上侧身看着自己的照片。这张照片使我初次了解摄影能在一个画面表现同一个人的两个不同侧面，这是让我对摄影产生兴趣的最早一张照片。

然而，1988年，我作为翻译参加在北京举行的“国际新闻摄影周”活动，才让我真正开始发现摄影的力量。在这次活动中，我认识了美国联系图片社总裁罗伯特·普雷基，以及该图片社的几位著名摄影家，并观赏了他们于20世纪70年代初以来在世界各地拍摄的重大新闻照片。其间，不仅有机会聆听了大卫·伯耐特、法兰克·福尼尔、阿龙·瑞宁格等摄影家的演讲，并能与他们一道去实地拍摄，之后，听他们对中国摄影家拍摄的作品进行点评。对于中国摄影家和我本人来说，这的确是一次大开眼界的活动。

这次活动给我留下最深刻印象的照片，莫过于福尼尔拍摄的哥伦比亚火山爆发后，一位名叫“奥玛伊拉”的九岁女孩临死前的照片。在这次火山爆发期间，奥玛伊拉被倒塌的水泥墙压住双腿，她在被困三天期间表现坚强。虽然现场有不少人试图抢救她，但仍然没有成功，即使是学医出身的福尼尔也无能为力。他唯一能做的就是不断鼓励奥玛伊拉，并用影像捕捉到她面对死亡充满求生欲望的眼神。这张照片不仅引起国际上对这次灾难的关注，而且成为一幅能表明摄影力量的经典之作。

2005年，时任《中国摄影》杂志编辑部主任王保国与我联系，希望我能在该杂志开设一个《面对面》访谈专栏，他知道我与联系图片社的关系，建议我先从采访该图片社摄影家开始。对我来说，这是一个挑战，也是机遇。经过慎重考虑，我答应接受这个采访任务。一方面，我想通过采访，能更多了解这些摄影家对摄影的看法，并利用自己在纽约世界摄影中心的便利，为国内摄影界提供关于摄影现状与趋势的分析。

我首先想采访的对象便是法兰克·福尼尔，因为他拍摄的“奥玛伊拉”照片一直留在我的脑海中。福尼尔是一位经验丰富的新闻报道摄影家，对他的采访，让我初步了解到一名优秀新闻报道摄影家需要有敏锐的感知力和深入挖掘题材的能力。当年他获知哥伦比亚发生火山爆发的消息，便决定立即飞往该国进行报道。正是因为他到达火山造成严重破坏的现场，并发现和拍摄到“奥玛伊拉”这幅感人的照片，才圆满完成了这次报道任务。因此，对于新闻报道摄影家来说，必须及时到达重大新闻事件的现场中心，并能拍摄到有效反映该事件的照片才是关键。

美联社摄影记者黄功吾和联系图片社摄影记者大卫·伯耐特在越战期间都曾到达南越空军轰炸小村庄的现场中心，但黄功吾拍摄到被燃烧弹烧伤的9岁女孩赤身裸体的照片，并通过美联社将这张照片刊登在世界各大报纸的头版，之后不断传播，使得这张照片成为越战期间最著名的照片之一。伯耐特当时正在给相机换胶卷，未能拍到这张照片，但他拍摄了这个新闻事件全过程的系列照片。

当我采访伯耐特时，他认为，黄功吾能拍摄到那一幅已成为经典的照片，并非是靠运气。照片的瞬间只存在于前后之间一刹那，必须靠平时积累的丰富经验和熟练技术，才能将该瞬间定格。伯耐特在1984年洛杉矶奥运会上拍到了美国长跑运动员与南非运动员绊倒的瞬间，这张照片也成为新闻摄影的一幅重要作品。虽然这张照片不如黄功吾拍摄的被燃烧弹烧伤的女孩那张照片有名，但他在50多年职业生涯中拍摄各种重大事件的新闻照片，使得他成为一位备受业界好评的新闻报道摄影家。在我印象中，对于这位到过世界各地采访的摄影家来说，摄影是一场终身的旅行，他始终在摄影旅程中探索而不言弃。

我所采访的著名战地摄影家唐·麦卡林也是出生入死地去世界发生战争的前线寻求真实影像。麦卡林以他的勇气和坦诚心态，捕捉到在战争的极端环境中，人们表现出的各种不同心理状态和复杂人性。然而，麦卡林却对自己拍摄因饥饿或战争而濒于死亡的人感到内疚，对没有能力救他们更感到无奈，表现出悲天悯人的胸怀。后来，他停止拍摄战争影像，转而拍摄艾滋病对非洲造成的严重后果，以及英国家乡的风景摄影，并拍摄了叙利亚战争对人类遗产造成的破坏。他的这些影像同样充满力量。麦卡林是新闻报道摄影的典范。

我所采访到的苏珊·梅塞拉斯、卡洛琳·科尔、斯蒂芬·杜邦和肯尼斯·杰拉斯奇等摄影家，也是以他们各自的视角记录世界各地不同冲突的杰出新闻报道摄影家。梅塞拉斯在20世纪70年代末最早用彩色摄影报道尼加拉瓜革命和拉丁美洲人权问题。科尔曾报道过伊拉克战争、巴以冲突、利比里亚内战、科索沃危机和阿富汗战争，她在报道冲突的同时，也注重报道战争对妇女儿童的危害。梅塞拉斯和科尔是摄影史上少有的几位报道冲突的女摄影家。她们的作品为世界新闻报道摄影增添了不可或缺的女性视角。

除了报道孟加拉国冲突和卢旺达种族灭绝事件，杜邦长期报道阿富汗战争及其对该国造成的破坏。杜邦曾用宝丽来相机、录像机和无人机等不同摄影手段来创作。杰拉斯奇拍摄了第一次海湾战争的惨烈后果，并用中画幅相机和黑白摄影创作了一个反映美国士兵在这场战争中状况的项目。该项目使得他与一位诗人合作出版了一本摄影画册，打破了传统新闻报道摄影与艺术摄影的界限。

2006年采访普雷基时，他正紧锣密鼓地为平遥国际摄影节准备联系图片社成立三十周年摄影展，该展览除了20位参展摄影家的作品，还将30幅相关作品的整卷胶片接触印相放大成4米长、3米宽的巨幅展品直接挂在工厂改建的展馆展出，这是普雷基为1988年北京国际新闻摄影周策划的“联系图片社：自越战以来的报道摄影”展之后又一个重要的展览。

实际上，当年也是新闻报道摄影处在一个转型的年代，因此，普雷基在访谈中阐释了新闻报道摄影的演变原因。他承认，因为电视和互联网的实时报道，并且可以不断回放，照片在发表前，力量已经被削弱了。加上数码技术等因素的冲击，新闻报道摄影家正面临重大挑战，联系图片社的摄影家也不例外。但他认为，极少数优秀摄影家的独到眼光能使得他们的影像流传下去，并认为该图片社在过去30年拍摄的世界各地重大事件的照片是重要的影像档案，他坚信，摄影能够在让历史告诉未来的方面发挥重要作用。

2007年，普雷基为平遥摄影节策划了“罗伯特·弗兰克《美国人》”的摄影展。他将弗兰克拍摄并编辑的《美国人》画册每一页高清扫描后放大成1.2米高、1.9米宽的展品，按照该画册的页码顺序像一本打开的书挂起来展出，并将这本已成为摄影史上最具影响力的摄影画册的每一页拆开后，放在一个长玻璃柜中与放大的作品同时展示，让观众有边走边观看整本画册的感觉。该展览的创意就连弗兰克也高度赞赏。

为了配合该展览，弗兰克破例允许我采访他。对这位被誉为“改变了纪实摄影方向的摄影家”的采访使我明白，弗兰克在1955年环绕美国的摄影之旅，是敢于冒风险，以一位欧洲移民的自由和开放眼光来观看美国二战之后的现实情况。虽然当时的美国经济起飞，一派繁荣景象，但弗兰克寻找他所真正感受到的当时美国社会现实和许多民众异化精神状态的影像。他拍摄的《美国人》影像与卡蒂埃-布列松的“决定性瞬间”影像完全不同，他独创了自己的摄影瞬间，一种充满主观意象和暗喻的诗意纪实性摄影瞬间。通过对弗兰克的采访，让我对摄影的兴趣从新闻报道摄影更多地转向纪实摄影。在我采访到的纪实摄影家中，简·阿特伍德、洛里·格林科、乔治娅·菲奥莉欧、菲尔·博爵斯、爱德华·基廷和克里斯廷·阿什伯恩拍摄的长期项目都是极具个人化视角和深度的纪实摄影典范。

对斯蒂芬·肖尔的采访成为我对摄影探索的另一个转折点。肖尔在1972年至1982年期间，回避拍摄与美国当时发生的越战和“水门事件”等重大新闻有关的照片，多次开车到美国各地小镇进行创作。肖尔的美国之行与弗兰克的不同之处，不仅在于他使用了彩色胶卷拍摄，而且也在于他用镜头记录了整个旅程期间自己每日吃过的早餐、住过的旅店甚至用过的马桶等生活细节，同时拍摄他所经过的每一个小镇的街道、商店、加油站以及各种人物，构成了一部社会文化景观的视觉日记。他将这段期

左页图：1969年，福建省福清市，江融（左）与比他大两岁的姐姐江勤（右）换装后在照相馆合影

上图：1976年，福建省福州市，江融（左）与他16岁刚入伍的姐姐江勤（右）在照相馆合影

间创作的两部作品分别命名为《美国表象》和《不寻常之地》，这两部作品已成为“新彩色摄影”的经典。肖尔认为，表象是通往真相的桥梁。因此，他是通过摄影所能拍摄到的美国表面现象来反映美国社会的真实面貌。

肖尔敢于使用彩色胶卷创作，他将色彩作为其作品构成的一个重要组成元素，并将对彩色的现实世界感受体现在作品中，使得他的作品如同肉眼观看到的效果一样，仿佛将他站在某处观察到的景象指给观者欣赏。他通过摄影将所观看和感受到的彩色世界如实地还原出来，不是要去赞美大自然中存在的美丽色彩，而是去发现他所体验到的现实世界中色彩与其他元素之间的关系，进而反映出彩色摄影可能产生的新的暗喻和审美观。他的作品的确是通过纯粹的摄影观看传达他主观所看到的美国社会日常生活中不寻常之处，以视觉日记的形式带领你周游美国，只要你耐心阅读，便能看出那个年代真实的美国。

通过对肖尔作品的研究，不仅让我明白，日常生活中的一切均是可以拍摄的，而且帮助我逐步学会如何观赏摄影作品。刚开始，我对肖尔看似简单的摄影作品难以理解。实际上，肖尔在拍摄时是高度集中精力观察周遭的环境，每一幅摄影作品都是通过十分精确选择自己所要站立的地方和拍摄角度完成的，因此，他的作品是经过分析做出决定过程的结果。如果说，弗兰克的作品使我知道摄影家需要不断打破常规和传统，肖尔的作品则让我懂得艺术摄影主要是摄影艺术家利用摄影媒介表达创作理念的作品，艺术摄影不具有诸如新闻摄影需要为媒体服务的实用功能。这促进我开始将注意力转向当代艺术摄影的研究。

2010年，我决定在《中国摄影》杂志上开设《摄影2.0》专栏，目的是借助该专栏，不仅促使我对当代摄影开展更深入的研究，同时，与读者分享我的研究心得。我决定从探究不同摄影样式的发展现状和趋势切入，除了采访当代摄影艺术家金我他、路易斯·格林菲尔德、迈克尔·汤普森、萨丽·曼、米奇·爱泼斯坦和詹姆斯·韦林，我也采访了策展人克里斯托弗·菲利普斯、评论家薇姬·戈德堡和莱尔·雷克瑟尔、影像专家弗雷德·里钦、画廊总裁彼得·麦吉尔、摄影杂志总编梅丽莎·哈里斯和摄影理论家夏洛特·科顿等，通过与他们探讨当代摄影有关的话题，并撰写关于当代摄影家作品的文章，对当代摄影有了更深刻的思考和理解。

对著名摄影理论家夏洛特·科顿的采访，让我对当代摄影的现状、趋势和可能性有了更深入的认识。我认为，纵观摄影发展180多年的历史，摄影本身随着摄影媒介技术的不断发展而更新，每次更新都促使摄影艺术家利用不同的摄影技术产生各种摄影创新的观念。经过几代摄影家的努力，摄影不仅成为一种艺术媒介，而且还融入当代艺术中。因此，可以说世界各地的摄影发明家和艺术家一直在探索摄影的旅程中。

技术革新促使艺术家、摄影家、摄影史学家、策展人、评论家和理论家对如何重新界定摄影媒介本体问题更加关注。在数码技术的冲击下，照片更容易造假，加上假新闻充斥社交媒体，摄影的公信力受到质疑，因此，新闻报道摄影家需要思考如何能更有说服力地讲述照片背后的故事，纪实摄影家也需要探索如何能够利用网络、多媒介和社交媒体拓宽纪实摄影的疆界，艺术摄影家既需要回到摄影的本体语言，也需要利用新技术来重新界定摄影的定义。

20世纪，新闻报道摄影家在报纸杂志社的委托下，能到世界各地报道正在发生的重大新闻事件的时代已经结束，当下的新闻报道更多是依靠专业新闻报道摄影家加上公民摄影家以各自不同的视角，实时传播世界各地热点新闻的照片和图片故事。纪实摄影家也以动态与静态影像结合，或者不再追求摄影主题的叙述，而是注重如何利用影像来表达摄影家对现实世界的观感，以及更多利用摄影图书和网络等形式呈现纪实摄影项目的作品。艺术摄影家也超越了摄影作为再现客观世界的工具，而更多地利用摄影的工艺或新技术探讨摄影本体语言的可能性，强调摄影的手工性和物质性，并利用数码等技术来扩展摄影艺术表达的边界。

可以认为，自1975年出现第一台数码相机以来，摄影经历了一场新的嬗变过程，随着数码技术不断完善以及人工智能等新技术的出现，摄影正处在一个如何继续发展下去的十字路口。虽然摄影现在能与绘画、雕塑和装置等媒介平起平坐，而且影像已成为人们日常交流的主要媒介，但摄影因数码技术的发展门槛变得很低，另外因社交媒体的传播而影像泛滥，变得更加碎片化，并出现了以消费主义为中心的视觉文化。面对这些挑战，摄影如何发展便成为所有摄影艺术家必须思考和以实际行动回答的问题。

当全球化、工业化和城市化急速发展，加上气候变暖、环境退化、物种消失和冠状病毒等全球危机交织而使得我们这个时代变得更加复杂之时，当摄影媒介与各种其他媒介混搭而使得摄影变得更加多元化之时，当人工智能和虚拟技术正引领着人们朝着各种新的领域进发之时，对摄影本体语言的追问，仍将是摆在每一位摄影艺术家面前的课题，如何解答该课题，将是艺术家需要面对的生存问题。相信各国摄影艺术家会在探索摄影之旅的道路上不断努力向前。

回首自1988年以来的三十多年，我感觉自己也在开展一个探索摄影之旅。有幸采访到本书这29位世界重要的摄影人，既是我与他们的缘分，也是我经过对摄影史和当代摄影的研究做出的选择。通过他们与我慷慨分享各自在探索摄影旅程中的反思和感悟，加上自己研究和撰写大量摄影评论文章，以及自我的摄影实践和思考，我认为，自己对摄影的认识也在不断转变和大量提高中。对摄影的探索是无止境的，因此，这个旅程仍须坚持不懈地继续下去。

上图：1975年，福建省福州市西湖公园，同学伯父为江融拍摄的双重曝光照

受访者简历

Biographies

01_法兰克·福尼尔（Frank Fournier）

1948年出生在法国波尔多附近。他投身于摄影之前曾受过医学训练。1977年，他来到纽约加入联系图片社工作，并于1982年成为该图片社成员。1986年，他因拍摄哥伦比亚火山爆发受害者9岁的奥玛伊拉·桑切斯的肖像而获得世界新闻摄影年度大奖。福尼尔拍摄过罗马尼亚艾滋病婴儿、波斯尼亚内战期间的强奸受害者、卢旺达种族灭绝事件以及中美洲、中东和西非等重大新闻事件。2001年9月11日，在世贸中心双子塔倒塌后几小时内，他是为数不多抵达“9·11”事件现场的专业摄影家之一。自从移居美国以来，他一直用影像记录纽约。在过去的二十年里，他也在纽约国际摄影中心担任教学工作。

02_克里斯廷·阿什伯恩（Kristen Ashburn）

1973年生于美国宾夕法尼亚州。在上大学期间，她便作为志愿者五次去罗马尼亚为患有精神病的孤儿工作，并开始用影像记录这些孤儿的生存状况。之后，她前往俄罗斯拍摄患有肺结核病的囚犯。2000年，她开始致力于拍摄艾滋病对南部非洲人民的影响。她于2001年加入联系图片社。此后，她创作了关于被占领土的以色列定居者、巴勒斯坦自杀炸弹手以及斯里兰卡海啸等专题摄影作品。她于2003年和2005年获得世界新闻摄影一等奖，并荣获佳能2004年法国佩皮尼昂新闻报道摄影节的女摄影记者奖，她还获得2006年盖蒂基金会奖金，以及2007年美国海外新闻俱乐部颁发的约翰·法伯奖。

03_薇姬·戈德堡（Vicki Goldberg）

是美国摄影评论家和摄影史学家，曾获得纽约大学艺术史硕士学位。她写过许多关于摄影及其社会历史文章。她的著作包括《摄影的力量：照片如何改变我们的生活》《光的重要性》《白宫：照片和历史上的总统官邸》《玛格丽特·伯克-怀特》的传记，以及她编辑的《摄影文集：1816年至今的摄影文章》。戈德堡还与艺术史学家亚瑟·奥尔曼共同撰写了一本著作，题为《美国摄影：一个世纪的影像》。她还为《纽约时报》《光圈》和《名利场》等报纸杂志撰写摄影评论。她曾到中国等许多国家讲学。1997年，她获得纽约国际摄影中心颁发的摄影评论无限奖。1999年，她获得英国皇家摄影学会的杜德利·约翰斯顿奖。

04_洛里·格林科（Lori Grinker）

1957年出生在美国纽约州。她在纽约帕森斯设计学院做学生时，曾拍摄了重量级拳王迈克·泰森13岁时的崛起过程。她于1988年加入联系图片社。除了拍摄“9·11”等重大事件，她还自2005年起深入开展了“战争之后”的长期项目。经过15年努力，她到世界40个国家采访退伍军人，完成了这部作品，并首次在纽约联合国总部展出。她的照片出现在主要国际杂志上，包括德国的《地理》和《明星》杂志、西班牙《世界》杂志以及《纽约时报》和美国《时代》周刊。自2004以来，她一直在记录伊拉克难民的困境，以此作为她的“创伤和流亡”长期项目组成部分。

05_大卫·伯耐特（David Burnett）

1946年出生在美国犹他州。他是《生活》杂志最后一位报道越战的摄影家。自那以后，他曾到过80多个国家拍摄，记录了智利军事政变、伊朗革命、埃塞俄比亚饥荒、柏林墙倒塌和美国对海地的军事干预等重大历史事件。他还从1963年至2020年拍摄了约翰·肯尼迪到唐纳德·特朗普历届美国总统，并报道了自1984年以来的每一届夏季奥运会，以及四届冬季奥运会。他获得了许多奖项，包括罗伯特·卡帕金奖、世界新闻摄影大奖以及美国国家新闻摄影家协会的终身成就奖。他曾多次担任过世界新闻摄影大赛的评委和评委主席。他出版过多本摄影集，其中包括《失重的人》中文版。1976年，他与罗伯特·普雷基在纽约共同创立了联系图片社。

6_唐·麦卡林（Don McCullin）

1935年出生于英国伦敦。1959年，他在《观察家报》上首次发表了关于一个青年帮派的摄影报道。之后的二十多年里，他报道了塞浦路斯、刚果、尼日利亚、越南、柬埔寨、孟加拉国、萨尔瓦多和中东等重大冲突事件。后来，他还在英国拍摄风景摄影作品，并沿印度恒河、埃塞俄比亚南部、古罗马帝国以及叙利亚巴尔米拉拍摄系列摄影作品。他举办过多次大型摄影展，包括在著名的英国泰特博物馆举行了回顾展。他还获得无数奖项，包括两次世界新闻摄影大奖、纽约国际摄影中心颁发的康奈尔·卡帕奖和终身成就奖。他还被英国女王封为爵士。他出版了20多本摄影画册和书籍，其中包括他的畅销自传《不合理的行为》中文版。自1995年以来，他一直由联系图片社代理。

07_罗伯特·普雷基（Robert Pledge）

1942年生于英国伦敦。10岁时搬到法国巴黎。1970年，他成为法国视觉艺术杂志《变焦》的编辑，并于三年后担任伽马图片社纽约分社主任。1976年，他与大卫·伯耐特一起创立了联系图片社。他策划过许多大型摄影展览，其中包括“越战以来的新闻报道摄影”“目击者-世界新闻摄影30年”“联系：新闻报道摄影的艺术”“罗伯特·弗兰克《美国人》”，以及“唐·麦卡林：不可能的和平”。他担任过“荷赛”“华赛”和尤金·史密斯人道主义摄影奖等国际赛事评委。他编辑过许多摄影画册，其中李振盛的《红色新闻兵》和大卫·伯耐特的《44天：伊朗与重构世界》赢得了美国海外新闻俱乐部颁发的“奥利维尔·荷博奖”。他曾担任尤金·史密斯基金和凯瑟琳·勒鲁瓦基金董事会主席。

08_克里斯托弗·菲利普斯（Christopher Phillips）

获得纽约罗切斯特技术学院的艺术硕士学位，曾在乔治·伊斯曼博物馆实习两年，并在《美国艺术》杂志担任过高级编辑。2000年至2016岁期间，他担任纽约国际摄影中心策展人。他曾策划过许多展览，包括“过去与未来之间：中国新摄影和新录像展览”（与巫鸿共同策划）、“金我他：气韵生动”“强光：日本新摄影和录像”“王庆松：当世界相撞”，以及“生活与梦想：中国当代摄影和媒介艺术”。他发表过许多摄影文论，并出版过多本摄影著作，其中包括《现代摄影：欧洲文献和评论文章，1913年至1940年》和《荣荣日记：北京东村》。他是美国亚洲艺术档案馆的董事会成员，也是北京三影堂摄影中心国际顾问委员会成员。他还在纽约大学教授摄影课程。

09_简·伊夫林·阿特伍德（Jane Evelyn Atwood）

1947年出生于美国纽约市。她毕业于美国巴德学院，1971年移民到法国，在法国邮政部担任行政职务时开始致力于摄影。她开展过关于妓女、盲人、艾滋病人、世界各地监狱中的女囚犯，以及地雷在全球的破坏性影响等摄影项目，并出版过13本相关项目的摄影画册。她获得过许多摄影大奖，其中包括第一届尤金·史密斯摄影奖、世界新闻摄影一等奖、哈苏基金会奖、徕卡奥斯卡·巴纳克奖、阿尔弗雷德·艾森斯塔特杂志摄影奖、阿尔伯特·卡恩奖和露西纪实摄影奖。她的作品曾在国际上展出，并被美术馆和私人收藏。她在法国巴黎的欧洲摄影博物馆举办首次回顾展，并在世界各地举办过巡回展。自1990年以来她的作品由联系图片社代理。

10_肯尼斯·杰拉斯奇（Kenneth Jarecke）

1963年出生于美国密苏里州。20世纪80年代初罗纳德·里根总统执政期间，杰拉斯奇拍摄的美国政坛照片而声名鹊起。1990年，他在《时代》周刊发表了一个关于纽约的黑白专题摄影系列引起关注。在与《时代》周刊和《美国新闻与世界报道》杂志签约后，他拍摄了关于非洲艾滋病、阿富汗动乱和埃塞俄比亚饥荒等报道故事，这些报道为他赢得了几项世界新闻摄影大奖。他还拍摄了五届夏季奥运会和两届冬季奥运会。他出版的第一次海湾战争黑白摄影集，配以著名诗人埃克森·切尔文卡的文字和书法，为他赢得了广泛赞誉。他搬到蒙大拿州后，继续创作关于美国社会的黑白和彩色专题摄影作品。他于1986年加入联系图片社。

11_斯蒂芬·杜邦（Stephen Dupont）

1967年出生于澳大利亚悉尼。他于1989年起为路透社工作，曾到过数十个国家，包括世界上一些最危险的地方拍摄，为他赢得了一些摄影界最负盛名的奖项，包括美国海外记者俱乐部颁发的罗伯特·卡帕金奖，以及其他几个世界新闻摄影年度大赛的一等奖。2007年，他获得了尤金·史密斯摄影奖，以继续他关于阿富汗的项目，该项目的摄影画册《AK冲锋枪世代—阿富汗战争：1993—2012年》在2015年出版。他的其他摄影画册包括《印度最后的蒸汽火车》《搏斗》以及《巴布亚新几内亚帮派》。2010年，他获得哈佛皮博迪博物馆的罗伯特·加德纳摄影奖金，继续他对巴布亚新几内亚的深入研究。过去十年里，他用自己的作品设计和制作了限量版手工书。1997年，他加入了联系图片社。

12_金我他（Atta Kim）

于1956年出生在韩国巨济岛。他从20世纪80年代中期开始摄影创作，并成为第一位代表韩国参加圣保罗双年展的摄影家。他早期拍摄了系列黑白肖像作品，被摄对象包括精神病患者、被韩国政府指定为“文化资产”的杰出人物，以及他自己的家人。他后来创作了一系列彩色作品，其中“博物馆”项目描绘了在各种背景下保存在有机玻璃盒子里的人物，“气韵生动”项目是使用长时间曝光和图像合成来使人物和物体消失。他曾在纽约国际摄影中心和第53届威尼斯双年展平行展举办个展。他出版了几本摄影画册，包括德国汉杰坎茨出版社出版的《金我他：水不浸泡在雨中》。2020年，他设计的艺术神殿开幕，这是一个集艺术、哲学和宗教三位一体的空间。

13_爱德华·基廷（Edward Keating）

1956年出生于美国康涅狄格州。他自学摄影成才，他的新闻报道摄影职业生涯始于20世纪70年代末。后来，他跟随摄影家莉赛特·莫德尔学习。1991年至2002年，他是《纽约时报》的专职摄影家，因报道对世贸中心的恐怖袭击事件而获得普利策奖。他不仅擅长“街头摄影”，而且因拍摄非传统的婚礼照片闻名。受他的朋友和导师摄影家罗伯特·弗兰克的启发，自2001年起，基廷在美国著名的66号公路上开展了一个为期12年的项目，举办了该项目的巡回展并出版了《主街：失去的66号公路梦想》的画册。他在纽约和加拿大新斯科舍省马布的避暑胜地拍摄了罗伯特·弗兰克的大量照片。自2004年起，他一直隶属于联系图片社。基廷不幸于2021年9月26日病故。

14_菲尔·博爵斯（Phil Borges）

出生于1942年，他是一位美国社会纪实摄影家和电影制作人。二十五年来，博爵斯一直致力于用肖像记录土著人和部落文化，努力了解他们所面临的挑战。他的作品在世界各地美术馆和画廊展出。他的获奖画册已用四种语言出版，包括《藏人肖像》《持久的精神》和《赋予妇女权能》。他曾为探索频道和国家地理频道主持过有关土著文化的电视纪录片。他还拍摄了一部题为《极度智慧》纪录片，探讨意识的文化差异、精神疾病以及萨满教传统习俗和信仰与我们现代生活的相关问题。2000年，博爵斯创立了“理解的桥梁”在线课堂项目，通过网络将世界各地的年轻人联系起来。他还共同创立了蓝色地球联盟组织，赞助关注濒危文化和受威胁环境的摄影项目。

15_路易斯·格林菲尔德（Lois Greenfield）

1949年出生在纽约。她是以一名摄影记者出道，但在20世纪70年代中期，她开始以拍摄舞蹈作为探索运动中人类形象的独特方法。从那以后，她在工作室里为美国著名舞蹈团的舞者拍摄他们即兴的表演动作。她曾在纽约国际摄影中心、法国摄影基金会、瑞士爱丽舍摄影博物馆等世界各地的美术馆和画廊以及中国平遥摄影节展出。她出版了多本摄影画册，其中包括《突破界限》《空降》和《动静》。自1990年代中期开始，她与舞蹈团合作在舞蹈演员现场表演舞台上放映她实时拍摄的摄影作品。她获得过许多奖项，包括美国麦卡勒姆戏剧学院颁发的终身成就奖。她的摄影作品被许多美术馆收藏。

16_斯蒂芬·肖尔（Stephen Shore）

1947年出生在纽约，从小便对摄影感兴趣，9岁开始自学摄影，14岁时，他的3幅作品便被纽约现代艺术博物馆收藏。他在16岁认识了美国波普艺术家安迪·沃霍尔，并应邀在他的工作室拍摄沃霍尔及其他艺术家的创作过程。1970年代初至1980年代中期，肖尔自驾车在美国各地旅行，他在这个时期创作的作品与同时期其他几位美国摄影家的作品共同被誉为“新彩色摄影”流派的代表作。肖尔的作品在过去的45年里被广泛展出，其中包括1971年在纽约大都会博物馆举办的个展，以及2017年纽约现代艺术博物馆举办的大型回顾展。肖尔已出版了超过25本摄影著作，其中包括《美国表象》《不寻常之地》和《照片的本质》。自1982年以来，他一直担任纽约巴德学院摄影系主任。

17_彼得·麦吉尔（Peter MacGill）

是美国画廊主、策展人和艺术史学家。1973年，上大学时，他在纽约最早的摄影画廊之一光线画廊实习，开始从事摄影工作。1977年，他获得美国亚利桑那大学艺术硕士学位，是该校第一位从摄影专业毕业的艺术硕士生。在亚利桑那大学攻读硕士期间，他便担任该校创意摄影中心的策展人。1983年，他与其他两位合伙人在纽约共同成立了佩斯/麦吉尔画廊，并担任该画廊总裁。1999年，该画廊以130万美元的价格出售了曼·雷的《玻璃眼泪》，这是当年有史以来照片的最高价。2006年，麦吉尔代表私人藏家以290万美元的价格收购了爱德华·斯泰肯的《池塘月色》，又刷新了当年照片价格的新纪录。2019年，他与RadicalMedia建立了合作关系，以开发有关摄影史的流媒体平台。

18_梅丽莎·哈里斯（Melissa Harris）

1982年从耶鲁大学获得学士学位。毕业之后，她曾在《艺术论坛》杂志担任编辑，1992年，她成为美国《光圈》杂志首席编辑，并于2002年成为该杂志的主编。在接下来的10年里，《光圈》在她的指导下更加关注各种社会问题的摄影作品、基于照片的作品，以及电影、视频和新型数字媒介作品。在这个时期，《光圈》杂志获得了许多奖项，包括“全国杰出杂志奖”和“年度摄影杂志”露西奖。同时，她为光圈出版社编辑了40多本摄影书，并在美国和欧洲策划或共同策划了许多摄影展。2013年，她成为光圈基金会的总编辑。她还在哥伦比亚大学新闻学院、耶鲁大学艺术学院和纽约大学蒂施艺术学院摄影与影像系任教。

19_罗伯特·弗兰克（Robert Frank）

于1924年出生在苏黎世。他的摄影生涯始于20世纪40年代中期，他于1947年移居美国。不久，弗兰克就被时尚芭莎的传奇艺术总监亚历山大·布罗多维奇聘为时装摄影家。1955年，他获得了古根海姆奖金。随后，他自驾车开始了为期两年的美国之行，并拍摄了约2.8万张照片。他精选了其中的83张图片于1957年在法国首次出版《美国人》法文版，1959年在美国出版了英文版。这本画册被普遍认为是有史以来最伟大的摄影画册之一。60年代期间，他投入了越来越多的时间来制作电影，他拍摄的电影被视为前卫电影的典范。70年代，弗兰克又恢复创作静态摄影作品。他的后期作品变得更具自传性，将文字与图像结合，并采用多幅拼贴或故意刮擦照片。他于2019年9月9日去世。

20_卡洛琳·科尔（Carolyn Cole）

于1961年出生在科罗拉多州博尔德。1983年，她毕业于德克萨斯大学新闻摄影专业，之后，她在俄亥俄州大学获得视觉传播专业的硕士学位。自1986年起，她先后为几家报纸拍摄新闻照片，1994年成为《洛杉矶时报》的专职摄影家。在过去30多年间，她报道了伊拉克、阿富汗、科索沃和利比里亚等冲突。2004年，她因拍摄利比里亚内战而获普利策奖，同年，她获得了美国国家新闻摄影家协会的年度报纸摄影家奖，并获得了美国密苏里大学新闻学院颁发的年度最佳国际新闻摄影奖，这使她成为第一个在同年获得美国三大新闻摄影奖的人。她还报道过美国国内发生的许多重大新闻事件。科尔两次获得了海外新闻俱乐部颁发的罗伯特·卡帕金奖，并获得了两次世界新闻摄影奖。

21_乔治娅·菲奥莉欧（Giorgia Fiorio）

于1967年出生于意大利都灵。她在纽约国际摄影中心学习摄影。1990年至2000年，她创作了一部关于西方社会男子形象的纪实摄影作品。她的第二部长期项目题为“神赐”（2000年至2009年），探索人与神之间的关系。自2010年以来，她开展了一个为期十年的新项目，题为“人类—生存的考古学”，该项目以我们这个时代的视角重新审视古代雕像中的人类形象，并质疑那些超越肉体存在的人的原型形象。她的这些项目相关画册已在法国、意大利、德国、希腊和美国出版。她在世界各地举办过多次个展，其中包括威尼斯双年展、欧洲摄影博物馆、巴黎摄影博览会、米兰三年展和阿尔勒摄影节。自1994年起她隶属于联系图片社。

22_弗雷德·里钦（Fred Ritchin）

于1978年至1982年担任《纽约时报》杂志的图片编辑，1982年至1983年担任《相机艺术》（*Camera Arts*）杂志的执行编辑。他于1983年在纽约国际摄影中心学院创办了纪实摄影和视觉新闻系，并担任该系主任至1986年。2014年，他被任命为该学院院长。之前，他于1991年至2014年担任纽约大学蒂施艺术学院摄影与影像系教授。在1999年，他创立了PixelPress网站，与国际组织和非政府组织合作出版关于人权等议题的摄影文论。里钦曾出版多本摄影专著，还曾担任过许多展览的策展人。1996年里钦与摄影家吉尔斯·佩雷斯为《纽约时报》制作的网站“波斯尼亚：不确定的和平之路”，被提名普利策公共服务奖。2017年，他获得了美国国家新闻摄影家协会颁发的约翰·隆伦理奖。

23_苏珊·梅塞拉斯（Susan Meiselas）

于1948年出生在美国巴尔的摩市，她从莎拉·劳伦斯学院获得学士学位，并从哈佛大学获得视觉教育硕士学位。1970年代初，她在纽约公立学校教摄影的同时，连续三个夏天在新英格兰乡村拍摄脱衣舞的妇女生活状况。梅塞拉斯于1976年加入马格南图片社，此后一直担任自由摄影家。她以影像报道尼加拉瓜的起义和拉丁美洲的人权问题而闻名，这些影像在各国报纸杂志上广泛发表。梅塞拉斯出版过多本摄影画册，并在世界各地举办过个展。她还以音频、视频、网站、装置和电影等媒介探索纪实摄影的可能性。她获得的奖项包括：海外新闻俱乐部颁发的罗伯特·卡帕金奖、徕卡卓越奖、哈苏基金会摄影奖，以及德意志交易所摄影基金会奖。

24_迈克尔·汤普森（Michael Thompson）

是一位美国时尚摄影家。他出生在一个摄影世家，其父在华盛顿州曾开过一个照相馆。汤姆森在加利福尼亚布鲁克斯摄影学院毕业后，曾在一个时尚摄影家工作室实习。之后来到纽约担任著名时尚摄影家欧文·佩恩的助手。后来，他自己成立了工作室，开始了他的时尚摄影职业生涯。汤普森的摄影作品曾发表在《W》《名利场》《时尚芭莎》《Vogue》和《GQ》等美国主要时尚杂志中，并为时尚杂志拍摄了数百张封面照。他的商业摄影作品包括为香奈儿、伊丽莎白·雅顿、蒂芬妮和美国芭蕾舞剧院拍摄广告。2005年，他出版了题为《图像》的摄影专集。

25_莱尔·雷克瑟尔（Lyle Rexer）

出生于1951年。他曾获得哥伦比亚大学学士学位和硕士学位，并以罗德学者的身份在牛津大学默顿学院进修。他出版过多本关于艺术和摄影的专著，包括《摄影之复古的前卫：旧工艺的新浪潮》《视觉的边缘：抽象在摄影中的崛起》，以及《批判性眼光：理解摄影的15幅图像》。雷克瑟尔还发表了许多有关当代艺术、摄影、建筑和文化等评论文章，其文章发表在《纽约时报》《美国艺术》《现代画家》和《光圈》等报纸杂志。他还为专门介绍纽约和世界各地摄影画廊的《摄影》月刊撰写专栏。他获得了安迪·沃霍尔基金会颁发的艺术作家奖。他曾策划过多个展览。他一直在纽约视觉艺术学院任教。

26_萨丽·曼（Sally Mann）

1951年出生于美国弗吉尼亚州列克星敦，她于20世纪60年代后期开始学习摄影，并于1975年获得创意写作硕士学位。1988年，她出版了《十二岁》摄影画册，探讨青春期少女的心理和生理状态。1984年至1994年期间，她用大画幅相机拍摄其3个孩子的成长经历，并于1992年出版了《血亲家庭》的成名作。从20世纪90年代后期到21世纪，她用湿版工艺创作了“南方腹地”系列作品。同时，她还创作了一个关于死亡、时间和衰败等主题的项目，出版了《所剩为何》画册。她于2003年开始拍摄患有肌肉萎缩症的丈夫拉里肖像这个题为“骄傲的肉体”系列。曼于2018年举行了“千万次交汇”大型回顾展。她的回忆录《留住这一刻》获得安德鲁·卡内基非小说类卓越奖。

27_米奇·爱泼斯坦（Mitch Epstein）

于1952年出生在马萨诸塞州霍利奥克。他曾就读纽约库伯联盟学院。1973年至1988年期间，他创作了一个题为“娱乐”的系列，反映美国人在越战之后的生活状况。1999年，他完成了“纽约城事”系列，探讨纽约公共和私人生活之间的关系。之后，爱泼斯坦回到家乡用摄影和视频媒介记录了其父经营的产业倒闭过程，最终创作了“家庭轶事”系列。从2004年至2009年，他对美国的能源生产和消费进行了调查，制作了一个“美国能量”的系列。他的作品在世界各地美术馆和画廊展出。他出版了十几本摄影画册，曾荣获2004年克拉斯纳-克劳斯摄影图书奖。他还获得瑞士皮克第环保摄影奖、柏林美国学院颁发的柏林艺术与文学奖，以及古根海姆奖金。

28_詹姆斯·韦林（James Welling）

于1951年出生在康涅狄格州哈特福德。他在加州艺术学院获得文学士和艺术硕士学位。自1970年代起，他一直探索并扩展摄影的边界。在他的职业生涯中，韦林曾尝试过各种摄影媒介，包括宝丽来、明胶银版照片、物影摄影和数码摄影。在过去的四十多年里，他创作了许多系列，包括“洛杉矶建筑与肖像”“日记/风景”“无题（铝箔）”“窗帘”“降解”“光源”“新抽象”“玻璃屋”“躯体”和“编舞”。韦林在世界各地的许多博物馆和美术馆举办过个展。他已出版多本摄影画册，包括光圈出版社的《摄影专著》（*Monograph*）。他担任过加州大学洛杉矶分校的摄影系主任。2014年，他获得了国际摄影中心颁发的无限奖。

29_夏洛特·科顿（Charlotte Cotton）

于1970年出生于英国科茨沃尔德。她毕业在英国萨塞克斯大学艺术史专业。1992年，她开始在维多利亚和阿尔伯特博物馆实习，并从1993年至2004年担任该馆的摄影策展人。她于2004年出版的《作为当代艺术的照片》已成为研究当代摄影艺术的重要文献之一，此书已被翻译成10种语言。她曾担任过伦敦摄影家美术馆的方案主管、洛杉矶郡艺术博物馆摄影部主任、纽约国际摄影中心驻地策展人以及美国加州摄影博物馆驻地策展人。她曾策划过许多有关当代摄影的展览，她的出版著作还包括《摄影如魔术》和《没有图像的文字》。

图片来源 Picture Credits

第6页©David Burnett（Courtesy of Contact Press Images）；第9页©Jean-Claude Coutausse（Courtesy of Contact Press Images）；第11页-第25页©Frank Fournier（Courtesy of Contact Press Images）；第27页-第37页©Kristen Ashburn（Courtesy of Contact Press Images）；第39页©Dorothea Lange（Library of Congress）；第41页©Eugène Atget（Courtesy Paris Musées / Musée Carnavalet）；第43页©Margaret Bourke-White；©Leni Riefenstahl；第46页佚名；©Frank Fournier（Courtesy of Contact Press Images）；第49页©Ministère de la Culture（France），MAP-AAJHL；第51页-第63页©Lori Grinker（Courtesy of Contact Press Images）；第65页-第85页©David Burnett（Courtesy of Contact Press Images）；第87页-第107页©Don McCullin（Courtesy of Contact Press Images）；第109页©David Burnett（Courtesy of Contact Press Images）；第110页©John G. Morris（Courtesy of Contact Press Images）；第111页©Yunghi Kim（Courtesy of Contact Press Images）；第112页 Catherine Leroy（©Dotation Catherine Leroy）& Gilles Caron（©Fondation Gilles Caron）；第113页和第114页©李振盛（Courtesy of Contact Press Images）；第114页©Raymond Depardon（Courtesy of the artist）；第115页©Gianfranco Gorgoni（Courtesy of Contact Press Images）；第116页©Matt Franjola（Courtesy of Contact Press Images）；©Alon Reininger（Courtesy of Contact Press Images）；第117页©Alon Reininger（Courtesy of Contact Press Images）；©Olivier Rebbot（Courtesy of Contact Press Images）；第118页©Douglas Kirkland（Courtesy of Contact Press Images）；©Annie Leibovitz（Courtesy of Contact Press Images）；第119页©Dilip Mehta（Courtesy of Contact Press Images）；第120页©Alon Reininger（Courtesy of Contact Press Images）；第121页©Alexandra Avakian（Courtesy of Contact Press Images）；第122页©Alon Reininger（Courtesy of Contact Press Images）；©Annie Leibovitz（Courtesy of Contact Press Images）；第123页©Tomas Muscionico（Courtesy of Contact Press Images）；第124页、第125页和第127页©Sean Hemmerle（Courtesy of Contact Press Images）；第129页©Cindy Sherman（Courtesy of the artist）；第130页©Jeff Wall（Courtesy of the artist）；第131页©刘铮（Courtesy of the artist）；第132页©Thomas Struth（Courtesy of the artist）；第133页©曾力（Courtesy of the artist）；第134页-第135页©王庆松（Courtesy of the artist）；第137页©Edward Burtynsky（Courtesy of the artist）；第139页-第153页© Jane Evelyn Atwood（Courtesy of Contact Press Images）；第155页-第167页©Kenneth Jarecke（Courtesy of Contact Press Images）；第169页-第185页©Stephen Dupont（Courtesy of Contact Press Images）；第187页-第199页©Atta Kim（Courtesy of the artist）；第201页-第213页©Edward Keating（Courtesy of Contact Press Images）；第215页-第225页©Phil Borges（Courtesy of the artist）；第227页-第237页©Lois Greenfield（Courtesy of the artist）；第239页-第253页©Stephen Shore（Courtesy of the artist）；第255页©Chuck Close（Courtesy of Pace Gallery, New York）；第257页©Edward Steichen（Courtesy of Artists Rights Society）；第259页©Garry Winogrand（Courtesy of Fraenkel Gallery, San Francisco）；第260页和第261页©Emmet and Edith Gowin（Courtesy of Pace/MacGill Gallery, New York）；第262页©Richard Misrach（Courtesy of Pace/MacGill Gallery, New York, Fraenkel Gallery, San Francisco and Marc Selwyn Fine Art, Los Angeles）；第263页©Duane Michals（Courtesy of DC Moore Gallery，New York）；第264页©Jocelyn Lee（Courtesy of Pace/MacGill Gallery, New York）；第265页©JoAnn Verburg（Courtesy of Pace/MacGill Gallery, New York）；第267页©Paul Strand（Courtesy of Paul Strand Archive/Aperture Foundation）；第269页-第279页（Courtesy of Aperture Foundation）；第281页-第291页©Robert Frank（Courtesy of Andrea Frank Foundation, from The Americans）；第292页-第293页©Edward Keating（Courtesy of Contact Press Images）；第295页-第307页©Carolyn Cole（Courtesy of the artist）；第309页-第321页©Giorgia Fiorio（Courtesy of Contact Press Images）；第322页©李小镜Daniel Lee（Courtesy of the artist）；第325页©Pedro Meyer（Courtesy of the artist）；第326页©Jeff Weiss（Courtesy of the artist）；第328页-第329页©李小镜Daniel Lee（Courtesy of the artist）；第330页©Craig Kalpakjian（Courtesy of the artist）；©Loretta Lux（Courtesy of the artist）；第332页和第333页©Simen Johan（Courtesy of the artist）；第334页©Craig Kalpakjian（Courtesy of the artist）；第335页©Florian Maier-Aichen（Courtesy of the artist）；第337页©Oliver Wasow（Courtesy of the artist）；第339页-第349页©Susan Meiselas/Magnum Photos；第351页—第363页©Michael Thompson（Courtesy of the artist）；第365页©Bill Armstrong（Courtesy of the artist）；第367页©Ellen Carey（Courtesy of the artist）；第368页©Walead Beshty（Courtesy of the artist and Regen Projects, Los Angeles）；第370页©Silvio Wolf（Courtesy of the artist）；第371页，©Adam Broomberg and Oliver Chanarin（Courtesy of the artist）；第372页©Marco Breuer（Courtesy of the artist）；第373页©Barbara Kasten（Courtesy of Bortolami Gallery, New York）；第374页-第375页©Penelope Umbrico（Courtesy of the artist and Bruce Silverstein Gallery, New York）；第377页-第393页©Sally Mann（Courtesy of the artist and Gagosian）；第395页-第409页©Mitch Epstein（Courtesy of the artist）；第411页-第421页©James Welling（Courtesy of the artist）；第423页©Daniel Gordon（Courtesy of the artist）；第425页©Jason Evans（Courtesy of the artist）；第426页©Elad Lassry（Courtesy of the artist）；第427页©Asha Schechter（Courtesy of the artist）；第428页©Lucas Blalock（Courtesy of the artist）；第429页©Annie MacDonell（Courtesy of the artist）；第430页©Jessica Eaton（Courtesy of the artist）；第432页©Kate Steciw（Courtesy of the artist）；第433页©Taisuke Koyama（Courtesy of the artist）；第435页©Chris Maggio（Courtesy of the artist）。

鸣谢 Acknowledgments

此书经过5年多的策划、编辑和打磨终于能够与读者见面了！其间，承蒙这本访谈录的主编罗伯特·普雷基（Robert Pledge）花费三年多时间呕心沥血，不厌其烦地对全书图片和文字编排的严谨构思和仔细把关，才有了这本设计不同凡响、图文节奏明快的摄影书，为此，我要向他表示最衷心的感谢。

同时，也衷心感谢责编陶红对此书审编的精诚和专业的投入，还感谢参与前期编辑、二审和三审等工作的其他编辑所做的贡献。因为这几位编辑花费大量时间和精力审查此书的细节并发现各种错情，才确保这本书能够以最高质量面世。

饮水思源，此书所载的访谈诞生于2005年。时任《中国摄影》杂志编辑部主任王保国先生特约我在该杂志上主持《面对面》专栏，才真正推动了本人探索摄影之旅。从2006年至2008年，我先后在该专栏发表了18篇访谈。之后，他又邀请我在杂志上主持《摄影2.0》专栏，从2009年至2017年又发表了8篇访谈。加上在《映像》杂志上发表的3篇访谈，才有了这本书所集结的29篇访谈。

这本访谈录能够成书，需要特别感谢华中科技大学出版社艺术分公司-有书至美总编莽昱的大力支持以及设计师邱宏耐心配合。还需要感谢联系图片社巴黎分社主任多米尼克·德沙凡（Dominique Deschavanne）进行了大量图片和图说准备工作，并感谢为此书慷慨提供插图的摄影艺术家及其代理图片社和画廊。

当然，需要感谢所有受访者在百忙中给予我采访他们的宝贵机会，并分享他们探索摄影之旅的丰富经验和独到见解。最后，需要感谢在过去三十多年期间给予我无私和真诚帮助和支持的所有朋友和亲人，尤其是严新恩师给予的教诲和加持，以及父母及家人对我的理解和鼓励。没有他们的诚挚奉献和慷慨支持，本书将无法与读者见面。在此，也感谢读者对此书的兴趣和支持。

江融

2021年12月16日于纽约

图书在版编目（CIP）数据

探索摄影之旅：当代世界著名摄影人访谈录／江融著；（法）罗伯特·普雷基主编.—武汉：华中科技大学出版社，2022.4（2023.10重印）

ISBN 978-7-5680-7887-0

Ⅰ.①探… Ⅱ.①江… ②罗… Ⅲ.①摄影－艺术家－访谈录－世界 Ⅳ.①K815.72

中国版本图书馆CIP数据核字（2022）第010074号

探索摄影之旅：
当代世界著名摄影人访谈录

Tansuo Sheying zhi Lü: Dangdai Shijie Zhuming Sheyingren Fangtanlu

江融 著
［法］罗伯特·普雷基 主编

出版发行：华中科技大学出版社（中国·武汉）　　电话：（027）81321913
　　　　　华中科技大学出版社有限责任公司艺术分公司　（010）67326910-6023
出 版 人：阮海洪

责任编辑：莽　昱　陶　红
责任监印：赵　月　郑红红　　　　封面设计：邱　宏

制　　作：邱　宏
印　　刷：北京汇瑞嘉合文化发展有限公司
开　　本：787mm×1092mm　1/16
印　　张：28
字　　数：269千字
版　　次：2023年10月第1版第2次印刷
定　　价：228.00元